Joomla

AF860533

LE GUIDE COMPLET

006.7
JOO
1.5.10
BIBLIOTHÈQUE UNIVERSITAIRE ANGERS
DOCUMENT ANNULÉ
BIBLIOTHÈQUE UNIVERSITAIRE D'ANGERS
SAINT-SERGE

Micro Application

Copyright © 2009 Micro Application
20-22, rue des Petits-Hôtels
75010 Paris

1ère Édition - Août 2009

Auteur MOSAIQUE Informatique

Toute représentation ou reproduction, intégrale ou partielle, faite sans le consentement de MICRO APPLICATION est illicite (article L122-4 du code de la propriété intellectuelle).
Cette représentation ou reproduction illicite, par quelque procédé que ce soit, constituerait une contrefaçon sanctionnée par les articles L335-2 et suivants du code de la propriété intellectuelle.
Le code de la propriété intellectuelle n'autorise aux termes de l'article L122-5 que les reproductions strictement destinées à l'usage privé et non destinées à l'utilisation collective d'une part, et d'autre part, que les analyses et courtes citations dans un but d'exemple et d'illustration.

Avertissement aux utilisateurs Les informations contenues dans cet ouvrage sont données à titre indicatif et n'ont aucun caractère exhaustif voire certain. A titre d'exemple non limitatif, cet ouvrage peut vous proposer une ou plusieurs adresses de sites Web qui ne seront plus d'actualité ou dont le contenu aura changé au moment où vous en prendrez connaissance.
Aussi, ces informations ne sauraient engager la responsabilité de l'Editeur. La société MICRO APPLICATION ne pourra être tenue responsable de toute omission, erreur ou lacune qui aurait pu se glisser dans ce produit ainsi que des conséquences, quelles qu'elles soient, qui résulteraient des informations et indications fournies ainsi que de leur utilisation.
Tous les produits cités dans cet ouvrage sont protégés, et les marques déposées par leurs titulaires de droits respectifs. Cet ouvrage n'est ni édité, ni produit par le(s) propriétaire(s) de(s) programme(s) sur le(s)quel(s) il porte et les marques ne sont utilisées qu'à seule fin de désignation des produits en tant que noms de ces derniers.

ISBN : 978-2-300-022197

ISSN : 1950-0289

MICRO APPLICATION
20-22, rue des Petits-Hôtels
75010 PARIS
Tél. : 01 53 34 20 20
Fax : 01 53 34 20 00
http://www.microapp.com

Support technique :
Également disponible sur
www.microapp.com

Retrouvez des informations sur cet ouvrage !

Rendez-vous sur le site Internet de Micro Application **www.microapp.com**. Dans le module de recherche, sur la page d'accueil du site, entrez la référence à 4 chiffres indiquée sur le présent livre.
Vous accédez directement à sa fiche produit.

Avant-propos

Destinée aussi bien aux débutants qu'aux utilisateurs initiés, la collection *Guide Complet* repose sur une méthode essentiellement pratique. Les explications, données dans un langage clair et précis, s'appuient sur de courts exemples. En fin de chaque chapitre, découvrez, en fonction du sujet, des exercices, une check-list ou une série de FAQ pour répondre à vos questions.

Vous trouverez dans cette collection les principaux thèmes de l'univers informatique : matériel, bureautique, programmation, nouvelles technologies...

Conventions typographiques

Afin de faciliter la compréhension des techniques décrites, nous avons adopté les conventions typographiques suivantes :

- **gras** : menu, commande, boîte de dialogue, bouton, onglet.
- *italique* : zone de texte, liste déroulante, case à cocher, bouton radio.
- `Police bâton` : Instruction, listing, adresse internet, texte à saisir.
- ✂ : indique un retour à la ligne volontaire dû aux contraintes de la mise en page.

REMARQUE

Il s'agit d'informations supplémentaires relatives au sujet traité.

ATTENTION

Met l'accent sur un point important, souvent d'ordre technique qu'il ne faut négliger à aucun prix.

ASTUCE

Propose conseils et trucs pratiques.

DEFINITION

Donne en quelques lignes la définition d'un terme technique ou d'une abréviation.

Chapitre 1 Le concept du CMS 11

1.1. **Techniques traditionnelles de construction de sites Internet . 13**
Créer un site statique, une technique aujourd'hui dépassée . 13
Comprendre les principes des sites dynamiques 16
1.2. **Comprendre les principes des CMS (serveur web, base de donnée, code dynamique) 17**
Les avantages du CMS 17
La mise à jour immédiate du site 20
Les principaux CMS du marché et leurs spécificités 22
Pourquoi choisir Joomla 26
1.3. **Comprendre le langage XHTML 27**
Comprendre les bases d'une page XHTML 28
Comprendre le HTML par l'exemple 30
1.4. **Check-list 42**

Chapitre 2 Installer Joomla 43

2.1. **La configuration nécessaire 44**
2.2. **Télécharger Joomla 45**
2.3. **Télécharger et installer un serveur web local 50**
2.4. **Installer Joomla sur un serveur web local 57**
2.5. **Installer Joomla chez un hébergeur 66**
Les hébergements mutualisés 66
Les hébergements sur des serveurs virtuels 67
Les hébergements sur des serveurs dédiés 67
Étude de cas : Installation type chez un hébergeur 68
2.6. **Check-list 83**

Chapitre 3 Se familiariser avec Joomla 85

3.1. **Le frontend 86**
3.2. **Le backend 89**
Découvrir le gestionnaire d'articles 89
Découvrir le gestionnaire de menus 92
Découvrir le gestionnaire de médias 93
Découvrir le principe des templates 94
3.3. **Les menus de Joomla 97**
Le menu Site/Panneau d'administration 97
Le menu Site/Gestionnaire des utilisateurs 97
Le menu Site/Gestion des médias 98

Le menu Site/Configuration générale 98
Le menu Site/Déconnexion 99
Le menu Menus/Gestion des menus 100
Le menu Menus/Corbeille de menu 100
Le menu Menus/Main menu 101
Le menu Contenu/Gestion des articles 101
Le menu Contenu/Corbeille article 102
Le menu Contenu/Gestionnaire des sections 102
Le menu Contenu/Gestion des catégories 102
Le menu Contenu/Gestion de la page d'accueil 103
Le menu Composants/Bannière/Bannières 104
Le menu Composants/Bannière/Clients 104
Le menu Composants/Bannière/Catégories 105
Le menu Composants/Contacts/Contacts 105
Le menu Composants/Contacts/Catégories 105
Le menu Composants/Fils d'actualités/Fils 106
Le menu Composants/Fils d'actualités/Catégories 107
Le menu Composants/Sondages 107
Le menu Composants/Recherche 108
Le menu Composants/Liens web/Liens 108
Le menu Composants/Liens web/Catégories 108
Le menu Extensions/Installer/Désinstaller 109
Le menu Extensions/Gestion des modules 109
Le menu Extensions/Gestionnaire des plugins 110
Le menu Extensions/Gestionnaire des templates 110
Le menu Extensions/Gestion des langues 111
Le menu Outils/Lire les messages 111
Le menu Outils/Écrire un message 111
Le menu Outils/Envoi massif d'email 112
Le menu Outils/Validation générale 112
Le menu Outils/Nettoyer le cache 113
Le menu Outils/Purger les fichiers expirés du cache 113
Le menu Aide/Aide Joomla! 113
Le menu Aide/Infos système 114

3.4. Check-list 114

Chapitre 4 Créer des articles 115

4.1. Utiliser les commandes de l'interface d'administration ... 116

4.2. Définir les paramètres généraux 117

Paramétrer le nom du site 118
Paramétrer la longueur des listes 118
Augmenter la durée de session 119

Paramétrer le fuseau horaire 120

4.3. **Changer le login et le mot de passe administrateur 121**

4.4. **Créer des sections 122**

4.5. **Créer des catégories 125**

4.6. **Créer et modifier des articles 128**

Prévisualiser l'article dans une fenêtre de prévisualisation . 131

Prévisualiser l'article dans le frontend 132

Mettre en forme le contenu de l'article 134

Insérer une image dans le texte de l'article 141

Créer un lien hypertexte 143

Créer un saut de page dans le texte de l'article 145

Définir les paramètres de l'article 149

Publier l'article en page d'accueil 156

4.7. **Check-list 158**

Chapitre 5 Administrer les menus 159

5.1. **Désactiver les menus inutiles 160**

5.2. **Modifier un menu existant 162**

5.3. **Exploiter les différents éléments de menu 163**

Les fonctionnalités d'affichage des liens internes 164

Créer un item de menu pointant vers une page externe 172

Créer un item de séparation dans un menu 173

Créer un alias de menu 174

5.4. **Ajouter un item au menu 175**

5.5. **Créer un nouveau menu 177**

5.6. **Modifier les paramètres d'affichage d'un menu 180**

Appliquer un style au menu 180

Modifier l'ordre des menus 182

Modifier la position du menu 183

Modifier le style du menu 186

Limiter l'affichage du menu à certaines parties du site 187

5.7. **Check-list 187**

Chapitre 6 Utiliser les fonctionnalités natives de Joomla 189

6.1. **Gérer les médias 190**

Les formats d'images 190

Optimiser et retoucher les images pour Internet 192

Le Gestionnaire de médias 195

6.2. **Gérer les niveaux d'accès et les utilisateurs 198**

Comprendre les niveaux d'accès 198

Gérer les niveaux d'accès 200
Exercice pratique : Création d'un compte de niveau Auteur .. 201
6.3. **Utiliser la messagerie de Joomla 210**
Consulter les messages 211
Supprimer un message 212
Écrire un message 212
6.4. **Utiliser la newsletter 213**
6.5. **Effectuer une mise à jour de Joomla 214**
6.6. **Check-list 216**

Chapitre 7 Adapter le site avec des composants 217

7.1. **Installer un composant 219**
7.2. **Faciliter la rédaction des pages avec l'éditeur JCE 219**
Installer l'éditeur JCE 220
Déclarer l'éditeur JCE comme éditeur par défaut 224
7.3. **Gérer un site multilingue avec le composant Joom!Fish . 225**
Ajouter une langue à l'interface 225
Installer Joom!Fish 228
Paramétrer la langue de référence 232
Accéder aux paramètres généraux 233
La traduction d'un article 236
Traduire directement des contenus 238
Paramétrer le choix de la langue utilisée dans le frontend .. 239
7.4. **Gérer des documents avec DOCman 240**
7.5. **Gérer des utilisateurs avec Community Builder 243**
7.6. **Gérer une galerie de photos Phoca Gallery 243**
7.7. **Gérer des newsletters avec Communicator 244**
7.8. **Gérer des groupes avec GMAccess 245**
7.9. **Installer de nouveaux templates 246**
Rechercher des templates 246
Installer un template téléchargé 252
Paramétrer un template 253
7.10. **Check-list 254**

Chapitre 8 Ajouter une boutique en ligne 255

8.1. **Comprendre le concept de VirtueMart 256**
Les points forts de VirtueMart 256
Le site officiel de VirtueMart 257
8.2. **Installer VirtueMart 259**

Première méthode d'installation : Installer simultanément Joomla et VirtueMart ... 259
Seconde méthode d'installation : Ajouter le composant VirtueMart à un système Joomla déjà installé ... 263
Installer VirtueMart en français ... 270
Installer les modules de VirtueMart ... 272
Découvrir la boutique depuis le Frontend ... 273
Installer les plugins de VirtueMart ... 274

8.3. Choisir le mode d'affichage de l'interface d'administration de VirtueMart ... 275

8.4. Découvrir les paramètres de configuration générale ... 278

8.5. Configurer les paramètres de la boutique ... 279

Définir l'identité de la boutique ... 280
Définir les informations sur la boutique ... 283
Définir l'identité du responsable à contacter ... 283
Définir la devise utilisée et le format d'affichage des prix ... 284
Saisir la description de la boutique ... 286
Saisir les conditions générales de vente ... 286

8.6. La TVA ... 288

L'application du calcul de la TVA ... 288
Appliquer une taxe sur les produits immatériels ... 289
Utiliser des taux de TVA multiples ... 290
Créer les taux de TVA par pays ou région ... 291

8.7. Créer le catalogue de produits ... 292

Créer les fabricants de produits ... 292
Créer des catégories de produits ... 294
Saisir les produits ... 299
La gestion des stocks ... 318

8.8. Paramétrer les expéditions ... 318

Choisir la méthode d'expédition ... 319
Définir le poids et les dimensions d'un produit ... 320
Lister les transporteurs ... 320
Ajouter un transporteur ... 320
Ajouter un tarif d'expédition ... 321

8.9. Personnaliser les modes de paiements ... 322

Activer les moyens de paiement ... 322
Les paiements par chèques et virements ... 323
Les paiements par le système Paypal ... 324

8.10. Consulter l'état des commandes ... 326

8.11. Sauvegarder le site web ... 327

Sauvegarde de la base de données ... 327
Sauvegarde des fichiers ... 328

8.12. Check-list ... 330

Chapitre 9 Améliorer l'indexation dans les moteurs de recherche 331

9.1. Connaître les principes de fonctionnement de Google ... 332
9.2. Référencement naturel vs référencement payant 335
9.3. Comprendre les principes du référencement naturel 340
Comprendre les enjeux du référencement 340
Comprendre les objectifs et les méthodes de référencement 343
Connaître les types de référencement 343
Assimiler les méthodes de référencement naturel 343
Maîtriser les étapes du référencement 344
Anticiper le fonctionnement des moteurs de recherche 345
Utiliser la longue traîne 346
9.4. Déterminer sa stratégie de positionnement 348
Rechercher des mots-clés 348
Utiliser des outils de mesure des mots-clés 348
9.5. Optimiser son site pour le référencement naturel 356
Indexer son site dans Google 356
Utiliser le fichier Sitemap 356
Augmenter son PageRank 357
Diminuer l'effet Sandbox 360
Optimiser les titres des pages 361
Activer l'URL rewriting 361
Optimiser les pages de contenus 363
Optimiser les images 364
Utiliser la balise META description 364
Utiliser la balise META robots 365
Utiliser la balise META keywords 365
Bien choisir le nom de domaine du site 366
Utiliser des mots-clés dans les noms de dossiers et de fichiers 366
Gérer un site multilingue 367
Être présent dans les réponses de recherche universelle ... 367
9.6. Avoir recours au référencement payant 369
9.7. Utiliser les commandes de Google 372
allintitle 372
allinurl 374
filetype 374
inanchor 375
info 376
intext 376
intitle 377
link 377
related 378

site 379
define 380
9.8. Anticiper les futures techniques de référencement 380
9.9. Check-list 381

Chapitre 10 Annexe 383

10.1. Glossaire 384
A 384
B 387
C 389
D 391
E 392
F 393
G 394
H 395
I 395
J 397
K 397
L 397
M 398
N 399
O 399
P 400
R 401
S 402
T 403
U 404
V 405
W 405
X 405
Z 406
10.2. Adresses Internet utiles 406

Chapitre 11 Index 409

Chapitre 1

Le concept du CMS

Techniques traditionnelles de construction de sites Internet 13
Comprendre les principes des CMS (serveur web, base de donnée, code dynamique) 17
Comprendre le langage XHTML 27
Check-list 42

Même s'il est d'usage de comparer Internet à une toile d'araignée, l'image n'est que partiellement fondée... En effet, les arachnides ont pour habitude de tisser seules... Or la toile du Web, qui s'étend toujours plus chaque jour, est l'œuvre d'un nombre important et croissant d'acteurs. Webmestres, informaticiens, scientifiques, journalistes, blogueurs, marchands, passionnés en tous genres de sujets en tous types ; chacun d'eux, chacun de nous, tisse, à tout instant, une maille supplémentaire, participant ainsi à ce fantastique accroissement de la mise en ligne des connaissances technologiques, culturelles et artistiques, révolution majeure de la dernière décennie.

Chaque jour voit de nouvelles techniques naître, des habitudes changer, des internautes plus curieux mais aussi, forcément, plus pressés de savoir, découvrir, essayer et également laisser leur propre trace dans la mémoire sans fin du réseau.

Plus question, en effet, de se limiter à la consultation passive de sites construits uniquement avec des textes et des images. Musiques, films, forums, chats, messageries instantanées, réponses aux articles sont les éléments constituants du Web moderne.

N'oublions pas le commerce électronique... Cette révolution dans la révolution, fonctionnalité balbutiante hier, parfaitement mature aujourd'hui, capable de faire vaciller certaines grandes structures commerciales, construites sur des techniques de vente traditionnelles, et qui payent cher l'erreur de ne pas avoir anticipé la vague déferlante du commerce en ligne.

Passionnant mais bouillonnant, pourvoyeur de richesses intellectuelles et financières pour certains, de rêves et de désillusions pour d'autres, le Web est sans merci et ne laisse pas place à l'inefficacité. Que l'on soit rédacteur ou commerçant, on ne crée plus aujourd'hui des pages comme on le faisait il y a encore quelques années. Performance et rentabilité sont les maîtres mots de la réussite, en matière de gestion du contenu rédactionnel, qui ne peut plus s'opérer de façon artisanale. Et c'est tout naturellement en réponse à ce besoin de productivité que sont nés les systèmes de gestion de contenu.

L'objectif de ce livre est de vous présenter Joomla. À nos yeux, Joomla est le système de gestion de contenu le plus abouti et le plus polyvalent. Il est capable, par exemple, de se transformer en forum de discussion, en galerie d'images et surtout, comme vous le découvrirez dans la seconde partie de cet ouvrage, en site de commerce électronique.

Qu'est-ce qu'un système de gestion de contenu ? Avant de pouvoir répondre à cette question, il est nécessaire de revenir sur les techniques traditionnelles de réalisation d'un site Internet.

1.1. Techniques traditionnelles de construction de sites Internet

Pour comprendre l'intérêt des systèmes de gestion de contenu, il vous faut bien différencier les deux familles de sites web en ligne à ce jour : les sites statiques et les sites dynamiques.

Créer un site statique, une technique aujourd'hui dépassée

Toutes les pages qui composent les sites web que vous visitez, respectent des normes de conception, celles du langage XHTML, nouvelle mouture du langage HTML.

Le HTML (*Hypertext Markup Language*) est un langage de mise en forme de documents, employé afin d'afficher les contenus des pages web dans les navigateurs Internet. Ce langage est une variante du SGML (*Standard Generalized Markup Language*).

La structure du HTML est fondée sur l'utilisation de "balises", instructions permettant la mise en forme des documents, essentiellement composés de textes et d'images. L'une d'entre elles est fondamentale, puisqu'elle autorise la création de liens "hypertextes", qui permettent, par simple clic sur une chaîne de caractères ou une image, d'ouvrir une autre page. Cette fonctionnalité, qui autorise les sauts d'une page à une autre, est à l'origine de l'expression "surfer sur le Web".

En complément du code HTML, il est fréquent de trouver, greffées dans les pages, des fonctionnalités complémentaires, telles que des animations sophistiquées en technologie Flash, des vidéos ou des morceaux de code Javascript. Ces derniers sont utilisés afin de réaliser des traitements impossibles en HTML, tels que des validations de données dans des formulaires (zones de collectes d'informations structurées), des calculs ou encore certains types de menus déroulants.

Autre complément aujourd'hui indissociable des pages HTML, les feuilles de style en cascades (dont l'extension de fichiers est *.ccs*), traduction française de l'expression "*Cascading Style Sheet*" et dont la fonction est de gérer la mise en forme des pages. L'utilisation des feuilles de style a constitué un progrès majeur car elle a simplifié considérablement la lecture du code HTML.

> REMARQUE
>
> **"Page HTML", un abus de langage**
>
> Parler de "pages HTML" est aujourd'hui un abus de langage puisque le HTML a été remplacé par le XHTML. Cette expression est toutefois très répandue et nous l'utiliserons dans ce qui suit pour désigner les pages écrites en langage XHTML.

La méthode la plus simple, la plus ancienne également, pour réaliser un site web, est celle du "site statique". Dans un tel site, les pages sont écrites par le webmestre, en langage XHTML, soit par une saisie totale du code dans un éditeur de texte, tel que le Bloc-notes, soit par le biais d'un logiciel de création de pages WYSIWYG tel que Dreamweaver.

> REMARQUE
>
> **Éditeur de texte et générateur de code WYSIWYG**
>
> On nomme "éditeur de texte" un logiciel simple, qui peut être comparé à un traitement de texte qui ne disposerait pas de fonctionnalités de mise en forme du texte. Le langage XHTML étant un langage de mise en forme de documents, c'est en effet le code de la page et celui de la feuille de style à laquelle elle est rattachée qui contiennent les instructions de mise en forme.

```
<!DOCTYPE HTML PUBLIC "-//W3C//DTD HTML 4.01//EN"
          "http://www.w3.org/TR/html4/strict.dtd">



<html>
<head>

  <title>Fnac : DVD, informatique, jeux vidéo, logiciel, CD, GPS, livres, ordinateur, appareils
photo</title>
  <meta http-equiv="PICS-Label" content='(PICS-1.1 "http://www.rsac.org/ratingsv01.html" l gen
true comment "RSACi North America Server" by "webmaster@fnac.com" for "http://www.fnac.com/" on
"1997.06.30T14:21-0500" r (n 0 s 0 v 0 l 0))'>
  <meta name="ms.locale" content="FR">
  <meta http-equiv="Content-Type" content="text/html; charset=iso-8859-1">
  <meta name="category" content="home page">
  <meta name="description" content="Tout savoir sur les derniers produits High Tech (TV,
lecteur MP3, jeux vidéo, appareil photo…)et sur les produits culturels (Livres, CD, DVD…) avec
la possibilité d'acheter en ligne sur Fnac.com">
  <meta name="verify-v1" content="2esE8MvOLJJWCofpEk+MnnfTA0t0aUmlFQS81PSpsVI=">

  <!-- LastVisit:22/03/2009 11:39:26 -->
  <link rel="shortcut icon" href="/favicon.ico">

  <link rel="stylesheet" type="text/css" media="all" href="/css/stylesv2.css?20090223">
```

Figure 1.1 : *Extrait du code XHTML d'une page web, ici affiché dans le Bloc-notes, l'éditeur de texte livré avec Windows*

REMARQUE

Le terme WYSIWYG, quant à lui, est un acronyme de *What You See Is What You Get*. Cette expression, qui peut être interprétée par "Vous voyez ce que vous obtiendrez" est utilisée pour désigner le mode de fonctionnement des logiciels de création de pages web, tels que le célèbre Dreamweaver. À la différence d'un simple éditeur de texte, ceux-ci se présentent sous la forme d'un traitement de texte simplifié, disposant d'une interface dédiée à la réalisation des mises en forme des textes et des images ainsi qu'aux insertions d'objets dans les pages tels que des applications en technologie Flash ou de traitements prédéfinis en langage Javascript. Les actions effectuées sont ensuite transformées en langage XHTML, comme si ce dernier avait été tapé manuellement dans un éditeur de texte.

Le plus souvent, la visite d'un site web débute par la page d'accueil. Celle-ci se nomme quasi invariablement "Index". Si le site est construit de façon "statique" (entendez "sans utilisation d'un langage de programmation générant les pages HTML"), elle porte l'extension *.htm* ou *.html*.

Les navigateurs Internet, dont la finalité est d'interpréter le code des pages et d'afficher le résultat de cette interprétation, sont programmés, lorsqu'un nom de domaine est saisi dans leur barre d'adresse, pour s'assurer de l'existence d'une telle page et pour l'ouvrir, dans l'affirmative. Si tel n'est pas le cas, le navigateur affiche un message indiquant qu'il ne peut afficher la page.

REMARQUE

Nom et extension d'un fichier

L'extension d'un fichier est le terme indiquant une courte chaîne de caractères ajoutés après le nom du fichier et qui indique son appartenance à une famille. Ainsi, les fichiers portant l'extension *.htm* ou *.html* font partie de la famille des pages web statiques. Nom de fichier et extension sont toujours séparés par un point.

La visite d'un site ne commence toutefois pas obligatoirement par celle de la page d'accueil, l'internaute venant généralement d'un moteur de recherche, pouvant commencer son parcours depuis n'importe quelle page du site et se déplacer vers les suivantes en utilisant les liens hypertextes permettant une navigation sur le site.

Pour un internaute, une autre raison de débuter son parcours sur un site web peut être d'avoir enregistré l'adresse de la page dans ses Favoris, encore nommés marque-pages, qui sont des adresses de pages mémorisées et stockées dans les navigateurs Internet.

Comprendre les principes des sites dynamiques

Deuxième catégorie de sites web, les sites dynamiques se distinguent des sites statiques dans la mesure où les pages qui les composent sont générées par des programmes, selon les requêtes réalisées par les internautes, et qui peuvent prendre des formes diverses (zones de texte, cases à cocher, listes déroulantes, boutons d'options, etc.).

Parmi les composants techniques susceptibles de réaliser de tels traitements, les plus utilisés sont incontestablement les composants open source Linux (système d'exploitation), Apache (serveur web), PHP (langage de programmation) et MySQL (base de données). On retrouve cette configuration chez la quasi totalité des hébergeurs.

Nombreuses sont les utilisations qui peuvent être faites des rouages du Web dynamique : commerce électronique, en premier lieu, mais aussi forums, blogs, réseaux sociaux, jeux en ligne, pour citer les applications les plus répandues.

L'un des tournants majeurs du Web dynamique, ces dernières années, a été sa démocratisation. Petites et moyennes structures commerciales l'ont adopté, y voyant une technologie beaucoup plus efficace et bien moins coûteuse que celle du traditionnel Web statique. Quant aux particuliers, nombre d'entre eux l'utilisent sans même en avoir conscience, en publiant leurs articles sur des blogs, par exemple. Facilité de mise à jour par interface directement accessible depuis un navigateur web, de n'importe quel poste connecté à Internet, aucun logiciel à installer sur le PC, optimisation du référencement dans les moteurs de recherche sont les séduisants atouts du Web dynamique, auxquels il est difficile de résister.

C'est donc très naturellement sur cette vague que se sont développés les CMS (*Systèmes de Gestion de Contenu*), outils de création et de mise à jour de sites, dont le principal avantage est de délester le webmestre des tâches de création des pages pour lui permettre de se concentrer sur le contenu rédactionnel du site.

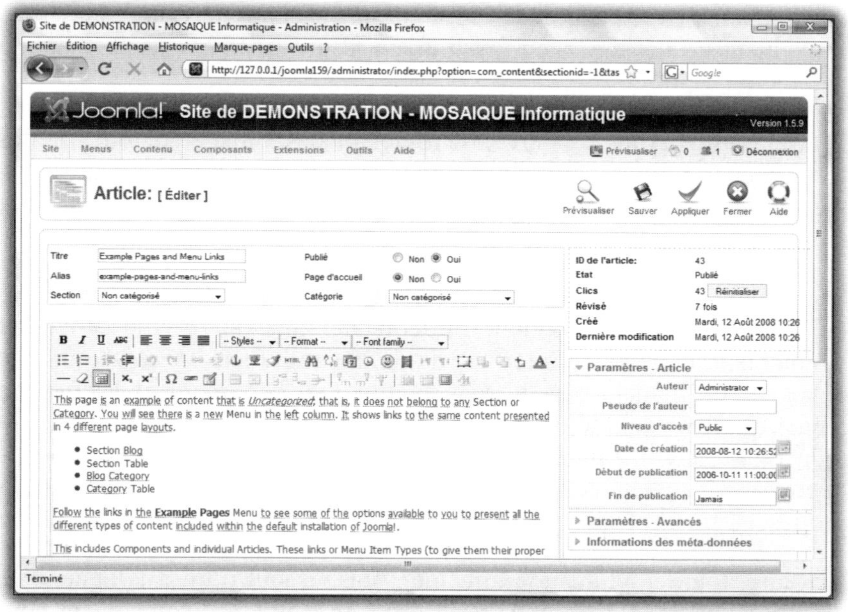

Figure 1.2 : *L'éditeur de création de pages en ligne proposé par le CMS Joomla*

1.2. Comprendre les principes des CMS (serveur web, base de donnée, code dynamique)

Les avantages du CMS

Les principes de fonctionnement des systèmes de gestion de contenu (dénommés CMS, pour *Content Management System* ou encore SGC, pour *Système de Gestion de Contenu*) sont globalement toujours les mêmes. Bien les comprendre est donc un atout important pour un webmestre utilisant Joomla.

Les CMS sont des systèmes de publication sur Internet. Leurs mécanismes sont préfabriqués : édition du contenu des pages (textes et images), fonctionnalités en tous genres qui nécessitaient il y a peu des développements spécifiques lors de la création d'un site, etc. Implémenter un site web au moyen d'un CMS consiste donc à paramétrer celui-ci.

Le webmestre ayant déjà créé, de toutes pièces, un site statique via des techniques traditionnelles, sera immédiatement et agréablement surpris par l'efficacité d'une telle solution, en terme de temps de mise en place (sans les nombreux jours de débogage et de tests).

Sa seconde surprise sera certainement la facilité qui s'offrira à lui en ce qui concerne la mise à jour du contenu éditorial et qui s'opérera simplement, depuis une interface d'administration en ligne. La quantité de pages qu'il mettra en ligne s'en trouvera certainement accrue, de même que leur qualité, puisque la tâche du webmestre se limitera à la rédaction du contenu rédactionnel, à laquelle s'ajouteront quelques opérations simples de mise en forme, opérées par les commandes proposées sur l'interface.

En outre, toute modification effectuée (mise à jour d'un catalogue, date d'événement, modification de tarif, …) sera visible instantanément pour tout visiteur du site.

Enfin, et cela n'est pas le moindre avantage, le webmestre, par simple mise à jour de son système de gestion de contenu, bénéficiera de toutes les améliorations apportées par l'équipe de développement du produit, presque toujours gratuitement puisque issues du monde de l'open source, soucieuse d'apporter à leur "bébé" toutes les nouvelles fonctionnalités qui ne manqueront pas d'apparaître sur Internet.

REMARQUE

Le monde de l'open source

On peut traduire ce terme par "source ouverte". Il désigne les logiciels disposant d'une licence autorisant la libre redistribution du produit et dont le code informatique est libre.

Les programmes open source sont généralement de bonne qualité puisque l'ouverture du code à de nombreux programmeurs favorise l'amélioration des produits.

Ajoutons à cette liste, déjà longue, d'arguments positifs en faveur de l'utilisation d'un CMS, que ce dernier s'installe en un temps record (moins d'une heure en général) et il sera aisé de comprendre pourquoi tant de personnes utilisent aujourd'hui des systèmes de gestion de contenu.

Intéressons-nous maintenant aux principes techniques qui régissent les CMS, et particulièrement Joomla…

L'idée fédératrice est de séparer les contenus à proprement parler, que représentent les textes, les images et, d'une manière générale, les objets insérés dans les pages, de leur mise en forme, effectuée par un choix en matière de polices de caractères, de couleurs et d'habillage graphique principalement.

Les contenus sont stockés dans une base de données (MySql dans presque tous les cas), alors que les directives relatives à la présentation sont dans des feuilles de styles, les fichiers dans lesquels sont enregistrées les particularités de mise en forme des pages du site.

Ainsi, il est possible, sans changer une virgule du contenu rédactionnel du site, d'en modifier l'apparence radicalement (il suffit de modifier la ou les feuilles de style qui leur sont appliquées).

Figure 1.3 : *Sur Joomla, la modification de la mise en forme s'effectue par application d'un "template"*

Vous pourrez, par exemple, utiliser des modèles de présentation différents en fonction des périodes de soldes, ou des fêtes à venir afin de changer l'aspect de votre site, sans modifier les textes et les images qu'il renferme.

La mise à jour immédiate du site

L'un des principaux avantages du CMS est la mise en ligne immédiate de toute modification des pages du site. Pour bien le comprendre, il est nécessaire de commencer par décrire le mode de fonctionnement de la publication traditionnelle d'un site web.

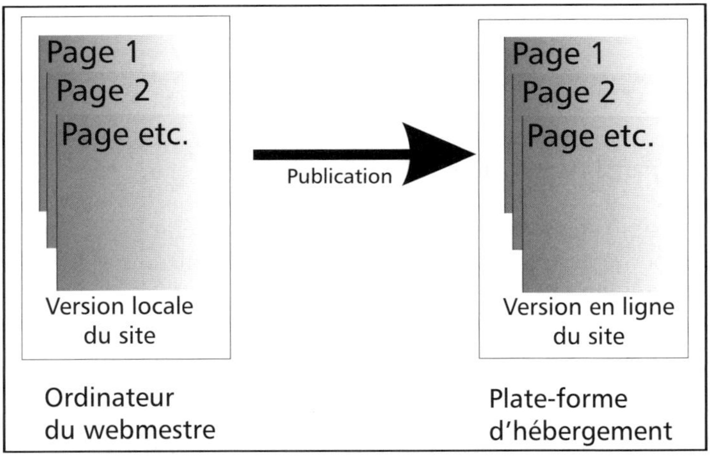

Figure 1.4 : *Schéma de publication traditionnelle d'un site web*

Lorsque le site est construit et mis en ligne de façon traditionnelle, c'est-à-dire sans utilisation d'un système de gestion de contenu (au moyen d'un logiciel tel que Dreamweaver, par exemple), le webmestre construit une version "locale" du site sur son ordinateur. Il "publie" ensuite cet ensemble de fichiers chez son hébergeur afin que le site soit "en ligne", terme synonyme de "accessible depuis Internet".

Cette méthode présente un inconvénient majeur : toute mise à jour du contenu rédactionnel du site doit être suivie d'une nouvelle publication, action chronophage, fastidieuse et répétitive.

Avec un système de gestion de contenu, les choses sont différentes. Les personnes en charge de la mise à jour du contenu rédactionnel du site voient, comme les internautes, les modifications apparaître en ligne dès leur validation, c'est-à-dire immédiatement. La phase de publication est supprimée, les données étant stockées dans une base de données et non plus en tant que pages HTML indépendantes. Ce principe simplifie considérablement les choses et rend les travaux de rédaction accessibles à tous, y compris aux non informaticiens.

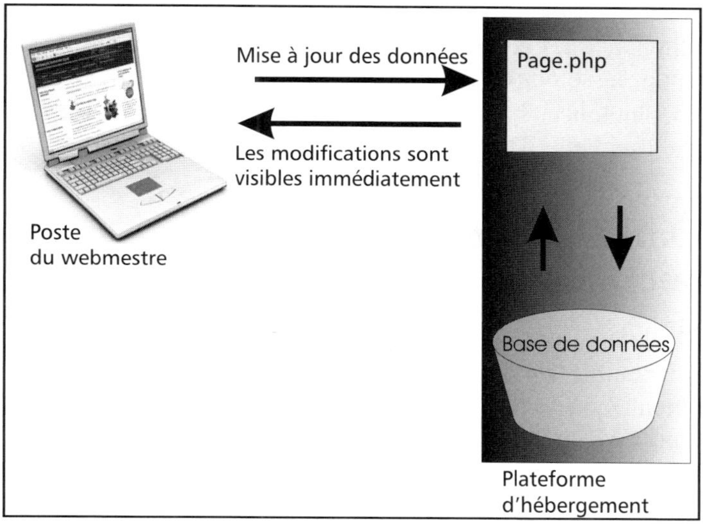

Figure 1.5 : *Schéma de la mise à jour d'un site administré avec Joomla*

Sur un CMS tel que Joomla, le travail collaboratif est très facile à coordonner (ce qui n'est pas le cas lorsque le site est publié de façon traditionnelle. De nombreux rédacteurs peuvent ainsi travailler en même temps à la mise à jour du site. On retrouve même, dans la chaîne de production, les phases de soumission et de validation des articles qui caractérisent les méthodes de travail de la presse traditionnelle, sur journaux papier. Les auteurs écrivent et soumettent leurs articles (qui sont stockés sur le site mais ne sont pas encore visibles des internautes), les éditeurs les corrigent éventuellement, puis les valident. Quant aux administrateurs, leur rôle est d'assurer le bon fonctionnement du système et de l'améliorer. Tous accèdent au site via un simple navigateur Internet. Les contenus et la plupart des paramètres sont stockés dans la base de données.

Quand le site est visité par un internaute, les pages n'existent pas encore, à la différence des pages HTML qui constituent un site statique.

Elles sont créées dynamiquement, en fonction des demandes (nommées "requêtes") effectuées par les internautes.

Un CMS ne requiert donc aucune installation logicielle sur l'ordinateur du webmestre. Celui-ci est, en outre, libre de travailler sous le système d'exploitation de son choix (Windows, Linux ou Mac OS).

L'interface d'administration du site est affichée dans les navigateurs des auteurs, des éditeurs et des administrateurs, avec des fonctionnalités plus ou moins étendues, selon le niveau hiérarchique de l'individu (les administrateurs étant les seuls à disposer de toutes les fonctions du système).

Les principaux CMS du marché et leurs spécificités

Même si Joomla est, à nos yeux, le meilleur CMS open source actuellement disponible sur le marché, il n'est pas le seul système de gestion de contenu que vous pourrez télécharger et utiliser. Voici une sélection de cinq CMS très en vogue, ayant chacun ses spécificités.

Dotclear

Dotclear est un CMS très utilisé par les blogueurs.

REMARQUE

Le phénomène des blogs

Un blog est une forme de CMS, simple à mettre en place, et dont la finalité est de donner à son propriétaire des outils rapides et efficaces pour générer du contenu (le site traite souvent des passions du blogueur et peut prendre la forme d'un journal plus ou moins intime). On y trouve fréquemment des vidéos, ce qui fait de certains blogs des véritables canaux médiatiques, parallèles à ceux des grands médias traditionnels.

Ce CMS est téléchargeable, à l'adresse **http://fr.dotclear.org**.

Figure 1.6 : *Le site de téléchargement de Dotclear*

Drupal

Drupal est un CMS répandu. Il permet la mise en ligne de contenu structuré et personnalisable par l'ajout de modules optionnels.

Vous pouvez télécharger Drupal à l'adresse **http://drupalfr.org/**.

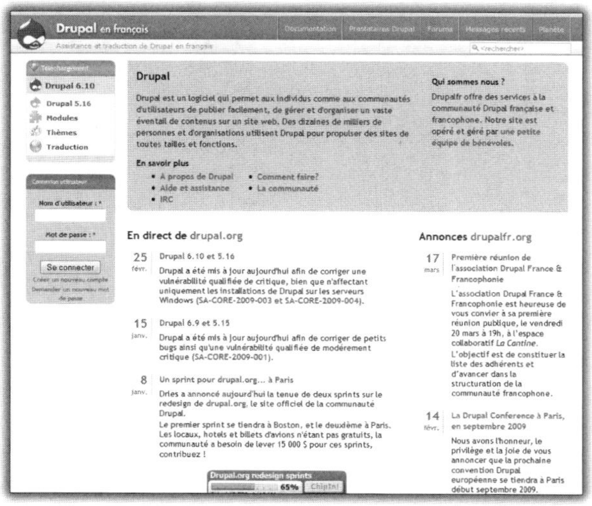

Figure 1.7 : *Le site de téléchargement de Drupal*

Joomla

Joomla est un CMS incroyablement achevé, fruit du travail d'une équipe de développement open source internationale très efficace. Comme vous le découvrirez plus loin dans cet ouvrage, sa grande polyvalence autorise son emploi pour la création de tous types de sites web (site personnel, site vitrine d'entreprise, espace de téléchargement, forum, intranet, boutique de vente en ligne, etc.).

> REMARQUE
>
> **Signification du mot "Joomla"**
>
> Ce terme semble trouver son origine dans le mot "Jumla" qui, en swahili, signifie "tous ensemble".

Vous pouvez le télécharger à l'adresse **http://www.joomla.fr**.

Figure 1.8 : *Le site de téléchargement de Joomla*

Spip

Cet excellent CMS est conçu comme un véritable outil de gestion d'un journal d'information en ligne. Il offre nombre de fonctions spécifiques au monde de la presse.

Spip est téléchargeable à l'adresse **http://www.spip.net**.

Figure 1.9 :
Le site de téléchargement de Spip

WordPress

WordPress est un CMS très connu des blogueurs exigeants. Il se caractérise par une grande souplesse d'utilisation qui permet également son emploi pour la création d'un site traditionnel.

Vous pouvez le télécharger à l'adresse **http://www.wordpress-fr.net**.

Figure 1.10 :
Le site de téléchargement de WordPress

Pourquoi choisir Joomla

Un outil très polyvalent et robuste (Joomla peut aussi bien être employé pour la réalisation d'un simple site vitrine comme pour la construction d'une boutique de commerce électronique), une équipe de développement efficace et une communauté active, assurant la pérennité du produit ; voici les critères essentiels qui nous font préférer Joomla aux autres CMS, même si nombre d'entre eux présentent des atouts séduisants.

On peut ajouter plusieurs points à la liste : une gestion des droits simple et efficace, une interface conviviale et complète, un nombre impressionnant de modules complémentaires pouvant se ploguer sur le système et lui adjoignant pratiquement toutes les fonctionnalités dont a toujours rêvé un webmestre, sans jamais trouver le temps de les développer.

Juridiquement, Joomla est un système sous licence GNU/GPL (vous donnant le droit d'utiliser gratuitement et légalement le produit), développé sous technologie PHP (en ce qui concerne le langage de programmation) et MySQL (le gestionnaire de base de données).

REMARQUE

Origine de Joomla

Joomla est né en 2005, du fait de désaccords entre l'équipe de développement du CMS open source "Mambo", certains des développeurs du projet préférant continuer l'aventure avec un nom différent, indiquant ainsi leur rupture avec le projet initial.

Quelques années plus tard, Joomla est devenu un produit d'une grande qualité, disposant de facultés d'adaptation nombreuses à tous types de sites (par ajout de modules d'extensions, correspondant chacun à une fonctionnalité spécifique). La version actuelle du système est la version 1.5. Elle autorise deux méthodes d'accès aux données : le "*frontend*" est la partie réservée aux internautes visitant le site et le "*backend*" est l'interface d'administration, accessible seulement aux administrateurs.

Joomla se singularise également par sa gestion de la mise en forme des pages (polices, couleurs, images de fond, boutons, etc.) qui peut être modifiée en quelques clics par application de "templates" (modèles de mise en forme utilisant les feuilles de style, fichiers stockant les paramètres de mise en forme).

1.3. Comprendre le langage XHTML

Joomla vous décharge de la fastidieuse tâche d'écriture des pages HTML. Il ne vous est donc plus nécessaire de maîtriser ce langage pour être le webmestre d'un bon site web. Plus nécessaire, mais pas inutile... Qui peut le plus peut également le moins...

L'objectif de cette section n'est nullement de faire de vous un expert du HTML (ou, plus exactement, du XHTML, nouvelle version de ce langage) mais de vous permettre d'en acquérir les bases générales qui, vous le découvrirez rapidement, sont très simples.

Il vous sera alors possible de comprendre les rouages mis en œuvre, derrière l'éditeur HTML de Joomla et, le cas échéant, de savoir comment appréhender le travail et les recherches d'information à effectuer s'il vous était nécessaire de "ploguer" un greffon de code dans vos pages que Joomla ne saurait pas réaliser. Ceux d'entre vous qui voudront aller plus loin dans l'apprentissage du HTML trouveront l'information nécessaire en ligne, sur le Web.

ASTUCE

Apprendre le langage HTML

Rien de plus facile, l'information est à la portée de quelques recherches sur Internet. Saisissez, par exemple, "tutoriel html", "didacticiel html", "guide html" ou encore "apprendre le html" dans la zone de recherche de Google. De nombreux liens vous mèneront vers de très instructifs sites web.

Rien ne distingue, techniquement, une page web d'une autre, puisqu'elle se doit d'être compatible avec la norme HTML. Qu'elles soient issues d'un blog, d'un système de gestion de contenu, qu'elles soient tapées à la main dans un simple éditeur de texte comme le Bloc-notes ou générées avec un éditeur de sites sophistiqué tel que Dreamweaver, les pages affichées dans votre navigateur Internet sont donc normalisées et obéissent aux mêmes règles de structure : celles du langage XHTML. Ce dernier n'est pas un langage de programmation mais un langage de mise en forme du contenu des pages web.

À la différence de la presque totalité des langages de programmation, le code HTML ne nécessite pas l'installation d'un environnement (interpréteur ou compilateur). Ce sont, en effet, les navigateurs qui servent d'interpréteurs. Quant au code, il prend la forme d'un simple fichier texte, qui peut être généré par un logiciel de création de pages HTML mais peut aussi bien être saisi avec un simple Bloc-notes, c'est-à-dire un éditeur de texte.

Certes, Joomla utilise le langage PHP pour générer ses pages et interroger ses bases de données mais ces traitements sont transparents pour le webmestre qui travaille sur le site depuis l'interface d'administration et qui, par exemple, met en forme un article depuis l'éditeur de pages du CMS. Lors de cette opération, du code du HTML est généré et une compréhension des règles syntaxiques employées ne peut qu'être qu'utile.

Comprendre les bases d'une page XHTML

La structure de base du code XHTML d'une page est la suivante :

```
<html>
<head>
</head>
<body>
</body>
</html>
```

Quelques explications s'imposent.

Utiliser les balises, bases de la page XHTML

Les balises (ou "tags") sont les éléments syntaxiques de base des pages XHTML. Elles définissent la mise en forme des contenus (textes et images essentiellement) puis sont interprétées par les navigateurs Internet qui affichent alors les pages sous une forme intelligible pour les humains.

Conventionnellement, il est d'usage de saisir les noms des balises en caractères minuscules et encadrés par les caractères "<" et ">" (on parle de "chevrons"), sans ajouter d'espace entre le nom du tag et ces caractères.

La plupart des balises vont par paires : l'action d'une balise de ce type prend fin lorsque la même balise, portant un nom identique précédé du caractère "/", est rencontrée par le navigateur Internet, lors de sa lecture séquentielle du code XHTML (on parle alors de "balise de fin").

Un nombre limité de balises déroge toutefois à cette règle et ne nécessite pas de balises de fin. Ainsi, par exemple, la balise permettant l'insertion d'une image ou celle utilisée pour générer un simple saut de ligne dans un paragraphe.

La syntaxe utilisée est alors du type :

```
<balise />
```

REMARQUE

HTML et traitements séquentiels

En informatique, un traitement est dit séquentiel lorsque les instructions qui le composent sont lues selon une suite ordonnée, généralement du début à la fin du code.

Il existe d'autres traitements, susceptibles d'être effectués par des langages de programmation : les traitements répétitifs (répétant une séquence) et conditionnels (le résultat du traitement est déterminé par une condition). XHTML n'est pas adapté à l'exécution de ces deux derniers types de traitements, c'est pourquoi XHTML n'est pas considéré comme un langage de programmation mais comme un langage de mise en forme de documents.

Le code XHTML utilise fréquemment des balises de manière imbriquée : il est ainsi, par exemple, possible d'indiquer qu'une portion de texte est en caractères italiques et qu'une sous-portion de celle-ci est en caractères gras. Les balises indiquant la mise en forme en gras seront alors comprises dans les balises indiquant la mise en forme en italiques.

Voici un exemple de code XHTML, utilisant les balises `<h1>` et `<p>`, permettant respectivement de définir des titres de premier niveau et des paragraphes dans une page web :

```
<h1>texte</h1>
<p>texte</p>
```

Utiliser les attributs

De nombreuses balises peuvent être personnalisées par l'ajout d'attributs, qui sont des paramètres permettant de personnaliser les actions des balises.

Ces attributs sont placés après le nom de la balise, entre les caractères "<" et ">". Un espace sert de séparateur entre le nom de la balise et l'attribut.

La syntaxe générale des attributs est la suivante :

```
<balise attribut 1= "valeur 1" attribut 2 = "valeur 2">
```

Voici quelques exemples concrets d'utilisation des attributs :

```
<img src="voiture.jpg" width="400" height="200" />
```

(la balise `<img />` affiche l'image *voiture.jpg*, avec une largeur de 400 pixels et une hauteur de 200 pixels).

```
<p align="center">Le menu du jour</p>
```

(La balise `<p>` affiche le paragraphe en alignement centré.)

Insérer des commentaires

Dans une page HTML, les commentaires n'ont pas d'incidence sur l'affichage dans le navigateur Internet. Ils n'en sont pas moins utiles au développeur de la page car ils lui servent de repères et lui permettent de placer les informations de son choix dans la page, afin de rendre celle-ci plus intelligible, lors d'une relecture ultérieure.

Pour être ignorés lors de la lecture de la page par le navigateur Internet, les commentaires doivent être précédés de la suite de caractères <!— et suivis de —>.

Voici un exemple de la forme que peut prendre un commentaire dans une page :

```
<!—Cette partie a été mise à jour le 01/07/09 -->
```

Comprendre le HTML par l'exemple

Observez la structure de base d'une page XHTML :

```
<html>
<head>
<title>Le titre de la page qui sera affiché dans la
Barre de titre du navigateur Internet</title>
</head>
<body>
Le corps de la page, c'est-à-dire le contenu (textes,
images et objets) qui sera affiché dans la fenêtre du
```

```
navigateur Internet
</body>
</html>
```

ASTUCE

Afficher le code HTML d'une page web quelconque

Vous pouvez afficher le code de n'importe quelle page HTML parcourue sur le Web. Sur le navigateur Firefox, cette opération s'effectue via le menu **Affichage/code source de la page**. Vous obtiendrez le même résultat sous le navigateur Internet Explorer par le menu **Affichage/Source**.

La balise `<html>` indique le début de la page alors que la balise fermante `</html>` indique la fin. Ce sont donc ces deux balises qui encapsulent tout le code de la page.

La balise ouvrante `<head>` et la balise fermante `</head>` contiennent, quant à elles, l'en-tête, c'est à dire essentiellement les instructions non affichées dans la page, lorsque celle-ci est ouverte dans un navigateur. Bien que non visibles, ces informations n'en sont pas pour autant inutiles. Elles permettent, par exemple, d'afficher un titre dans la barre de titre du navigateur (cela est le cas de la paire de balises `<title>` et `</title>`). On place également dans la zone d'en-tête des balises utilisées par les moteurs de recherche, telles que la balise `<meta name="description">`, dont le rôle est de transmettre aux moteurs de recherche une description du contenu de la page.

La paire de balises `<body>` et `</body>` renferme, comme son nom l'indique, le corps de la page, c'est-à-dire toute la partie visible dans la fenêtre du navigateur. Il n'est donc pas étonnant de trouver des centaines ou des milliers de balises imbriquées à l'intérieur de cette paire de balises.

Puisque le langage XHTML est un langage interprété, un simple éditeur de texte (tel que le Bloc-notes de Windows) et un navigateur, même non connecté à Internet, vous suffisent pour réaliser le petit exercice qui suit et qui vous permet de comprendre le principe d'écriture et d'affichage d'une page web.

1 Lancez le Bloc-notes de Windows en utilisant le bouton **Démarrer/Tous les programmes/Accessoires/Bloc-notes**.

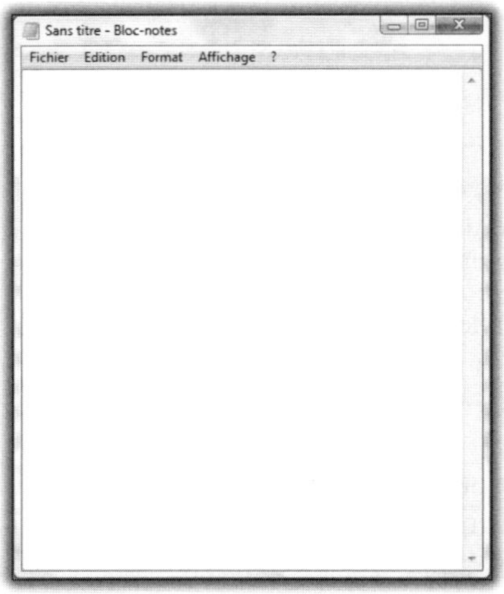

Figure 1.11 :
La fenêtre du Bloc-notes de Windows

2 Saisissez le code suivant :

```
<html>
<head>
</head>
<body>
Voici une phrase à afficher.
</body>
</html>
```

Figure 1.12 :
Le code de la structure de base d'une page XHTML, saisi dans le Bloc-notes de Windows

3 Enregistrez le fichier, via la commande **Fichier/Enregistrer sous**, dans le dossier de votre choix sur votre ordinateur. Affectez, par exemple, le nom `page1.html`.

ATTENTION

Extension des fichiers HTML

Le Bloc-notes étant un éditeur de texte, il affectera par défaut l'extension *.txt* à votre fichier si celle-ci est omise, lors de l'enregistrement. La page XHTML ne sera alors pas reconnue lorsqu'elle sera ouverte dans le navigateur. Veillez à bien saisir l'extension `.html`, après le nom du fichier, lors de son enregistrement depuis le Bloc-notes.

4 Lancez un navigateur Internet, Internet Explorer, par exemple, puis activez le menu **Fichier/Ouvrir**. Dans la boîte de dialogue **Ouvrir** qui apparaît, cliquez sur le bouton **Parcourir** et recherchez le fichier *page1.html* précédemment enregistré. Sélectionnez ce fichier, cliquez sur le bouton **Ouvrir** puis sur le bouton OK.

Une page blanche est affichée dans le navigateur. Il s'agit de votre page XHTML. Vous pouvez le vérifier par la lecture de son adresse dans la Barre d'adresse de votre navigateur. Elle est vierge car vous n'y avez saisi aucun contenu à afficher.

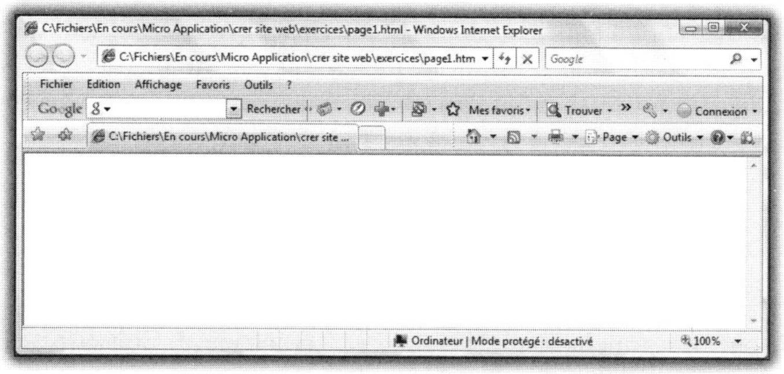

Figure 1.13 : *Le code HTML affiche une page vide*

5 Laissez le navigateur ouvert et retournez au Bloc-notes. Modifiez le code de la page en y ajoutant un contenu textuel entre les balises `<body>` et `</body>`, comme dans le code qui suit :

```
<html>
<head>
</head>
<body>
Voici une phrase à afficher.
</body>
</html>
```

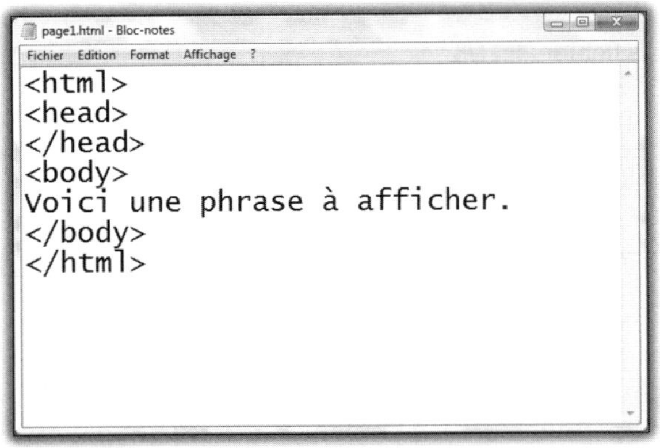

Figure 1.14 : *Le code est modifié dans le Bloc-notes*

6 Depuis le Bloc-notes, enregistrez à nouveau le fichier, en utilisant le menu **Fichier/Enregistrer**.

7 Retournez dans la fenêtre du navigateur, que vous aviez laissé ouverte, par la Barre des tâches de Windows.

Aucune modification n'est visible dans le navigateur. La phrase que vous avez ajoutée dans le code n'apparaît pas. Ceci est dû au fait que la page affichée actuellement est celle qui a été chargée dans le cache du navigateur lors du premier essai. Il va vous falloir l'actualiser.

> REMARQUE
>
> **Cache du navigateur Internet**
>
> Ce terme désigne une zone de mémoire intermédiaire, dans laquelle sont stockées les dernières pages et images affichées récemment dans le navigateur. Sa fonction principale est d'accélérer l'affichage. Il doit être actualisé, si la page consultée a été modifiée, afin de permettre la consultation de la dernière version du document.

8 Dans Internet Explorer, cliquez sur le bouton **Actualiser** (ou appuyez sur la touche [F5]).

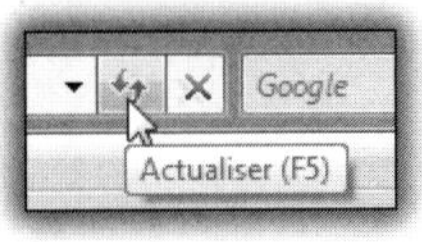

Figure 1.15 : *Le bouton Actualiser du navigateur Internet Explorer*

La page est actualisée et la phrase apparaît dans la page affichée dans le navigateur.

Figure 1.16 :
La page a été modifiée

Vous allez ajouter quelques balises dans le code de la page, afin de bien assimiler les bases de l'imbrication des tags.

9 Laissez le navigateur ouvert et retournez au Bloc-notes. Modifiez le code de la page en y ajoutant les balises <b> et </b>, afin qu'elles encadrent une zone quelconque de texte, comme dans le code qui suit (cette balise permet de mettre le texte concerné en gras) :

```
<html>
<head>
</head>
<body>
Voici <b>une phrase</b> à afficher.
</body>
</html>
```

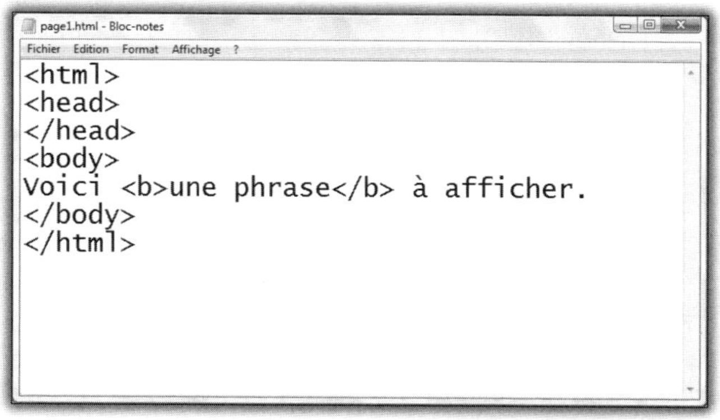

Figure 1.17 : *L'ajout du code dans le Bloc-notes*

10 Depuis le Bloc-notes, enregistrez à nouveau le fichier, via le menu **Fichier/Enregistrer**.

11 Retournez dans la fenêtre du navigateur, que vous aviez laissé ouverte, par la Barre des tâches de Windows. Actualisez la page affichée dans le navigateur.

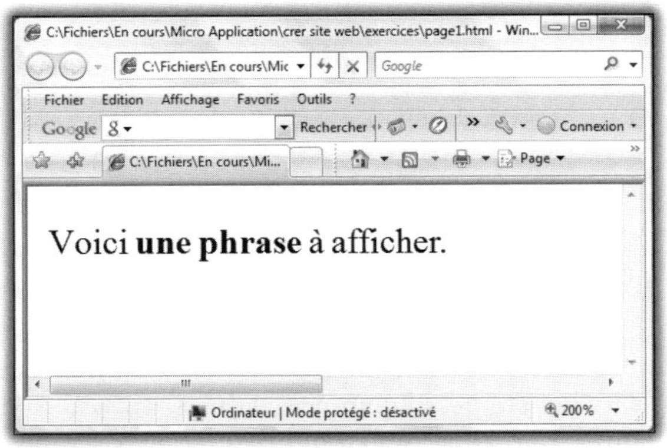

Figure 1.18 : *La nouvelle page, après qu'elle ait été actualisée*

Vous allez maintenant placer en italique l'un des mots déjà en gras, au moyen de la balise `<i>`.

12 Laissez le navigateur ouvert et retournez au Bloc-notes. Modifiez le code de la page en y ajoutant les balises `<i>` et `</i>`, afin qu'elles encadrent une zone quelconque de texte, comme dans le code qui suit :

```
<html>
<head>
</head>
<body>
Voici <b>une <i>phrase</i></b> à afficher.
</body>
</html>
```

13 Depuis le Bloc-notes, enregistrez à nouveau le fichier, par le menu **Fichier/Enregistrer**.

14 Retournez dans la fenêtre du navigateur, que vous aviez laissé ouverte, par la Barre des tâches de Windows. Actualisez la page affichée dans le navigateur.

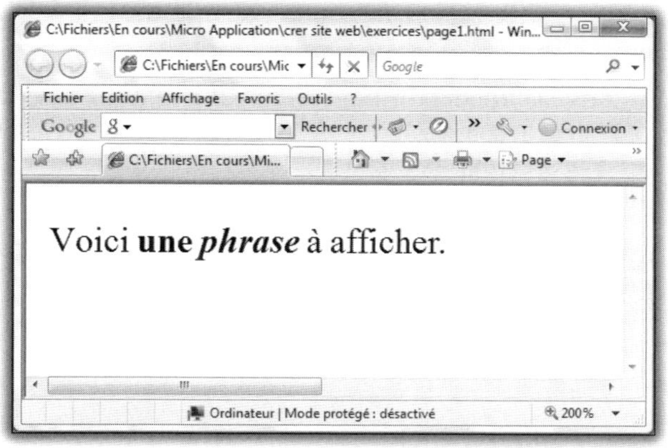

Figure 1.19 : *La nouvelle version de la page*

Vous allez maintenant utiliser une balise ayant une incidence sur la mise en forme des paragraphes. Mais auparavant, une petite expérimentation sera instructive.

15 Laissez le navigateur ouvert et retournez au Bloc-notes. Modifiez le code de la page en y ajoutant un retour à la ligne (touche [↵]) après la phrase de texte. Saisissez une ligne de texte quelconque après ce retour à la ligne, comme dans le code qui suit :

```
<html>
<head>
</head>
<body>
Voici <b>une <i>phrase</i></b> à afficher.
Ceci est une nouvelle ligne de texte.
</body>
</html>
```

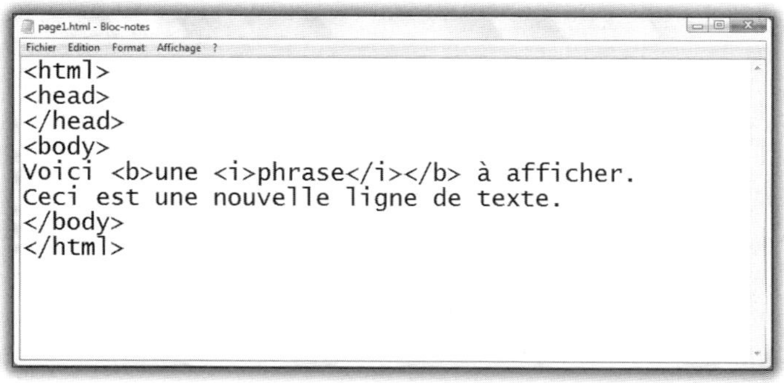

Figure 1.20 : *Un retour à la ligne est créé dans le Bloc-notes*

16 Depuis le Bloc-notes, enregistrez à nouveau le fichier, par le menu **Fichier/Enregistrer**.

17 Retournez dans la fenêtre du navigateur et actualisez la fenêtre.

Le retour à la ligne n'est pas visible dans la fenêtre du navigateur : les deux phrases sont affichées sur la même ligne.

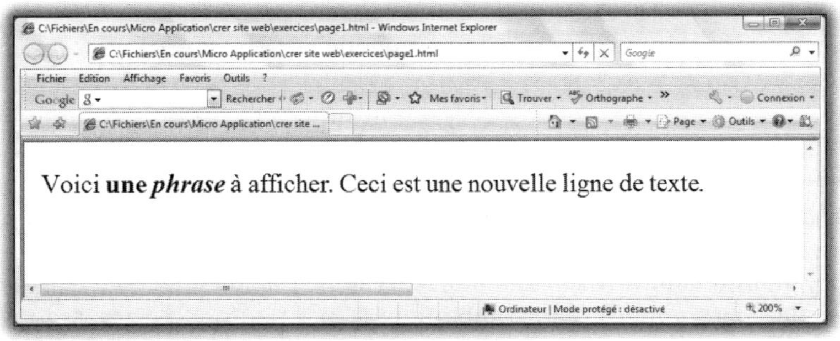

Figure 1.21 : *Le retour à la ligne n'apparaît pas dans le navigateur*

Cette manipulation met en évidence le fait que le navigateur, qui agit en tant qu'interpréteur du code XHTML, n'accorde aucune valeur au retour à la ligne effectué par la touche [↵], dans le Bloc-notes. Tout le code XHTML pourrait être écrit sur une seule ligne. Cette disposition entacherait certainement la lecture d'un œil humain mais nullement celle d'un navigateur Internet. Vous pouvez, pour vous en convaincre, supprimer tous les retours à la ligne placés dans le code : ceci ne changera rien à l'affichage de la page dans le navigateur.

Un retour à la ligne est un paramètre de mise en forme comme un autre. Or, XHTML est un langage de mise en forme de document. L'ordre de retourner à la ligne doit donc être donné par une balise.

C'est ce que vous allez faire au moyen de la balise `<p>`, dont la finalité est de créer un nouveau paragraphe. Pour rendre la démonstration plus pertinente, vous supprimerez même le retour à la ligne créé dans le Bloc-notes en utilisant la touche [↵].

18 Retournez dans la fenêtre du Bloc-notes. Modifiez le code de la page en supprimant le retour à la ligne généré par l'utilisation de la touche [↵] et en le remplaçant par une balise `<p>`, comme dans le code qui suit :

```
<html>
<head>
```

```
</head>
<body>
Voici <b>une <i>phrase</i></b> à afficher.<p>Ceci est
une nouvelle ligne de texte.</p>
</body>
</html>
```

19 Depuis le Bloc-notes, enregistrez à nouveau le fichier, par le menu **Fichier/Enregistrer**.

20 Retournez dans la fenêtre du navigateur et actualisez la fenêtre.

Cette fois, le retour à la ligne, créé par la nouvelle balise, est visible dans la fenêtre du navigateur (voir Figure 1.22).

Vous allez ajouter un attribut à une balise. Pour ce faire, vous emploierez la balise la plus utilisée sur le Web. Il s'agit du tag <a> (anchor), qui permet de réaliser des liens hypertextes, liant ainsi les pages les unes aux autres.

21 Dans la fenêtre du Bloc-notes, modifiez le code de la page comme dans le code qui suit :

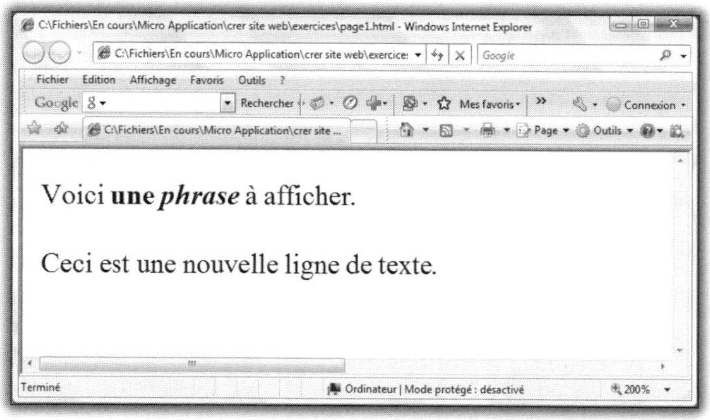

Figure 1.22 : *Le retour à la ligne apparaît désormais dans le navigateur*

```
<html>
<head>
</head>
<body>
Voici <b>une <i>phrase</i></b> à afficher.<p>Ceci est
une nouvelle ligne de texte.</p>
Cliquez <a href="page2.html">ici</a> pour afficher
la deuxième page.
</body>
</html>
```

22 Depuis le Bloc-notes, enregistrez à nouveau le fichier, par le menu **Fichier/Enregistrer**.

23 Toujours depuis le Bloc-notes, modifiez le code de la page comme suit :

```
<html>
<head>
</head>
<body>
Ceci est la seconde page.
</body>
</html>
```

24 Enregistrez le fichier avec le nom `page2.html`, par le menu **Fichier/Enregistrer sous**.

25 Retournez dans la fenêtre du navigateur et actualisez la fenêtre.

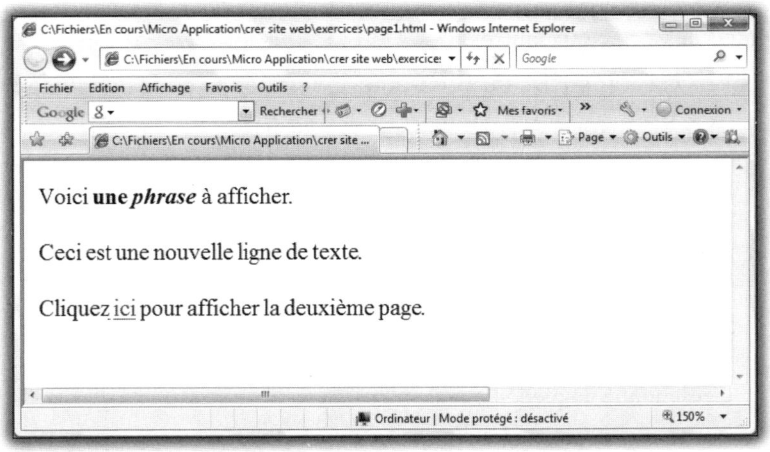

Figure 1.23 : *La première page, affichée dans le navigateur*

26 Cliquez sur le lien hypertexte, apparaissant en caractères soulignés dans la page.

La seconde page est affichée dans le navigateur, preuve que le lien hypertexte a fonctionné correctement.

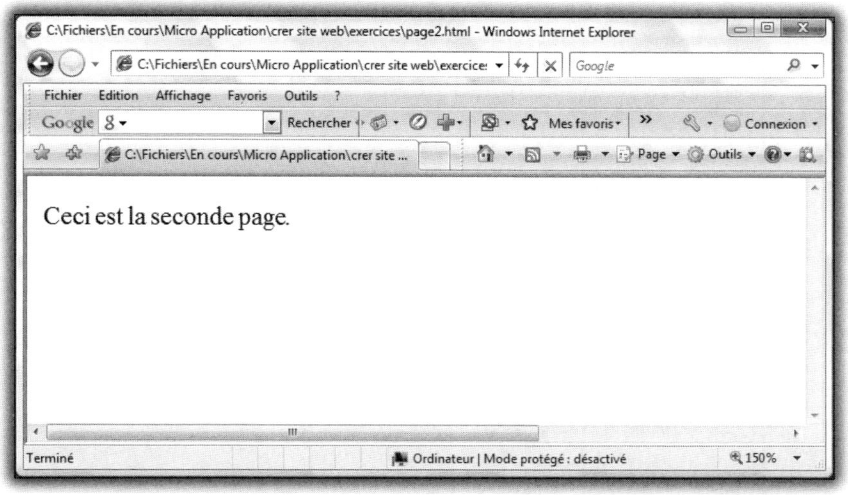

Figure 1.24 : *Le lien hypertexte a permis d'ouvrir la deuxième page*

Dans cet exemple, l'attribut utilisé est `href` (pour "Hypertext REFerence"). Il permet d'indiquer quelle page doit être ouverte lorsque le lien est cliqué (on parle alors de "page cible").

Vous allez maintenant utiliser une balise employée dans l'en-tête de la page. La balise utilisée sera `<title>`, qui permet d'affecter un titre, affiché dans la barre de titre de la fenêtre du navigateur.

27 En haut de la fenêtre du navigateur, observez la barre de titre. Elle affiche l'adresse de la page ouverte (ici *page2.html*), précédée du chemin d'accès à celle-ci sur votre ordinateur. Vous allez modifier cet affichage.

28 Depuis le Bloc-notes, modifiez le code de la seconde page comme suit :

```
<html>
<head>
<title>
Ceci est le titre de la deuxième page
</title>
</head>
<body>
Ceci est la seconde page.
</body>
</html>
```

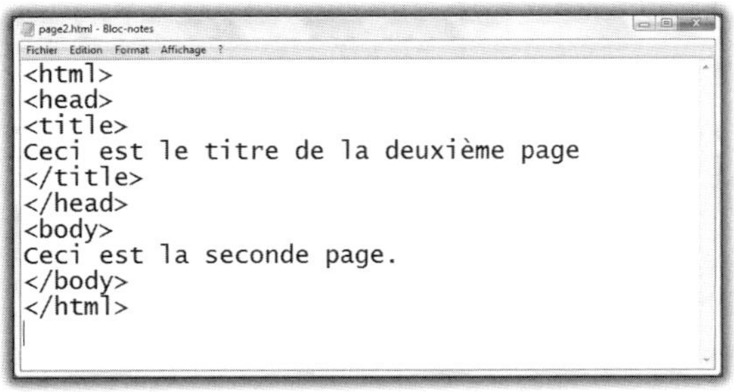

Figure 1.25 : *L'ajout de la balise <title> au code HTML*

29 Enregistrez à nouveau le fichier, par le menu **Fichier/Enregistrer**.

30 Retournez dans la fenêtre du navigateur et actualisez la fenêtre.

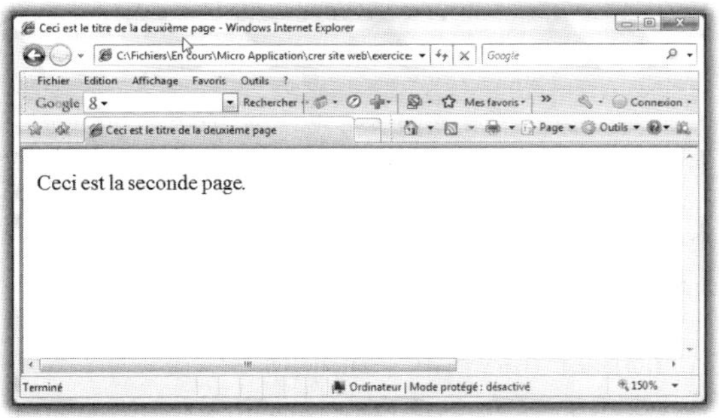

Figure 1.26 : *Le titre de la page est visible dans la Barre de titre du navigateur*

1.4. Check-list

- Les CMS ont révolutionné, en quelques années, le concept du site Internet.
- Un CMS est construit autour de trois concepts : les contenus sont stockés dans une base de données, les pages sont générées dynamiquement et le webmestre dispose d'une interface de mise à jour qui facilite considérablement son travail.
- Joomla est incontestablement l'un des meilleurs CMS du monde OpenSource, capable d'intégrer de nombreux composants complémentaires, dont VirtueMart, le composant permettant de transformer le CMS en véritable boutique en ligne.
- Bien que non obligatoires, quelques notions, dans le domaine de l'écriture de pages HTML, aideront le webmestre d'un site Joomla dans ses travaux de mise en page.

Chapitre 2

Installer Joomla

La configuration nécessaire 44
Télécharger Joomla 45
Télécharger et installer un serveur web local 50
Installer Joomla sur un serveur web local 57
Installer Joomla chez un hébergeur 66
Check-list 83

Dans la première partie de cet ouvrage, vous allez découvrir comment réaliser un site vitrine, c'est-à-dire un site de présentation de contenus, sans fonctionnalités spécifiques au commerce électronique. Mais avant cela, il vous faut installer Joomla.

L'opération est possible "en local", c'est-à-dire sur votre ordinateur, afin de pouvoir effectuer tous les tests de fonctionnement que vous jugerez utiles et aussi, bien entendu, chez un hébergeur, de sorte que le site soit accessible aux internautes.

2.1. La configuration nécessaire

Qu'il soit installé en local ou chez un hébergeur, le système doit disposer, pour fonctionner, de fonctionnalités techniques de base :

- le système de gestion de contenu Joomla, un ensemble de procédures développées dans le langage PHP ;
- un serveur web (nous utiliserons ici "Apache", le serveur web le plus répandu) ;
- le moteur de langage de programmation de pages web PHP (une version postérieure à la version 4.3 est requise) ;
- la base de données MySQL.

Avant d'effectuer l'installation de Joomla, vous devez télécharger le système.

REMARQUE

La trilogie Apache/PHP/MySql

Apache est le serveur web le plus employé sur Internet. Il s'agit d'un logiciel libre pouvant être mis en œuvre sur différents systèmes d'exploitation, tels que Linux ou Windows.

PHP est un langage de programmation libre, fonctionnant sur les serveurs web (par le biais d'un interpréteur PHP). Il permet, lorsqu'un internaute saisit l'adresse d'une page portant l'extension *.php*, de générer et de retourner une page au format XHTML (format d'affichage des pages dans un navigateur Internet tel que Firefox ou Internet Explorer). Cette page, qui n'avait pas d'existence physique avant la requête de l'internaute, peut être personnalisée en fonction de celle-ci, ce que ne permet pas le XHTML traditionnel.

MySql est un SGBD (*Système de Gestion de Base de données*). C'est également l'un des logiciels libres les plus répandus tant chez les particuliers que les professionnels.

Vous allez donc, dans ce qui suit, télécharger et installer ces composants.

2.2. Télécharger Joomla

1 Lancez votre navigateur Internet (Internet Explorer ou Firefox, par exemple) puis connectez-vous au site **http://www.joomla.fr**.

Figure 2.1 : *Le site www.joomla.fr*

2 Cliquez sur le lien de téléchargement de la dernière version 1.5.x (ou ultérieure) de Joomla.

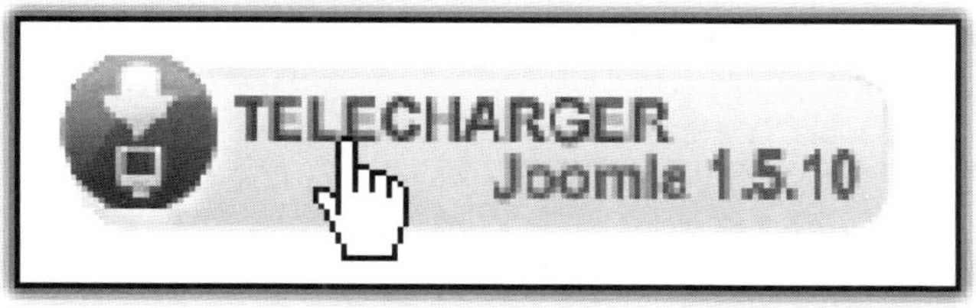

Figure 2.2 : *Le lien de téléchargement de la version 1.5.x*

REMARQUE

La version 1.0.x

Le site **http://www.joomla.fr** propose encore, pour quelques mois, le téléchargement de cette ancienne version du système. Cette option est à utiliser uniquement lorsque d'anciens composants, ne fonctionnant pas encore sur la nouvelle version 1.5.x, doivent être employés.

La page *Joomla! 1.5.x : packages d'installation et patches* est affichée.

3 Cliquez sur le lien **Joomla 1.5.x stable fr** proposé dans cette page.

Figure 2.3 : *Le lien de lancement du téléchargement*

La boîte de dialogue de téléchargement de fichiers apparaît.

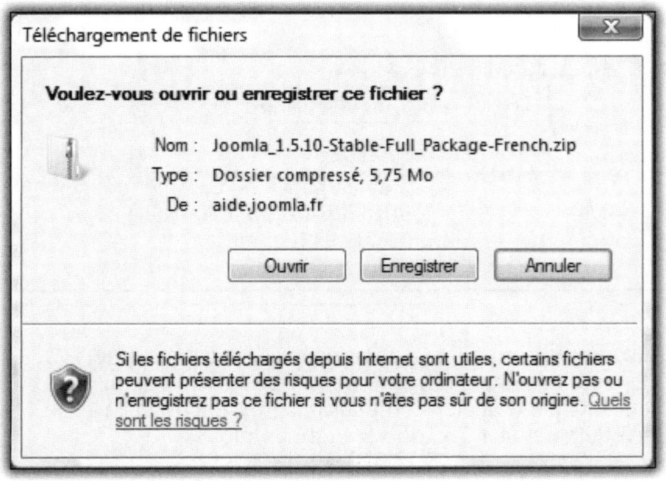

Figure 2.4 : *La boîte de téléchargement*

4 Choisissez d'enregistrer le fichier (sous Internet Explorer, cliquez sur le bouton **Enregistrer**).

La boîte de dialogue **Enregistrer sous** apparaît.

5 Dans l'arborescence des dossiers, présentée à gauche de la boîte de dialogue, placez-vous dans le dossier que vous réservez aux téléchargements puis cliquez sur le bouton **Enregistrer**.

Le téléchargement du fichier compressé au format *zip* s'opère et dure quelques instants.

Figure 2.5 : *Le téléchargement est terminé*

REMARQUE

La compression des fichiers au format .zip

Cette extension indique des fichiers ayant subi une compression, opération visant à réduire la place occupée sur l'ordinateur. Plusieurs fichiers peuvent être compressés en un seul. Ils doivent être décompressés avant usage.

6 Cliquez du bouton droit sur le fichier et choisissez **Extraire tout**, dans le menu contextuel qui apparaît.

La boîte de dialogue **Extraire les dossiers compressés** apparaît.

7 Conservez les options proposées et cliquez sur le bouton **Extraire** de la boîte de dialogue.

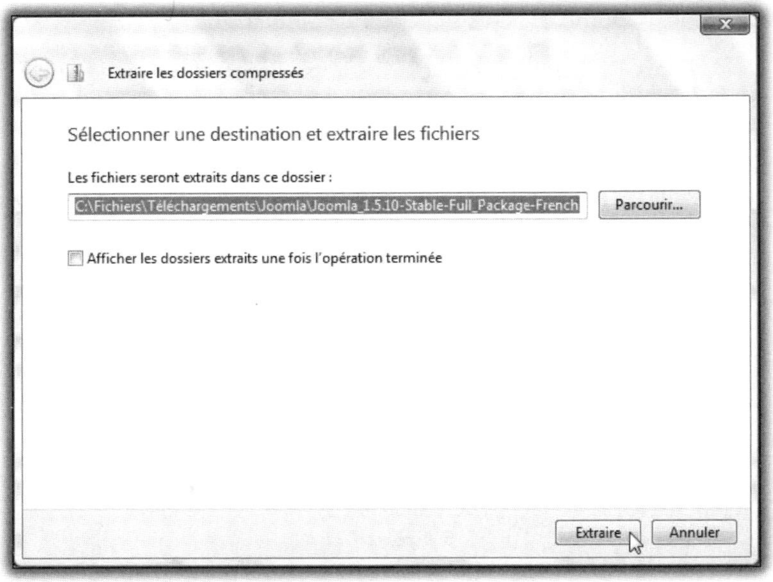

Figure 2.6 : *La boîte de dialogue Extraire les dossiers compressés*

La boîte de dialogue suivante mentionne le temps restant nécessaire au système pour effectuer la décompression des fichiers qui constituent le système Joomla. Attendez la fin de l'opération.

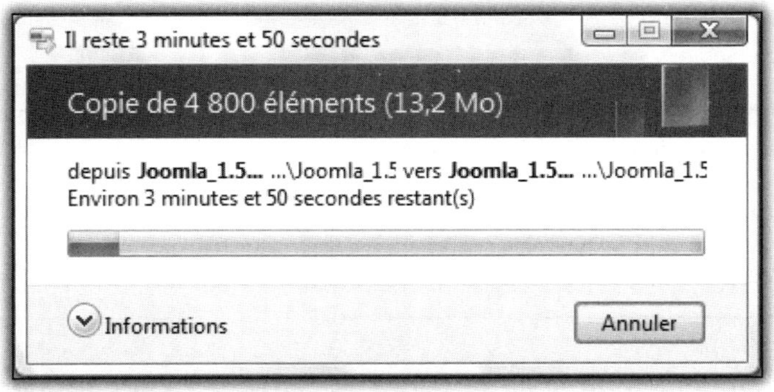

Figure 2.7 : *La décompression des fichiers*

À la fin du traitement, un nouveau dossier est créé. Dans l'arborescence des fichiers, affichée depuis l'Explorateur de fichiers, il se trouve au même niveau que celui du fichier zippé. Ce nouveau répertoire renferme les fichiers et les dossiers de Joomla non compressés.

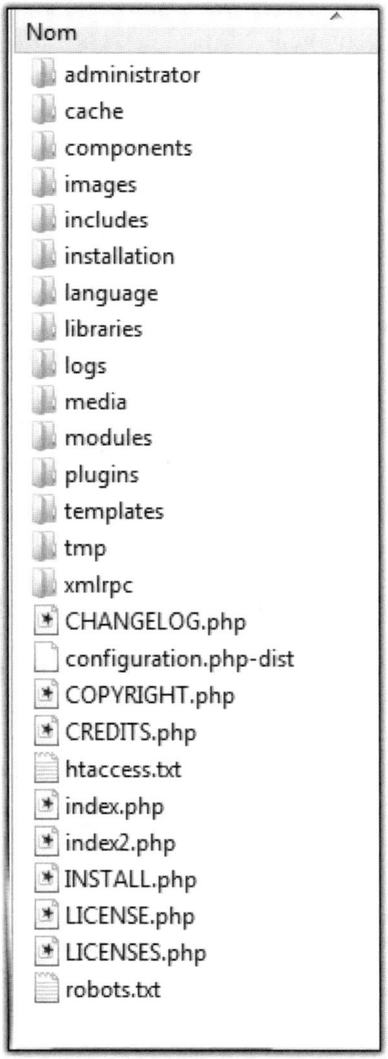

Figure 2.8 : *Les fichiers de Joomla, après décompression du fichier*

Conservez ces fichiers sur votre disque dur ; ils vous seront utiles dans les étapes suivantes.

2.3. Télécharger et installer un serveur web local

L'installation de Joomla sur un serveur web local, c'est-à-dire sur votre propre ordinateur, n'est pas une étape obligatoire. Vous pouvez choisir de l'installer directement chez un hébergeur. Le site sera alors immédiatement en ligne et donc accessible, pour les internautes. Vous découvrirez plus loin dans cette section comment installer Joomla chez un hébergeur.

L'installation en local présente toutefois des avantages :

- vous permettre d'effectuer toutes les étapes d'une première installation, donc prendre en main le système ;
- une fois celui-ci installé, pouvoir réaliser tous les essais de votre choix, plus rapidement que chez un hébergeur et sans risquer une interruption de service, inhérente à une mauvaise manipulation, ou d'obtenir des résultats indésirables sur votre véritable site web (dans le pire des cas, rien ne vous empêchera de tout effacer et de recommencer les opérations, chose toujours plus délicate, plus longue et entachant l'image du site, lorsque cette opération est effectuée en ligne).

Vous découvrirez plus loin comment installer Joomla chez un hébergeur.

Pour que Joomla fonctionne localement, vous devez installer un serveur web (il s'agira d'Apache), le moteur de langage PHP ainsi que le système de gestion de base de données MySql. Il existe plusieurs packages de ces trois logiciels. Nous utilisons ici EasyPHP.

REMARQUE

Apache, PHP et MySql : les packages d'installation

Bien qu'il vous soit possible d'installer ces trois composants individuellement sur votre ordinateur, il est beaucoup plus simple d'avoir recours à un package d'installation. EasyPHP n'est pas le seul package de ce type, téléchargeable librement sur le Web. Citons notamment XAMPP, pour "X Apache MySQL Perl PHP", qu'il est possible de télécharger à l'adresse http://www.apachefriends.org/fr/xampp.html.

1 Téléchargez le fichier d'installation d'EasyPHP en vous connectant, depuis votre navigateur Internet, à l'adresse : http://www.easyphp.org.

2 Sur le site, choisissez la langue française dans la liste déroulante qui vous est proposée en haut de page.

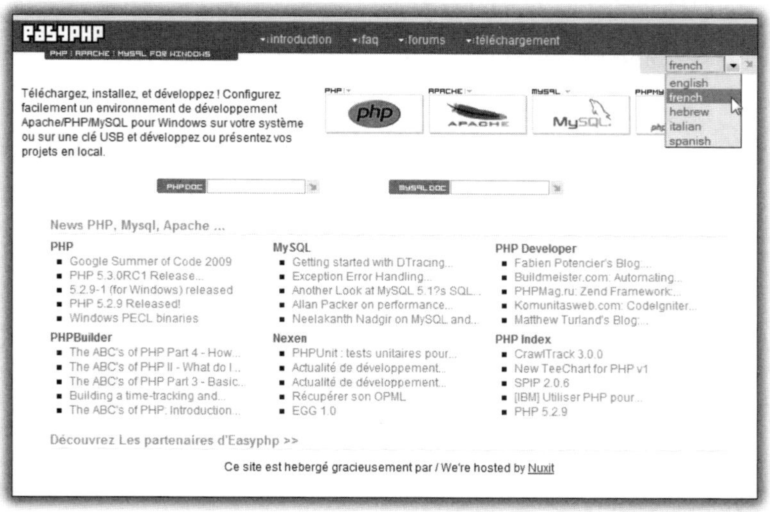

Figure 2.9 : *Le site http://www.easyphp.org*

3 Cliquez sur le lien **téléchargement** puis sur le lien lançant le téléchargement de la dernière version d'EasyPHP dans la page qui apparaît.

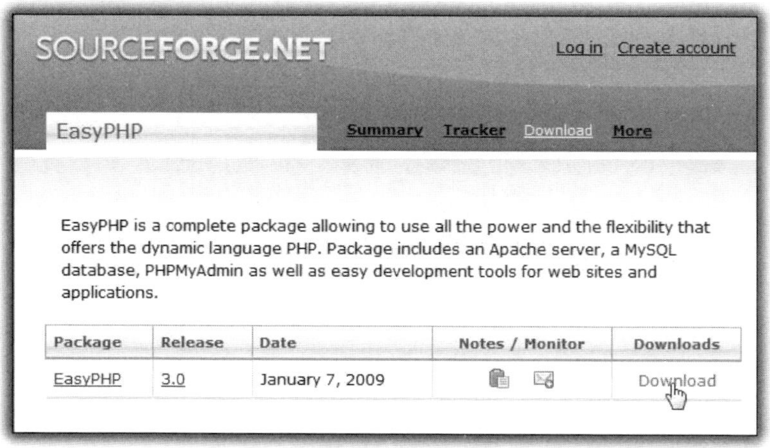

Figure 2.10 : *Le lien de téléchargement*

4 Effectuez le téléchargement du fichier d'installation en cliquant à nouveau sur le lien suivant qui vous est proposé. Enregistrez le fichier dans le dossier de votre choix.

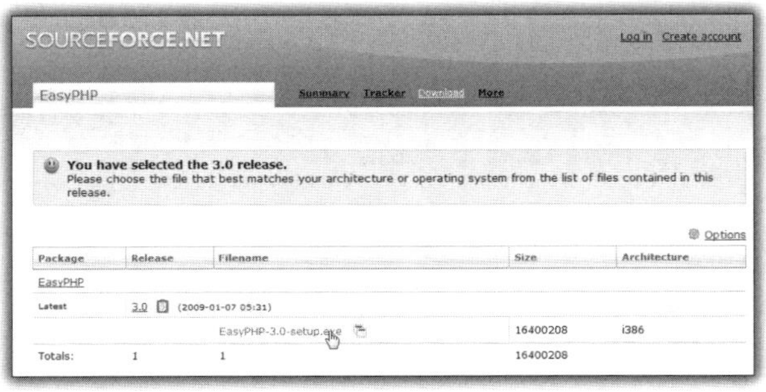

Figure 2.11 : *Le téléchargement du fichier*

5 Lancez l'Explorateur de fichiers de Windows en cliquant du bouton droit sur **Démarrer** puis en choisissant **Explorer** dans le menu contextuel. Lancez l'exécution du fichier téléchargé en double-cliquant sur son icône.

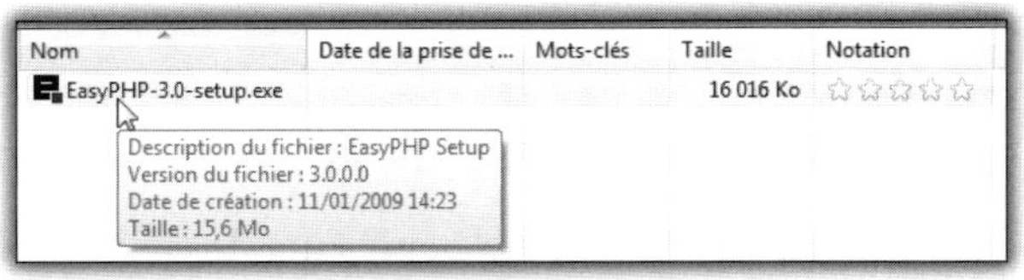

Figure 2.12 : *L'installation d'EasyPHP est lancée par un double-clic*

La boîte de dialogue **Avertissement de sécurité** apparaît.

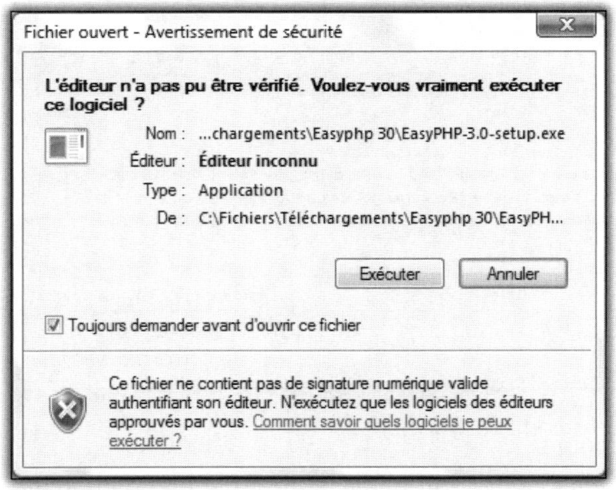

Figure 2.13 : *La boîte de dialogue Avertissement de sécurité*

6 Cliquez sur le bouton **Exécuter** de la boîte de dialogue.

7 Si votre système d'exploitation est Windows Vista, une étape de validation supplémentaire est affichée. Validez cette étape en acceptant l'exécution du programme.

La boîte de dialogue **Langue de l'Assistant d'installation** apparaît.

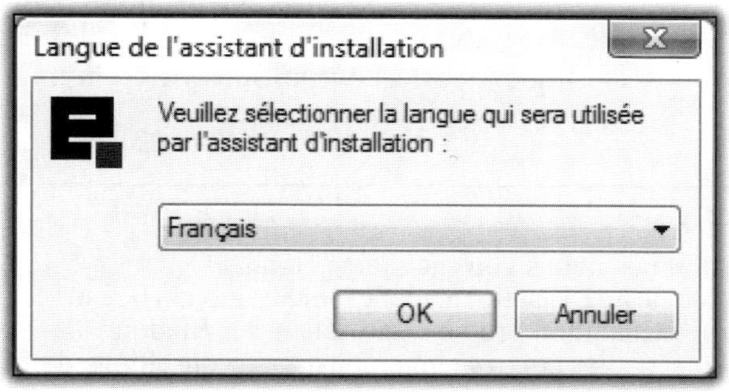

Figure 2.14 : *La boîte de dialogue Langue de l'Assistant d'installation*

8 Choisissez le français puis cliquez sur le bouton OK de la boîte de dialogue.

La boîte de dialogue **Installation – EasyPHP** apparaît.

Figure 2.15 : *La boîte de dialogue Installation*

9 Cliquez sur le bouton **Suivant** de la boîte de dialogue.

10 Acceptez les termes du contrat de licence en cliquant sur le bouton d'option idoine puis cliquez sur le bouton **Suivant** de la boîte de dialogue.

11 L'installateur vous informe qu'EasyPHP est un environnement de travail, et non un environnement de production. Cliquez sur le bouton **Suivant** de la boîte de dialogue.

12 L'installateur propose de choisir le dossier d'installation du logiciel. Effectuez cette opération, ou conservez le dossier proposé par défaut, puis cliquez sur le bouton **Suivant** de la boîte de dialogue.

Dossier d'installation

Sous Windows Vista, nous avons constaté, dans certaines configurations, des problèmes de fonctionnement lorsque EasyPHP est installé dans le dossier d'installation proposé par défaut de Windows (le dossier *Programmes*). Pour pallier ce problème, nous vous conseillons de créer un dossier différent (*c:\autresprogrammes*, par exemple), que vous réserverez à l'installation d'EasyPHP.

13 L'étape suivante est celle de la création des raccourcis de lancement de l'application. Conservez les paramètres proposés par défaut et cliquez sur le bouton **Suivant** de la boîte de dialogue.

14 L'étape suivante résume les paramètres précédemment saisis. Cliquez sur le bouton **Installer** de la boîte de dialogue.

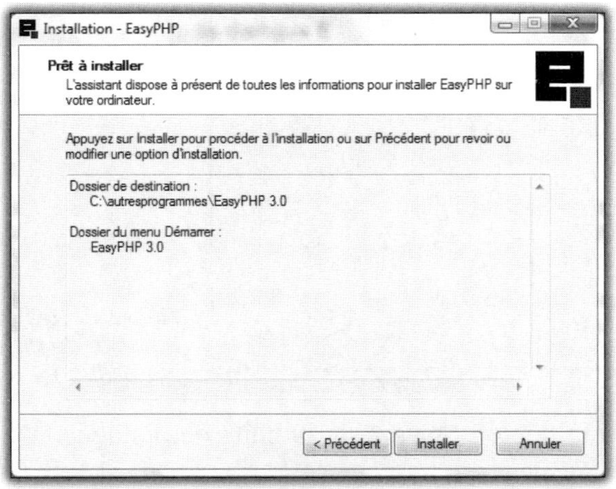

Figure 2.16 : *La boîte de dialogue résumant les paramètres d'installation*

Un témoin d'avancement indique que l'installation d'EasyPHP est en cours d'exécution.

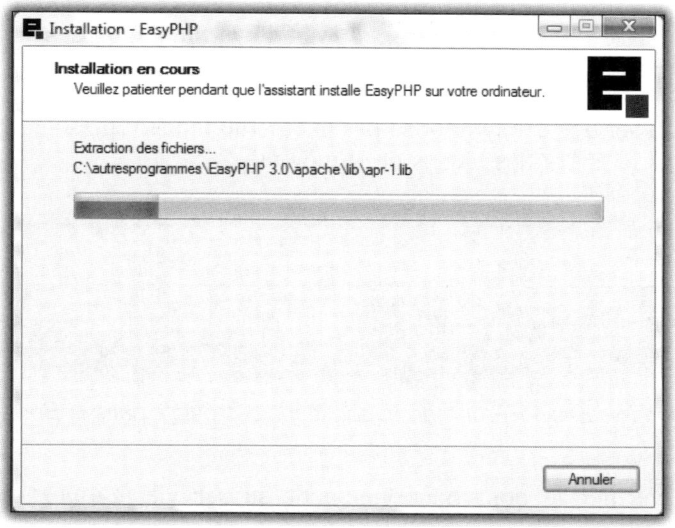

Figure 2.17 : *L'installation est en cours*

À l'issue du traitement, une dernière boîte de dialogue indique que l'installation est terminée.

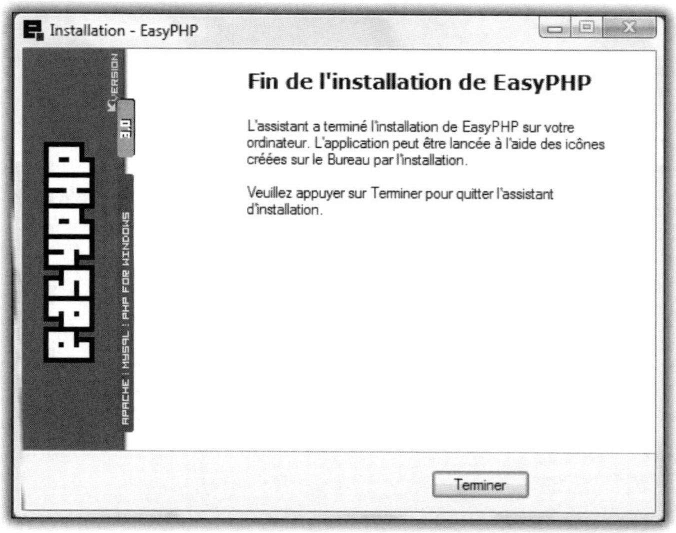

Figure 2.18 : *La dernière boîte de dialogue de l'Assistant*

15 Cliquez sur le bouton **Terminer** de la boîte de dialogue.

Vous allez lancer EasyPHP et vous assurer que le système fonctionne.

16 Cliquez sur le bouton **Démarrer** de Windows puis sur **Tous les programmes/EasyPHP 3.0/EasyPHP**.

Le démarrage du service est symbolisé par une petite icône représentant la lettre "e" dans la Barre des tâches de Windows.

Figure 2.19 : *Une fois EasyPHP démarré, son icône est visible dans la Barre des tâches*

17 Afin de vérifier le bon fonctionnement du service, cliquez du bouton droit sur cette icône et choisissez **Administration** dans le menu contextuel qui apparaît.

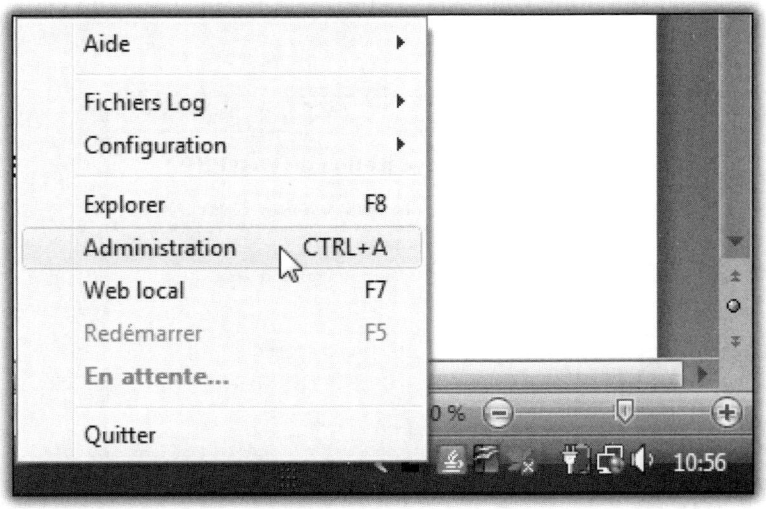

Figure 2.20 : *Le menu contextuel, activé par un clic droit sur l'icône d'EasyPHP*

La page d'administration des services d'EasyPHP est ouverte dans votre navigateur web.

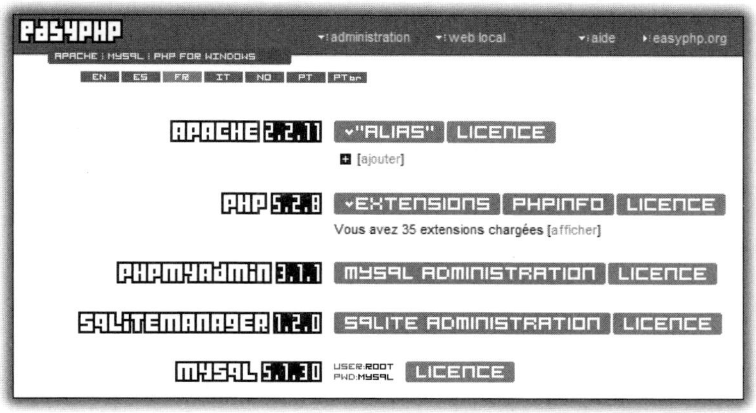

Figure 2.21 : *La page d'administration des services d'EasyPHP*

Votre serveur web local est maintenant opérationnel. Vous pouvez y installer Joomla…

2.4. Installer Joomla sur un serveur web local

Pour utiliser Joomla sur votre ordinateur, vous devez d'abord copier les fichiers qui composent le CMS sur votre serveur web.

1 Activez l'Explorateur de fichiers de Windows (en cliquant du bouton droit sur **Démarrer** puis en choisissant **Explorer**) et placez-vous dans le dossier *EasyPHP 3.0*, répertoire d'installation d'EasyPHP (le dossier *Programmes*, si vous avez conservé les paramètres d'installation par défaut ou le dossier que vous avez stipulé lors de l'installation, si vous avez choisi d'utiliser d'autres paramètres). Sous ce dossier, sélectionnez le dossier *www*.

2 Copiez-y le dossier *Joomla_1.5.10-Stable-Full_Package-French* qui a été créé lors de la décompression du fichier compressé portant le même nom (ne copiez pas le dossier compressé mais le dossier contenant les fichiers qui ont été extraits).

Particularité du dossier www

Les sous-dossiers placés dans ce dossier correspondent chacun à un site web géré par le serveur Apache, sous EasyPHP.

3 Cliquez du bouton droit puis choisissez **Renommez** sur le nom du dossier *Joomla_1.5.10-Stable-Full_Package-French*, afin de lui affecter un nom plus significatif, `site-1-joomla` par exemple (n'ayez pas recours aux espaces, aux caractères spéciaux ou accentués pour écrire le nom du dossier).

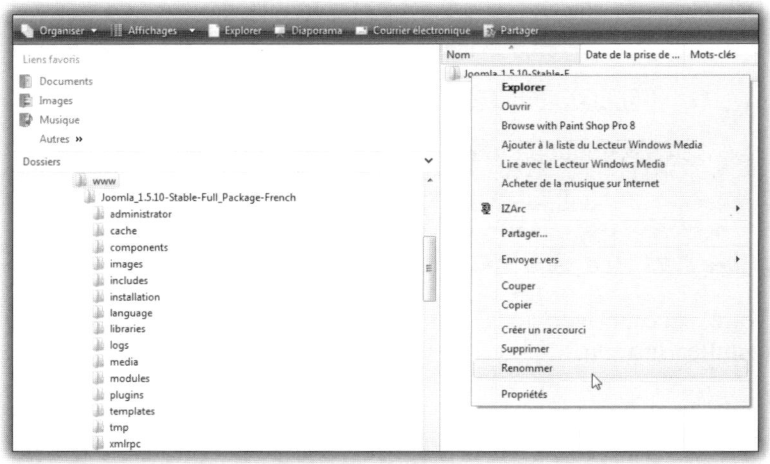

Figure 2.22 : *Le dossier va être renommé*

4 EasyPHP étant démarré (si tel n'est pas le cas, reportez-vous à la section qui précède pour plus d'informations), lancez votre navigateur Internet (Firefox, par exemple), puis saisissez l'adresse `127.0.0.1` dans sa Barre d'adresse (vous pouvez également taper `localhost`, ces deux syntaxes ayant la même conséquence : ouvrir la page d'accueil du serveur web installé sur votre ordinateur).

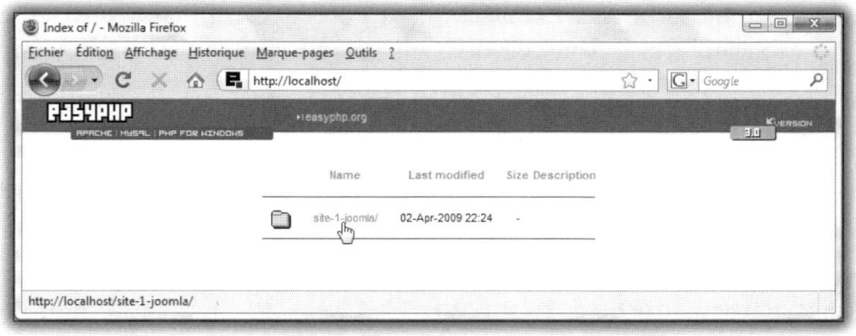

Figure 2.23 : *La page d'accueil de votre serveur web*

La page affichée dans le navigateur présente tous les sites installés sur votre serveur web.

5 Cliquez sur le lien *site-1-joomla* afin de lancer l'installation du système.

Lorsque l'adresse d'un site Joomla est saisie, le système teste si l'initiation du système a déjà été effectuée. Si, comme ici, tel n'est pas le cas, le premier écran de l'installateur de Joomla apparaît.

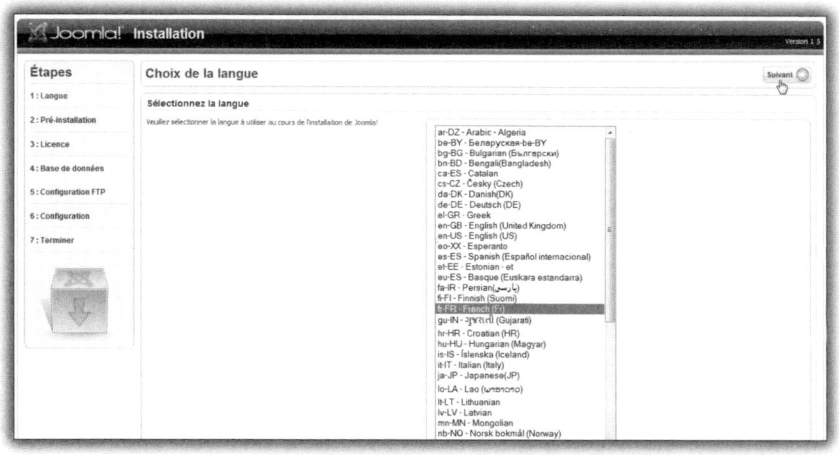

Figure 2.24 : *L'installateur de Joomla affiche la première étape du paramétrage initial du système*

6 Sélectionnez la langue française dans la liste *Sélectionnez la langue* puis cliquez sur le lien *Suivant*, présenté dans la page, pour passer à l'étape suivante de l'installation.

L'étape suivante consiste en une vérification des paramètres du serveur web.

La partie supérieure de la page affiche une liste de paramètres devant tous être à l'état *Oui*, indiquant un paramétrage correct.

La partie inférieure de la page, quant à elle, indique l'état des paramètres recommandés. Pour un fonctionnement optimal et une plus grande sécurité, il est préférable que les paramètres de votre serveur web, indiqués dans la colonne *Actuel*, correspondent à ceux préconisés par les concepteurs de Joomla, mentionnés dans la colonne *Recommandé*. Si tel n'est pas le cas, le système pourra toutefois être exécuté.

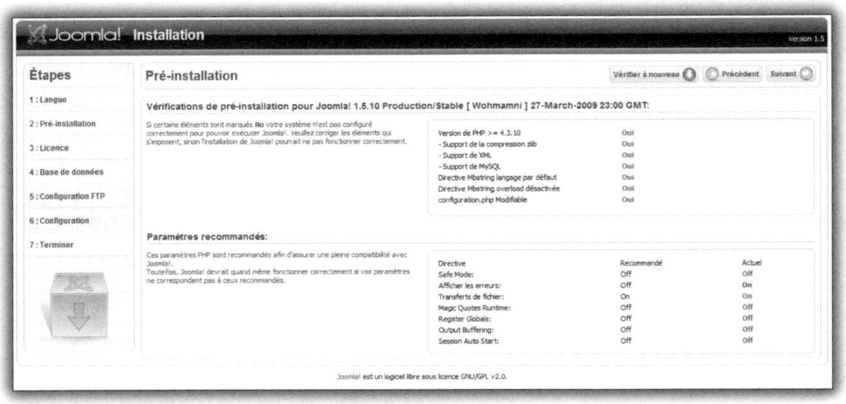

Figure 2.25 : *La seconde étape de l'installation*

7 Cliquez sur le lien *Suivant*.

Dans l'étape suivante, vous devez signifier votre acceptation de la licence d'utilisation de Joomla.

Figure 2.26 : *L'acceptation de la licence d'utilisation*

8 Cliquez sur le lien *Suivant*.

L'étape qui suit permet de paramétrer la base de données utilisée par Joomla.

9 Dans la liste de la zone *Type de la base de données*, choisissez `mysql`.

10 Dans la zone *Nom du serveur*, saisissez `localhost`.

11 Dans la zone *Nom d'utilisateur*, saisissez `root`.

12 Dans la zone *Mot de passe*, saisissez `mysql` (vous ne risquez pas, dans cette installation, de créer une faille de sécurité avec un mot de passe aussi simple car vous utilisez le serveur web de votre propre ordinateur, qui n'est pas accessible aux autres utilisateurs ; il vous faudra, bien entendu, saisir un mot de passe quand vous publierez votre site chez un hébergeur). Sur certaines implémentations locales de Mysql, ce champ doit être laissé vide.

13 Dans la zone *Nom de la base de données*, saisissez, par exemple, `joomla1`.

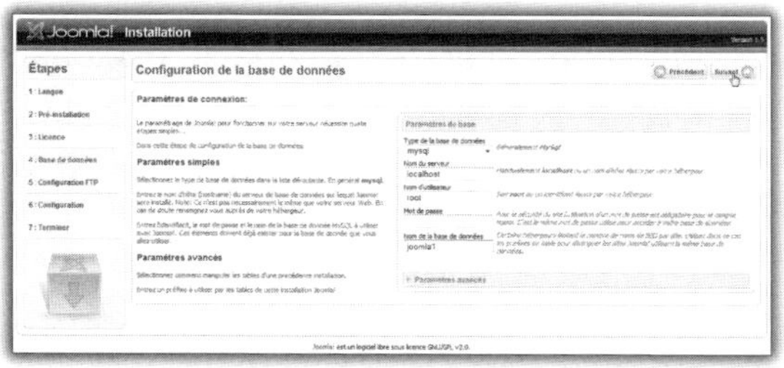

Figure 2.27 : *L'étape de paramétrage de la base de données*

14 Cliquez sur le lien *Suivant*.

L'étape suivante vous permet de paramétrer un accès FTP, utile pour gérer des problèmes de publication pouvant apparaître chez certains hébergeurs, dans des conditions spécifiques. Cette fonctionnalité ne vous sera pas utile dans le cas présent.

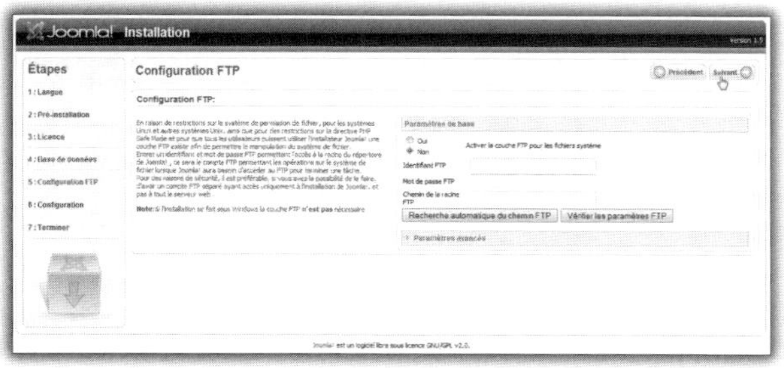

Figure 2.28 : *L'étape de la configuration optionnelle de l'accès FTP*

15 Cliquez sur le lien *Suivant*.

À l'étape qui s'affiche, vous pouvez définir les paramètres de configuration initiaux du site. Ces valeurs pourront être changées ultérieurement.

16 Dans la zone *Nom du site*, saisissez, par exemple, `Site Joomla local`.

Cette information sera visible dans la Barre de titre du navigateur Internet depuis lequel le site est affiché.

17 Dans la zone *Votre email*, saisissez votre adresse email.

18 Dans la zone *Mot de passe de l'admin*, saisissez le mot de passe qui vous permettra de vous identifier lors de vos accès à l'interface d'administration.

19 Dans la zone *Confirmer le mot de passe admin*, saisissez à nouveau le mot de passe.

20 Cliquez sur le bouton **Installer les données d'exemple** (afin d'insérer dans la base de données quelques articles fictifs et de copier dans le site les images utilisées par ces exemples).

21 Cliquez sur le lien *Suivant*.

Figure 2.29 : L'étape d'installation des données d'exemple

À la dernière étape, il vous est indiqué que l'installation s'est déroulée normalement. Vous êtes informé que vous devez détruire le dossier *installation*, dans l'arborescence de répertoires du système Joomla que vous venez de mettre en place sur votre serveur web local.

Cette opération a pour but de vous protéger contre une tentative éventuelle de piratage, pendant laquelle un pirate informatique pourrait exécuter une nouvelle fois la procédure d'installation afin de s'approprier le site.

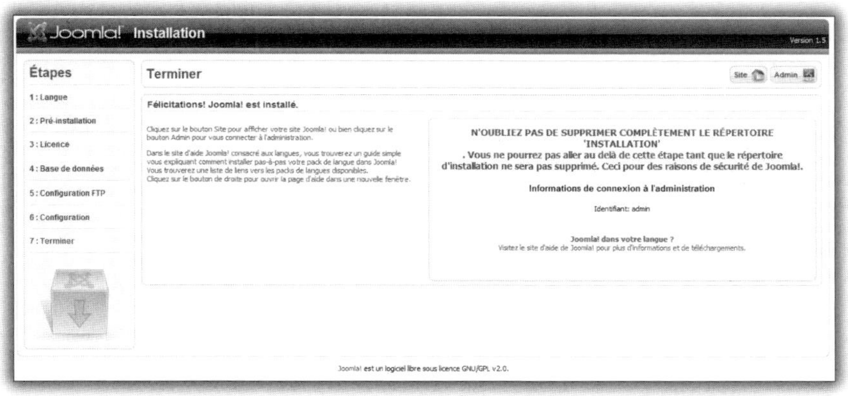

Figure 2.30 : *Le message vous indiquant que vous devez détruire le répertoire*

22 Ne fermez pas votre navigateur Internet et lancez l'Explorateur de fichiers de Windows (en cliquant du bouton droit sur le bouton **Démarrer**, dans la Barre des tâches, puis en choisissant **Explorer** dans le menu contextuel qui apparaît). Positionnez-vous dans le répertoire d'installation d'EasyPHP (le dossier *Programmes*, si vous avez conservé les paramètres proposés à l'installation). Recherchez le dossier *www* puis, sous ce dernier, le dossier renfermant les fichiers de Joomla (*site-1-joomla*, dans notre exemple). Sous ce répertoire, supprimez le dossier *installation* en le sélectionnant puis en appuyant sur la touche [Suppr] (voir Figure 2.31).

23 Retournez sous le navigateur Internet et cliquez sur le bouton **Site**, afin d'accéder à la partie publique du site.

Vous visualisez la partie publique de votre site, c'est-à-dire celle qui sera accessible aux internautes. Cette première maquette utilise les données d'exemples implémentées lors de l'installation, ainsi qu'une mise en forme par défaut, modifiable ultérieurement (voir Figure 2.32).

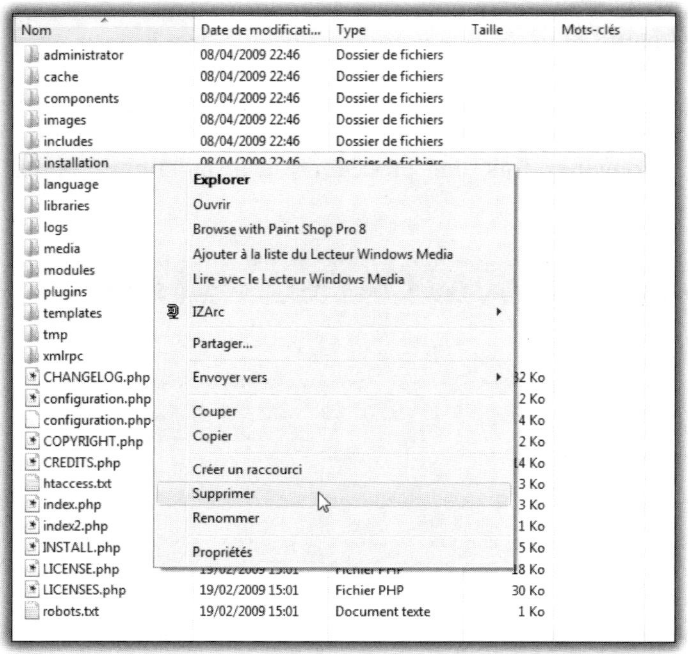

Figure 2.31 : *La suppression du dossier peut également être effectuée via le menu contextuel*

Figure 2.32 : *La partie publique du site*

Vous allez maintenant accéder à l'interface d'administration du site, c'est-à-dire à l'espace qui vous est réservé et depuis lequel vous pourrez modifier le site.

24 Ouvrez un nouvel onglet dans votre navigateur Internet (par la commande **Fichier/Nouvel onglet**) et saisissez l'adresse de ce dernier, en ajoutant à celle-ci la chaîne de caractères `/administrator`. Dans cet exemple, le chemin d'accès est `http://localhost/site-1-joomla/administrator`.

La page de connexion à l'interface d'administration de Joomla apparaît.

Figure 2.33 :
La connexion à l'interface d'administration de Joomla

25 Dans la zone *Identifiant*, saisissez `admin`.

Cet identifiant est le nom d'utilisateur créé par défaut à l'installation de Joomla. Il vous sera possible de le modifier ultérieurement depuis l'interface d'administration du système, afin d'accroître la sécurité. Cette opération n'est pas utile dans le cas présent, car vous travaillez sur un serveur web local. Lorsque le site sera publié chez un hébergeur, il sera, en revanche, conseillé de changer cet identifiant.

26 Dans la zone *Mot de passe*, saisissez le mot de passe que vous avez défini lors de l'installation.

27 Cliquez sur le bouton **Connexion**.

La page d'accueil de l'interface d'administration de Joomla est affichée.

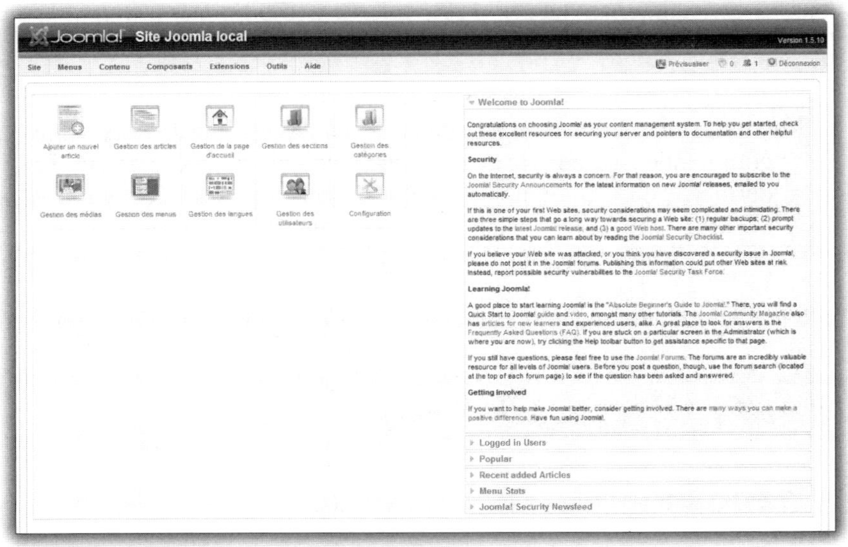

Figure 2.34 : *L'interface d'administration de Joomla*

2.5. Installer Joomla chez un hébergeur

Les sociétés d'hébergement de sites web, communément appelées "hébergeurs" ont pour fonction de permettre aux webmestres de publier (c'est-à-dire déposer) leurs sites web sur des serveurs. Les sites sont ainsi accessibles depuis Internet, 24 heures sur 24.

En matière d'hébergement, plusieurs solutions sont proposées.

Les hébergements mutualisés

Dans ce type d'hébergement, le plus répandu (et le moins coûteux), un même serveur est partagé afin d'assurer l'hébergement d'un grand nombre de sites.

Cet hébergement est adapté dans la majorité des cas car l'espace de stockage des pages du site est largement suffisant (plusieurs gigaoctets, généralement).

DEFINITION

Gigaoctet

Un octet est une unité de mesure correspondant à la quantité de stockage nécessaire pour contenir un caractère. Un kilooctet (ko) correspond à 1 024 octets, soit 1 000 octets environ. Un mégaoctet (Mo) correspond à 1 000 ko environ soit un million de caractères. Un gigaoctet (Go) correspond à 1 000 Mo environ soit un milliard de caractères.

Si le nombre d'internautes connectés simultanément augmente de manière conséquente (plus de 50 visiteurs), les délais de chargement des pages deviendront plus élevés et il conviendra d'envisager un type d'hébergement plus important.

Les hébergements sur des serveurs virtuels

Dans ce cas, le webmestre gère son propre serveur, dit "virtuel", c'est-à-dire émulé sur un ordinateur sur lequel plusieurs serveurs du même type sont implémentés. La puissance offerte par le système est supérieure à celle d'un hébergement mutualisé mais moindre que celle d'un serveur "dédié".

Les hébergements sur des serveurs dédiés

Ici, le webmestre administre intégralement le serveur web, ce qui demande plus de connaissances techniques de sa part. Cette solution permet la connexion simultanée d'un grand nombre d'internautes au site web. Le coût de ce type d'hébergement est, bien entendu, plus élevé.

De nombreux hébergeurs proposent des systèmes de ce type "clés en mains", préinstallés et faciles à administrer.

Les hébergements sont proposés sur systèmes d'exploitation Linux ou Windows. La première catégorie est la plus adaptée à une installation de Joomla.

Étude de cas : Installation type chez un hébergeur

Ouvrir un compte chez un hébergeur

La quasi-totalité des hébergeurs actuels implémentent systématiquement les technologies Apache, Php et MySql sur leurs machines. L'installation de Joomla est donc facilement réalisable dans la majorité des cas, chez la plupart des hébergeurs.

À titre d'exemple, voici décrite l'installation d'un système Joomla chez l'hébergeur **1and1**. Vous pouvez bien entendu effectuer une procédure similaire chez d'autres hébergeurs.

1 Connectez-vous à l'adresse **http://.1and1.fr**.

Figure 2.35 : *La page d'accueil de l'hébergeur 1and1*

2 Cliquez sur le lien *Hébergements Linux*.

La page *Hébergement mutualisé – Hébergement Linux* apparaît. Plusieurs solutions d'hébergements mutualisés vous sont proposées.

3 Cliquez sur l'hébergement de votre choix et suivez la procédure d'inscription afin de contracter un abonnement (choisissez le mieux adapté à la taille et au taux de fréquentation prévisionnels de votre site).

Figure 2.36 : *Le choix d'un type d'hébergement*

> REMARQUE
>
> **Hébergement gratuit ou payant**
>
> Le coût de l'hébergement est aujourd'hui assez faible (quelques euros par mois). Vous pouvez également opter pour une solution entièrement gratuite, si vous utilisez l'espace offert par votre fournisseur d'accès à Internet (Free, par exemple). Toutefois, les plateformes d'hébergement payantes mettent à votre disposition des fonctionnalités d'administration plus évoluées et disposent de caractéristiques techniques plus importantes (possibilité de déposer plusieurs noms de domaines, bande

REMARQUE

passante et espaces de stockage élevés, trafic, création de comptes emails rattachés aux noms de domaines, etc.).

REMARQUE

Importance de la bande passante et du trafic

La bande passante correspond au débit de données ; c'est-à-dire à la quantité de données pouvant circuler sur le système en un temps donné. Elle est quantifiée en bits par seconde. Une bande passante élevée permet de diminuer le temps d'affichage des pages du site.

Le terme trafic mensuel indique, quant à lui, la quantité de données échangées en un mois. Il dépend du nombre de pages visitées mais aussi du poids des objets, images notamment, qu'elles renferment. Ainsi est-il conseillé de toujours réduire la taille des fichiers images affichés dans les pages, en conservant le meilleur compromis qualité/poids.

Une fois le service ouvert, vous disposez d'une interface d'administration vous permettant de gérer votre espace chez l'hébergeur. Vous allez vérifier qu'il vous est désormais possible d'accéder à cette interface.

4 Cliquez sur le lien *Accès client*.

Figure 2.37 : *Le lien permettant l'accès à votre espace d'hébergement*

La page *Espace client* apparaît.

5 Saisissez le code client et le mot de passe rattaché, qui vous ont été communiqués par votre hébergeur afin de vous permettre de vous authentifier. Cliquez sur le bouton **Connexion**.

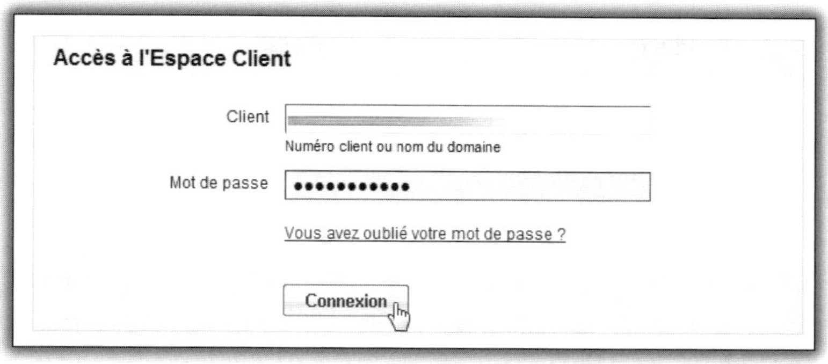

Figure 2.38 : *La saisie du code client et du mot de passe*

L'interface d'administration est affichée dans votre navigateur.

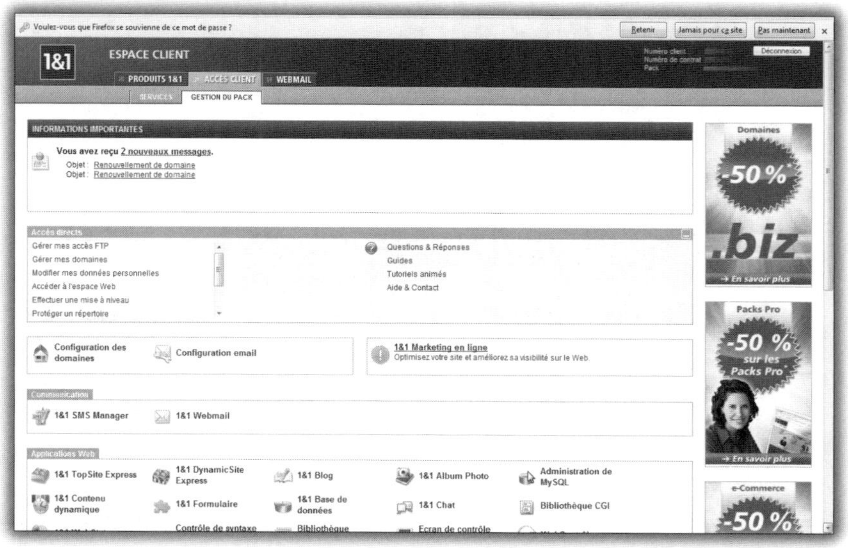

Figure 2.39 : *L'interface d'administration*

Publier les fichiers de Joomla chez l'hébergeur

La mise en place de Joomla chez un hébergeur est identique à celle que vous avez précédemment réalisée sur votre serveur local. Vous devez toutefois disposer d'un logiciel de transfert FTP afin de transférer les fichiers qui constituent le CMS sur votre espace d'hébergement.

REMARQUE

Le protocole FTP

Ce terme, acronyme de *File Transfer Protocole*, désigne l'un des protocoles de communication les plus répandus, permettant l'adressage de fichiers sur les réseaux TCP/IP. Il est employé dans de très nombreuses circonstances, pour l'échange et l'administration des fichiers d'ordinateur à ordinateur.

1 Téléchargez puis installez sur votre ordinateur un logiciel de transfert FTP. L'un des plus utilisés de ces programmes est Filezilla. Vous pouvez télécharger ce logiciel open source à l'adresse **http://www.filezilla.fr** ou utiliser le logiciel de transfert FTP de votre choix.

Figure 2.40 : *Le site de téléchargement de Filezilla*

2 Depuis l'interface d'administration de votre espace d'hébergement, affichée précédemment dans la fenêtre de votre navigateur Internet, cliquez sur le lien *Accès FTP*, afin d'accéder à votre identifiant FTP et à son mot de passe associé (ces paramètres sont requis pour effectuer la connexion en FTP depuis le logiciel Filezilla).

Figure 2.41 : *Le lien permettant d'accéder à vos paramètres FTP*

3 Lancez Filezilla afin de vous connecter à votre espace d'hébergement. Dans le logiciel, saisissez l'adresse de l'espace d'hébergement, le nom d'utilisateur et son mot de passe rattaché. Ces paramètres vous ont été fournis à l'étape 2. Cliquez sur le bouton **Connexion rapide**.

Figure 2.42 : *Adresse de l'ordinateur hôte, nom d'utilisateur et mot de passe sont des paramètres qui vous sont fournis par votre hébergeur et que vous devez entrer dans le logiciel de transfert FTP*

4 Dans votre espace d'hébergement, figurant dans la partie droite du logiciel nommée *Site distant*, cliquez du bouton droit sur l'icône représentant la racine de l'arborescence de fichiers et choisissez **Nouveau dossier** dans le menu contextuel qui apparaît.

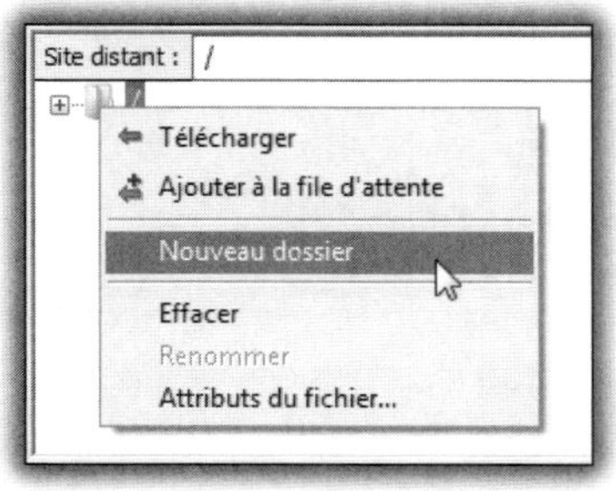

Figure 2.43 : *La création du nouveau dossier sur le site distant*

5 Affectez un nom significatif à ce dossier (pour éviter d'éventuels problèmes, utilisez uniquement des caractères minuscules, sans espaces et sans accents ni caractères spéciaux pour nommer le dossier).

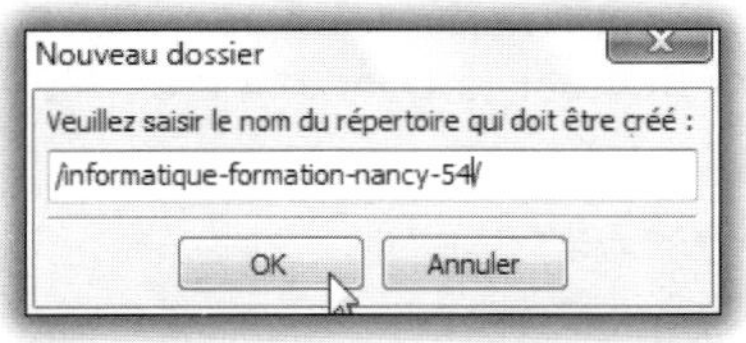

Figure 2.44 : *Un nom significatif est affecté au dossier*

6 Dans la partie gauche du logiciel, sélectionnez le contenu du dossier *Joomla_1.5.10-Stable-Full_Package-French*, précédemment créé lors de la décompression du fichier zippé du même nom. Pour ce faire, cliquez sur le nom du dossier dans la partie supérieure gauche de la fenêtre de Filezilla, nommée *Site local*. Cliquez sur un nom de dossier ou de fichier, dans la partie inférieure droite de la fenêtre, nommée, *Nom*. Utilisez la combinaison de touches Ctrl+A pour sélectionner tous les fichiers et tous les dossiers du dossier *Joomla_1.5.10-Stable-Full_Package-French*.

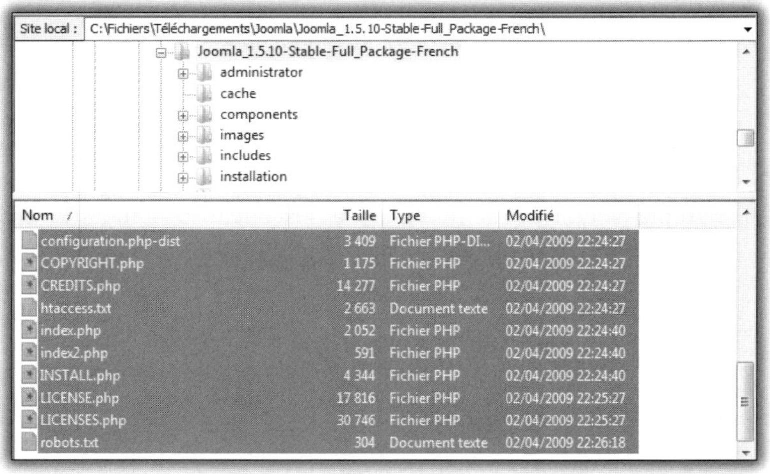

Figure 2.45 : *Tous les fichiers et tous les dossiers du dossier Joomla_1.5.10-Stable-Full_Package-French sont sélectionnés*

7 Collez ces fichiers dans le dossier créé chez l'hébergeur à l'étape 5 (sur Filezilla, ce copier/coller s'effectue en glissant les fichiers sélectionnés de la partie gauche vers la partie droite de la fenêtre). Assurez-vous que le dossier cible est sélectionné afin d'éviter une éventuelle erreur de destination lors de la copie des fichiers et des dossiers.

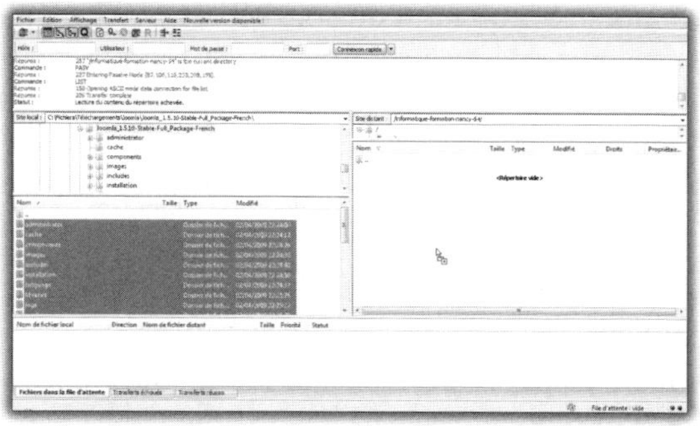

Figure 2.46 : *Les fichiers et dossiers sont collés par un glisser dans la partie droite de la fenêtre*

Pendant l'opération de copie, qui prend quelques minutes (ou plus), les fichiers copiés sont affichés dans la partie inférieure de la fenêtre de Filezilla.

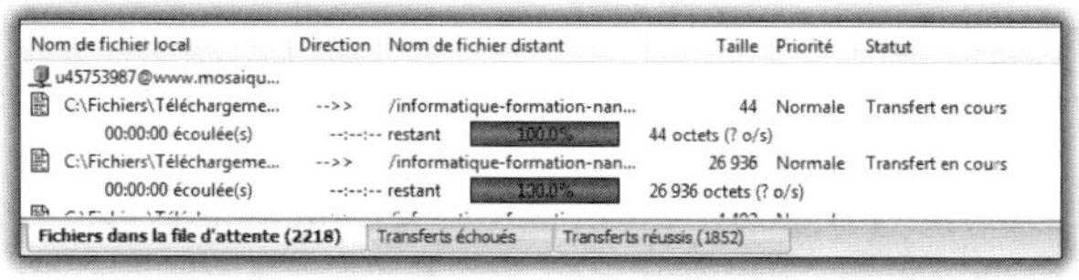

Figure 2.47 : *Les fichiers en cours de copie sont affichés dans la partie inférieure de la fenêtre*

À l'issue de la copie, les fichiers et les dossiers publiés chez l'hébergeur sont visibles dans les zones *Site distant* et *Nom*, dans la partie droite de la fenêtre de Filezilla.

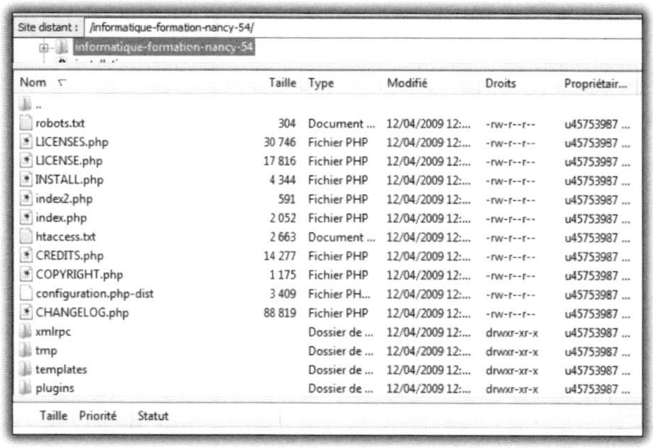

Figure 2.48 : *Les fichiers constituant le système Joomla, après leur publication chez l'hébergeur*

La mise en place du CMS est presque terminée. Il vous reste à opérer l'initialisation du système, qui s'effectue de manière analogue à celle que vous avez déjà réalisée sur votre serveur web local, à quelques nuances près.

Pour accéder au site, il vous faut créer un nom de sous-domaine pointant vers le dossier dans lequel vous avez déposé les fichiers de Joomla, chez votre hébergeur. Pour les besoins de cet exemple, nous utilisons un sous-domaine dans ce qui suit. Vous pouvez également employer l'un de vos noms de domaines créés à l'ouverture de l'hébergement pour réaliser ce pointage.

REMARQUE

Domaine et sous-domaine

Un domaine est un ensemble de pages web, désigné par un identifiant unique, saisi dans la Barre d'adresse du navigateur Internet (du type http://www.mosaiqueinformatique.fr).

Un sous-domaine est une subdivision de l'espace que représente le domaine principal, portant elle aussi une adresse unique (du type http://www.formations-informatiques-nancy.mosaiqueinformatique.fr).

8 Depuis votre navigateur Internet, accédez à nouveau à l'interface d'administration de votre espace d'hébergement, comme vu précédemment. Après vous être authentifié, cliquez sur le lien *Configuration des domaines*.

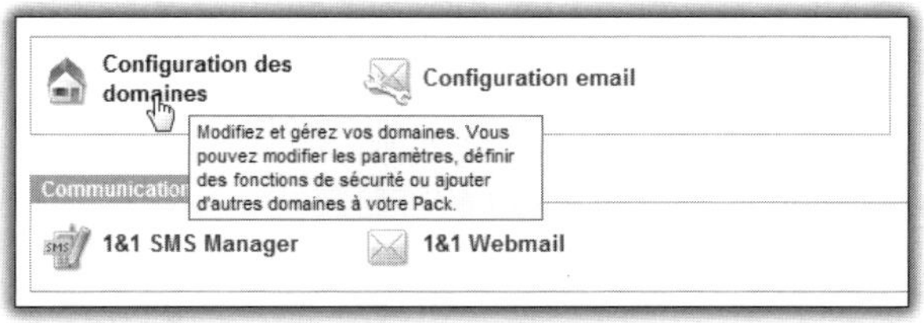

Figure 2.49 : *Le lien Configuration des domaines, affiché dans l'interface d'administration de l'hébergeur*

La page *Aperçu des domaines* est affichée.

9 Cliquez sur le lien *Nouveau*.

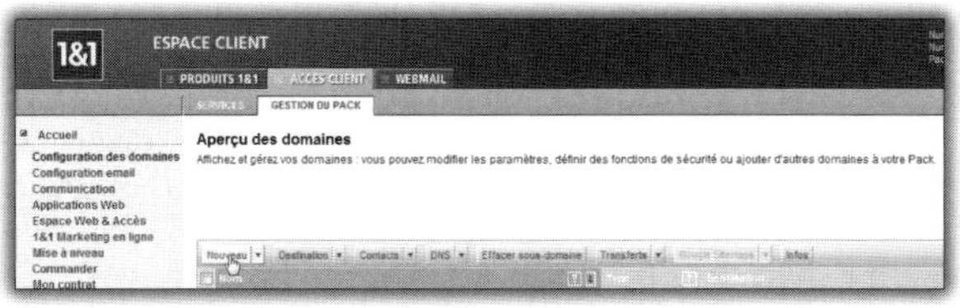

Figure 2.50 : *Le lien permettant de créer un nouveau domaine ou un nouveau sous-domaine*

La page *Ajouter un domaine* est affichée.

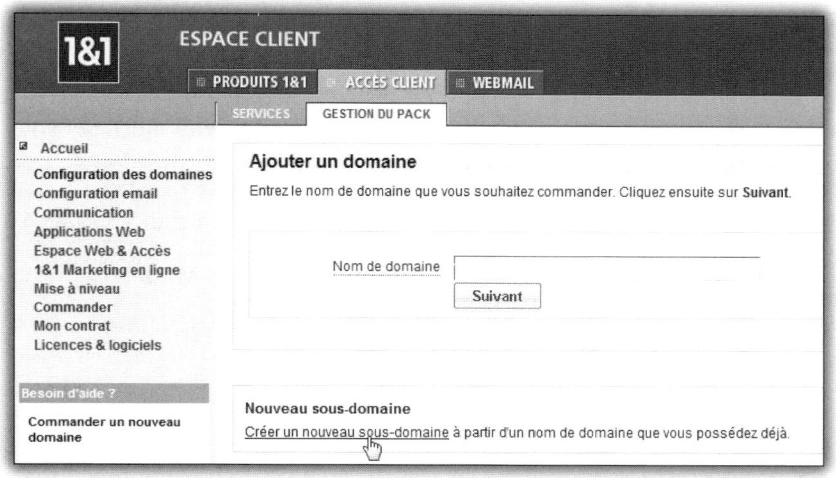

Figure 2.51 : *La page Ajouter un domaine*

La page *Nouveau sous-domaine* est affichée.

10 Dans la zone *Sous-domaine.Nom du domaine*, saisissez le préfixe du sous-domaine(nous utilisons "formations-informatiques-nancy", pour cet exemple). Choisissez le nom de domaine auquel est rattaché le sous-domaine au moyen de la liste déroulante présentée à droite de la zone (en fonction du type d'hébergement choisi, vous pouvez en effet disposer de plusieurs noms de domaines). Cliquez sur le bouton **Créer**.

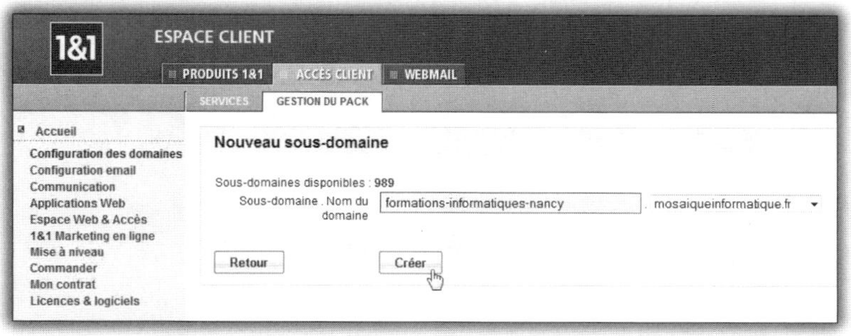

Figure 2.52 : *La création du sous-domaine*

Le nom de sous-domaine étant désormais créé, il faut le diriger vers le dossier dans lequel vous avez déposé les fichiers de Joomla.

11 Depuis la page d'accueil du site de l'hébergeur, cliquez sur le lien *Configuration des domaines*.

La page *Aperçu des domaines* est affichée.

12 Dans la liste des noms de domaine et de sous-domaine, affichée sur cette page, cliquez sur le lien constitué du nom de sous-domaine qui vient d'être créé.

La page *Paramètres pour la destination du domaine* est affichée.

13 À la rubrique *Destination*, cliquez sur le bouton **Modifier**.

Figure 2.53 : *La page Paramètres pour la destination du domaine*

14 À la rubrique *Répertoire racine*, choisissez, dans la liste déroulante de la zone *Répertoire existant*, le nom du dossier créé précédemment au moyen du logiciel de transfert FTP, et dans lequel vous avez déposé les fichiers et dossiers d'installation de Joomla. Cliquez sur le bouton **Enregistrer**.

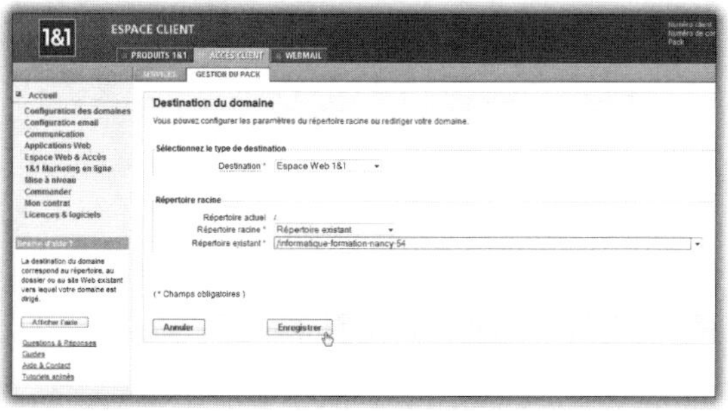

Figure 2.54 : *Le choix du dossier de destination*

La page alors affichée indique que l'opération s'est effectuée correctement et que les modifications effectuées seront effectives dans 30 minutes environ.

Il vous reste à effectuer le paramétrage du système.

15 Dans la barre d'adresse de votre navigateur Internet, saisissez l'adresse du sous-domaine que vous avez précédemment créé (**http://www.formations-informatiques-nancy.mosaiqueinformatique.fr**, dans notre exemple).

Comme cela fut le cas lors de l'installation sur votre serveur web local, l'adresse d'un site Joomla étant saisie, le système teste si l'initialisation a déjà été effectuée. Puisque ce n'est pas le cas, le premier écran de l'installateur de Joomla apparaît.

16 Sélectionnez la langue française dans la liste *Sélectionnez la langue* puis cliquez sur le lien *Suivant*, présenté dans la page, pour passer à l'étape suivante de l'installation.

L'étape suivante est celle de la vérification des paramètres du serveur web. La partie supérieure de la page affiche une liste de paramètres devant tous être à l'état *Oui*, indiquant un paramétrage correct alors que la partie inférieure de la page indique l'état des paramètres recommandés.

17 Cliquez sur le lien *Suivant*.

Dans l'étape suivante, vous devez signifier votre acceptation de la licence d'utilisation de Joomla.

18 Cliquez sur le lien *Suivant*.

L'étape qui suit est celle qui vous permet de paramétrer la base de données utilisée par Joomla. Quelques paramètres vont différer de ceux utilisés sur votre serveur web local.

19 Dans la liste de la zone *Type de la base de données*, choisissez `mysql` (voir Figure 2.55).

Dans la zone suivante, il vous faut saisir le nom du serveur de votre base de données. Ce paramètre vous sera fourni par votre hébergeur.

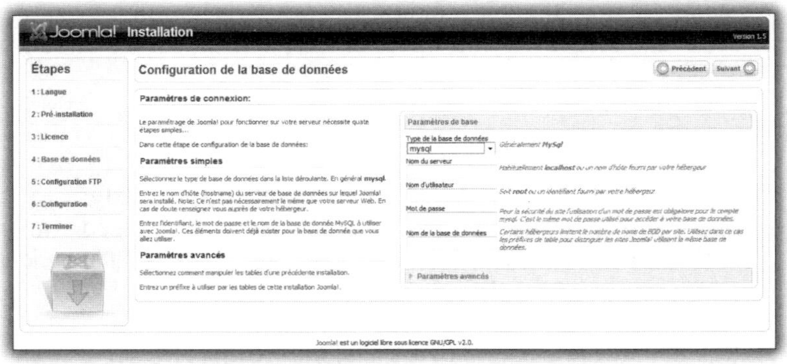

Figure 2.55 : *Le paramétrage de la base de données emploie ici des informations spécifiques à votre hébergement*

20 Depuis votre navigateur Internet, accédez à nouveau à l'interface d'administration de votre espace d'hébergement, comme vu précédemment. Après vous être authentifié, cliquez sur le lien *Administration de MySQL* à la rubrique *Applications Web*.

Figure 2.56 : *Le lien permettant l'accès aux paramètres de la base de données*

La page *Créer et configurer une base de données MySQL* est affichée. Les noms de vos bases de données, ainsi que les noms d'utilisateurs et mots de passe rattachés vous y sont fournis.

REMARQUE

Copier/coller des paramètres

Vous pouvez gagner un temps appréciable, et éviter des erreurs de saisie, en opérant des copier/coller de ces paramètres, lorsqu'ils sont requis pendant l'installation de Joomla, plutôt que de les ressaisir.

21 Effectuez un copier du nom du serveur de votre base de données puis retournez à l'étape 4 de l'installation de Joomla. Collez cette donnée dans la zone *Nom du serveur*.

22 Copiez de même le nom d'utilisateur de la base de données et collez-le dans la zone *Nom d'utilisateur*.

23 Copiez de même le mot de passe permettant l'accès à la base de données et collez-le dans la zone *Mot de passe*.

24 Copiez le nom de la base de données et collez-le dans la zone *Nom de la base de données*.

REMARQUE

Création de la base de données

En fonction des spécificités des services d'hébergements de sites proposées par les hébergeurs, il se peut que votre base de données ne soit pas initialisée à l'ouverture du service. Vous devrez donc la créer, depuis l'interface d'administration mise à votre disposition par l'hébergeur, avant l'exécution de cette étape d'installation de Joomla.

REMARQUE

Utilisation d'un préfixe de tables

Si vous disposez uniquement d'une base de données MySql sur votre espace d'hébergement, vous pouvez toutefois procéder à plusieurs installations distinctes de Joomla en préfixant les tables. Cliquez alors sur le bouton **Paramètres avancés**. Dans la zone *Préfixe des tables*, indiquez une courte chaîne de caractères (du type `"abc_"`). Ce préfixe sera ajouté au début des noms de vos tables (les tables sont des regroupements d'informations, dans une base de données) et vous pourrez ainsi installer plusieurs fois le CMS, avec des noms de domaines ou de sous-domaines différents (pointant vers des dossiers distincts), chaque système utilisant des tables à préfixe unique.

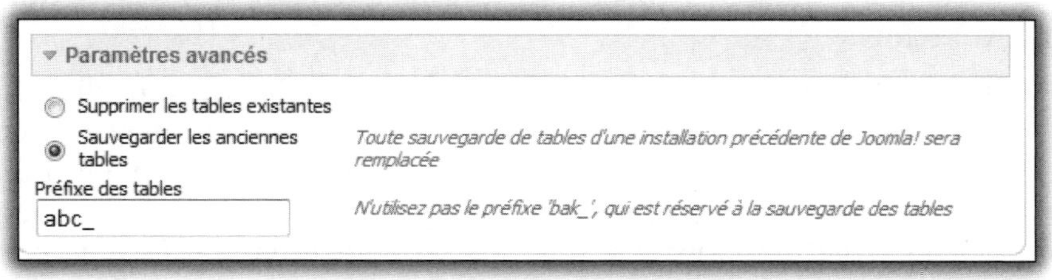

Figure 2.57 : *La définition d'un préfixe de tables*

25 Cliquez sur le lien *Suivant*.

L'étape suivante vous permet de paramétrer un accès FTP, utile pour gérer des problèmes de publication pouvant apparaître chez certains hébergeurs. Vous n'utiliserez pas cette fonctionnalité dans le cas présent.

26 Cliquez sur le lien *Suivant*.

À cette étape, définissez les paramètres de configuration initiaux de votre site Joomla. Ces valeurs pourront être changées ultérieurement.

27 Dans la zone *Nom du site*, saisissez le nom que vous désirez affecter à votre site.

Cette information sera visible dans la Barre de titre du navigateur Internet depuis lequel est affiché le site.

28 Dans la zone *Votre email*, saisissez votre adresse email.

29 Dans la zone *Mot de passe de l'admin*, saisissez le mot de passe qui vous permettra de vous identifier lors de vos accès à l'interface d'administration.

30 Dans la zone *Confirmer le mot de passe admin*, saisissez à nouveau le mot de passe.

31 Cliquez sur le bouton **Installer les données d'exemple** (afin d'insérer dans la base de données quelques articles fictifs et de copier dans le site les images utilisées par ces exemples).

32 Cliquez sur le lien *Suivant*.

Vous connaissez déjà la particularité de cette dernière étape, pour l'avoir observée lors de l'installation de Joomla sur votre serveur local. Il vous est indiqué que l'installation s'est déroulée normalement et que vous devez détruire le dossier *installation*, dans l'arborescence de répertoires du système mis en place sur le serveur web, afin de vous protéger d'un piratage, dans lequel la procédure d'installation serait exécutée une nouvelle fois.

33 Ne fermez pas votre navigateur Internet et lancez Filezilla (ou votre logiciel de transfert FTP). Connectez-vous à votre espace d'hébergement par le protocole FTP. En cliquant du bouton droit sur le dossier *installation* puis en choisissant **Effacer** dans le menu contextuel qui apparaît, supprimez le répertoire *installation* (voir Figure 2.58).

34 Retournez sous le navigateur Internet et cliquez sur le bouton **Site**, afin d'accéder à la partie publique du site.

Comme lors de l'installation du système sur votre serveur local, la partie publique de votre site est affichée. Votre site web est désormais accessible aux internautes, par simple saisie de leur part de l'URL du site.

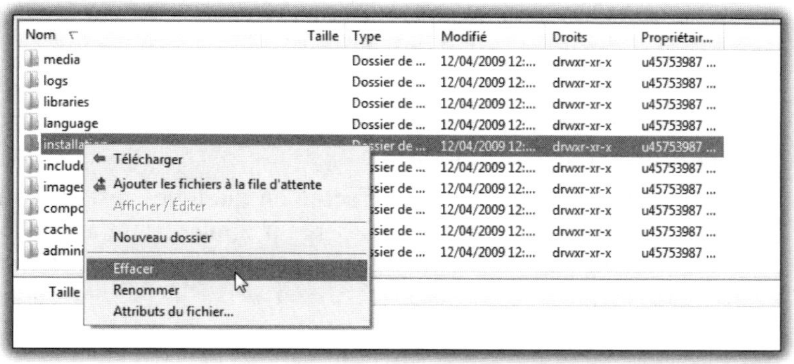

Figure 2.58 : *La suppression du dossier d'installation*

35 Pour accéder à l'interface d'administration de votre site Joomla, c'est-à-dire à l'espace qui vous est réservé et depuis lequel vous pourrez modifier le site, ouvrez un nouvel onglet dans votre navigateur Internet (par la commande **Fichier/Nouvel onglet**) et saisissez l'adresse du site, en lui ajoutant la chaîne de caractères `/administrator`. Dans cet exemple, le chemin d'accès est donc `http://www.formations-informatiques-nancy.mosaique informatique.fr/administrator/`.

La page de connexion à l'interface d'administration de Joomla apparaît.

36 Dans la zone *Identifiant*, saisissez `admin`.

Ce nom d'utilisateur, créé par défaut à l'installation de Joomla, pourra être changé ultérieurement pour plus de sécurité.

37 Dans la zone *Mot de passe*, saisissez le mot de passe que vous avez défini lors de l'installation.

38 Cliquez sur le bouton **Connexion**.

La page d'accueil de l'interface d'administration de Joomla est affichée. Les choses sérieuses peuvent commencer...

2.6. Check-list

- Le CMS Joomla est téléchargeable gratuitement en ligne.
- Il en va de même pour le serveur Apache et la configuration de base de données MySQL et PHP.

- Ces derniers composants peuvent être facilement installés sur votre ordinateur, à des fins de tests.
- De nombreux hébergeurs, gratuits ou à moindre coûts, proposent différents types d'hébergements. Il vous sera aisé de choisir le plus adapté à vos besoins.
- L'installation de Joomla s'effectue en quelques instants, sur votre serveur local ou chez un hébergeur grâce à un installateur ne nécessitant pas de connaissances spécifiques en programmation.

Chapitre 3

Se familiariser avec Joomla

Le frontend 86
Le backend 89
Les menus de Joomla 97
Check-list 114

Avant de vous lancer dans l'utilisation et la personnalisation du système, prenez quelques instants pour en découvrir les principales fonctionnalités. Vous aurez ainsi une vision globale des possibilités offertes par Joomla.

3.1. Le frontend

Commencez votre visite par la partie publique du site (*frontend*), qui sera accessible aux internautes. Vous découvrirez ensuite l'interface d'administration du système (*backend*). Nous n'aborderons pas en détails des nombreux éléments qui composent ces deux parties, l'objectif de cette section est uniquement de vous permettre d'effectuer une première visite globale de Joomla.

Depuis votre navigateur Internet, connectez-vous à la page d'accueil du site, en utilisant soit l'adresse sur votre serveur web local (`http://127.0.0.1/site-1-joomla/`) dans notre exemple, soit celle créée chez votre hébergeur. Pour vous familiariser avec Joomla et effectuer des tests, il est plus rapide d'avoir recours à votre installation locale (nous utiliserons cette solution dans la majorité des cas décrits dans ce livre).

REMARQUE

Démarrer le serveur local avant d'utiliser Joomla

Lorsque vous éteignez votre ordinateur, il est préférable d'arrêter au préalable votre serveur Apache, après vous être déconnecté de l'interface d'administration par un clic sur le bouton **Déconnexion**, proposé en haut et à droite de la fenêtre du backend. Pour ce faire, cliquez du bouton droit sur l'icône d'EasyPHP, affichée dans la Barre des tâches, puis choisissez **Quitter**, dans le menu contextuel qui apparaît.

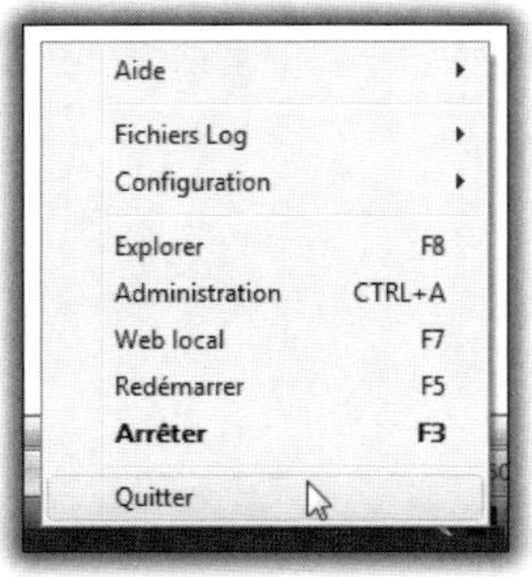

Figure 3.1 :
Le menu contextuel d'EasyPHP

REMARQUE

Si votre serveur Apache est arrêté (vous avez éteint votre ordinateur ou vous avez arrêté le service), vous ne pourrez accéder à une version locale de Joomla qu'après avoir relancé le serveur, en cliquant sur le bouton **Démarrer** puis sur **Tous les programmes/EasyPHP 3.0/EasyPHP**.

Cette partie publique du site se compose de plusieurs éléments qui pourront être conservés ou désactivés (d'autres, non visibles ici, pourront également être ajoutés). De même, si la charte graphique proposée par défaut ne vous convient pas (polices de caractères, couleurs, images de fond, disposition des éléments, etc.), vous découvrirez plus loin qu'elle peut, très aisément, être changée.

Voici les modules essentiels, visibles dans cette page, composée pour l'instant de textes et d'images d'exemples :

- une bannière de haut de page, intégrant un logo ;

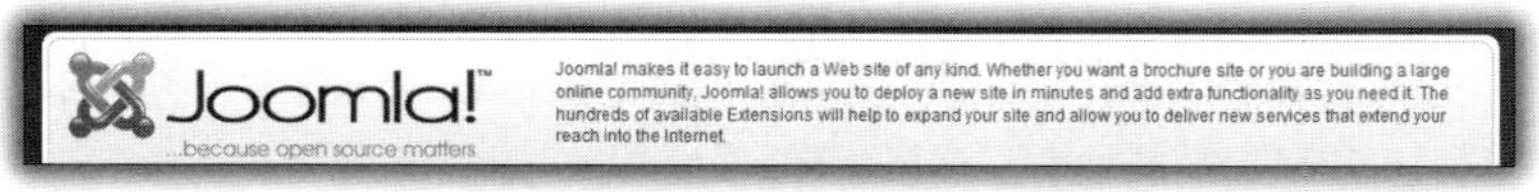

Figure 3.2 : *La zone de bannière de haut de page*

- des menus, horizontaux et verticaux, permettant la navigation sur le site ;

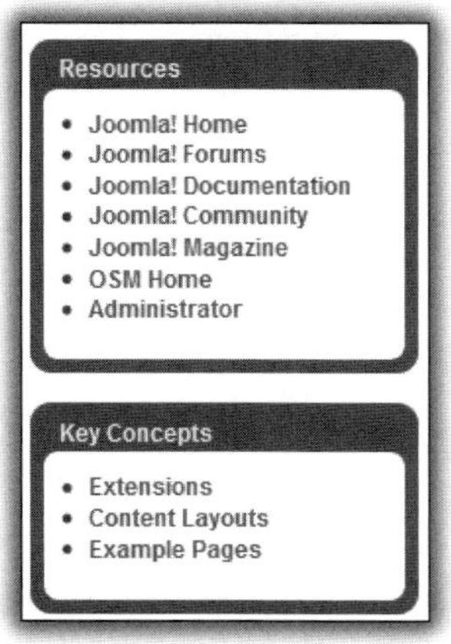

Figure 3.3 : *Deux menus verticaux*

- différents composants (derniers articles, articles les plus lus, sondage, zone de recherche, formulaire d'identification, indicateur du nombre de visiteurs actuellement en ligne, etc.) ;

Figure 3.4 :
Un module de réalisation de sondages et un autre affichant le nombre de visiteurs sur le site

- une zone d'affichage de bannières publicitaires ;

Figure 3.5 :
Une zone est dédiée à l'affichage de bannières publicitaires, en bas de page

- une zone principale affichant le contenu à proprement parler de la page (textes et images).

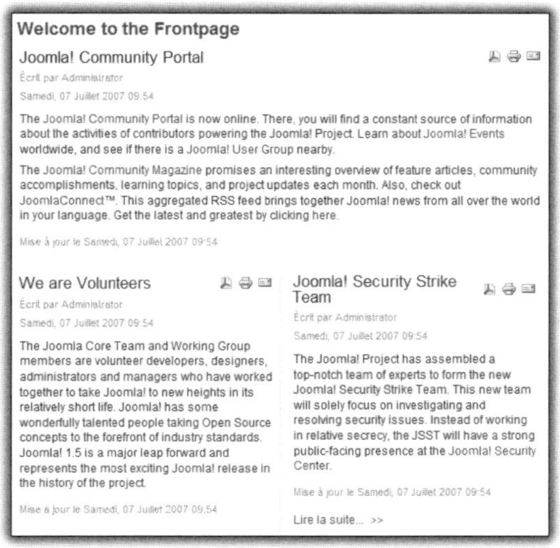

Figure 3.6 :
Un exemple de contenu textuel

3.2. Le backend

Vous allez maintenant découvrir l'interface d'administration de Joomla (*backend*), grâce à laquelle vous pourrez créer et modifier tous les éléments constitutifs de votre site web.

Procédez ainsi :

1 Depuis votre navigateur Internet, connectez-vous au backend, en utilisant soit l'adresse sur votre serveur web local (`http://127.0.0.1/site-1-joomla/administrator` dans notre exemple), soit celle créée chez votre hébergeur (l'adresse sera alors du type `http://www.votrenomdedomaine/administrator`). Une fois encore, nous vous conseillons de réaliser vos premiers tests sur votre serveur local car les opérations seront plus rapides à réaliser et vous pourrez vous livrer à toutes les expérimentations de votre choix, sans risque d'altération du bon fonctionnement de votre site réel.

2 Dans la page de connexion qui est affichée, saisissez votre identifiant et votre mot de passe puis cliquez sur le bouton **Connexion**.

Les fonctionnalités de l'interface de Joomla seront détaillées dans le chapitre qui suit. Le rapide parcours que nous vous proposons ici n'a d'autre intérêt que de vous permettre de découvrir quelques rouages essentiels et significatifs du système, afin de vous familiariser avec le CMS.

Découvrir le gestionnaire d'articles

C'est au moyen de cette fonctionnalité que vous pourrez rédiger les articles affichés dans les pages. Ils sont essentiellement composés de textes et d'images.

1 Depuis l'interface d'administration cliquez sur **Site/Panneau d'administration** (voir Figure 3.7).

2 Cliquez sur le bouton **Gestion des articles** (voir Figure 3.8).

Figure 3.7 : *L'accès au panneau d'administration*

Figure 3.8 : *Le bouton Gestion des articles*

Le gestionnaire des articles est affiché (son utilisation sera détaillée plus loin dans cet ouvrage).

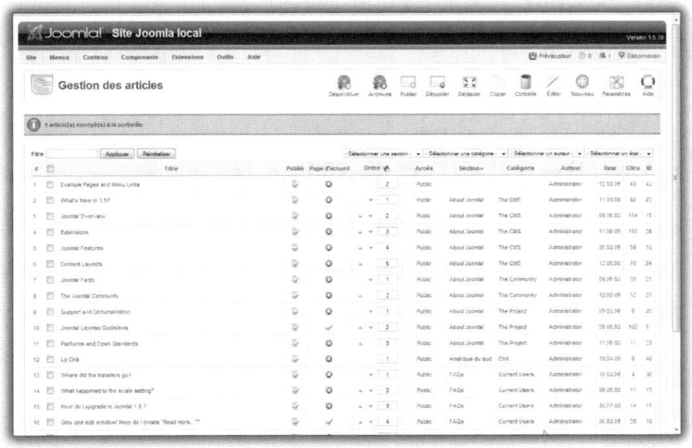

Figure 3.9 : *Le gestionnaire des articles*

3 Dans la colonne *Titre*, qui affiche les titres des articles, cliquez par exemple sur le premier lien.

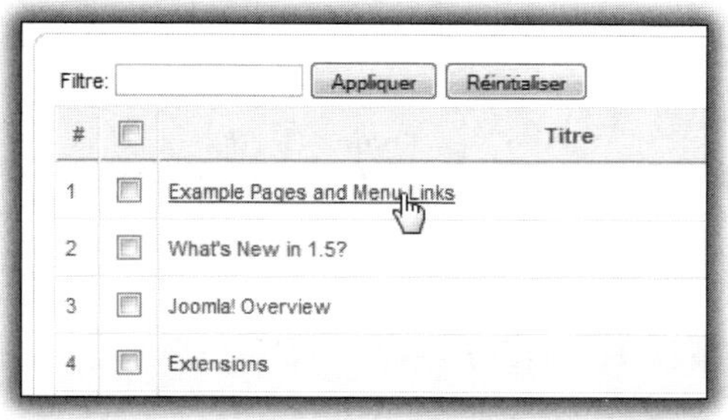

Figure 3.10 : *Vous avez cliqué sur le premier lien*

> REMARQUE
>
> **La langue des données d'exemples**
>
> Les titres des articles affichés ici sont en anglais. Il s'agit des données d'exemples, créées lors de l'installation. Vous saurez bientôt comment supprimer ces articles et ajouter les vôtres, en langue française.

L'éditeur WYSIWYG d'articles est affiché. Vous pouvez y observer, notamment, les boutons qui vous permettront de mettre en forme vos articles (au-dessus du texte de l'article).

Figure 3.11 : *L'éditeur d'articles*

4 Quittez l'éditeur sans sauvegarder vos éventuelles modifications en cliquant sur le bouton **Fermer**.

Figure 3.12 :
Le bouton Fermer

Découvrir le gestionnaire de menus

Les menus renferment les liens de navigation qui permettent aux internautes d'accéder aux pages composant le site. Ils peuvent prendre différents aspects et être activés ou désactivés. Il vous est également possible de créer vos propres menus.

1 Cliquez sur le menu **Menu/Main menu**, qui permet d'accéder aux items du menu principal.

Figure 3.13 :
Le menu Menu/Main menu

Le gestionnaire d'élément de menu apparaît.

2 Cliquez, par exemple, sur le lien *Home*, qui est le premier item du menu.

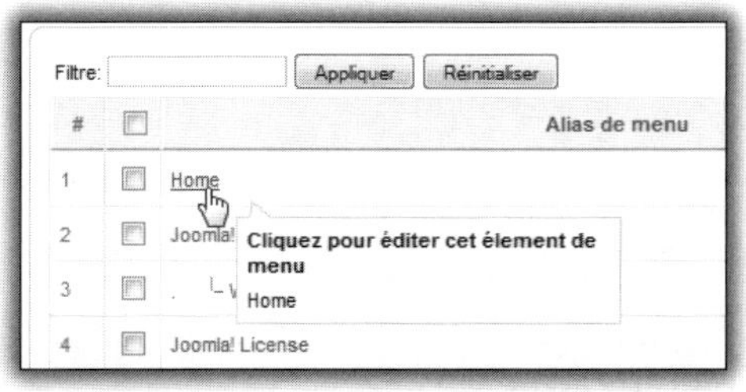

Figure 3.14 :
Le lien Home, dans le gestionnaire d'élément de menu

L'alias de menu est affiché.

3 Quittez l'alias de menu sans sauvegarder vos éventuelles modifications en cliquant sur le bouton **Fermer**.

Découvrir le gestionnaire de médias

Autre fonctionnalité essentielle de Joomla, le gestionnaire de médias vous permet d'importer dans le site les images et fichiers qui seront accessibles depuis les pages du site.

Cliquez sur le menu **Site/Gestion des médias**.

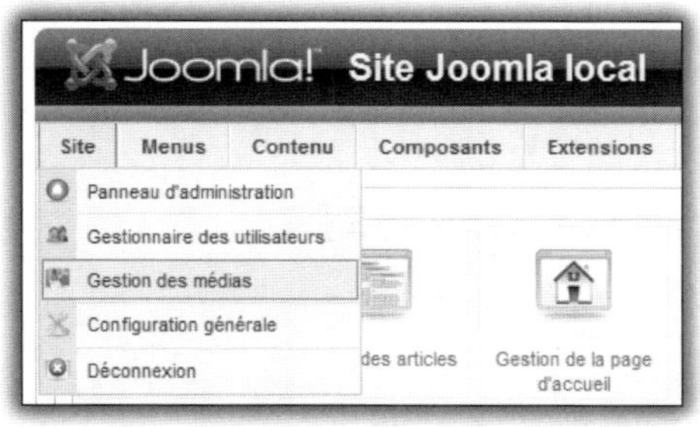

Figure 3.15 : *Le menu Site/Gestion des médias*

Le gestionnaire de médias est affiché. Il renferme des images copiées lors de l'installation (vous pourrez y copier vos propres images). Il se compose également de dossiers qui vous permettront d'organiser efficacement le classement des fichiers.

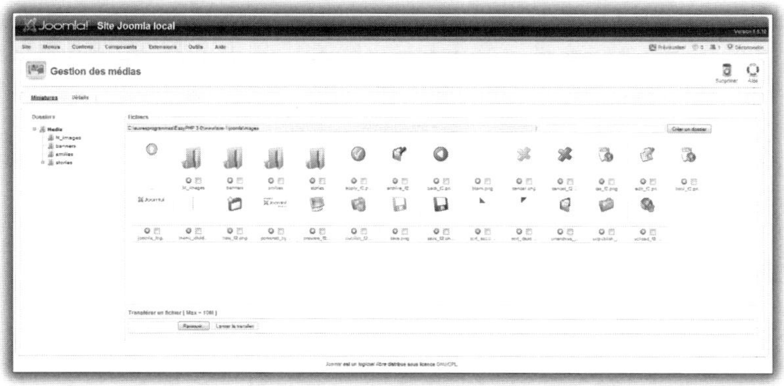

Figure 3.16 : *Le gestionnaire de médias*

Découvrir le principe des templates

La possibilité de changer en un instant la mise en forme du site (au moyen des *templates*), sans affecter son contenu, est l'une des fonctionnalités les plus étonnantes de Joomla. Voici une petite manipulation qui vous permettra d'en apercevoir les possibilités.

DEFINITION

Template

Ce terme anglais indique sous Joomla un modèle de conception, c'est-à-dire un ensemble d'éléments de mise en forme (polices, couleurs, boutons, visuels de fonds de pages, etc.) qui peuvent être appliqués simplement et rapidement sur tout ou partie du site.

1 Cliquez sur le menu **Extensions/Gestionnaire des templates**.

Figure 3.17 : *L'accès au gestionnaire des templates*

Le gestionnaire de templates est affiché. Il présente la liste des templates installés sur le système (vous découvrirez plus loin comment ajouter de nouveaux templates).

2 Cochez, par exemple, l'option placée à gauche du nom de template *beez*, affiché dans la colonne *Nom du Template*.

Figure 3.18 : *Le choix du template*

3 

Cliquez sur le bouton **Défaut**, placé en haut et à droite de la fenêtre du gestionnaire de templates.

Vous venez de modifier le modèle de mise en forme appliqué à votre site. Pour le vérifier, cliquez sur **Prévisualiser**, en haut et à droite de l'interface d'administration de Joomla.

Figure 3.19 : *Le lien Prévisualiser*

Le frontend est ouvert dans un nouvel onglet (ou une nouvelle fenêtre, selon le navigateur Internet utilisé).

4 Cliquez sur le nouvel onglet ou ouvrez la nouvelle fenêtre du navigateur affichant le frontend.

Le contenu (textes et images) reste inchangé mais sa présentation est radicalement différente grâce à l'application du template.

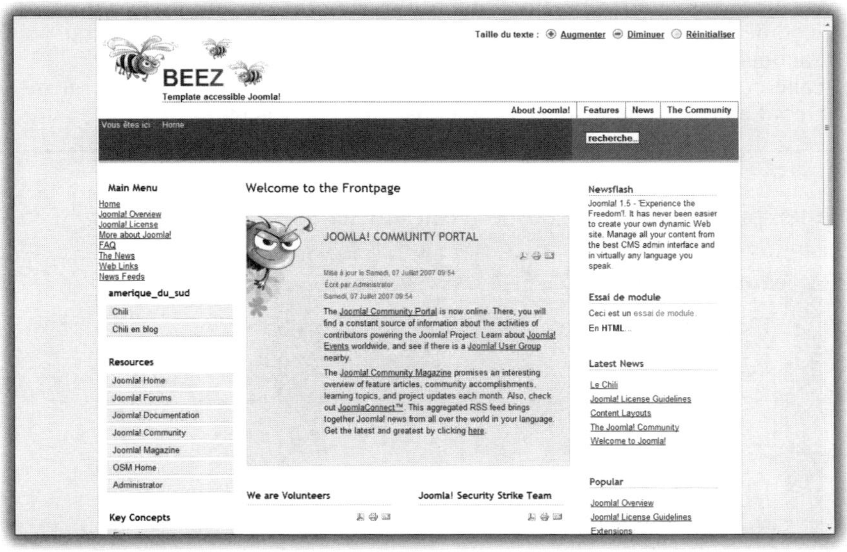

Figure 3.20 : *Le frontend après application du template*

Le retour au template d'origine se fait aussi facilement.

5 Dans la nouvelle fenêtre du navigateur affichant l'interface d'administration de Joomla, cliquez sur le menu

Extensions/Gestionnaire des templates. Dans le gestionnaire de templates, cochez l'option placée à gauche du nom de template *rhuk_milkyway*, affiché dans la colonne *Nom du Template*.

6 Cliquez sur le bouton **Défaut**, placé en haut et à droite de la fenêtre du gestionnaire de templates.

7 Ouvrez l'onglet ou la fenêtre du navigateur affichant le frontend puis actualisez la page en cliquant sur le bouton d'actualisation du navigateur.

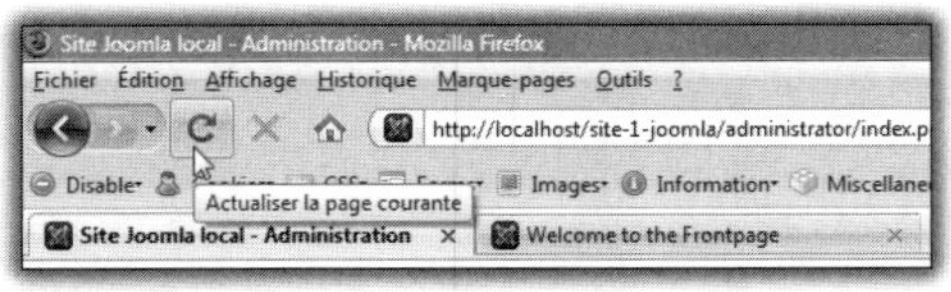

Figure 3.21 : *Le bouton Actualiser la page courante de Firefox*

REMARQUE

L'actualisation d'une page

Lorsqu'une page web est ouverte dans un navigateur Internet (Firefox, Internet Explorer, Chrome, Opéra, Safari, etc.), elle est stockée dans une zone de mémoire temporaire, nommée cache, du logiciel. Si la page est modifiée sur le serveur web, c'est la page renfermée dans le cache qui continue d'être affichée par le navigateur, jusqu'à actualisation de celle-ci (l'actualisation est l'action qui consiste à demander au serveur web d'adresser une nouvelle fois la page au navigateur).

Le template d'origine est à nouveau utilisé.

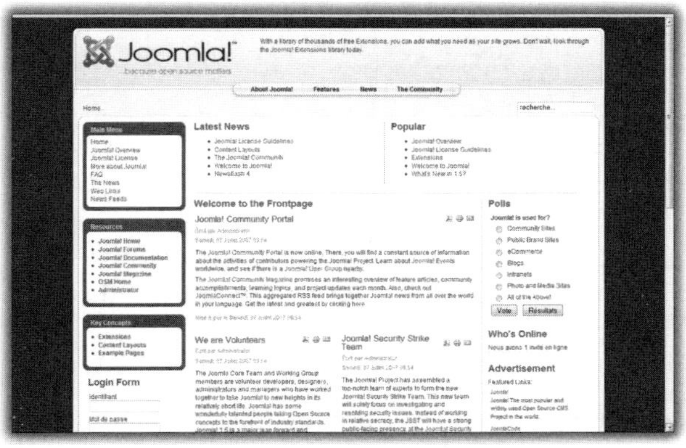

Figure 3.22 : *Le nouveau template est appliqué et modifie la mise en forme de la partie publique du site*

3.3. Les menus de Joomla

Si l'on fait abstraction des boutons présentés dans le panneau d'administration (accessible via le menu **Site/Panneau d'administration**) et qui sont des raccourcis vers les fonctions essentielles de Joomla, l'accès aux composants du système s'effectue toujours par les menus de l'interface. Les fonctionnalités qui leurs sont associées sont décrites dans ce qui suit.

Le menu Site/Panneau d'administration

Ce sous-menu permet d'accéder au panneau d'administration, qui pourrait être assimilé à une barre d'outils sur certains logiciels bureautiques, tels que Word, en ce sens qu'il propose différents boutons constituant des raccourcis vers les commandes essentielles des menus, tels que l'accès à la gestion des articles, des sections et des catégories (ces notions sont abordées plus loin), des médias, des menus, des langues, des utilisateurs, ou encore de la configuration globale du système.

Figure 3.23 : *Les boutons composant le panneau d'administration*

Le menu Site/Gestionnaire des utilisateurs

Ce menu permet d'ouvrir le gestionnaire des utilisateurs.

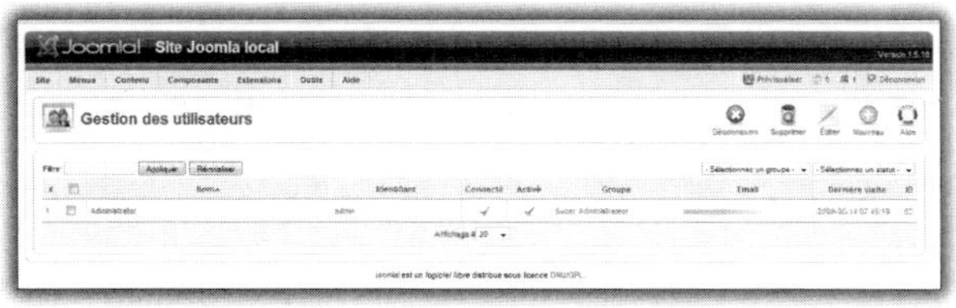

Figure 3.24 : *Le gestionnaire des utilisateurs*

Le menu Site/Gestion des médias

Ce menu permet d'ouvrir le gestionnaire des médias. Il se compose de dossiers dans lesquels sont déposés les fichiers médias (images notamment) affichés dans les pages du site.

Figure 3.25 : *Le gestionnaire de médias*

Le menu Site/Configuration générale

Ce menu vous permet de modifier tous les paramètres globaux du site (nom du site, description dans les moteurs de recherche, durée des sessions, paramètres du serveur, etc.).

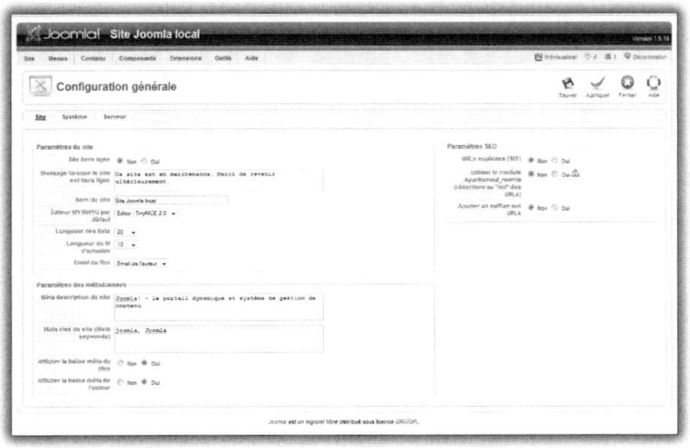

Figure 3.26 : *Le gestionnaire de configuration générale*

Le menu Site/Déconnexion

Ce menu vous permet de quitter "proprement" Joomla. Entendez par là en fermant correctement les tables de la base de données. À l'issue de l'opération, vous ne serez plus connecté à l'interface d'administration et devrez vous loguer à nouveau pour accéder au backend.

Figure 3.27 : *Après déconnexion, il vous faudra vous identifier à nouveau pour accéder à l'interface d'administration de Joomla*

REMARQUE

En cas de sortie anormale de Joomla

Lorsque vous quittez le backend, il est nécessaire d'opérer par le menu **Site/Déconnexion** ou par le lien *Déconnexion*, proposé en haut et à droite de la fenêtre de l'interface d'administration de Joomla, afin de clôturer correctement la base de données.

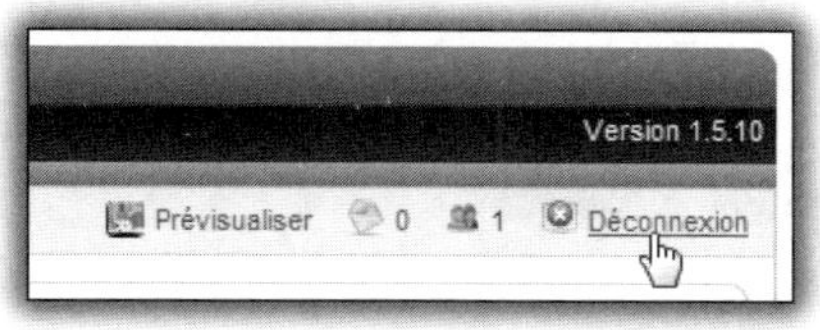

Figure 3.28 : *Le lien Déconnexion*

L'erreur, consistant à cliquer sur le bouton **Fermer** de votre navigateur en oubliant de vous déconnecter, est toutefois possible, pour ne pas dire probable, sur une longue période d'utilisation. Pour pallier ce problème, les concepteurs de Joomla ont prévu une procédure de secours : le menu **Outils/Validation générale** remet les tables de la base de données en état en cas de problème.

B.U ANGERS

REMARQUE

N'hésitez pas à utiliser cette commande si l'accès à un article vous est interdit par un verrouillage de tables dû au fait que l'un des administrateurs du système a quitté le backend sans se déconnecter, laissant les tables de la base de données ouvertes.

Le menu Menus/Gestion des menus

Les menus sont les éléments essentiels de la navigation dans le site ; ils permettent en effet, via de nombreuses fonctions, l'accès aux pages qui composent le site Joomla.

Ce menu permet d'accéder au gestionnaire de menus du site.

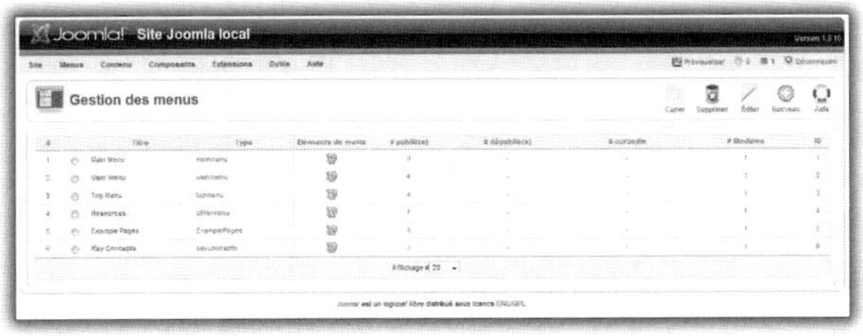

Figure 3.29 : *Le gestionnaire de menus*

Le menu Menus/Corbeille de menu

Joomla dispose d'un système de corbeille, analogue, dans son concept, à celui de Windows, et qui repose sur le principe, lors de la suppression d'un élément, de l'utilisation d'un espace de stockage intermédiaire, avant la suppression définitive de l'item (afin de pouvoir le retrouver, si vous changez d'avis, sans devoir le recréer).

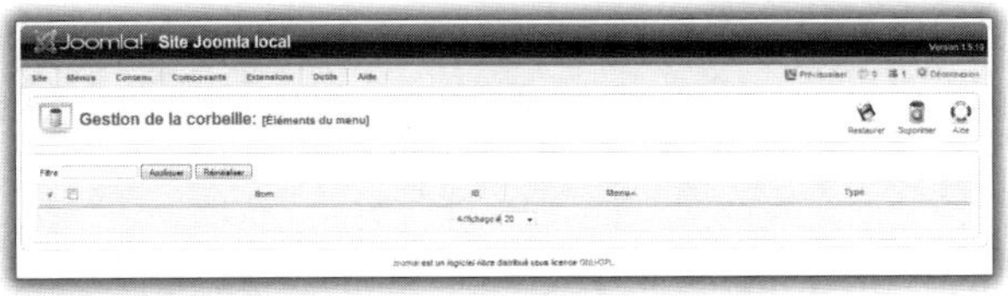

Figure 3.30 : *Le gestionnaire de corbeille de menus*

Le menu Menus/Main menu

Cette commande, appliquée ici au premier menu de la liste (*Main menu*), permet de gérer les éléments du menu (ceux-ci permettent d'accéder, de différentes façons, aux pages qui composent le site).

Joomla vous permet de créer un nombre illimité de menus. Le gestionnaire d'éléments de menu peut être utilisé pour chacun d'entre eux.

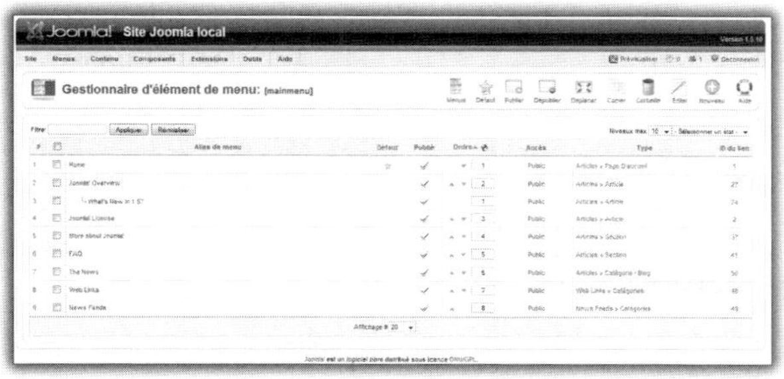

Figure 3.31 : *Le gestionnaire d'éléments de menu*

Le menu Contenu/Gestion des articles

Les articles sont les éléments constitutifs de base des pages d'un site Joomla. Le gestionnaire des articles permet d'accéder à ceux-ci afin d'en modifier le contenu rédactionnel. Il offre également de nombreuses fonctions de classement des articles.

Figure 3.32 : *Le gestionnaire d'articles*

Le menu Contenu/Corbeille article

Vous retrouvez ici le même concept de gestion de corbeille, déjà décrit précédemment à la section traitant du menu **Menus/Corbeille de menu**, appliqué, cette fois, à la gestion des articles.

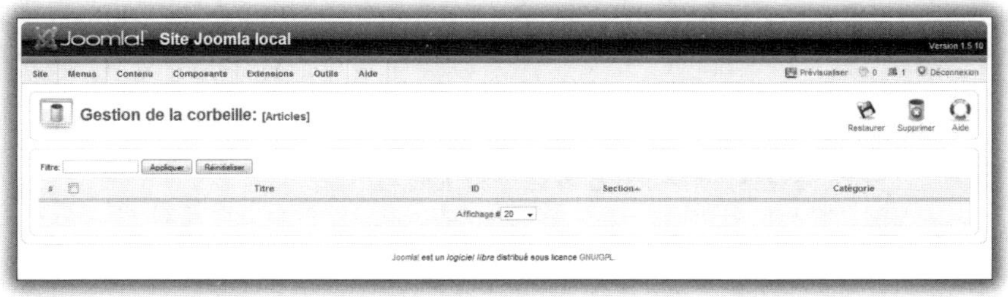

Figure 3.33 : *La corbeille d'articles*

Le menu Contenu/Gestionnaire des sections

Les notions de sections et de catégories, détaillées plus loin, sont des points importants pour l'administrateur d'un site Joomla, car chaque article appartient à une catégorie, elle-même élément d'une section.

Le gestionnaire de sections vous permet d'effectuer toutes les opérations de création, de suppression ou de modification de vos sections.

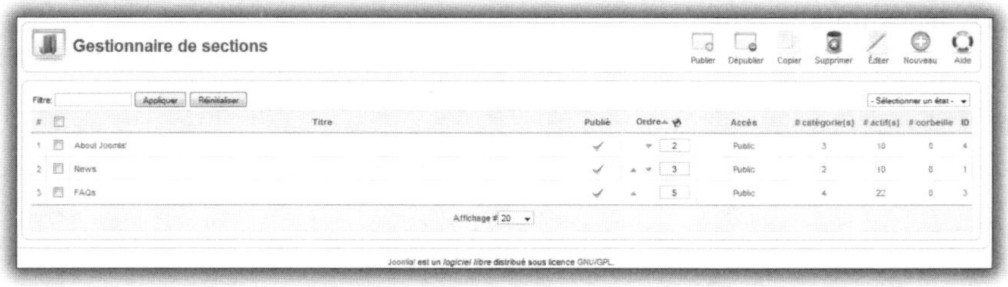

Figure 3.34 : *Le gestionnaire de sections*

Le menu Contenu/Gestion des catégories

Le gestionnaire de catégories vous permet d'effectuer les opérations de création, de suppression ou de modification de vos catégories.

Figure 3.35 : *Le gestionnaire de catégories*

Le menu Contenu/Gestion de la page d'accueil

Joomla offre une possibilité très intéressante, consistant à permettre l'accès à certains articles choisis, directement depuis la page d'accueil, en plus des accès traditionnels par les menus ou les liens hypertextes, d'un article vers un autre.

Cette fonctionnalité vous permet, par exemple, de mettre en évidence, pour les lecteurs, vos derniers articles récemment publiés. Elle peut améliorer en outre la vitesse d'indexation d'un nouvel article dans les moteurs de recherche.

Figure 3.36 : *Le gestionnaire de la page d'accueil*

Le menu Composants/Bannière/Bannières

Une autre fonctionnalité intéressante repose sur une gestion sophistiquée de bannières publicitaires. Lorsqu'elles sont cliquées, celles-ci ouvrent alors les sites web des annonceurs.

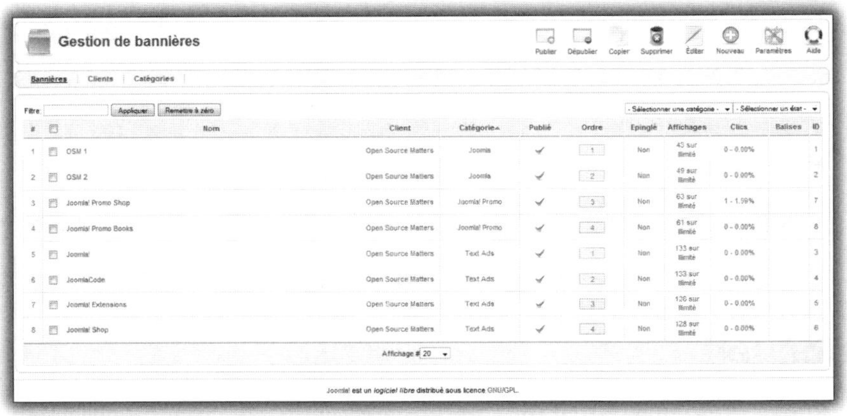

Figure 3.37 : Le gestionnaire de bannières

Le menu Composants/Bannière/Clients

Ce composant est complémentaire du précédent. Il permet d'administrer vos clients (ou simples partenaires) pour lesquels des bannières publicitaires sont affichées sur le site.

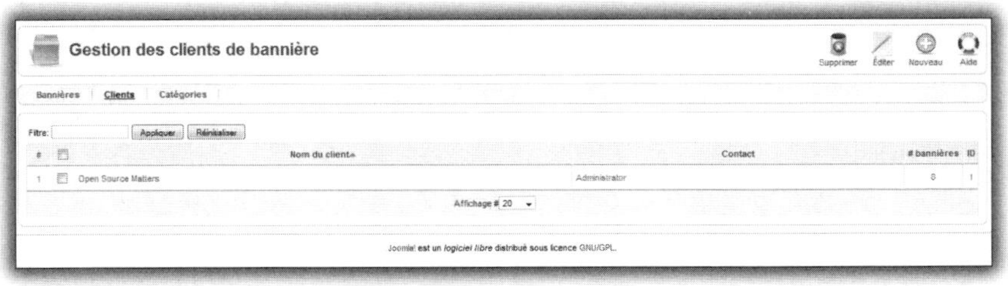

Figure 3.38 : Le gestionnaire des clients de bannière

Le menu Composants/Bannière/Catégories

Ce composant est également complémentaire des deux précédents. Il permet de gérer des catégories de bannières publicitaires.

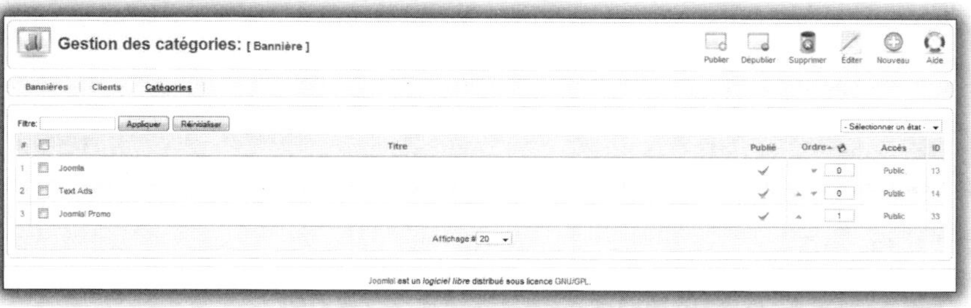

Figure 3.39 : *Le gestionnaire des catégories de bannières*

Le menu Composants/Contacts/Contacts

Ce composant vous permet d'enregistrer les coordonnées des administrateurs du site, afin de proposer aux visiteurs du site d'entrer en contact avec eux par courrier électronique.

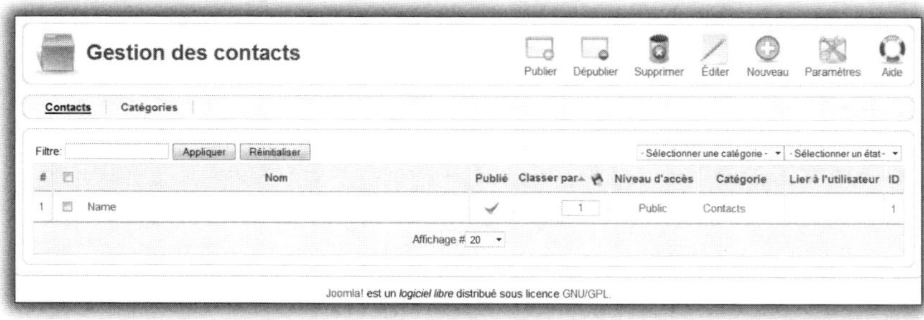

Figure 3.40 : *Le gestionnaire de contacts*

Le menu Composants/Contacts/Catégories

Ce composant est complémentaire du précédent. Il permet de gérer des catégories de contacts.

Figure 3.41 : Le gestionnaire des catégories de contacts

Le menu Composants/Fils d'actualités/Fils

Ce composant vous permet de stocker des listes de flux RSS, publiés sur d'autres sites, afin de les afficher sur votre site Joomla.

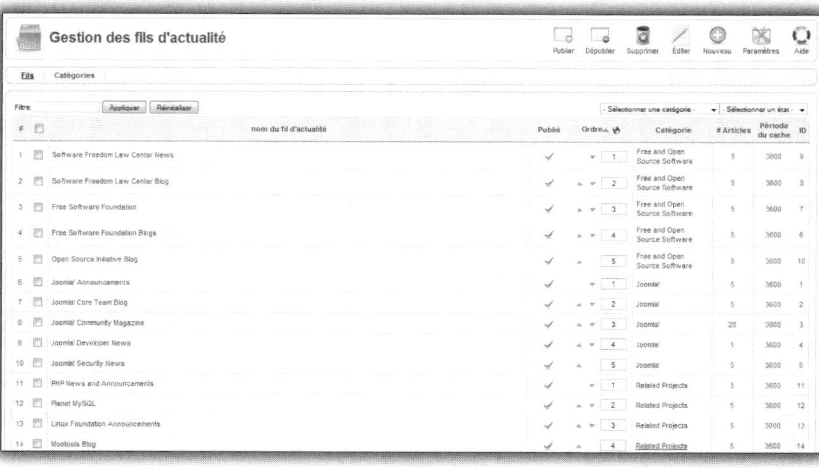

Figure 3.42 : Le gestionnaire des fils d'actualités

REMARQUE

Les flux RSS

Les flux RSS sont des informations publiées par certains sites web, tels que les journaux en ligne. Il est possible, pour les internautes et les administrateurs d'autres sites de s'abonner à ces flux afin de les

REMARQUE

consulter ou de les afficher dans des pages web (on parle de "syndication de contenus").

Le menu Composants/Fils d'actualités /Catégories

Ce composant est complémentaire du précédent. Il permet de gérer des catégories de contacts.

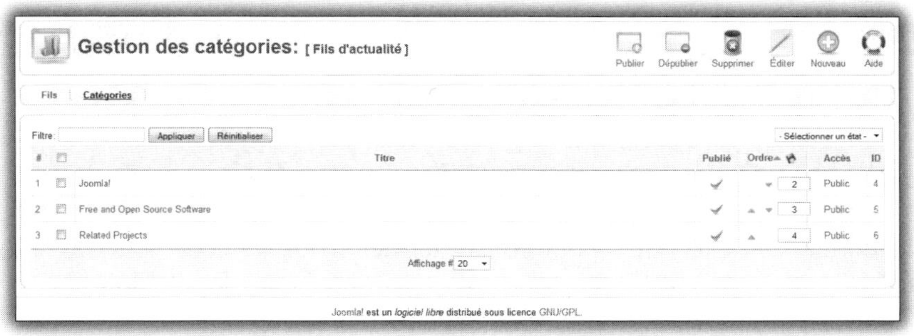

Figure 3.43 : *Le gestionnaire des catégories de fils d'actualités*

Le menu Composants/Sondages

Ce composant vous permet de créer des sondages, destinés à recueillir les avis des visiteurs du site.

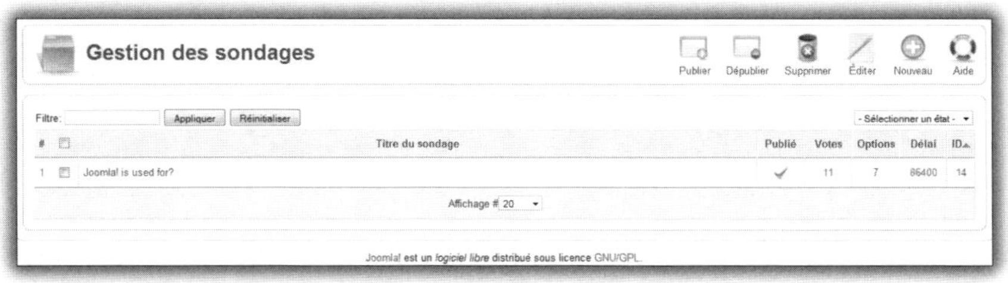

Figure 3.44 : *Le gestionnaire de sondages*

Le menu Composants/Recherche

Ce composant permet d'afficher des informations relatives aux recherches effectuées par la fonctionnalité de recherches offerte aux internautes sur le site.

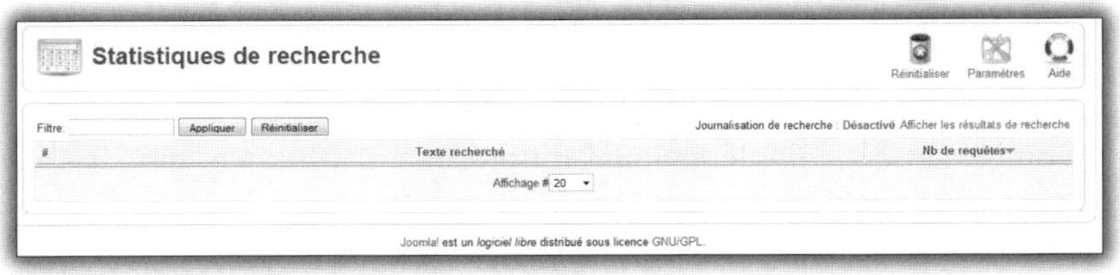

Figure 3.45 : *Le composant d'affichage des statistiques de recherches effectuées sur le site*

Le menu Composants/Liens web/Liens

Ce composant est utilisé pour constituer des listes de liens vers des sites amis ou partenaires, et qui pourront être affichés sur le site Joomla.

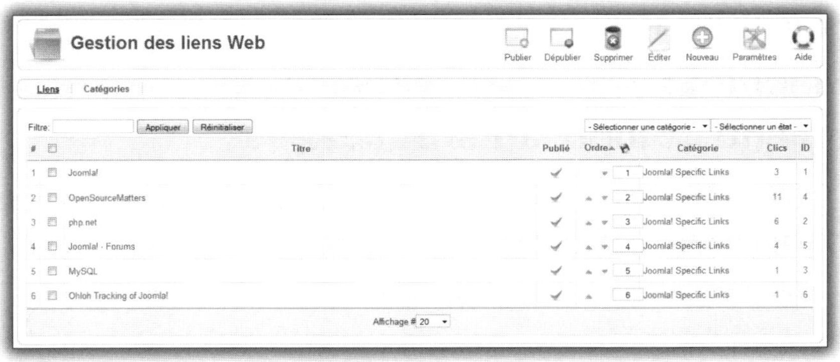

Figure 3.46 : *Le composant de gestion des liens web*

Le menu Composants/Liens web/Catégories

Ce composant est complémentaire du précédent. Il permet de gérer des catégories de liens web.

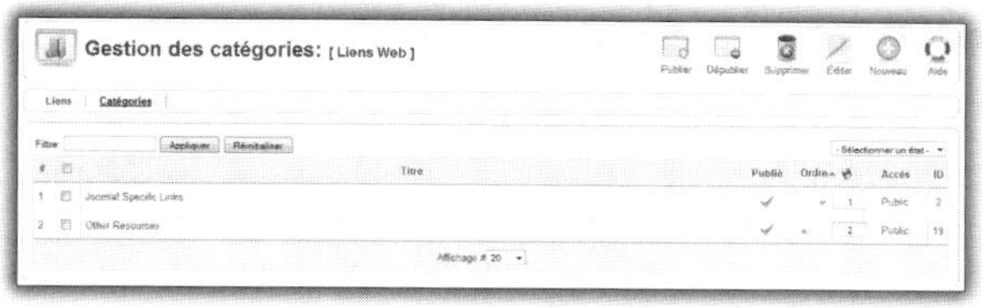

Figure 3.47 :
Le composant de gestion des catégories de liens web

Le menu Extensions/Installer/Désinstaller

Cette fonctionnalité vous permet d'installer des extensions aux fonctionnalités natives de Joomla (composants, modules, plugins, templates) qui permettent d'accroître les possibilités du système.

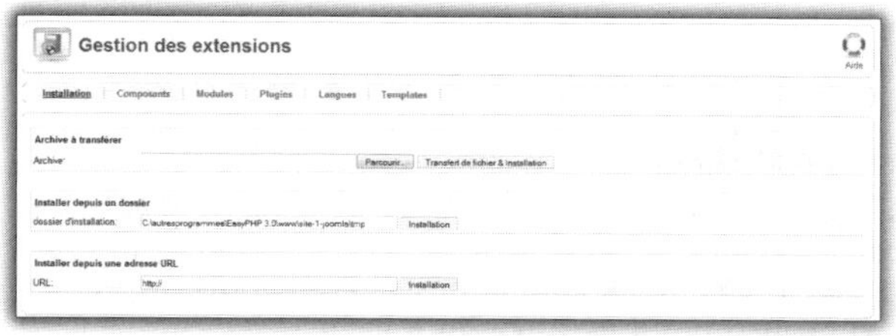

Figure 3.48 :
Le gestionnaire d'extensions

Le menu Extensions/Gestion des modules

Cette fonctionnalité vous permet d'administrer les modules installés dans le système.

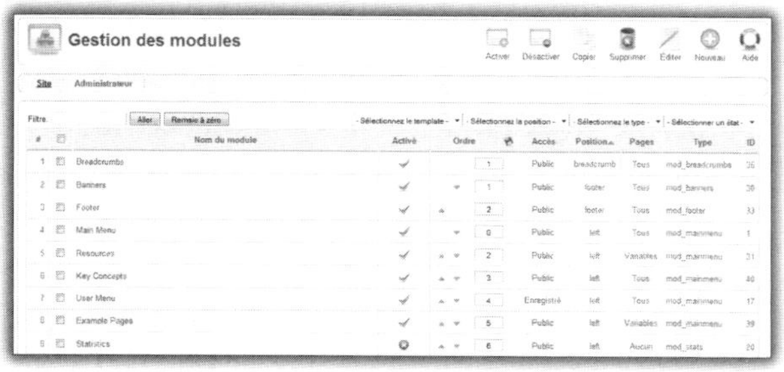

Figure 3.49 :
Le gestionnaire de modules

Le menu Extensions/Gestionnaire des plugins

Cette fonctionnalité vous permet d'administrer les plugins installés dans le système.

Figure 3.50 : *Le gestionnaire de plugins*

REMARQUE

Composants, modules et plugins

Ces trois termes désignent tous des extensions natives ou pouvant être ajoutées a posteriori dans Joomla. Les composants sont les plus complets et constituent de véritables applications autonomes (commerce électronique, galerie d'images, etc.). Les modules sont des fonctionnalités plus modestes, qui nécessitent une intégration dans les pages pour exister (module d'affichage des articles les plus populaires, par exemple). Les plugins sont des fonctionnalités encore plus spécifiques, qui améliorent généralement un traitement (bouton d'insertion d'une image, par exemple).

Le menu Extensions/Gestionnaire des templates

Cette fonctionnalité vous permet d'administrer les templates (modèles de mise en forme) installés dans le système.

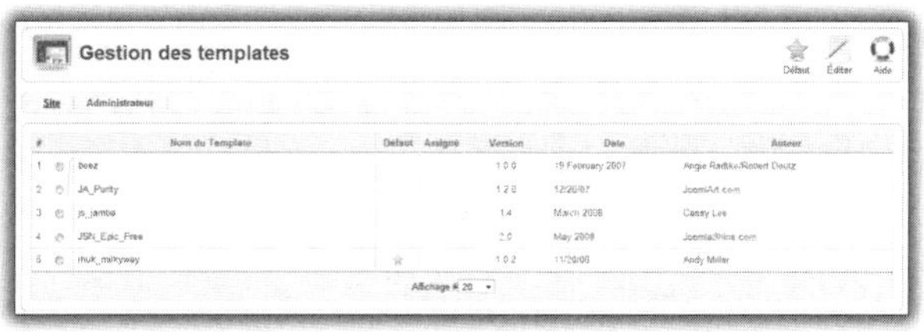

Figure 3.51 : *Le gestionnaire de templates*

Le menu Extensions/Gestion des langues

Cette fonctionnalité vous permet de choisir la langue utilisée dans le système.

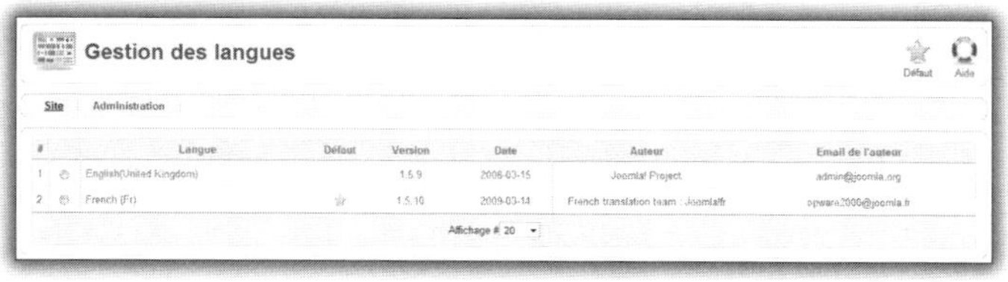

Figure 3.52 : *Le gestionnaire de langues*

Le menu Outils/Lire les messages

Cette fonctionnalité, très utile si plusieurs personnes participent à l'administration du site, vous permet d'administrer un système de messagerie interne.

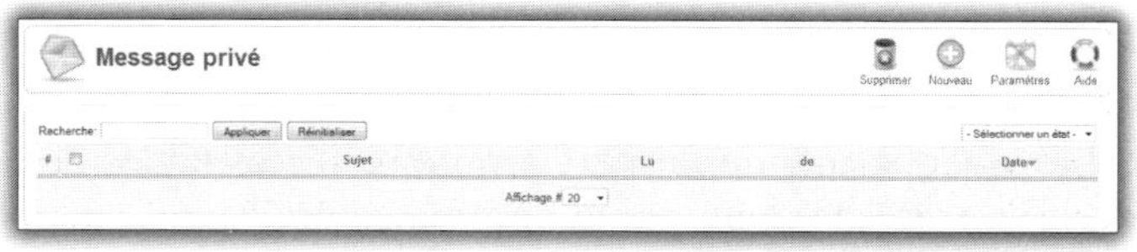

Figure 3.53 : *Le gestionnaire de messagerie*

Le menu Outils/Écrire un message

Cette fonctionnalité, complémentaire de la précédente, permet d'adresser un message à un autre administrateur du site.

Figure 3.54 : *Le gestionnaire d'envoi de messages*

Le menu Outils/Envoi massif d'email

Cette fonctionnalité vous sera utile si vous souhaitez adresser une newsletter à un grand nombre d'abonnés.

Figure 3.55 : *Le gestionnaire d'envoi massif de courriers électroniques*

Le menu Outils/Validation générale

Cette fonctionnalité vous permet de fermer "proprement" les tables de la base de données, si le système a été quitté anormalement.

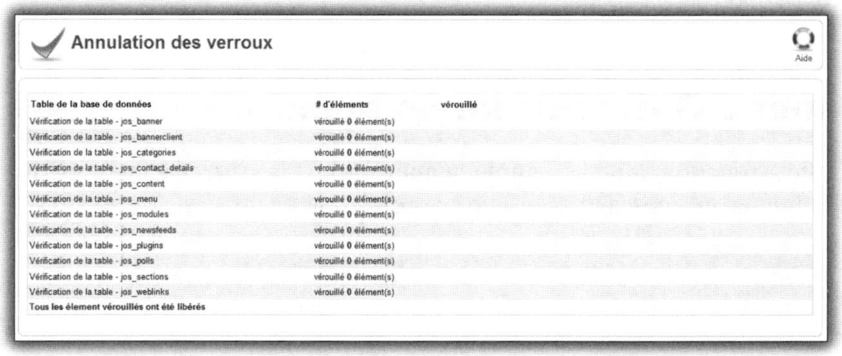

Figure 3.56 : *La validation générale du système*

Le menu Outils/Nettoyer le cache

Cette fonctionnalité vous permet de supprimer les fichiers mis en cache (mémoire intermédiaire du site permettant d'accélérer les traitements). Vous y aurez recours si le site a été profondément refondu et que vous souhaitiez voir les mises à jour immédiatement appliquées.

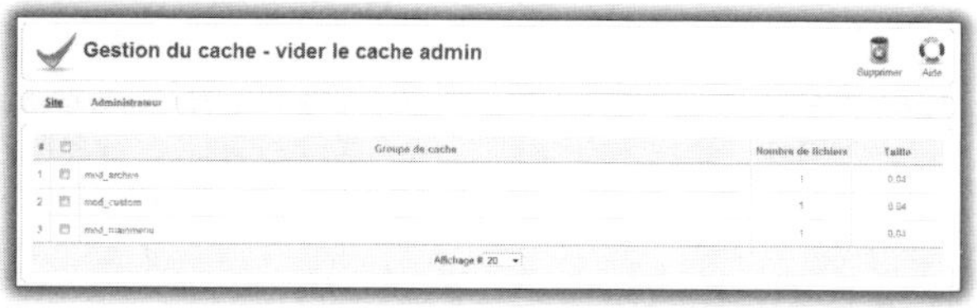

Figure 3.57 :
La fonction de vidage du cache

Le menu Outils/Purger les fichiers expirés du cache

Cette fonctionnalité permet de supprimer les fichiers du cache.

Figure 3.58 :
La fonction de vidage des fichiers expirés du cache

Le menu Aide/Aide Joomla!

Cette fonctionnalité permet d'accéder à l'aide en ligne de Joomla, en langue anglaise.

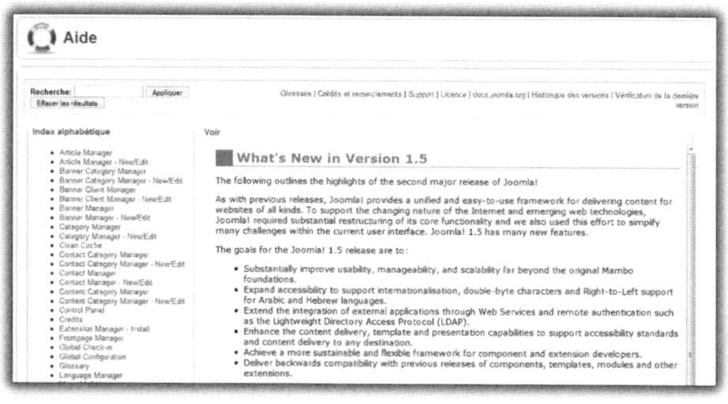

Figure 3.59 :
L'aide de Joomla

Le menu Aide/Infos système

Cette dernière fonctionnalité permet d'afficher de nombreuses informations sur le système sur lequel est implémenté Joomla (infos système, paramètres PHP, fichier de configuration, permissions des dossiers, informations PHP).

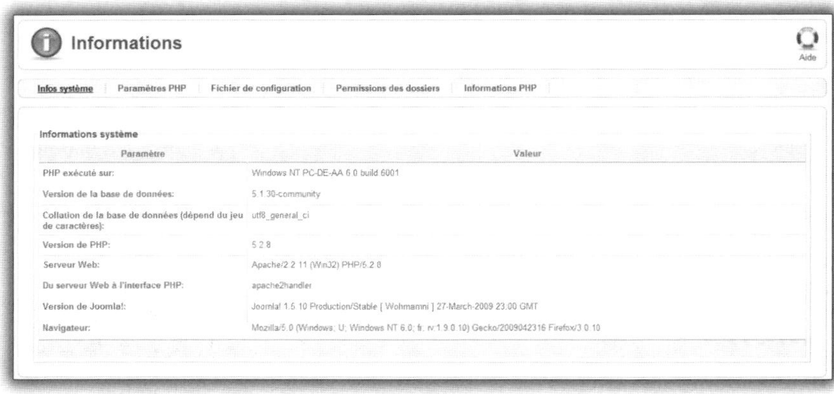

Figure 3.60 : *Les informations système*

3.4. Check-list

- Dès son installation, le site Joomla est opérationnel et le webmestre peut commencer son travail de personnalisation et de rédaction de contenus.
- La partie publique, ou *frontend*, visible des internautes, présente des fonctionnalités et des données d'exemples qui devront être modifiées ou supprimées.
- L'interface d'administration, ou *backend*, donne accès à de très nombreuses fonctionnalités, essentiellement par un système de menus déroulants.

Chapitre 4

Créer des articles

Utiliser les commandes de l'interface d'administration 116
Définir les paramètres généraux 117
Changer le login et le mot de passe administrateur 121
Créer des sections 122
Créer des catégories 125
Créer et modifier des articles 128
Check-list 158

Joomla met à votre disposition un ensemble de fonctionnalités web 2.0 qu'il est temps de découvrir et de mettre en œuvre sur votre site. L'objet de ce chapitre est donc de vous permettre de parcourir les principales fonctions natives du système. Elles sont nombreuses et efficaces, comme vous allez le constater...

DEFINITION

Web 2.0

Ce terme récent désigne un ensemble de fonctionnalités actuelles, mises en œuvre sur les sites web : Web dynamique utilisant des bases de données plutôt que des pages html statiques, échanges de billets, fils RSS, réseaux sociaux, vidéo, audio, classements de sites confiés aux internautes, réponses aux articles...

4.1. Utiliser les commandes de l'interface d'administration

Même si l'aspect de l'interface de Joomla s'apparente à celui des logiciels installés sur votre ordinateur (tels que Word ou Excel), elle est fondamentalement différente en ce qui concerne son mode de fonctionnement.

En effet, le noyau du système n'est pas un programme installé sur votre machine mais un ensemble de codes php et une base de données implémentés chez votre hébergeur ou sur votre serveur web local. Par conséquent, toutes les opérations réalisées se font par l'intermédiaire de votre navigateur Internet. Concrètement, il n'y a pas de différence conceptuelle entre naviguer sur un site Internet quelconque et naviguer sur le backend de Joomla, puisque celui-ci se compose d'un ensemble de pages web dynamiques.

Toutefois, gardez à l'esprit que le rôle de l'interface administrateur de Joomla est essentiellement de permettre la mise à jour de la base de données qu'utilise le CMS et que ce traitement suit des règles d'ouverture et de fermeture de tables notamment.

Afin de ne pas transgresser celles-ci, vous ne devez pas utiliser les boutons de navigation des pages récemment visitées proposés par votre navigateur Internet ; vous risqueriez de modifier l'ordre des traitements prévus par les concepteurs du système et créer ainsi des dysfonctionnements.

Figure 4.1 :
Les boutons Reculer d'une page et Avancer d'une page du navigateur Firefox

Votre navigation au sein de l'interface d'administration de Joomla doit donc toujours être réalisée en utilisant les boutons et les menus proposés par le système. Certains de ces éléments sont présents sur tous les gestionnaires, afin de vous permettre de valider ou d'annuler l'action en cours.

Figure 4.2 : *Les boutons Précédent et Suivant du navigateur Internet Explorer*

Il s'agit des boutons suivants :

- 

Le bouton **Sauver**. Utilisez ce bouton pour enregistrer votre action (la modification d'un article, par exemple) et pour revenir à la page parente de la page en cours.
- 

Le bouton **Appliquer**. Utilisez ce bouton pour enregistrer votre action tout en restant dans la page en cours (généralement afin de tester le résultat de l'opération dans un autre onglet affichant la partie publique du site).
- 

Le bouton **Fermer**. Utilisez ce bouton pour annuler votre action, sans l'enregistrer.

Si toutefois, par mégarde, vous avez eu recours aux boutons de navigation de votre navigateur, opérez une validation globale via le menu **Outils/Validation générale**.

Notez également que les menus ne seront pas accessibles pendant certaines opérations nécessitant d'être clôturées avant toute autre manipulation. Ainsi, par exemple, les menus apparaîtront en grisé et ne seront plus réactifs aux clics pendant la modification d'un article.

4.2. Définir les paramètres généraux

Certains paramètres généraux nécessitent d'être définis à la création du site, depuis le gestionnaire de configuration générale.

1 Cliquez sur le menu **Site/Configuration générale**.

2 Le gestionnaire de configuration générale apparaît. Vous allez y effectuer les manipulations suivantes.

Paramétrer le nom du site

Le nom du site est utilisé à différents endroits du site. Vous l'avez défini lors du paramétrage initial du site. Vous pouvez le modifier a posteriori.

1 Cliquez sur l'onglet **Site**.

À la rubrique *Paramètres du site* est affichée la zone *Nom du site*.

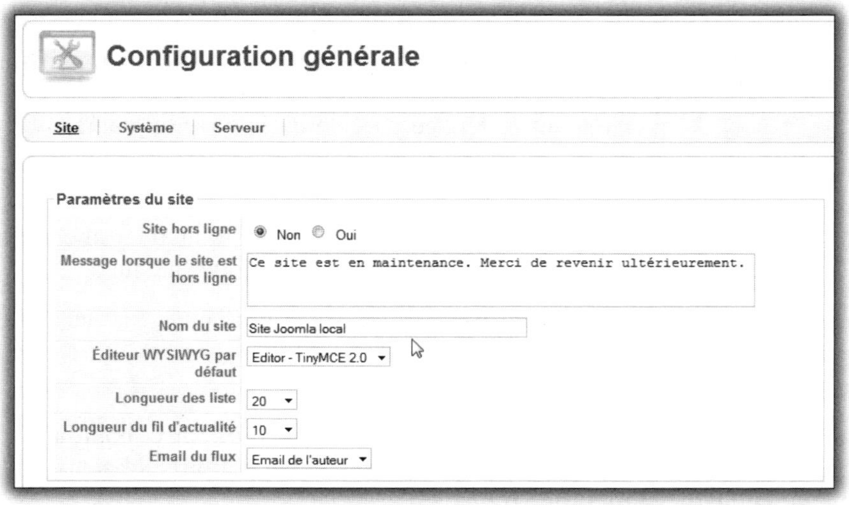

Figure 4.3 : *La zone Nom du site*

2 Modifiez, le cas échéant, le nom du site.

3 Cliquez sur le bouton **Appliquer** du gestionnaire.

Paramétrer la longueur des listes

Par défaut, la longueur des listes affichées dans les différents gestionnaires (articles, menus, modules, …) est de 20 items. Cette valeur peut être modifiée dans les composants au moyen de la liste de la zone *Affichage*, proposée en bas des gestionnaires.

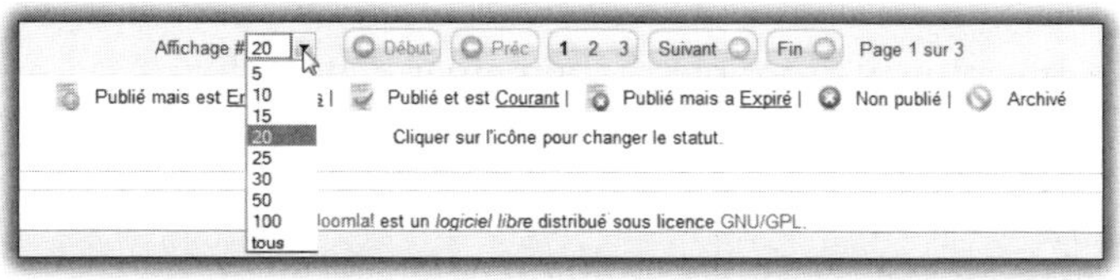

Figure 4.4 : *La zone Affichage, en bas du gestionnaire d'articles, propose par défaut un affichage de 20 items*

Toutefois, lorsque le nombre d'éléments des listes augmente, ce nombre se révèle insuffisant, obligeant le webmestre à utiliser les boutons de navigation **Suivant** et **Précédent** pour faire défiler les pages de liens pointant vers les items. Nous vous conseillons donc d'augmenter cette valeur à son maximum.

1 Cliquez sur l'onglet **Site**.

2 Dans la liste de la zone *Longueur des listes*, choisissez la valeur `100`.

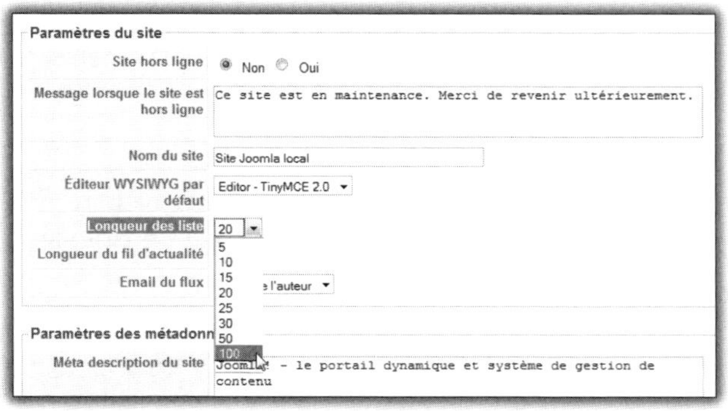

Figure 4.5 : *La valeur maximale de la zone est choisie*

3 Cliquez sur le bouton **Appliquer** du gestionnaire.

Augmenter la durée de session

Lorsque aucune touche n'est frappée pendant une durée de 15 minutes, la session du webmestre est fermée ; il lui est nécessaire de s'authentifier à nouveau pour accéder au backend.

Cette fonctionnalité est une mesure de sécurité appréciable, empêchant une personne d'utiliser le système, si le webmestre s'absente de son poste de travail en oubliant de clôturer sa session.

Il peut toutefois être plus confortable d'augmenter cette valeur.

1 Cliquez sur l'onglet **Système**.

2 À la rubrique *Configuration des sessions*, dans la zone *Durée de session*, saisissez par exemple `60` minutes.

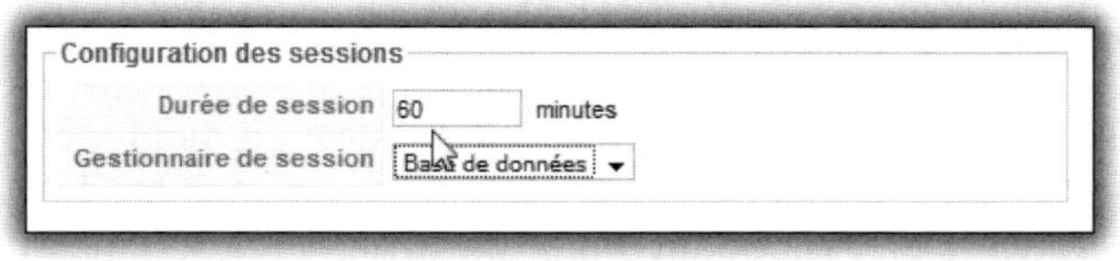

Figure 4.6 : *La durée de session est augmentée*

3 Cliquez sur le bouton **Appliquer** du gestionnaire.

Paramétrer le fuseau horaire

Joomla étant un système international, il peut être paramétré pour tous les fuseaux horaires.

1 Cliquez sur l'onglet **Serveur**.

2 À la rubrique *Paramètres de localisation*, dans la liste de la zone *Fuseau horaire*, choisissez si vous êtes localisé en France le fuseau horaire de Paris.

Figure 4.7 : *Le choix d'un fuseau horaire*

3 Cliquez sur le bouton **Sauver** du gestionnaire.

4.3. Changer le login et le mot de passe administrateur

Comme vous l'avez découvert lors de la phase d'installation du système, le nom d'utilisateur par défaut, créé par Joomla, pour le premier compte administrateur, est `admin`.

Il est préférable, pour accroître la sécurité d'un site publié chez un hébergeur, de remplacer ce login par un nom de votre choix.

1 Cliquez sur le menu **Site/Gestionnaire des utilisateurs**.

Le gestionnaire des utilisateurs apparaît.

2 Dans la colonne *Nom*, cliquez sur *Administrator*, nom qui a été créé automatiquement lors de l'installation de Joomla.

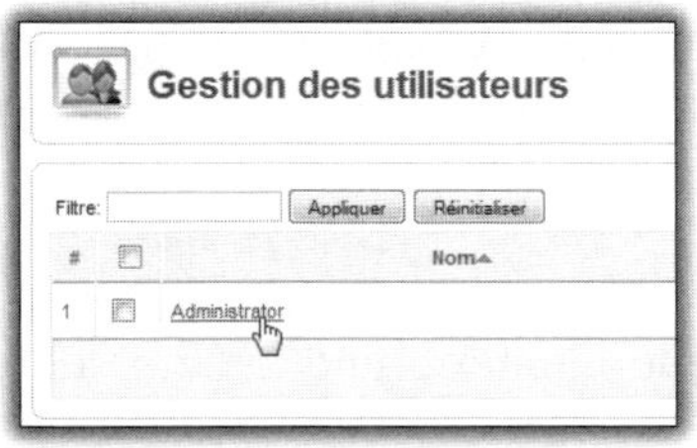

Figure 4.8 :
Le nom Administrator est cliqué

Les paramètres de l'utilisateur sont affichés.

Figure 4.9 :
Les paramètres de l'utilisateur

3 À la rubrique *Détails de l'utilisateur*, dans la zone *Identifiant*, saisissez un nouveau login. Modifiez le cas échéant le mot de passe en le saisissant dans les zones *Nouveau mot de passe* et *Confirmer le mot de passe*.

4 Cliquez sur le bouton **Sauver** du gestionnaire.

4.4. Créer des sections

Le système de gestion des contenus de Joomla fait appel à trois notions conceptuelles : les sections, les catégories et les articles.

Les articles sont des éléments rédactionnels, principalement composés de textes et d'images.

Pour les publier sur le site, Joomla dispose de plusieurs composants, offrant chacun des spécificités qui seront décrites plus loin. Il est ainsi possible de regrouper des articles traitant de sujets proches et entrant donc dans de mêmes "familles" et "sous-familles". Celles-ci portent les appellations de "sections" et de "catégories".

Ainsi, un article appartient toujours à une catégorie unique (les cannes à pêche, par exemple) appartenant elle-même à une section unique (la pêche en eau douce, par exemple).

Ce classement hiérarchique présente de nombreux avantages (disposer de composants affichant tous les articles d'une catégorie ou d'une section, par exemple) que vous découvrirez bientôt.

REMARQUE

Différence entre article et page web

Puisqu'un article est composé de texte, d'images et éventuellement d'objets multimédias tels que des vidéos, il est tentant de penser qu'article et page web sont des termes synonymes. Cela n'est toutefois pas obligatoirement le cas avec Joomla car le système autorise l'affichage, dans une même page web, de plusieurs articles ou parties d'articles.

FEMARQUE

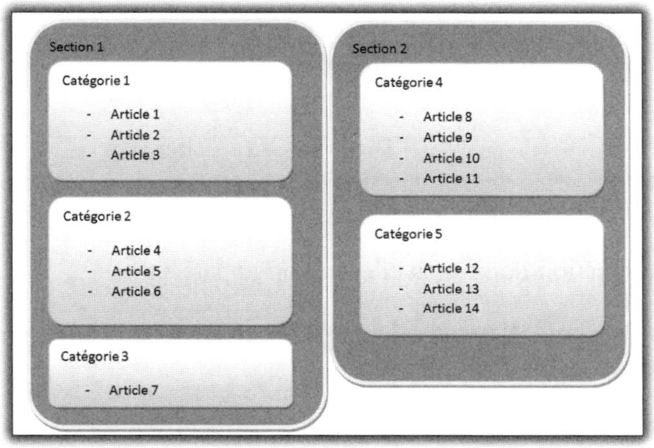

Figure 4.10 : *L'imbrication des sections, des catégories et des articles sous Joomla*

REMARQUE

Articles non catégorisés

La version précédente de Joomla (numéro 1.0.xxx) autorisait la création d'articles "non catégorisés", c'est-à-dire non rattachés à une catégorie, elle-même contenue dans une section. Cette opération n'est plus permise dans la version 1.5.xxx, utilisée ici. Plus exactement, la création d'un article non catégorisé consiste aujourd'hui à lui affecter la catégorie `non catégorisé`, elle-même contenue dans la section `non catégorisé`. Méthode élégante, de la part des développeurs de Joomla, pour conserver le concept tout en normalisant la structure des tables de la base de données.

À titre d'exemple, vous allez créer une nouvelle section.

1 Cliquez sur le menu **Contenu/Gestionnaire de sections**.

Le gestionnaire de sections apparaît.

2 Cliquez sur le bouton **Nouveau**.

Figure 4.11 : *Le bouton Nouveau dans le gestionnaire de sections*

La fenêtre de création de la nouvelle section apparaît.

Figure 4.12 : *La fenêtre de création de la nouvelle section*

3 À la rubrique *Détails*, dans la zone *Titre*, saisissez le nom que vous souhaitez affecter à la section, en rapport avec le thème de votre site web.

Figure 4.13 : *La saisie du titre de la section*

Les autres zones de la fenêtre ne seront pas modifiées pour l'instant.

4 Cliquez sur le bouton **Sauver**.

De retour dans le gestionnaire de section, le nom de la nouvelle section a été ajouté à la liste des sections déjà existantes.

Figure 4.14 : *Le nom de la nouvelle section figure désormais dans la liste des sections*

Vous allez maintenant, et de la même façon, créer quelques catégories.

4.5. Créer des catégories

Si l'on établit une comparaison entre une section et une armoire, une catégorie, elle, correspond à l'une des étagères de l'armoire. Une étagère contient les différents éléments que vous y avez rangés. Dans Joomla, ces éléments sont des articles.

1 Cliquez sur le menu **Contenu/Gestion des catégories**.

Le gestionnaire de catégories apparaît.

2 Cliquez sur le bouton **Nouveau**.

La fenêtre de création de la nouvelle catégorie apparaît.

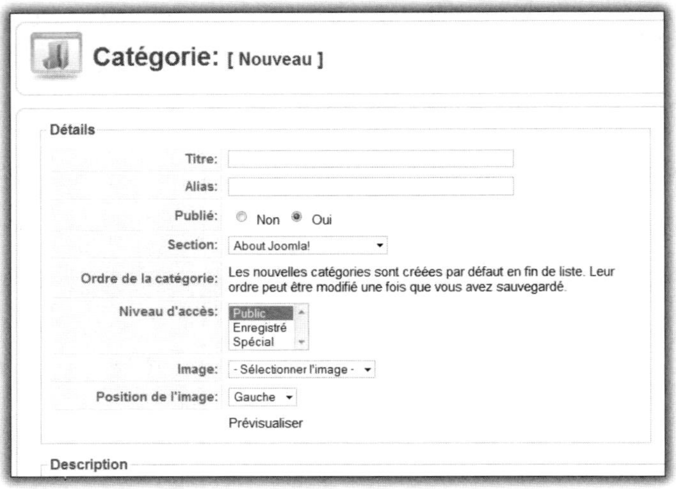

Figure 4.15 : *La fenêtre de création de la nouvelle catégorie*

3 À la rubrique *Détails*, dans la zone *Titre*, saisissez le nom que vous souhaitez affecter à la catégorie.

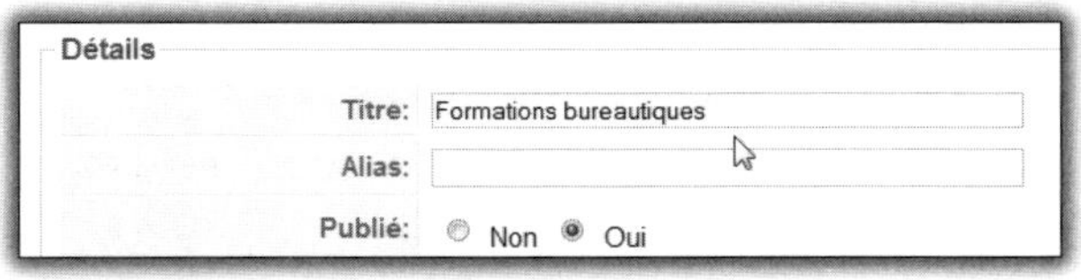

Figure 4.16 : *La saisie du titre de la catégorie*

4 Déroulez la liste de la zone *Section* et choisissez la section précédemment créée.

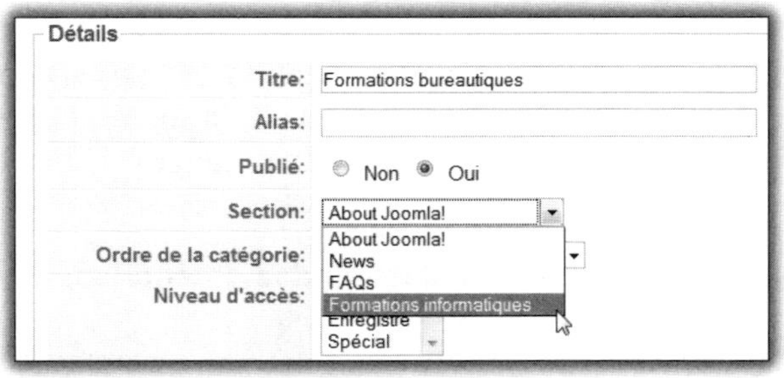

Figure 4.17 : *Le choix de la section*

Les autres zones de la fenêtre ne seront pas modifiées pour l'instant.

5 Cliquez sur le bouton **Sauver**.

De retour dans le gestionnaire de catégories, le nom de la nouvelle catégorie a été ajouté à la liste des catégories déjà existantes.

Figure 4.18 : *Le nom de la nouvelle catégorie figure désormais dans la liste des catégories*

Créez de la même manière quelques autres catégories contenues dans la nouvelle section, et en rapport avec le thème de votre site web.

REMARQUE

Organiser l'affichage des sections et des catégories

Le gestionnaire de catégories, comme les autres gestionnaires (sections, articles, …), affiche rapidement un grand nombre d'items, au fil de l'avancement de vos travaux. Vous pouvez choisir d'organiser l'affichage en modifiant le critère de classement des éléments. Cliquez pour ce faire sur le titre de la colonne de votre choix (*Titre*, *Publié*, *Ordre*, *Accès*, *Section* …). Vous pouvez également choisir de filtrer les items en saisissant un mot-clé dans la zone *Filtre*, présentée en haut et à gauche des gestionnaires.

Figure 4.19 : *La zone Filtre*

4.6. Créer et modifier des articles

Passées les étapes de création des sections et des catégories, vous allez maintenant pouvoir créer les premiers articles de votre site web.

1 Cliquez sur le menu **Contenu/Gestion des articles**.

Le gestionnaire d'articles apparaît.

2 Cliquez sur le bouton **Nouveau**.

La fenêtre de création de l'article apparaît.

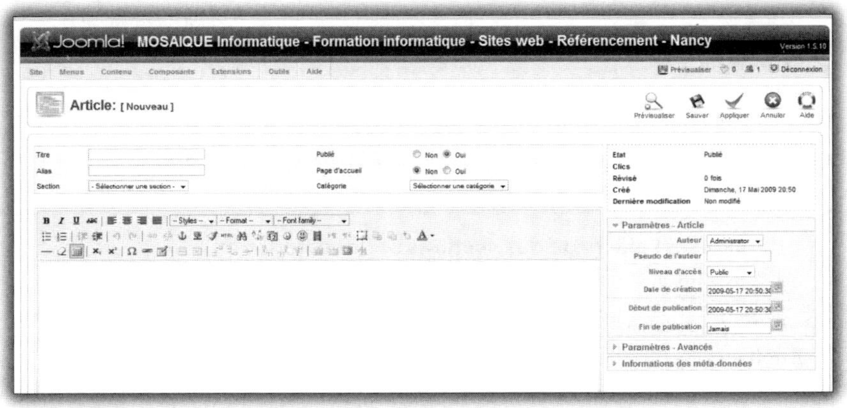

Figure 4.20 : *La fenêtre de création de l'article*

Cette fenêtre renferme toutes les fonctionnalités nécessaires à la création d'un contenu rédactionnel de qualité, rédigé au format HTML.

REMARQUE

Modification d'un article existant

La procédure de modification d'un article déjà créé est identique. Elle s'effectue également depuis cette fenêtre. Pour modifier un article existant, il vous suffit de cliquer sur son nom, dans la liste présentée par le gestionnaire d'articles.

3 Dans la zone *Titre*, saisissez le titre de l'article. Ne remplissez pas la zone *Alias* pour l'instant.

Figure 4.21 : *La saisie du titre de l'article*

REMARQUE

La zone Alias

Cette zone peut être laissée vide pour l'instant. Son rôle est de vous permettre de générer des URL explicites, c'est-à-dire des adresses de pages renfermant des mots-clés significatifs dans le but d'améliorer votre indexation dans les moteurs de recherche.

4 Déroulez la liste de la zone *Section* et affectez une section à l'article.

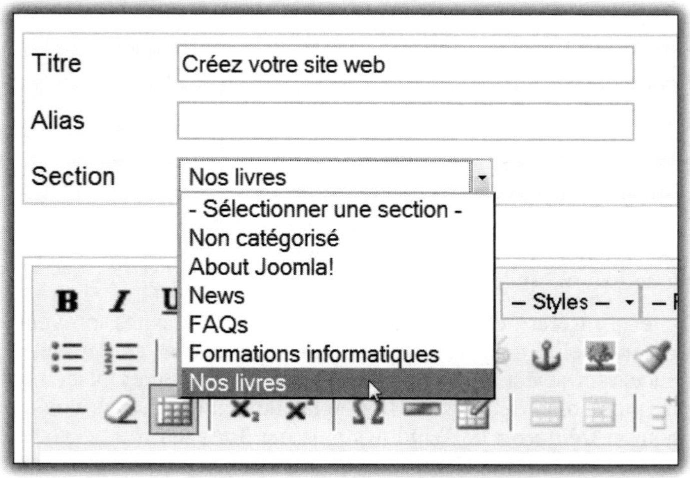

Figure 4.22 : *Une section est affectée à l'article*

5 Déroulez la liste de la zone *Catégorie* et affectez une catégorie à l'article.

Figure 4.23 : *Une catégorie est affectée à l'article*

6 Dans la zone principale de la fenêtre, réservée à la saisie de l'article, saisissez le texte de l'article ou copiez-y le texte de votre choix.

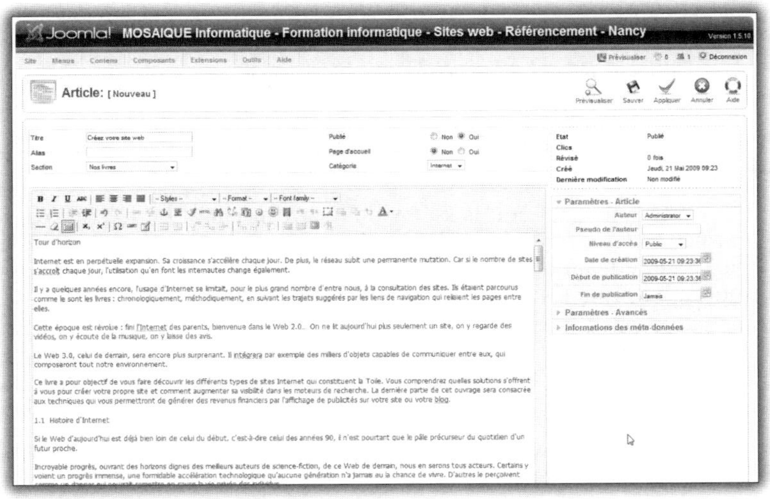

Figure 4.24 : *Un texte est copié dans la zone de saisie de l'article*

REMARQUE

Copier/coller du texte de l'article

Il n'est pas obligatoire de saisir l'intégralité du texte dans la zone de saisie de l'article. Le contenu textuel peut en effet être copié/collé depuis une source externe (page HTML, document Word, etc.).

Pour éviter d'insérer des codes de mise en forme parasites, provenant de la source originelle, nous vous conseillons de procéder en deux étapes. Commencez par sélectionner le texte à copier dans son emplacement d'origine puis collez-le dans le Bloc-notes de Windows (que vous ouvrirez par le bouton **Démarrer** de Windows puis par **Tous les programmes/Accessoires/Bloc-notes**). Dans le Bloc-notes, sélectionnez tout le texte (Ctrl+A) puis copiez-le dans le Presse-papiers (Ctrl+C). Utilisez la Barre des tâches de Windows pour retourner à l'interface de Joomla, cliquez dans la zone de saisie de l'article et collez-y le texte (Ctrl+V).

Cette opération a pour effet de supprimer les éventuels contrôles de mise en forme du texte (le Bloc-notes étant un simple éditeur de texte ne gérant pas la mise en forme). Le texte héritera alors des attributs de mise en forme définis dans l'éditeur d'articles de Joomla.

Ces quelques étapes sont suffisantes pour permettre la création d'un article de base. Celui-ci pourrait déjà, à ce stade, être enregistré et publié. Bien entendu, vous disposez de nombreuses fonctionnalités vous permettant d'améliorer sa mise en forme. Les principales d'entre elles sont décrites dans ce qui suit.

Mais, avant d'aller plus loin, peut-être souhaitez-vous visualiser l'article, tel qu'il le sera par les visiteurs de votre site. Pour ce faire, deux solutions s'offrent à vous : la prévisualisation dans une fenêtre dédiée à cet usage ou l'affichage de l'article dans la partie publique du site.

Prévisualiser l'article dans une fenêtre de prévisualisation

La méthode de prévisualisation la plus simple, et la plus rapide, consiste à cliquer sur le bouton **Prévisualiser**, proposé en haut et à droite de la fenêtre de l'éditeur d'articles.

1 Cliquez sur le bouton **Prévisualiser**.

Figure 4.25 : *Le bouton Prévisualiser*

Une fenêtre de prévisualisation de l'article est affichée en surimpression de la fenêtre de l'éditeur d'article (voir Figure 4.26).

2 Utilisez, le cas échéant, les barres de défilement proposées sur la droite de la fenêtre de prévisualisation, pour apprécier la mise en forme de l'article.

3 La prévisualisation terminée, fermez la fenêtre en cliquant sur le bouton de fermeture, symbolisé par une croix, dans l'angle supérieur droit de la fenêtre de visualisation (voir Figure 4.27).

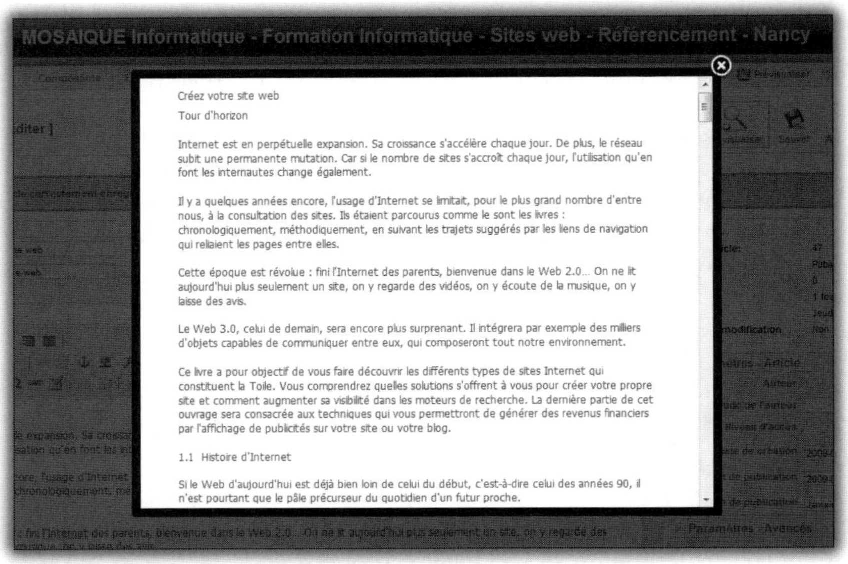

Figure 4.26 : *La fenêtre de prévisualisation*

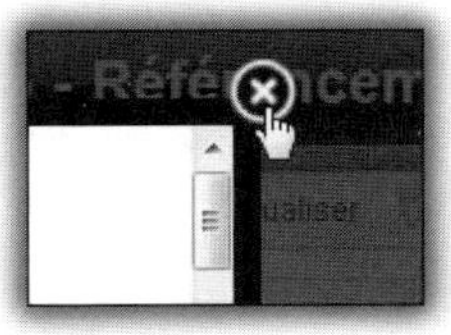

Figure 4.27 :
La fermeture de la fenêtre de prévisualisation

Prévisualiser l'article dans le frontend

La méthode qui précède, dont l'avantage essentiel est l'immédiateté, ne permet toutefois pas de visualiser l'article dans son contexte réel, c'est-à-dire dans le site web.

Si vous préférez cette seconde solution, vous devez rendre l'article accessible, depuis la partie publique. Dans la plupart des cas, cette opération s'effectue par l'emploi d'un item de menu, opération que nous n'avons pas encore abordée.

Une alternative simple s'offre pourtant à vous, si vous souhaitez consulter l'article dans le frontend sans créer vers lui un lien dans un menu : l'utilisation de la fonctionnalité d'affichage des derniers articles, proposée par défaut sur la page d'accueil du site.

1 Cliquez sur le bouton **Appliquer**.

2 Cliquez sur le lien **Prévisualiser**, placé à droite de la barre de menus de Joomla.

Figure 4.28 : *Le lien Prévisualiser*

La partie publique du site est affichée dans un nouvel onglet.

Figure 4.29 : *Le frontend est affiché dans un nouvel onglet du navigateur*

À la rubrique *Latest News*, présentée en haut et à gauche de votre site Joomla, sont affichés 5 liens pointant vers les 5 derniers articles rédigés. Le premier lien pointe vers votre article.

3 Cliquez sur le lien pointant vers votre article.

Figure 4.30 : *Le lien pointant vers votre nouvel article*

L'article est affiché dans son contexte réel, sur votre site web.

Figure 4.31 : *Le nouvel article, affiché sur le site*

Mettre en forme le contenu de l'article

Retournez à la fenêtre de création de l'article en cliquant, depuis votre navigateur Internet, sur l'onglet qui la renferme.

Dans cette section, vous allez découvrir tous les éléments de l'éditeur d'article, proposé par défaut lors de l'installation de Joomla.

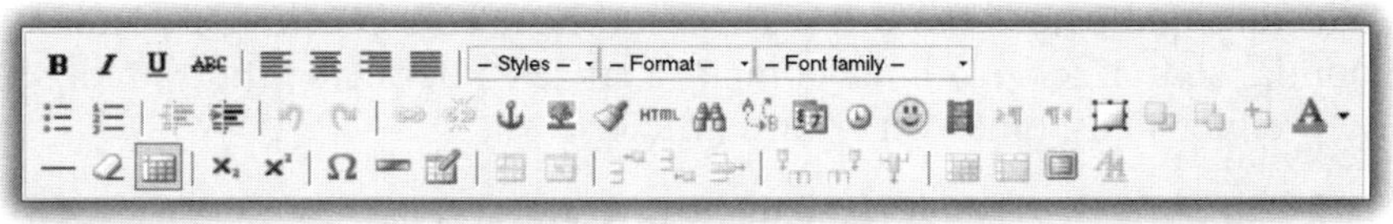

Figure 4.32 : *Les boutons de mise en forme du contenu, proposés dans l'éditeur*

REMARQUE

L'éditeur HTML

Les articles de Joomla sont des parties de pages HTML. Le rôle de l'éditeur de Joomla est de vous présenter, sous forme graphique, le contenu de l'article, et de vous permettre d'effectuer sa mise en forme par un ensemble de fonctionnalités (boutons, listes déroulantes, ...), puis, de manière transparente pour l'utilisateur, d'enregistrer ce contenu à la norme HTML.

REMARQUE

Bien que l'éditeur par défaut (TinyMCE) soit doté de fonctionnalités suffisamment évoluées pour vous permettre une mise en forme sophistiquée, vous pourrez, en outre, télécharger sur le site **http://www.joomlafrance.org**, par exemple, des éditeurs encore plus sophistiqués, tels que le célèbre éditeur JCE.

Figure 4.33 : *Le téléchargement de l'éditeur JCE, à l'adresse http://www.joomlafrance.org/telecharger/select/J1.5_Editeur_HTML/par_titre/1.html*

Voici la liste des principaux boutons de l'éditeur, dans l'ordre de leur présentation à l'écran, et leurs fonctions associées :

- 

Le bouton **Bold** permet de mettre la sélection en caractères gras.
- 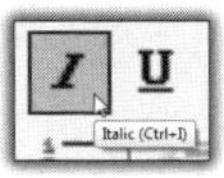

Le bouton **Italic** permet de mettre la sélection en caractères italiques.
- 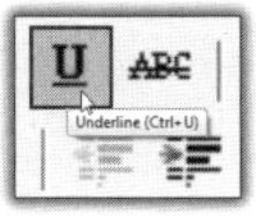

Le bouton **Underline** permet de mettre la sélection en caractères soulignés.

- 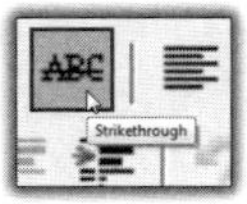

Le bouton **Strikethrough** permet de mettre la sélection en caractères barrés.
- 

Le bouton **Align left** permet d'aligner le paragraphe à gauche.
- 

Le bouton **Align center** permet de centrer le paragraphe.
- 

Le bouton **Align right** permet d'aligner le paragraphe à droite.
- 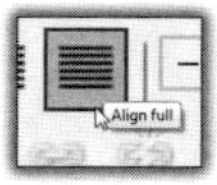

Le bouton **Align full** permet de justifier le paragraphe.
- La liste **Styles** permet d'affecter un style défini dans le template.

Figure 4.34 :
La liste des styles

- La liste **Format** permet d'affecter un format HTML à la sélection (cette fonctionnalité est particulièrement utile pour affecter des niveaux hiérarchiques – titre 1, titre 2…– à des paragraphes) (voir Figure 4.35).
- La liste **Font family** permet d'affecter une famille de polices de caractères à la sélection (voir Figure 4.36).
- 

Le bouton **Unordered list** permet d'affecter le style liste à puces à la ligne sélectionnée.

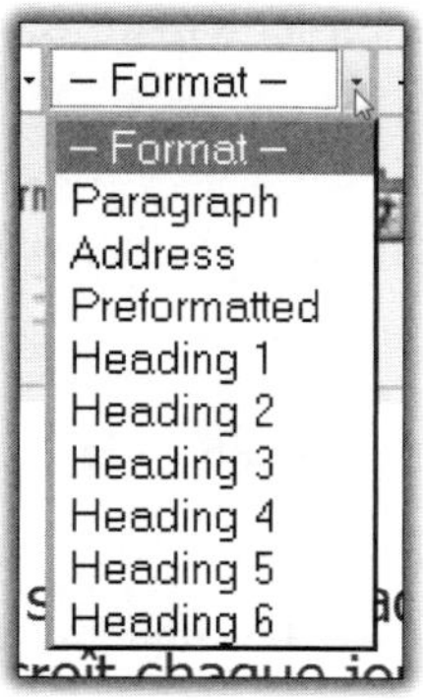

Figure 4.35 :
La liste des formats HTML permettant de définir des niveaux hiérarchiques

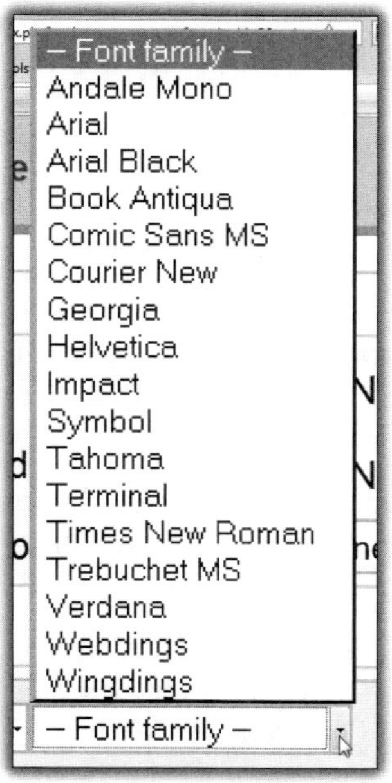

Figure 4.36 :
La liste des familles de polices

- 

Le bouton **Ordered list** permet d'affecter le style liste numérotée à la ligne sélectionnée.
- 

Le bouton **Outdent** permet de réduire le retrait du paragraphe.

- 

Le bouton **Indent** permet d'augmenter le retrait du paragraphe.
- 

Le bouton **Undo** permet d'annuler la dernière opération effectuée.
- 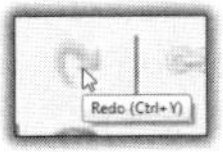

Le bouton **Redo** permet de répéter la dernière opération effectuée.
- 

Le bouton **Insert/edit link** permet de créer ou d'éditer un lien hypertexte sur la sélection.
- 

Le bouton **Unlink** permet de supprimer un lien hypertexte sur la sélection.
- 

Le bouton **Insert/edit anchor** permet de créer ou d'éditer une ancre de lien hypertexte sur la sélection.
- 
Le bouton **Insert/edit image** permet d'insérer une image dans un texte ou d'en éditer les propriétés.
- 
Le bouton **Cleanup messy code** permet de supprimer les attributs de mise en forme, lorsque du texte est copié/collé depuis une autre application.
- 

Le bouton **Edit HTML Source** permet d'éditer le code HTML de l'article, afin d'y apporter des spécificités non prises en charge par l'éditeur HTML.
- 
Le bouton **Find** permet d'effectuer la recherche d'une chaîne de caractères dans le texte de l'article.
- 
Le bouton **Find/Replace** permet d'effectuer le remplacement d'une chaîne de caractères dans le texte de l'article.

-  Le bouton **Insert date** permet d'insérer la date dans le texte de l'article.

-  Le bouton **Insert time** permet d'insérer l'heure dans le texte de l'article.

-  Le bouton **Emotions** permet d'insérer un émoticône dans le texte de l'article.

-  Le bouton **Insert/edit Embedded media** permet d'insérer un fichier multimédia dans le texte de l'article.

-  Le bouton **Insert new layer** permet d'insérer un calque dans le texte de l'article.

- 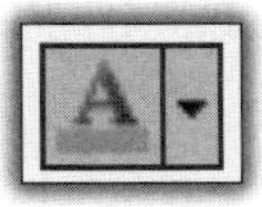 Le bouton **Select text color** permet d'affecter une couleur spécifique au texte sélectionné dans l'article.

-  Le bouton **Insert horizontal ruler** permet de tracer une ligne horizontale dans le texte de l'article.

-  Le bouton **Remove formatting** permet de supprimer les attributs de mise en forme sur le texte sélectionné.

-  Le bouton **Toogle guidelines/invisible elements** permet d'afficher les contours des tableaux insérés dans le texte de l'article.

-  Le bouton **Subscript** permet d'affecter au texte sélectionné la position *Indice*.

-  Le bouton **Superscript** permet d'affecter au texte sélectionné la position *Exposant*.

-  Le bouton **Insert custom character** permet l'insertion de caractères spéciaux dans le texte de l'article.
-  Le bouton **Horizontal rule** permet l'insertion d'une ligne de séparation horizontale de largeur et de hauteurs paramétrables dans le texte de l'article.
-  Le bouton **Inserts a new table** permet l'insertion d'un tableau dans le texte de l'article.
-  Le bouton **Table row properties** permet de modifier les propriétés de la ligne sélectionnée dans un tableau de l'article.
-  Le bouton **Table cell properties** permet de modifier les propriétés de la cellule sélectionnée dans un tableau de l'article.
-  Le bouton **Insert row before** permet d'insérer une ligne avant la ligne sélectionnée dans un tableau de l'article.
-  Le bouton **Insert row after** permet d'insérer une ligne après la ligne sélectionnée dans un tableau de l'article.
-  Le bouton **Delete row** permet de supprimer une ligne sélectionnée dans un tableau de l'article.
-  Le bouton **Insert colomn before** permet d'insérer une colonne avant la colonne sélectionnée dans un tableau de l'article.
-  Le bouton **Insert colomn after** permet d'insérer une colonne après la colonne sélectionnée dans un tableau de l'article.
-  Le bouton **Remove colomn** permet de supprimer une colonne sélectionnée dans un tableau de l'article.

-  Le bouton **Split merged table cells** permet de diviser des cellules précédemment fusionnées dans un tableau de l'article.
-  Le bouton **Merge table cells** permet de fusionner des cellules sélectionnées dans un tableau de l'article.
-  Le bouton **Toggle fullscreen mode** permet de basculer en mode Plein écran (seuls les boutons d'édition de l'article sont affichés).
-  Le bouton **Edit CSS Style** permet d'éditer un style CSS.

REMARQUE

Raccourcis clavier

Des raccourcis clavier sont associés à la plupart des boutons de l'éditeur. Leur fonction est de permettre de lancer une action par combinaisons de touches, action généralement plus rapide que celle de la souris (Ctrl+B, par exemple, pour mettre le texte sélectionné en gras). Pour connaître ces combinaisons de touches, survolez quelques instants les boutons de l'éditeur ; elles apparaissent dans de petites infobulles.

Insérer une image dans le texte de l'article

Bien qu'il vous soit possible d'insérer une image dans le texte de l'article grâce au bouton **Insert/edit image** cité précédemment, la fenêtre de création de l'article vous offre une seconde opportunité, plus évoluée.

1 Placez le curseur dans le texte de l'article, à l'endroit où l'insertion doit avoir lieu.

2 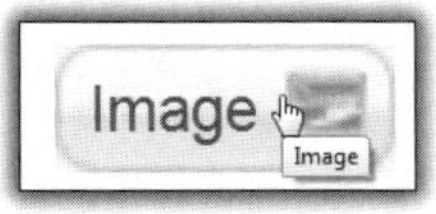

Cliquez sur le bouton **Image**, placé en bas de la fenêtre de création de l'article.

Une fenêtre apparaît en surimpression devant l'article. Celui-ci n'est plus accessible jusqu'à la fermeture de la fenêtre (voir Figure 4.37).

Les principales fonctionnalités proposées dans cette fenêtre sont les suivantes :

Figure 4.37 : *La fenêtre d'insertion d'images*

- Les vignettes des images. Lorsque l'une d'entre elles est cliquée, le nom de l'image, précédé de son chemin d'accès, est inséré dans la zone *URL de l'image*, vous évitant ainsi la saisie de cette dernière.
- Les vignettes des dossiers. Lorsque l'une d'entre elles est cliquée, le dossier correspondant est ouvert (vous pouvez avoir recours à la création de dossiers afin d'améliorer le classement de vos images, lorsque le nombre de celles-ci est important). Le dossier de stockage des images par défaut est *images/stories*. Vous pouvez également avoir recours à la liste déroulante, proposée en haut et à gauche de la fenêtre, pour sélectionner un dossier. Le bouton **Haut**, affiché à droite de cette liste, permet, quant à lui, de remonter au répertoire parent.
- La liste déroulante de la zone *Aligner* permet de choisir le type d'alignement de l'image (gauche ou droite).
- La zone *Description de l'image* vous permet de saisir une description de l'image.
- La zone *Titre* vous permet de saisir le titre de l'image, qui sera affiché dans le frontend lorsque le pointeur de la souris survolera l'image. Nous vous conseillons de toujours renseigner cette zone avec un contenu pertinent, en rapport direct avec l'image. Outre

l'information apportée à l'internaute et aux personnes malvoyantes, dont les logiciels d'assistance à la lecture sont capables de lire cette zone, ce contenu textuel est utilisé par les moteurs de recherche pour le classement des sites dans leurs pages de résultats.

- La case *Légende*. Lorsqu'elle est cochée, elle génère l'affichage du titre sous la forme d'une légende, à coté de l'image.
- La rubrique *Transférer*. Cette fonctionnalité a pour conséquence un gain appréciable de temps, lorsque le webmestre constate que l'image qu'il souhaite insérer n'a pas été transférée sur le site depuis le gestionnaire de médias. Alors qu'il devait, dans la version précédente de Joomla, enregistrer l'article et fermer l'éditeur d'articles, puis retourner au gestionnaire de médias afin de transférer l'image avant de devoir ouvrir l'article à nouveau, il peut désormais, grâce aux boutons **Parcourir** puis **Lancer le transfert**, transférer l'image directement depuis la fenêtre d'insertion de l'image.
- Le bouton **Insérer** valide l'insertion de l'image dans le texte de l'article.
- Le bouton **Annuler** annule l'action d'insertion de l'image.

Créer un lien hypertexte

Toute aussi utile que l'insertion d'image, la fonctionnalité de création de liens hypertextes est indispensable. Elle vous permet, depuis une portion de texte ou une image, de créer un lien menant à une autre page de votre site (on parle alors de "lien interne") ou à une page quelconque, placée sur un autre site (on parle ici de "lien externe").

Voici le mode opératoire pour créer un lien hypertexte, depuis l'éditeur d'articles :

1 Sélectionnez le texte ou l'image sur lequel vous souhaitez créer le lien hypertexte.

Figure 4.38 : *Une partie du texte est sélectionnée*

2 Cliquez sur **Insert/edit link**, précédemment décrit.

La fenêtre **Insert/edit link** apparaît. L'onglet **General** y est activé.

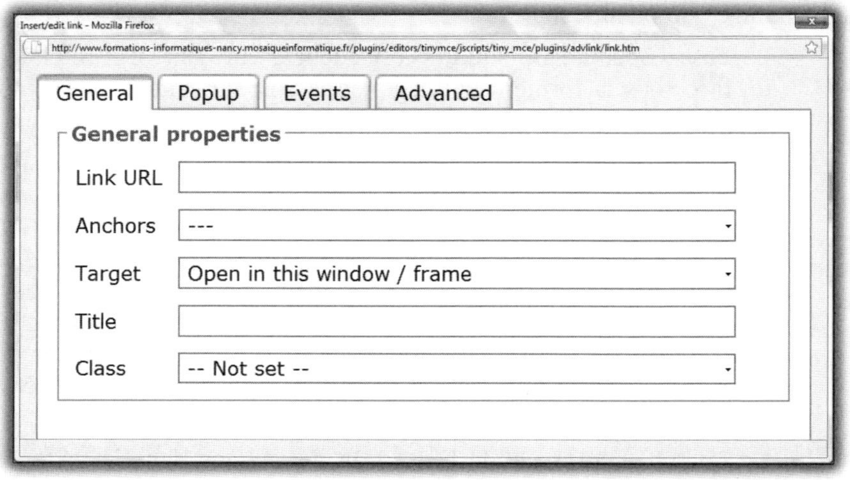

Figure 4.39 : *La fenêtre Insert/edit link*

3 Dans la zone *Link URL*, saisissez ou collez l'adresse Internet de la page vers laquelle vous souhaitez faire pointer le lien hypertexte (l'adresse sera du type : **http://www.mosaiqueinformatique.com**).

4 Si le lien pointe vers la même page que celle dans laquelle vous êtes en train de créer le lien hypertexte et si vous y avez placé des marques au moyen du bouton **Insert/edit anchor**, vous pouvez indiquer le nom de l'ancre dans la zone *Anchor*.

5 La zone *Target* propose, par défaut, le choix `Open in this window/frame`. Cela signifie que le lien, une fois cliqué, ouvrira la page cible dans la fenêtre actuelle. Si le lien pointe vers un autre site que le vôtre, vous perdrez l'internaute puisqu'il quittera votre site. Vous pouvez, dans ce cas, préférer ouvrir la nouvelle page dans une nouvelle fenêtre. Choisissez, pour ce faire, l'option *Open in new windows (_blank)* dans la liste déroulante de la zone *Target*.

6 La zone *Title* est très importante, même s'il n'est pas obligatoire pour vous de la remplir. En effet, le contenu textuel saisi dans cette zone s'affiche, lorsque le lien hypertexte est survolé, sous la forme d'une infobulle. Celle-ci améliore l'accessibilité, pour les personnes handicapées disposant de logiciels spécifiques, ainsi que l'indexation dans les moteurs de recherche, qui accordent beaucoup de crédit à cet attribut. Saisissez-y un court texte, en rapport avec le sujet de la page vers laquelle pointe le lien, sous la forme d'une courte phrase, par exemple.

REMARQUE

Créer un lien vers une adresse email

Si vous souhaitez que le lien pointe non vers une page web mais vers une adresse email, faite précéder cette adresse de la mention `mailto:` dans la zone *Link URL*. L'adresse sera alors du type `mailto:georges@lesitedegeorges.fr`.

7 Cliquez sur le bouton **Insert** de la fenêtre **Insert/edit link**.

Créer un saut de page dans le texte de l'article

Si l'article est de taille importante, vous pouvez choisir de le fractionner en plusieurs pages, qui seront accessibles par une table des matières constituant une"mini-navigation", composée de liens hypertextes, affichés sur chacune d'entre elles.

1 Cliquez dans le texte de l'article, à l'endroit où vous souhaitez créer le saut de page.

2 

Cliquez sur le bouton **Saut de page**, placé en bas de la fenêtre de création de l'article.

Une fenêtre apparaît en surimpression devant l'article. Celui-ci n'est plus accessible jusqu'à la fermeture de la fenêtre.

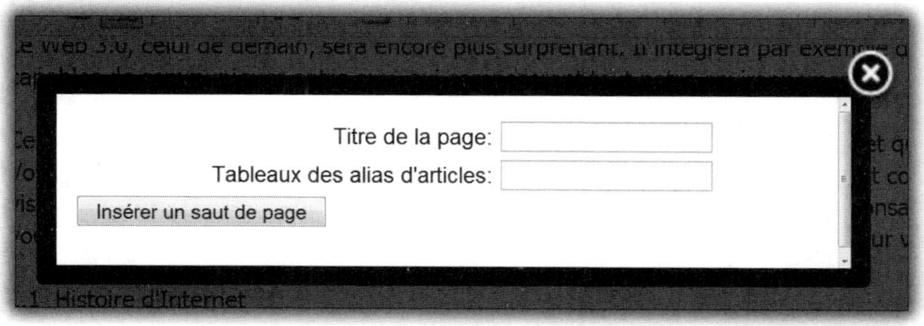

Figure 4.40 : *La fenêtre d'insertion du saut de page*

3 Dans la zone *Titre de la page*, saisissez le titre qui sera affiché dans la barre de titre du navigateur, lorsque la portion de page sera affichée. Comme nous l'avons fait précédemment pour le titre d'une image, nous vous conseillons de toujours renseigner cette zone avec un contenu pertinent, en rapport direct avec la page ; cette information est utilisée notamment par les moteurs de recherche lorsqu'ils effectuent le référencement du site.

4 Dans la zone *Tableau des alias d'articles*, saisissez le texte qui sera affiché dans la table des matières. Si cette zone est laissée vide, le texte constituant le titre sera utilisé par Joomla.

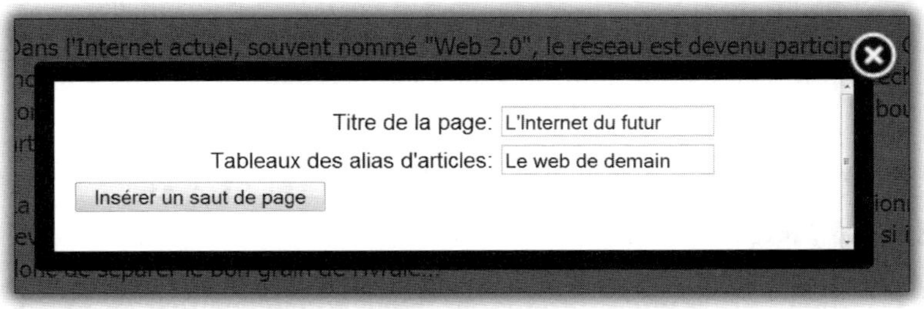

Figure 4.41 : *Exemple de textes saisis dans les deux zones*

5 Cliquez sur le bouton **Insérer un saut de page**.

Dans l'éditeur, le saut de page est figuré dans le texte par une ligne pointillée.

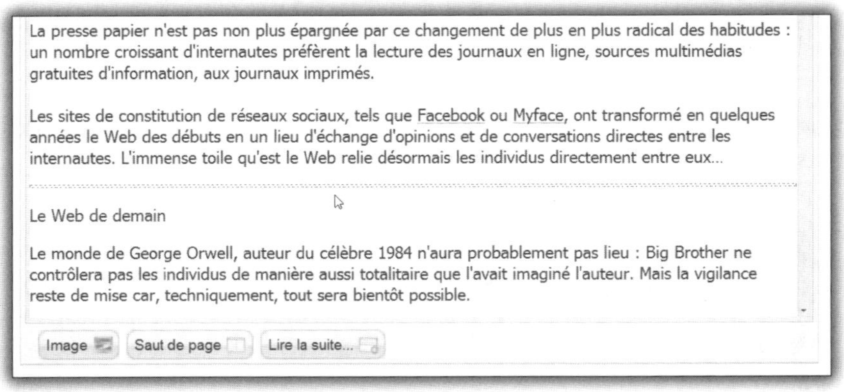

Figure 4.42 : *Le symbole du saut de page*

> **Modification et suppression d'un saut de page**
> Un saut de page ne peut pas être modifié. Si vous souhaitez le modifier, vous devez le supprimer puis le recréer. Pour le supprimer, placez le curseur sur la ligne suivant le symbole du saut de page puis appuyez sur la touche ⇤.

6 Enregistrez les modifications et retournez à la gestion des articles en cliquant sur le bouton **Enregistrer**.

7 Ouvrez l'onglet de votre navigateur dans lequel est affichée la partie publique du site puis cliquez sur le lien **Home**.

8 Cliquez, à la rubrique *Latest News*, sur le lien pointant vers votre article.

La table des matières apparaît dans la partie droite de l'article.

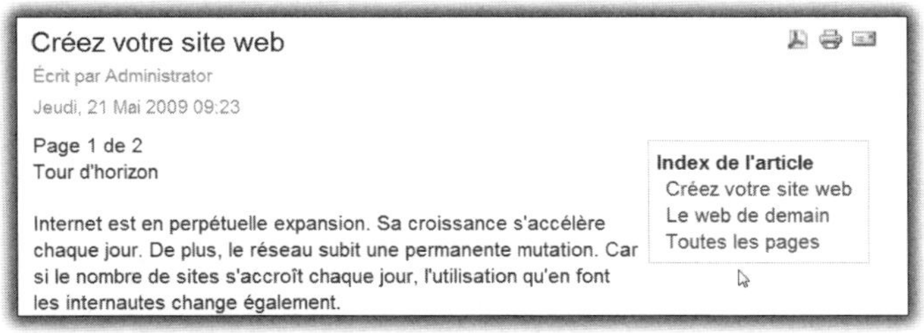

Figure 4.43 : *La table des matières*

En bas de la page, sont désormais affichés des liens de navigation vers les pages constituant l'article.

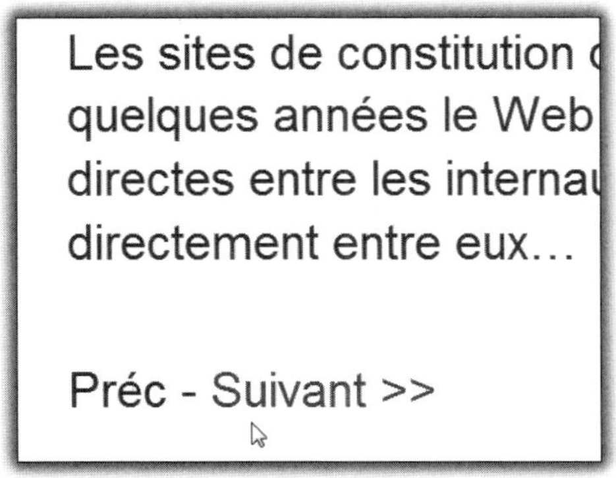

Figure 4.44 : *Les liens de navigation*

Dans la barre de titre du navigateur est affiché le titre de l'article.

Figure 4.45 : *Le titre de la page*

9 Dans la table des matières, cliquez, sur le lien pointant vers la seconde page de l'article et portant le libellé saisi précédemment dans la zone *Tableau des alias d'articles*.

Figure 4.46 : *Le lien pointant vers la seconde page de l'article*

> REMARQUE
>
> **Déplacement dans les pages**
>
> Pour vous déplacer dans les pages, vous pouvez également utiliser les liens de navigation générés automatiquement en bas de page.

La seconde page apparaît, avec la mention "Page 2 de 2".

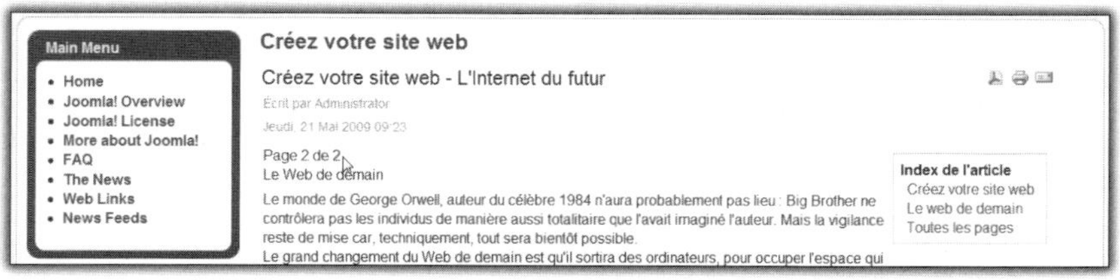

Figure 4.47 : *La seconde page*

Dans la barre de titre du navigateur est affiché le titre saisi précédemment dans la zone *Titre de la page*.

10 Répétez l'opération autant de fois que nécessaire pour créer d'autres sauts de page.

Vous allez maintenant découvrir les principaux paramètres de personnalisation de l'article.

Définir les paramètres de l'article

Les paramètres par défaut

Afin de vous éviter de redéfinir les paramètres liés aux articles dans chacun d'entre eux, Joomla autorise la définition d'un ensemble de paramètres généraux qui sont appliqués par défaut aux articles. Vous conservez toutefois la possibilité de modifier ponctuellement ces paramètres dans chacun des articles.

1 Cliquez sur le menu **Contenu/Gestion des articles**.

La page de gestion des articles apparaît.

2 Depuis la page de gestion des articles, cliquez sur le bouton **Paramètres**.

Figure 4.48 : *Le bouton Paramètres, affiché dans la partie supérieure droite du gestionnaire d'articles*

Une fenêtre apparaît en surimpression devant le gestionnaire d'articles (voir Figure 4.49).

3 Modifiez, le cas échéant, les paramètres que vous souhaitez appliquer par défaut aux articles (les principaux paramètres de cette liste sont expliqués dans la section qui suit).

4 Cliquez sur le bouton **Sauver** afin de quitter la fenêtre en sauvegardant les modifications ou sur le bouton **Annuler** pour quitter sans sauvegarder.

Figure 4.49 : *La fenêtre de gestion des paramètres par défaut*

Les paramètres spécifiques de l'article

Les paramètres définis par défaut peuvent être modifiés ponctuellement pour chacun des articles.

1 Cliquez sur le menu **Contenu/Gestion des articles**.

La page de gestion des articles apparaît.

2 Utilisez, le cas échéant, les listes des zones *Sélectionner une section*, *Sélectionner une catégorie*, *Sélectionner un auteur* ou/et *Sélectionner un état* pour filtrer les titres d'articles affichés.

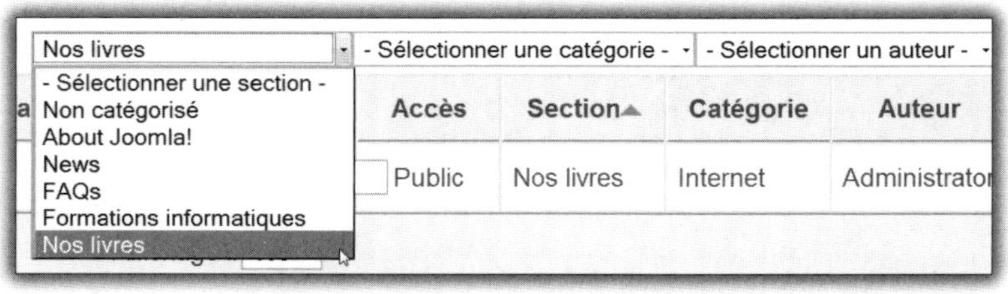

Figure 4.50 : *Les articles sont ici filtrés sur la section*

3 Cliquez sur le lien pointant vers l'article précédemment créé et portant le nom de l'article.

L'article est de nouveau affiché dans l'éditeur d'articles.

Les paramètres non modifiables

Dans la partie supérieure droite de la fenêtre sont affichées des informations non modifiables (à l'exception du compteur de clics, qui peut être réinitialisé).

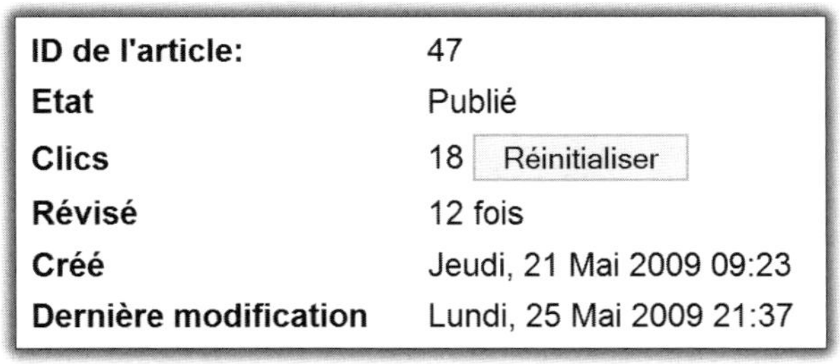

Figure 4.51 : *Les informations non modifiables*

Ces informations sont les suivantes :

- l'identifiant de l'article, qui se compose d'un numéro unique, affecté automatiquement par Joomla ;
- l'état de publication de l'article ;
- le nombre de clics, qui indique le nombre de fois où l'article a été affiché dans le frontend (cette valeur peut être réinitialisée au moyen du bouton **Réinitialiser**) ;
- le nombre de révisions, qui indique le nombre de modifications enregistrées depuis que l'article a été affiché, modifications effectuées par vous-même ou d'autres administrateurs du site, dans l'éditeur d'articles du backend ;
- la date de création de l'article ;
- la date de dernière modification de l'article.

Les paramètres courants de l'article

Cliquez maintenant sur la zone *Paramètres – Article* précédée d'une petite flèche verte, en dessous de la zone d'affichage des informations non modifiables, afin de faire apparaître les paramètres de cette rubrique.

Figure 4.52 : *Les paramètres de la zone Paramètres – Article*

Les paramètres accessibles dans cette rubrique sont les suivants :

- L'auteur.
- Le pseudo de l'auteur, qui sera affiché, le cas échéant, en remplacement du nom de l'auteur.
- Le niveau d'accès, correspondant aux groupes *Public*, *Enregistré* et *Spécial*.
- La date de création de l'article, qui peut être aisément modifiée par un clic sur un calendrier interactif, affiché lorsque le bouton placé à droite de la zone de date est cliqué.

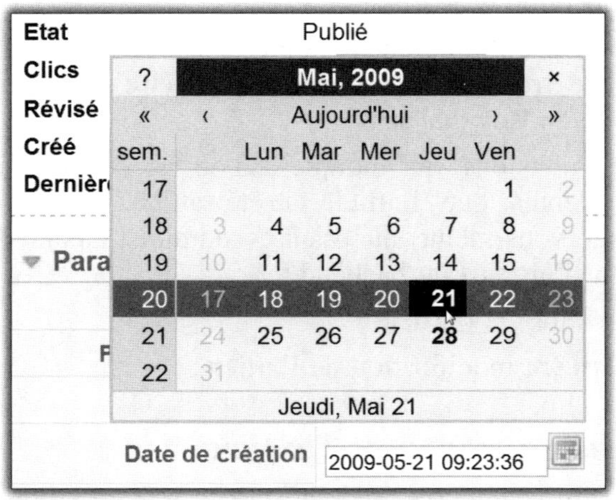

Figure 4.53 : *La saisie de la date de création s'effectue par un simple clic sur un calendrier*

- La date de publication. Ce paramètre est utile si vous souhaitez, par exemple, préparer un certain nombre d'articles destinés à être diffusés pendant vos vacances, donnant ainsi l'illusion aux internautes (et aux moteurs de recherche) d'une mise à jour régulière. L'article est publié dès que la date de publication est atteinte. Par défaut, la date de publication est identique à la date de création.
- La date de fin de publication. Ce paramètre vous sera utile si vous souhaitez publier un article pendant une période déterminée, puis mettre fin à sa mise en ligne à une date donnée.

Les paramètres avancés

Cliquez à présent sur la zone affichant *Paramètres – Avancés*, précédée d'une petite flèche verte, en dessous de la zone d'affichage *Paramètres – Article*, afin de faire apparaître les paramètres de cette rubrique. Pour la plupart d'entre eux, c'est la valeur par défaut (correspondant au choix *Paramètres globaux* dans les listes déroulantes des paramètres) qui est proposée (mais une autre valeur peut être choisie afin d'être appliquée ponctuellement à l'article).

Les paramètres accessibles dans cette rubrique sont les suivants :

- Le choix d'affichage ou de masquage du titre de l'article.
- L'activation/désactivation de la fonctionnalité "titres cliquables".

Figure 4.54 : *Les paramètres de la zone Paramètres – Avancés*

- Le choix d'affichage ou de masquage du texte d'introduction. Cette fonctionnalité est utile lorsque, par exemple, le titre d'un nouvel article est affiché en page d'accueil, suivi d'un court texte d'introduction, composant le début de l'article. Il est alors possible de choisir si ce texte introductif est ou non affiché lorsque l'article est consulté dans son intégralité.
- Le choix d'affichage ou de masquage du nom de la section à laquelle est rattaché l'article, lorsque celui-ci est consulté (outre l'information supplémentaire qu'il apporte à l'internaute, ce libellé peut améliorer le positionnement de la page dans les moteurs de recherche, en apportant un élément textuel en rapport direct avec le sujet de l'article).
- L'activation/désactivation de la fonctionnalité "titre de section cliquable".
- Le choix d'affichage ou de masquage du nom de la catégorie à laquelle l'article est rattaché, lorsque celui-ci est consulté (outre l'information supplémentaire qu'il apporte à l'internaute, ce libellé peut améliorer le positionnement de la page dans les moteurs de recherche, en apportant un élément textuel en rapport direct avec le sujet de l'article).
- L'activation/désactivation de la fonctionnalité "titre de catégorie cliquable".
- L'activation/désactivation de la fonctionnalité permettant à l'internaute d'affecter une note à l'article.

Figure 4.55 : *La fonctionnalité d'affectation d'une note à l'article, par l'internaute, affichée ici dans le frontend*

- Le choix d'affichage ou de masquage du nom de l'auteur.
- Le choix d'affichage ou de masquage de la date et de l'heure de création de l'article.
- Le choix d'affichage ou de masquage de la date et de l'heure de dernière modification de l'article.

- Le choix d'affichage ou de masquage de l'icône *PDF* (qui permet à un visiteur de générer un fichier au format PDF, qu'il pourra facilement enregistrer ou transmettre, et renfermant le contenu de l'article).
- Le choix d'affichage ou de masquage de l'Icône *Imprimer* (qui permet à un visiteur d'imprimer facilement le contenu de l'article).
- Le choix de la langue de l'article (qui permet d'indiquer en quelle langue est rédigé l'article).
- La possibilité d'indiquer une clé de référence à l'article, dans certaines configurations.
- La possibilité d'indiquer une expression autre que le texte "lire la suite", lorsque le début de l'article est, par exemple, affiché en page d'accueil. Cette fonctionnalité améliore l'accessibilité du site aux personnes malvoyantes ainsi que l'indexation de l'article dans les moteurs de recherche, si l'expression utilisée renferme des mots-clés en rapport avec le sujet traité dans l'article (l'utilisation du bouton **Lire la suite** est explicitée plus loin).

Les paramètres des métadonnées

La structure d'une page HTML intègre une zone d'en-tête, destinée à être affichée dans la page et à renfermer tous les éléments n'étant pas destinés à être affichés dans la fenêtre du navigateur de l'internaute visitant le site.

Certains de ces éléments, nommés "métadonnées", sont principalement utilisés par les moteurs de recherche.

L'éditeur d'article permet de renseigner certains d'entre eux, lorsque la zone *Informations des métadonnées* est cliquée (voir Figure 4.56).

Les paramètres accessibles dans cette rubrique sont les suivants :

- La zone *Description*, qui sera affichée par les moteurs de recherche, en tant que description de la page. Même si cette zone n'a pas d'incidence sur l'indexation dans les moteurs, il est utile de la renseigner avec précision car elle sera visible des internautes dans les pages de recherche ; c'est donc elle qui déclenchera (ou non) les clics sur le lien menant à la page.
- La zone *Mots-clés*. La finalité de cette métadonnée est de recevoir des mots-clés, en rapport avec le sujet traité dans l'article, et

séparés par des virgules. De nombreux webmestres en ayant fait un usage intempestif, en y plaçant un nombre excessif et inadapté de mots-clés, la quasi-totalité des grands moteurs de recherche, dont Google, ne lui accordent plus aucun crédit. La zone *Mots-clés* peut toutefois être utile si le module *Related Items* est activé.

REMARQUE

Le module Related Items

Ce module de Joomla a pour fonction, lorsqu'il est activé, d'afficher des liens de navigation entre des articles ayant des mots-clés communs. Outre la fluidité de navigation sur le site qu'elle apporte, cette fonctionnalité améliore le référencement des articles car ils constituent des "liens profonds" entre des pages dont le contenu rédactionnel est similaire ou très proche.

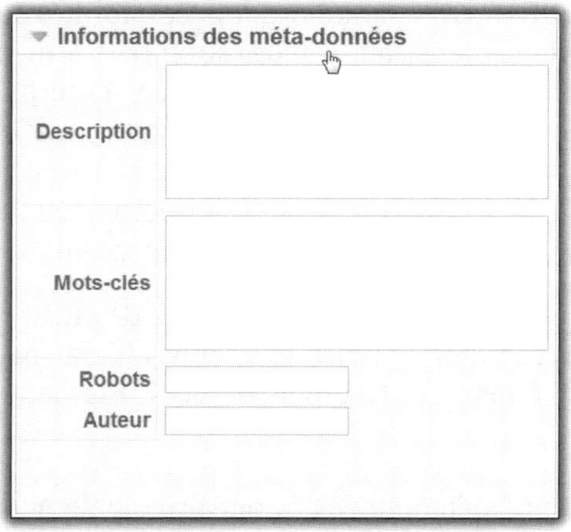

Figure 4.56 : *Les paramètres de la zone Informations des métadonnées*

- La zone *Robots* peut renfermer des informations facultatives composées d'instructions spécifiques aux programmes de certains moteurs de recherche.
- La zone *Auteur* est également une information facultative : le nom de l'auteur, utilisé par certains moteurs de recherche.

Publier l'article en page d'accueil

Par défaut, à sa création, l'article a le statut "publié", c'est-à-dire qu'il sera visible dans le frontend, s'il est accessible depuis un menu, par exemple.

Vous pouvez, en outre, le rendre visible sur la page d'accueil (pour annoncer aux visiteurs une récente parution ou parce que l'article est très important).

1 Pour publier ou dépublier l'article, cochez l'une des options de la zone *Publié*.
2 Pour rendre visible ou non l'article sur la page d'accueil, cochez l'une des options de la zone *Page d'accueil*.

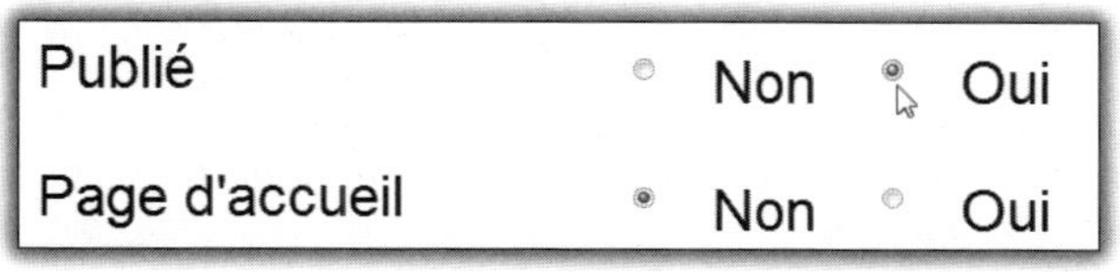

Figure 4.57 : *Les options de publication et d'affichage en page d'accueil de l'article*

Le bouton Lire la suite

L'éditeur d'articles présente, dans sa partie inférieure, un bouton **Lire la suite**. Lorsqu'il est cliqué, il génère l'insertion d'une ligne pointillée rouge dans le texte de l'article.

Figure 4.58 : *Le bouton Lire la suite*

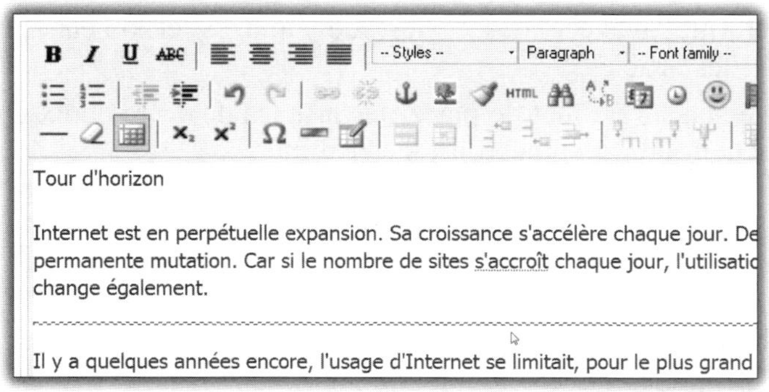

Figure 4.59 : *Dans le texte de l'article, la fonctionnalité Lire la suite est symbolisée par une ligne pointillée rouge*

La fonctionnalité se matérialise, dans le frontend, par un lien mentionnant le texte "Lire la suite", à l'endroit où a été placé le symbole dans le texte.

Figure 4.60 : *Le lien Lire la suite, affiché dans le fontend*

Vous savez désormais comment créer des articles et les affecter à des sections et à des catégories. Vous allez maintenant découvrir les différentes méthodes qui s'offrent à vous pour les afficher dans le site.

4.7. Check-list

- Le système utilise des paramètres généraux qu'il convient de définir lors de la mise en œuvre.
- Joomla utilise un classement hiérarchisé des articles, répartis en sections et en catégories.
- Un éditeur WYSIWYG de code HTML permet d'effectuer une mise en forme avancée des textes, des images et objets qui constituent les articles.
- Un module spécial permet de placer les articles de votre choix en page d'accueil, afin d'en accroître la visibilité.

Chapitre 5

Administrer les menus

Désactiver les menus inutiles 160
Modifier un menu existant 162
Exploiter les différents éléments de menu 163
Ajouter un item au menu 175
Créer un nouveau menu 177
Modifier les paramètres d'affichage d'un menu 180
Check-list 187

Lors de son installation, avec les données d'exemple, le *frontend* de Joomla présente différents menus, de types horizontaux et verticaux.

Les menus renferment des liens (items), menant soit directement à des articles, soit à des composants d'affichage des articles.

À titre d'exemple, vous allez découvrir les items du menu principal de Joomla, le menu **mainmenu**. Cliquez pour cela sur **Menus/Main Menu**.

Le Gestionnaire d'éléments de menu apparaît, affichant les différents items implémentés par défaut lors de l'installation des données d'exemple de Joomla (*Home*, *Joomla Overview*, etc.).

Figure 5.1 : *Les différents items du menu Main Menu*

5.1. Désactiver les menus inutiles

Pour appréhender aisément le mode de fonctionnement des menus de Joomla, nous vous proposons de commencer par désactiver ceux que vous n'utiliserez pas, pendant votre phase de découverte du CMS, en tous cas.

L'objectif de la manipulation qui va suivre est donc le suivant : conserver uniquement le menu horizontal, affiché en haut de la fenêtre du frontend, et le premier menu vertical, affiché à gauche de la fenêtre du frontend.

1 Cliquez sur **Extensions/Gestion des modules**.

Le gestionnaire de modules apparaît.

2 Dans la colonne *Activé* du gestionnaire, cliquez sur les symboles d'activation des lignes des modules *User Menu*, *Resources*, *Example pages* et *Keys Concepts* afin de désactiver ces modules.

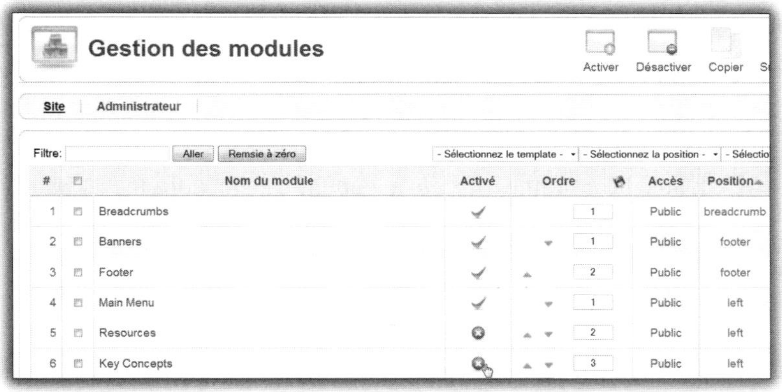

Figure 5.2 : *Les modules peuvent être activés ou désactivés par de simples clics dans la colonne Activé*

3 Retournez dans l'onglet de votre navigateur dans lequel est affichée la partie publique du site et actualisez la page en cliquant sur le bouton d'actualisation du navigateur.

Seuls le menu horizontal (en haut) et le menu principal (à gauche) restent affichés.

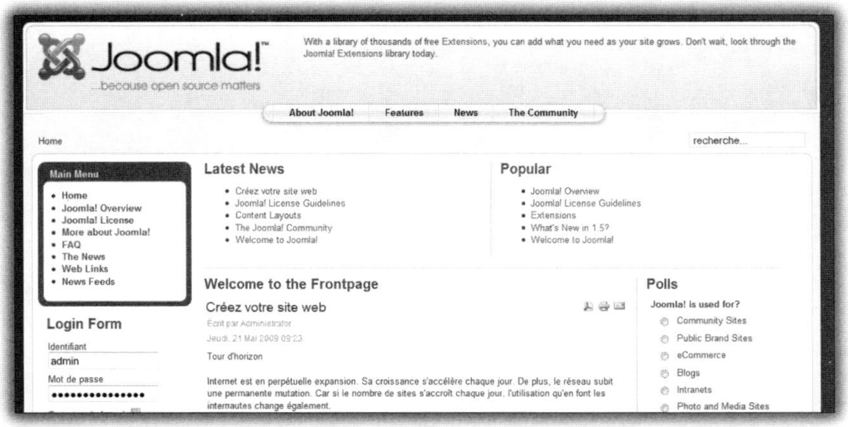

Figure 5.3 : *Les menus désactivés n'apparaissent plus dans le frontend*

5.2. Modifier un menu existant

Vous allez apprendre ici à désactiver les items du menu inutiles et à en ajouter de nouveaux.

Procédez ainsi :

1 Cliquez sur **Menus/Main Menu**.

Le gestionnaire d'éléments de menu est affiché.

2 Dans la colonne placée à gauche de la colonne *Alias de menu*, cochez toutes les lignes à l'exception de *Home*.

Figure 5.4 : *Les alias à désactiver sont cochés*

3 

Cliquez sur le bouton **Dépublier**.

4 Retournez dans l'onglet de votre navigateur dans lequel la partie publique du site est affichée et actualisez la page en cliquant sur le bouton d'actualisation du navigateur.

Le menu principal n'affiche plus qu'un item : le lien *Home*.

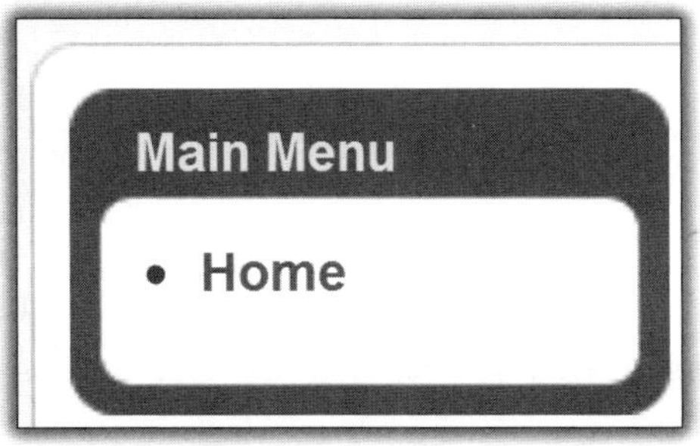

Figure 5.5 :
Les items dépubliés n'apparaissent plus dans le menu

5.3. Exploiter les différents éléments de menu

L'une des particularités remarquables de Joomla est le nombre impressionnant de fonctionnalités que le système permet d'attacher aux items de menus. Vous allez les découvrir dans ce qui suit.

1 Cliquez sur **Menus/Main Menu**.

Le Gestionnaire d'éléments de menu est affiché.

2 

Cliquez sur le bouton **Nouveau**.

La page *Alias de menu: [Nouveau]* est affichée. À la rubrique *Sélection du type d'élément de menu* sont proposées de très nombreuses fonctionnalités d'affichage de contenus, qui peuvent être appelées depuis les items du menu.

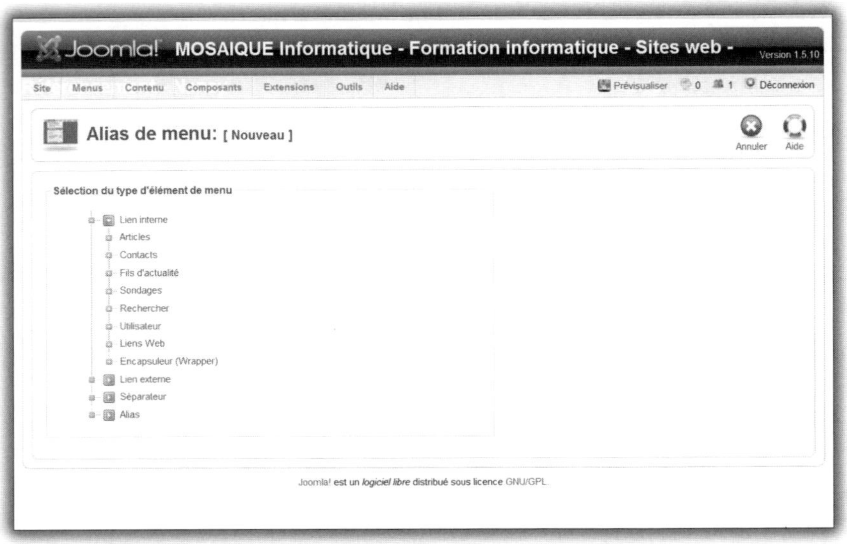

Figure 5.6 : *La page affichée permet la création de nombreux types d'items de menus*

Les fonctionnalités d'affichage des liens internes

Ces routines offrent de nombreuses méthodes différentes de présentation des contenus du site, accessibles par un lien de menu.

1 Cliquez sur le lien *Articles* afin de développer les options qu'il propose.

Les types d'items de cette catégorie sont affichés (voir Figure 5.7).

Les liens proposés sont les suivants :

- *Liste des articles archivés*. Cette fonctionnalité permet d'afficher les articles archivés et classés par dates.
- *Un article*. Cette fonctionnalité permet d'afficher un article unique.
- *Proposition d'article*. Cette fonctionnalité permet aux internautes disposant d'un niveau d'administration égal ou supérieur à celui d'auteur de proposer des articles aux administrateurs du site.

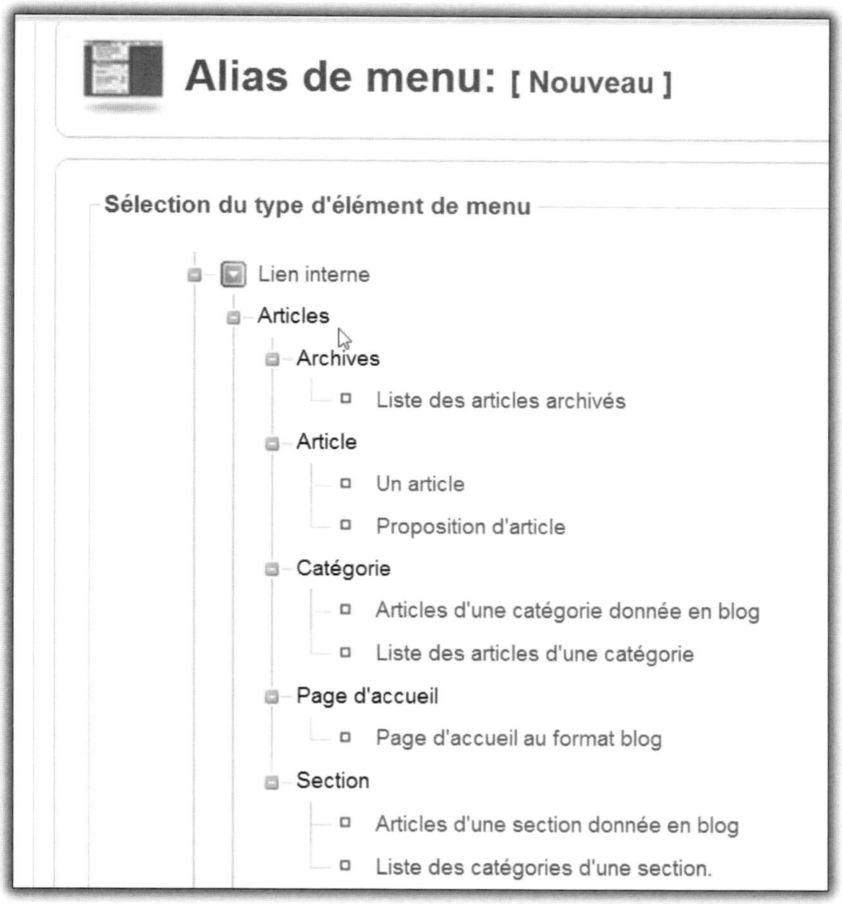

Figure 5.7 : *Les types d'items de menus de la catégorie Articles*

- *Articles d'une catégorie donnée en blog*. Cette fonctionnalité permet d'afficher les articles appartenant à une catégorie dans une forme rappelant celle utilisée sur les blogs.
- *Liste des articles d'une catégorie*. Cette fonctionnalité permet d'afficher les articles appartenant à une catégorie sous la forme d'une liste, renfermant des liens cliquables, menant aux articles.
- *Page d'accueil au format blog*. Cette fonctionnalité permet d'afficher certains articles sélectionnés dans une forme rappelant celle utilisée sur les blogs.

- *Articles d'une section donnée en blog*. Cette fonctionnalité permet d'afficher les articles appartenant à une section dans une forme rappelant celle utilisée sur les blogs.
- *Liste des articles d'une section*. Cette fonctionnalité permet d'afficher les articles appartenant à une section sous la forme d'une liste, renfermant des liens cliquables, menant aux articles.

2 Cliquez sur le lien *Contacts* afin de développer les options qu'il propose.

Les types d'items de cette catégorie sont affichés.

Figure 5.8 : *Les types d'items de menus de la catégorie Contacts*

Les liens proposés sont les suivants :

- *Contacts classés par catégories*. Cette fonctionnalité permet d'afficher une liste de contacts (afin de permettre aux internautes de communiquer avec les administrateurs du site), classés par catégories de contacts.
- *Fiche standard de contacts*. Cette fonctionnalité permet d'afficher la fiche d'informations relatives à un contact spécifique.

3 Cliquez sur le lien *Fils d'actualité* afin de développer les options qu'il propose.

Les types d'items de cette catégorie sont affichés.

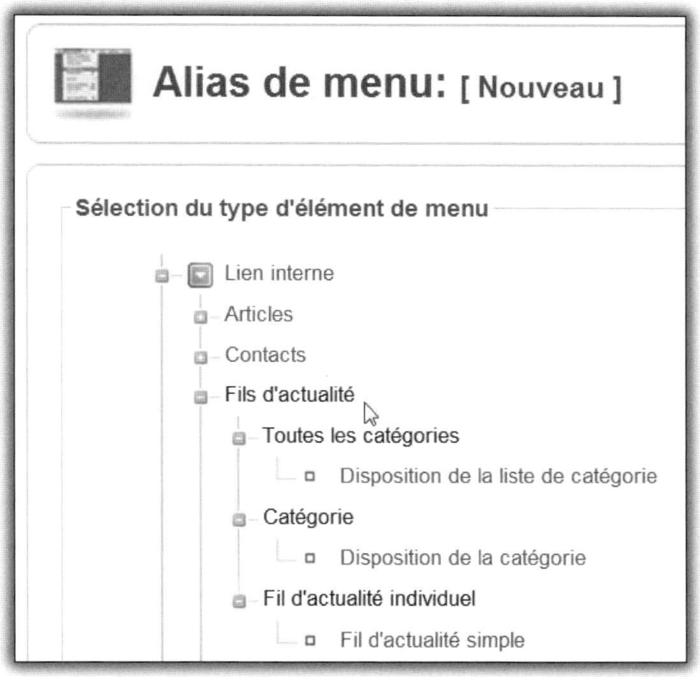

Figure 5.9 : *Les types d'items de menus de la catégorie Fils d'actualité*

Les liens proposés sont les suivants :

- *Disposition de la liste de catégorie*. Cette fonctionnalité permet d'afficher une liste de catégories de fils d'actualité.
- *Disposition de la catégorie*. Cette fonctionnalité permet d'afficher une liste de fils d'actualité appartenant à une catégorie de fils.
- *Fil d'actualité simple*. Cette fonctionnalité permet d'afficher un fil d'actualité unique.

4 Cliquez sur le lien *Sondage* afin de développer l'option qu'il propose.

Les types d'items de cette catégorie sont affichés (voir Figure 5.10).

Le lien proposé est *Mise en page du sondage*. Cette fonctionnalité permet d'afficher les résultats d'un sondage.

5 Cliquez sur le lien *Rechercher* afin de développer l'option qu'il propose.

Figure 5.10 : *Les types d'items de menus de la catégorie Sondage*

Les types d'items de cette catégorie sont affichés.

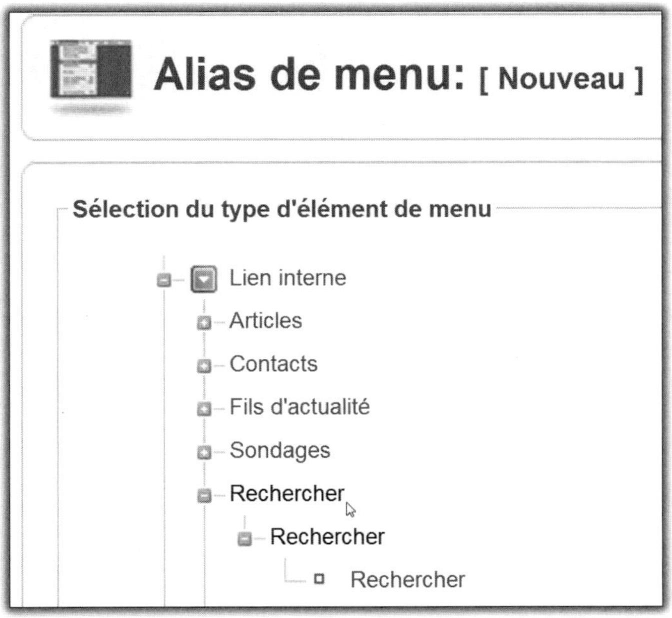

Figure 5.11 : *Les types d'items de menus de la catégorie Rechercher*

Le lien proposé est *Rechercher*. Cette fonctionnalité permet d'afficher un formulaire de recherche et l'affichage des résultats associé.

6 Cliquez sur le lien *Utilisateur* afin de développer les options qu'il propose.

Les types d'items de cette catégorie sont affichés.

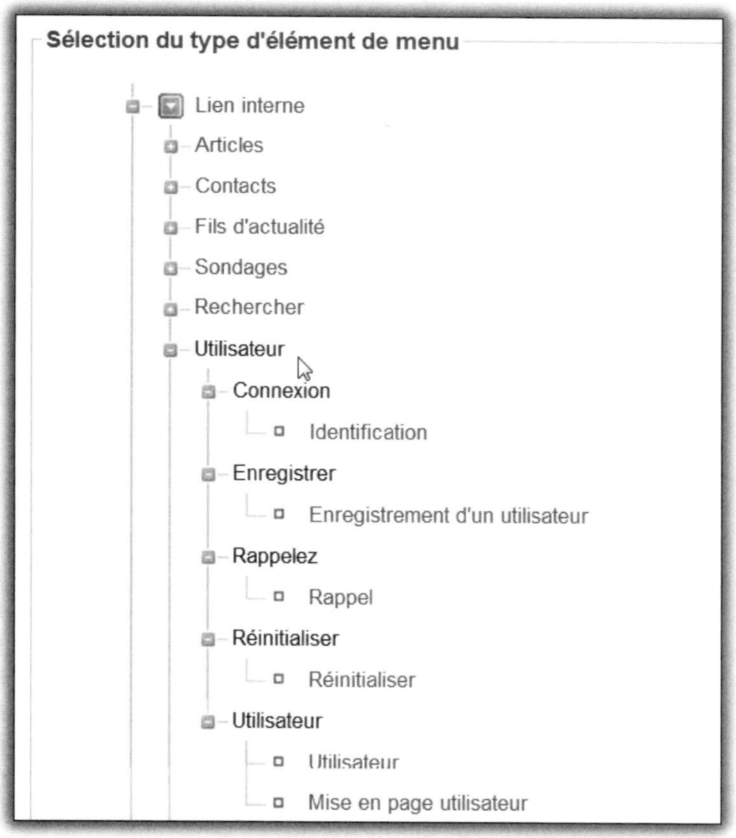

Figure 5.12 : *Les types d'items de menus de la catégorie Utilisateur*

Les liens proposés sont les suivants :

- *Identification*. Cette fonctionnalité permet d'afficher une page d'identification, à l'attention des visiteurs du site.
- *Enregistrement d'un utilisateur*. Cette fonctionnalité permet d'afficher une page d'inscription, à l'attention des visiteurs du site.

- *Rappel*. Cette fonctionnalité permet d'afficher une page dans laquelle l'identifiant d'un utilisateur peut lui être rappelé, s'il l'a oublié.
- *Réinitialiser*. Cette fonctionnalité permet d'afficher une page dans laquelle un utilisateur peut changer de mot de passe.
- *Utilisateur*. Cette fonctionnalité permet d'afficher une page contenant un message lorsque l'utilisateur accède à un espace privé.
- *Mise en page utilisateur*. Cette fonctionnalité permet à un utilisateur d'éditer les paramètres de son compte.

7 Cliquez sur le lien *Liens Web* afin de développer les options qu'il propose.

Les types d'items de cette catégorie sont affichés.

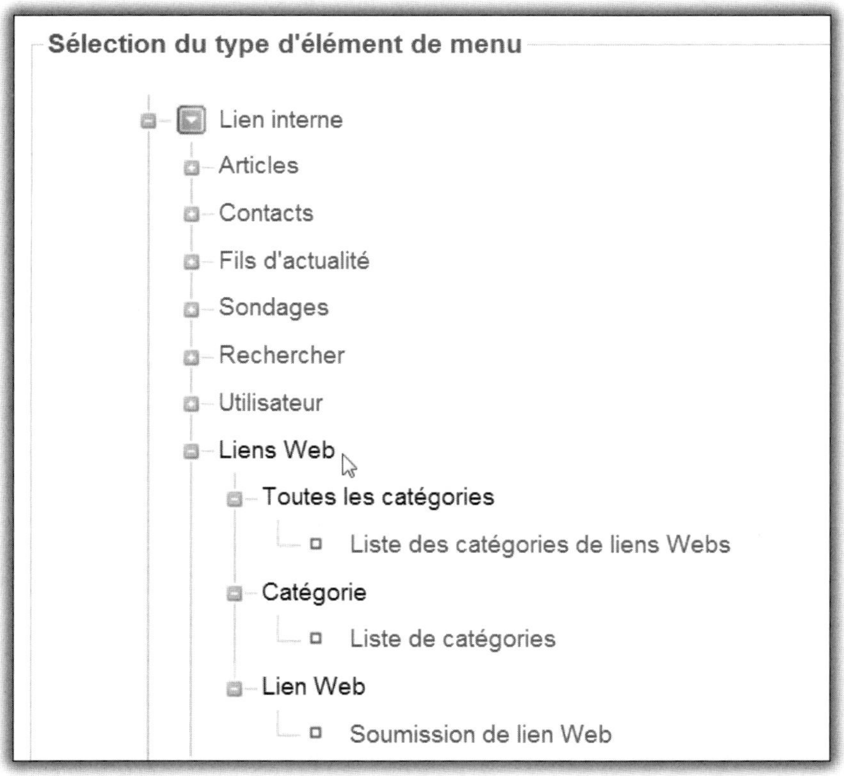

Figure 5.13 : *Les types d'items de menus de la catégorie Liens Web*

Les liens proposés sont les suivants :

- *Liste des catégories de liens Web*. Cette fonctionnalité permet d'afficher une liste de catégories de liens web.
- *Liste de catégories*. Cette fonctionnalité permet d'afficher une liste de liens web appartenant à une catégorie de liens.
- *Soumission de lien Web*. Cette fonctionnalité permet aux utilisateurs enregistrés de soumettre un lien web.

8 Cliquez sur le lien *Encapsuleur (Wrapper)* afin de développer l'option qu'il propose.

Les types d'items de cette catégorie sont affichés.

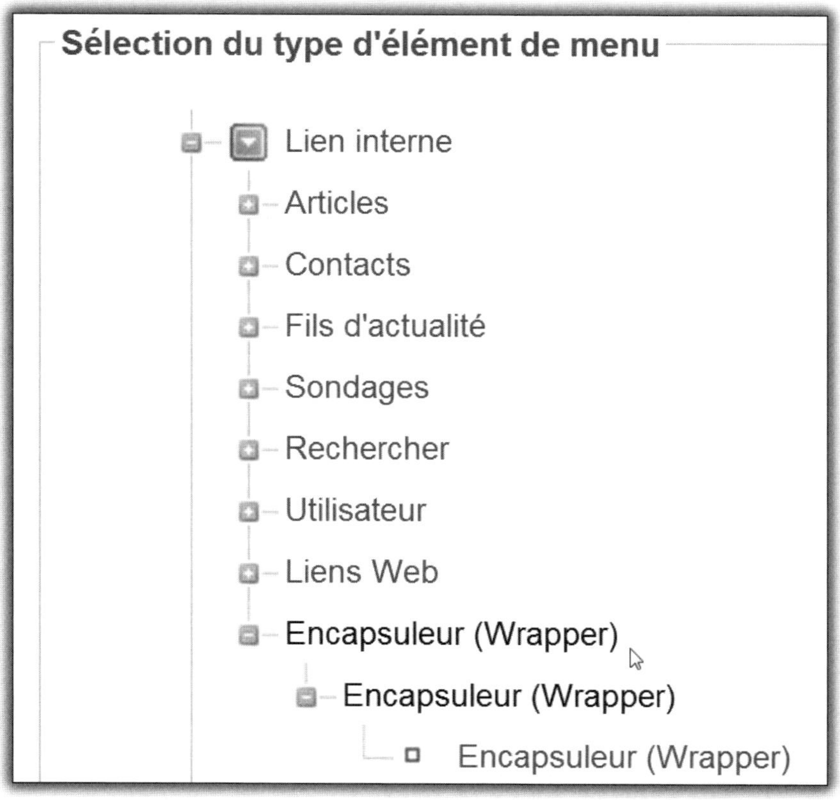

Figure 5.14 : *Les types d'items de menus de la catégorie Encapsuleur (Wrapper)*

Le lien proposé est *Encapsuleur (Wrapper)*. Cette fonctionnalité permet d'afficher une fenêtre d'encapsulation (correspondant à la balise html `<iframe>`) dans laquelle peut être affichée une page d'un site quelconque.

Créer un item de menu pointant vers une page externe

Cette fonctionnalité vous est utile lorsque vous désirez ouvrir une page externe depuis un lien dans l'un des menus de votre site Joomla.

1 Cliquez sur le lien *Lien externe*.

L'éditeur de liens externes est affiché.

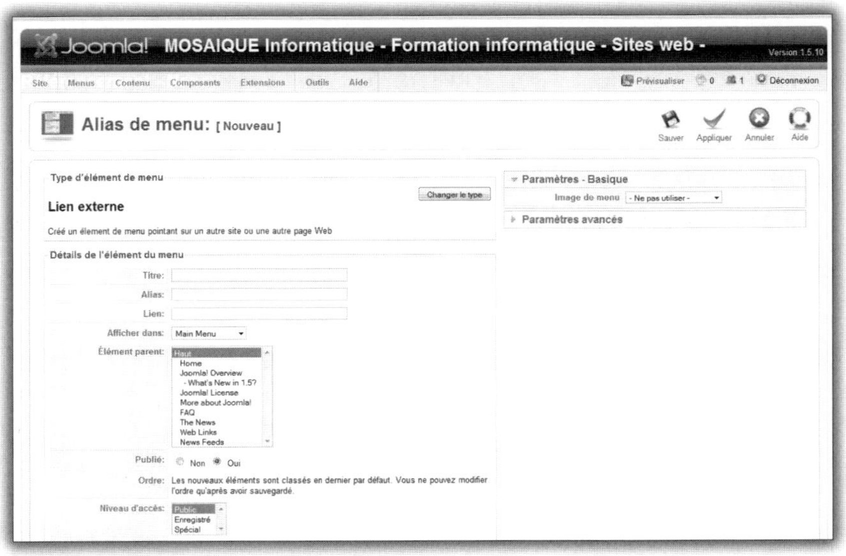

Figure 5.15 : *L'éditeur de liens externes*

Les principales zones qu'il vous faut renseigner, pour la création du lien, sont les suivantes :

- le titre, qui apparaîtra dans le menu ;
- l'adresse de la page vers laquelle pointe le lien ;
- le nom du menu dans lequel sera créé l'item ;

- le lien parent dans le menu (il est ainsi possible de créer des menus hiérarchisés).

2 Cliquez sur le bouton **Sauver** pour enregistrer votre travail ou sur **Annuler** si vous souhaitez sortir sans sauvegarder.

Créer un item de séparation dans un menu

1 De retour dans le Gestionnaire d'éléments de menu, cliquez sur le bouton **Nouveau**, afin d'accéder comme précédemment à la sélection du type d'élément de menu.

2 Cliquez sur le lien *Séparateur*.

L'éditeur de séparateur est affiché.

Figure 5.16 : *L'éditeur de séparateur*

3 Pour créer une séparation dans le menu (si le nombre d'éléments qu'il renferme est important et que vous souhaitiez le scinder en

plusieurs parties, par exemple), répétez le caractère de séparation dans la zone *Titre*.

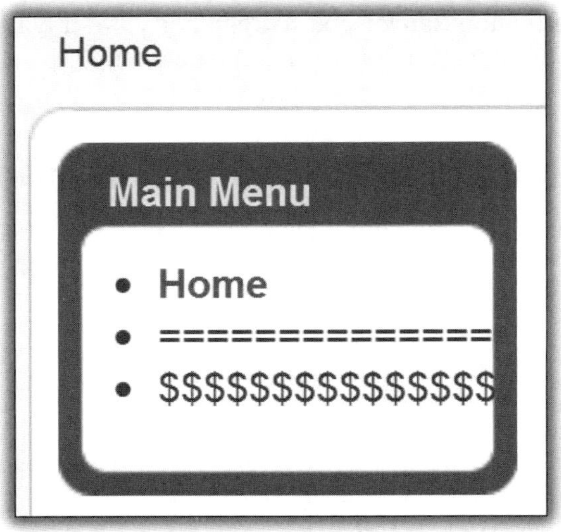

Figure 5.17 : *À titre d'exemple, une ligne de séparation a ici été créée au moyen du caractère "égal" et une autre au moyen du caractère "dollar"*

4 Cliquez sur le bouton **Sauver** pour enregistrer votre travail ou sur **Annuler** si vous souhaitez sortir sans sauvegarder.

Créer un alias de menu

1 De retour dans le Gestionnaire d'éléments de menu, cliquez sur le bouton **Nouveau**, afin d'accéder comme précédemment à la sélection du type d'élément de menu.

2 Cliquez sur le lien *Alias*.

L'éditeur d'alias est affiché.

Vous pouvez alors créer un item de menu pointant vers un item de menu déjà constitué, tout en lui conservant ses paramètres. Cette technique est utile pour optimiser l'indexation dans les moteurs de recherche car une adresse unique est utilisée pour accéder à une page donnée, évitant ainsi aux moteurs d'y voir un "contenu dupliqué".

REMARQUE

Contenu dupliqué

Ce terme désigne, dans la terminologie des moteurs de recherche, la répétition d'un même contenu dans des pages différentes. Dans un tel

REMARQUE

cas, les moteurs de recherche, Google notamment, décident, selon les paramètres en leur possession, quelle est la page originelle, et l'indexent dans leurs banques de données alors que les autres pages sont, elles, ignorées.

Joomla crée les adresses des pages en leur affectant des paramètres différents en fonction des menus ou des modules qui les appellent (du type **http://www.formations-informatiques-nancy.mosaiqueinformatique.fr/index.php?option=com_content&view=article&id=47:creez-votre-site-web&catid=39:internet**). Aussi est-il préférable d'éviter des conséquences néfastes sur l'indexation d'une page en lui affectant toujours une adresse unique.

5.4. Ajouter un item au menu

À titre d'exemple, vous allez ajouter un lien dans le menu principal, menant directement à un article que vous avez créé précédemment. Vous pourrez facilement reproduire ce mode opératoire pour l'adapter à d'autres types d'éléments de menu.

1 Cliquez sur **Menus/Main Menu**.

Le Gestionnaire d'éléments de menu est affiché.

2 

Cliquez sur le bouton **Nouveau**.

La page *Alias de menu: [Nouveau]* est affichée.

3 Dans la liste des types d'items proposés sous *Lien interne*, cliquez sur **Articles**. Sous *Article*, cliquez sur **Un article** (voir Figure 5.18).

Le Gestionnaire d'éléments de menu apparaît.

4 Dans la zone *Titre*, saisissez un court texte, qui constituera le libellé devant être affiché dans le menu.

5 Cliquez sur le bouton **Sélection**, à droite de la zone *Sélection article* (voir Figure 5.19).

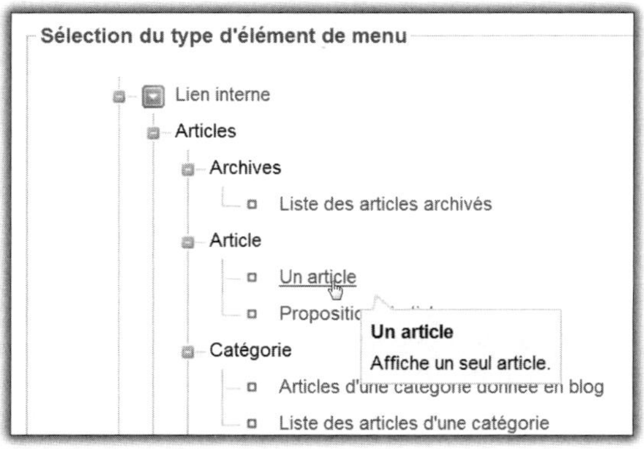

Figure 5.18 :
Le lien à cliquer

Figure 5.19 :
Le bouton Sélection

Une fenêtre apparaît en surimpression de la page. Vous allez pouvoir y effectuer la sélection de l'article.

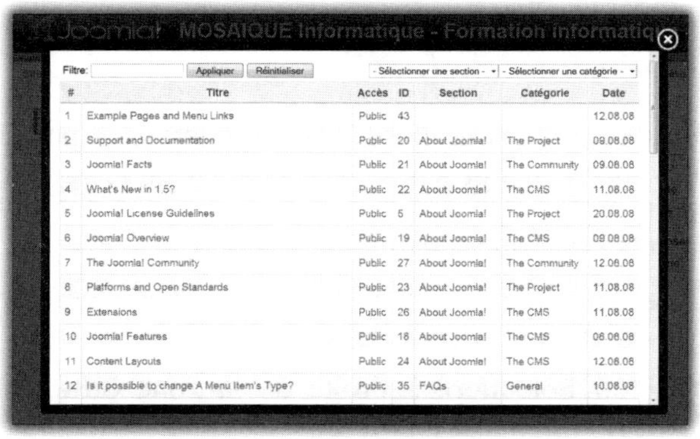

Figure 5.20 :
La fenêtre autorisant la sélection de l'article est affichée en surimpression de la fenêtre principale

6 Choisissez, le cas échéant, la section et la catégorie auxquelles est rattaché l'article dans les listes des zones *Sélectionner une section* et *Sélectionner une catégorie*. Cliquez sur le titre de l'article vers lequel vous souhaitez faire pointer le lien.

La fenêtre en surimpression disparaît.

7 De retour dans le Gestionnaire d'éléments de menu, cliquez sur le bouton **Sauver**.

8 Retournez dans l'onglet de votre navigateur dans lequel est affichée la partie publique du site et actualisez la page en cliquant sur le bouton d'actualisation du navigateur.

L'item ajouté apparaît désormais dans le menu. Un clic sur l'item affiche la page correspondante.

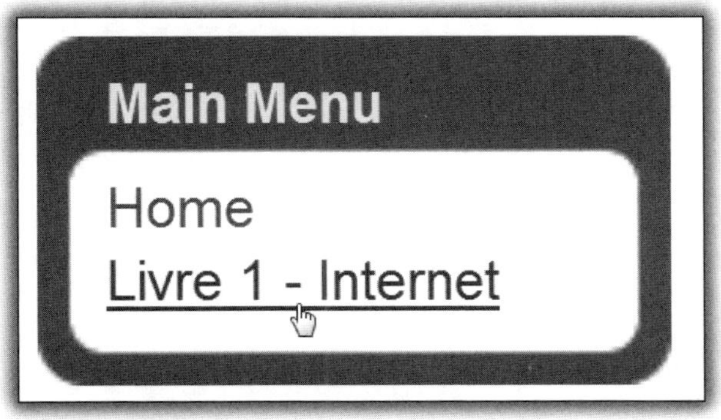

Figure 5.21 : *Le nouvel item est maintenant proposé dans le menu*

5.5. Créer un nouveau menu

Après avoir appris à ajouter un item dans un menu, vous allez maintenant découvrir comment créer un menu complet et comment le paramétrer afin de modifier son apparence.

Votre objectif sera ici de créer un second menu vertical, affiché en-dessous du menu principal.

1 Cliquez sur **Menus/Gestion des menus** puis sur **Nouveau**.

La page *Détails du menu: [Nouveau]* est affichée.

2 Dans la zone *Type de menu*, saisissez par exemple `monmenu` (ce nom est utilisé dans le code de Joomla pour identifier le menu. Il est préférable de ne pas utiliser d'espace dans ce nom).

3 Dans la zone *Titre*, saisissez par exemple `Mon menu` (ce nom apparaîtra dans la partie publique du site, si vous le désirez).

4 Dans la zone *Titre du module*, saisissez par exemple `mon–menu` (ce nom sera donné au module correspondant au menu et que vous retrouverez dans le Gestionnaire de modules).

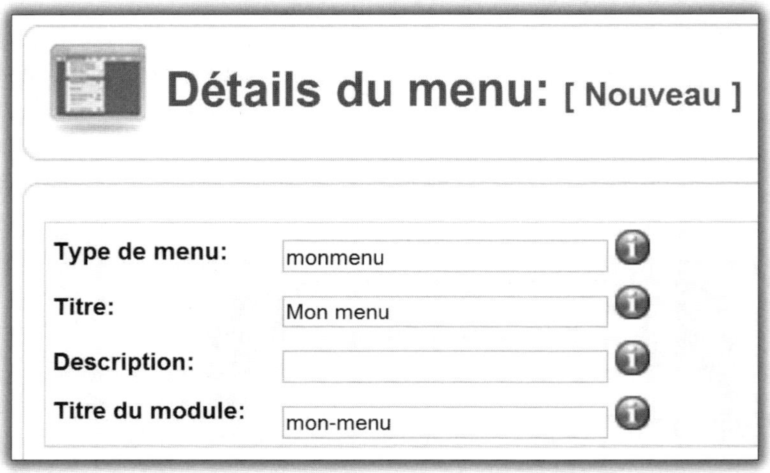

Figure 5.22 : *La création d'un nouveau menu*

5 Cliquez sur le bouton **Sauver**.

Bien que créé, votre menu n'est pas encore visible dans le frontend. Vérifiez-le…

6 Retournez dans l'onglet de votre navigateur dans lequel est affichée la partie publique du site. Actualisez la page en cliquant sur le bouton d'actualisation du navigateur.

Le nouveau menu n'est pas visible. Vous devez en effet activer le module.

7 Retournez dans l'onglet de votre navigateur dans lequel est affiché le backend et cliquez sur **Extensions/Gestion des modules**.

Le Gestionnaire de modules apparaît.

8 À l'intersection de la ligne affichant le nom du module de menu et de la colonne *Activé*, cliquez sur le symbole d'activation du module afin de l'activer (le symbole passe d'une croix blanche sur fond rouge à une coche verte).

Figure 5.23 : *Le module est activé depuis le Gestionnaire de modules*

9 Activez de nouveau l'onglet de votre navigateur dans lequel est affichée la partie publique du site. Actualisez la page en cliquant sur le bouton d'actualisation du navigateur.

Cette fois, le nouveau menu est affiché. Il ne contient pour l'instant aucun item mais vous pourrez y ajouter ceux de votre choix facilement en appliquant le mode opératoire décrit précédemment à la section *Exploiter les différents éléments de menu*.

Figure 5.24 : *Le nouveau menu est maintenant visible dans le frontend*

5.6. Modifier les paramètres d'affichage d'un menu

Vous allez découvrir quelques paramètres significatifs affectant la présentation des menus.

Appliquer un style au menu

Comme vous l'avez certainement constaté, le nouveau menu ne bénéficie pas d'une mise en forme identique à celle du menu principal, affiché en-dessous.

Vous allez remédier à cela en lui appliquant un "suffixe de classe CSS", c'est-à-dire une mise en forme enregistrée dans la feuille de style régissant le template actuellement appliqué au site.

1 Retournez dans l'onglet de votre navigateur dans lequel est affiché le backend et cliquez sur le nom du menu précédemment créé, dans le Gestionnaire de modules, afin d'accéder à ses paramètres.

Figure 5.25 : *Un clic sur le nom du menu permet d'accéder à ses paramètres*

La page *Module: [Éditer]* est affichée.

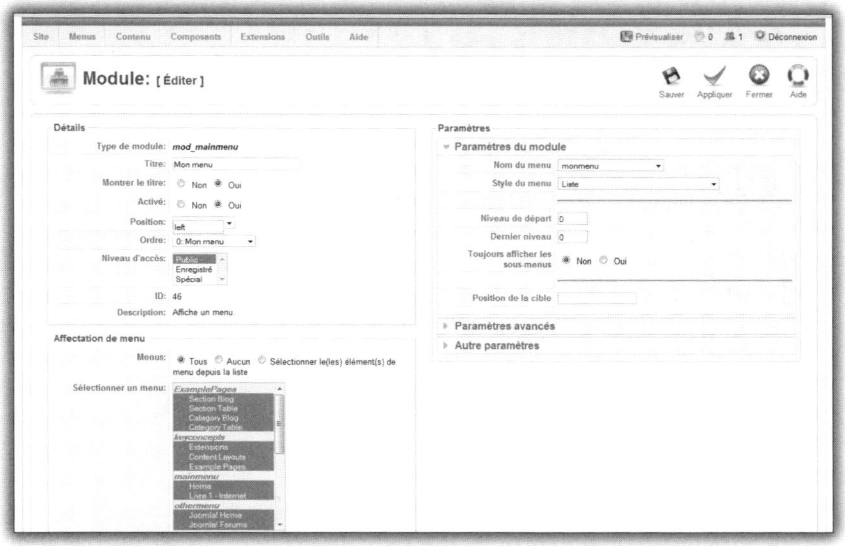

Figure 5.26 : *La page d'édition des paramètres du module*

2 Cliquez sur **Paramètres avancés** afin d'accéder aux paramètres renfermés dans cette rubrique puis saisissez `_menu` dans la zone *Suffixe de classe de module*.

Figure 5.27 : *L'ajout d'un suffixe de classe de module*

3 Cliquez sur le bouton **Sauver**.

4 Basculez dans l'onglet de votre navigateur dans lequel est affichée la partie publique du site et actualisez la page en cliquant sur le bouton d'actualisation du navigateur.

La mise en forme appliquée au nouveau menu est analogue à celle appliquée au menu principal.

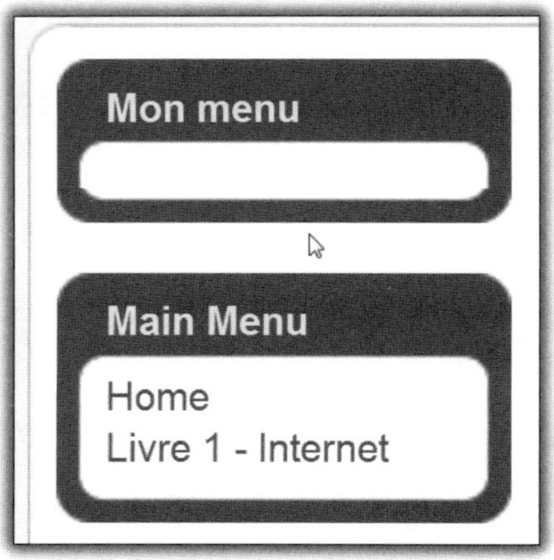

Figure 5.28 : *La mise en forme appliquée au nouveau menu*

Modifier l'ordre des menus

Le nouveau menu a été inséré avant le menu principal. Cet ordre peut ne pas vous convenir. Il est facilement modifiable en changeant l'ordre des modules.

1 Dans l'onglet de votre navigateur dans lequel est affiché le backend, cliquez sur **Extensions/Gestion des modules**.

2 Dans la colonne *Ordre* du gestionnaire de modules, sur la ligne correspondant au nouveau module, cliquez sur le bouton **Déplacer vers le bas**, symbolisé par une flèche verte pointant vers le bas.

Figure 5.29 : *Le bouton Déplacer vers le bas*

3 Retournez dans l'onglet de votre navigateur dans lequel est affichée la partie publique du site. Actualisez la page en cliquant sur le bouton d'actualisation du navigateur.

Le nouveau menu est désormais affiché sous le menu principal.

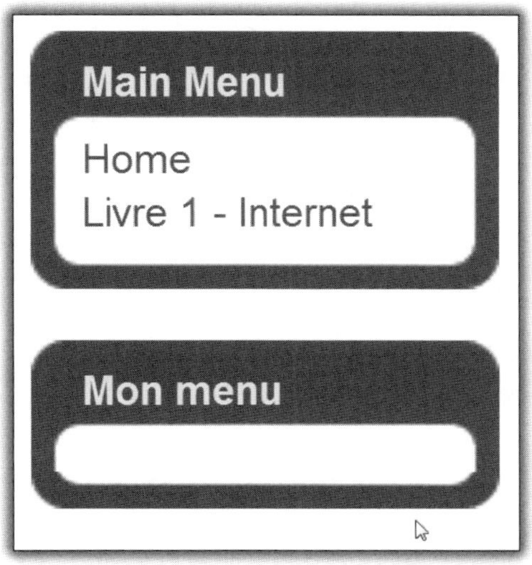

Figure 5.30 : *La modification de l'ordre des menus dans le frontend*

Modifier la position du menu

L'ordre d'un menu n'est pas le seul paramètre interférant sur son placement dans le site : il vous est également possible de modifier sa position.

Les positions sont des emplacements qui dépendent du template utilisé. Il est donc utile de consulter les positions disponibles dans le template avant de modifier la position d'un menu ou d'un module.

1 Depuis le backend, cliquez sur **Extensions/Gestionnaire des templates**.

Le gestionnaire de templates est affiché.

2 Dans la colonne *Nom du Template*, cliquez sur le nom du template appliqué actuellement sur le site (indiqué par une étoile jaune affichée dans la colonne *Défaut*). Dans cet exemple, c'est le template *rhuk_milkyway* qui est employé.

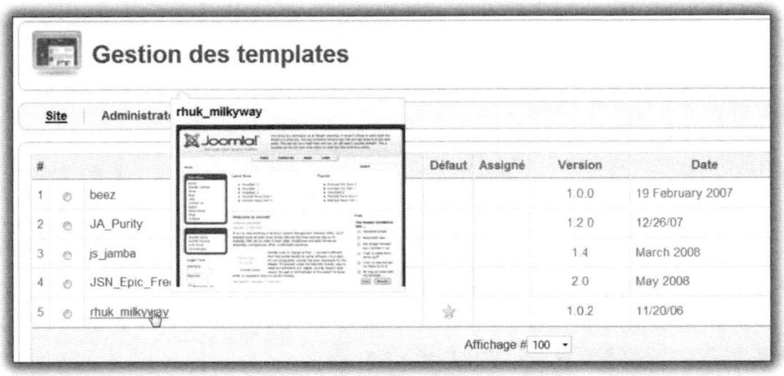

Figure 5.31 : *La sélection du template, depuis le Gestionnaire de templates*

Les paramètres du template sont affichés dans la page *Template: [Éditer]*. Ils sont spécifiques à ce template (d'autres templates disposeront d'autres paramètres).

3 

Cliquez sur le bouton **Prévisualiser**.

La page *Gestion des templates* est affichée. Vous pouvez y consulter les positions des modules, indiquées en surimpression sur la page (les positions portent des noms tels que *left*, *user1*, *user2*, *right*, etc.)

Figure 5.32 : *La page Gestion des templates*

Dans cet exemple, vous allez placer votre menu vide en position *right*.

4 

Dans la page de gestion des templates, cliquez sur le bouton **Retour**.

5 De retour dans la page *Template: [Éditer]*, cliquez sur le bouton **Fermer**.

6 Cliquez sur **Extensions/Gestion des modules**.

7 Dans la colonne *Nom du module* du gestionnaire de modules, cliquez sur le nom du nouveau menu.

La page *Module: [Éditer]* est affichée.

8 À la rubrique *Détails*, déroulez la liste de la zone *Position* et choisissez `right`.

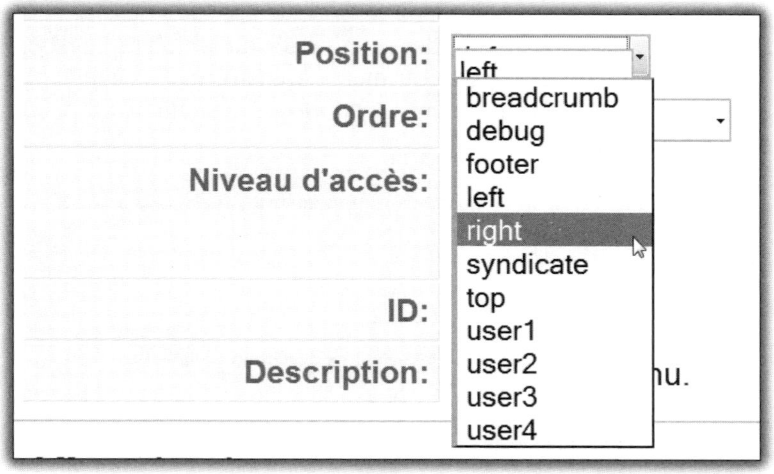

Figure 5.33 : *Le choix de la position*

9 Cliquez sur le bouton **Appliquer**.

10 Basculez dans l'onglet de votre navigateur dans lequel est affichée la partie publique du site. Actualisez la page en cliquant sur le bouton d'actualisation du navigateur.

Le menu est désormais affiché dans la partie droite du site.

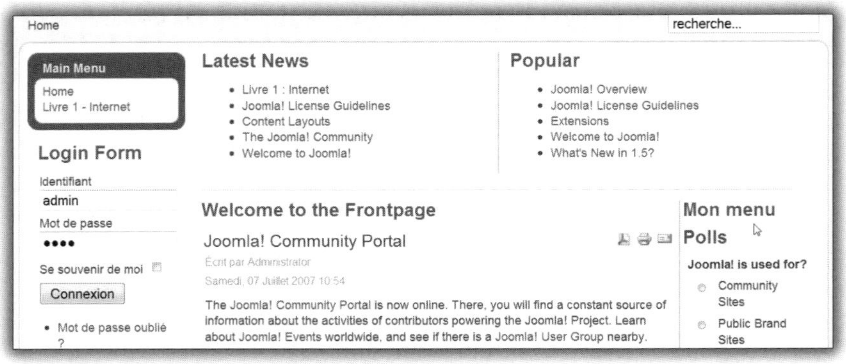

Figure 5.34 : *L'affichage du menu en position right*

Modifier le style du menu

En fonction des positions et des spécificités du template, il est également possible de modifier le style du menu (transformer un menu vertical en un menu horizontal par exemple), au moyen des choix proposés dans la zone *Style du menu*.

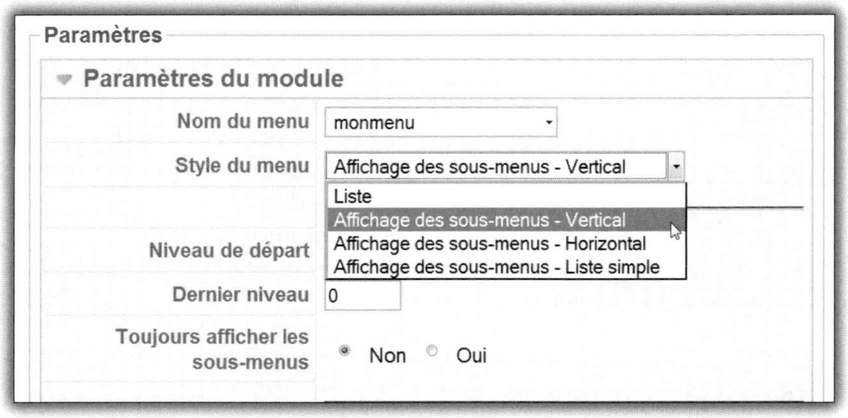

Figure 5.35 : *Les choix proposés dans la zone Style du menu permettent de modifier le style du menu, en fonction des options du template*

Limiter l'affichage du menu à certaines parties du site

Il n'est pas obligatoire d'afficher le menu dans toutes les pages du site. Vous pouvez ainsi choisir de faire apparaître uniquement un menu spécifique sur certaines parties de votre site. Indiquez pour cela votre choix à la rubrique *Affectation de menu* : cochez l'option *Sélectionner le(les) élément(s) de menu depuis la liste* dans la zone *Sélectionner un menu* puis indiquez, dans cette dernière, les menus sous lesquels doit apparaître votre menu spécifique.

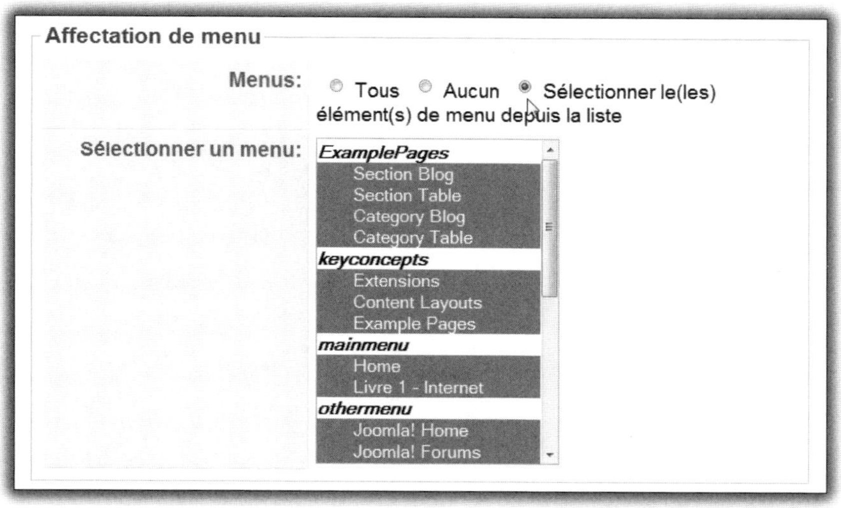

Figure 5.36 : *La rubrique Affectation de menu*

5.7. Check-list

- Il est possible de créer facilement des menus de navigation personnalisables afin d'afficher les articles du site.
- Un item de menu peut pointer vers de très nombreux modules d'affichage de contenus ou lancer des fonctionnalités avancées.
- La position et l'aspect des menus peuvent être modulés à volonté.

Chapitre 6

Utiliser les fonctionnalités natives de Joomla

Gérer les médias 190
Gérer les niveaux d'accès et les utilisateurs 198
Utiliser la messagerie de Joomla 210
Utiliser la newsletter 213
Effectuer une mise à jour de Joomla 214
Check-list 216

Dans cette section, vous découvrirez en détail l'utilisation des autres fonctionnalités principales de Joomla.

6.1. Gérer les médias

Sous Joomla, le terme média désigne essentiellement les images, bien qu'il vous soit possible d'utiliser des fichiers d'autres types, tels que les fichiers PDF.

Voici donc quelques consignes utiles concernant la création des images et leur utilisation.

Les formats d'images

Vous trouverez ci-après une description succincte des principaux formats d'images destinés à être utilisés sur Internet.

Le format GIF

Les principales caractéristiques de ce format sont les suivantes :

- Il utilise 256 nuances de couleurs au maximum (il est possible de travailler en couleurs sécurisées pour le Web).
- C'est le format le plus utilisé pour les éléments graphiques de navigation sur les sites web (boutons, puces, etc.).
- Il autorise la gestion de la transparence. Il est alors possible de conférer à l'image un aspect autre que rectangulaire, puisque le fond de la page (couleur ou image) apparaît dans les zones de transparence, ce qui n'est pas le cas avec une image représentant un sujet sur un fond blanc ou d'une autre couleur (le sujet est affiché dans un rectangle d'une couleur différente de celle du fond de la page, ce qui donne une connotation de travail inachevé et amateur au site).
- Il permet la gestion d'animations ("*gifs* animés") par un enchaînement de plusieurs images dans un même fichier. Le poids de ce dernier peut alors être considérablement augmenté. Bien qu'encore couramment employé, les webmestres lui préfèrent de plus en plus souvent la technologie Flash (qui offre des possibilités d'animations bien supérieures).

DEFINITION

Origine du mot GIF

GIF signifie *Graphics Interchange Format*.

Le format JPG (ou JPEG)

Les principales caractéristiques de ce format sont les suivantes :

- Il utilise 16 millions de couleurs environ.
- C'est le format le plus souvent employé pour l'affichage des photographies.
- Il utilise un algorithme de compression destructive, c'est-à-dire que la diminution du poids du fichier se fait au détriment de la qualité de l'image (une diminution du poids du fichier entraîne une diminution de la qualité).

DEFINITION

Origine du mot JPEG

JPEG signifie *Joint Photographic Experts Group*.

Le format PNG

Les principales caractéristiques de ce format sont les suivantes :

- Il est compressé mais non destructeur.
- Il gère la transparence et la translucidité.
- Il est utile pour l'enregistrement des images renfermant des aplats de couleurs (boutons, icônes, graphiques, etc.).
- Concernant les photographies, en revanche, le poids des fichiers est supérieur à celui des fichiers *JPG*, en 16 millions de couleurs.

DEFINITION

Origine du mot PNG

PNG signifie *Portable Network Graphics*.

Technologie Flash

Les principales caractéristiques de ce format sont les suivantes :

- C'est un format propriétaire (Flash a été initialement développé par Macromedia, société créatrice de Dreamweaver, aujourd'hui rachetée par Adobe).
- Les fichiers Flash utilisent l'extension *.SWF* ; le format des animations prêtes à l'emploi.
- Les fichiers sources portent l'extension *.FLA*, non utilisable sur le Web.
- Pour décoder un fichier SWF, le navigateur doit être équipé de Flash Player (module complémentaire, téléchargeable gratuitement sur le Web).
- À degrés d'animations égaux, les fichiers Flash sont beaucoup plus légers que les fichiers GIF et permettent de créer de l'interactivité.

Optimiser et retoucher les images pour Internet

Utiliser des images directement sorties de l'appareil numérique n'est pas une solution envisageable : recadrage, diminution du poids, améliorations des couleurs, des contrastes et des niveaux sont quelques exemples significatifs des traitements indispensables, si vous souhaitez donner de la valeur ajoutée aux textes qui composent vos pages.

Les logiciels de retouches photographiques vous permettent tous ces traitements.

Choisir le logiciel de traitement d'image

Il existe de nombreux logiciels de ce type ; la plupart sont téléchargeables sur le web. Certains sont gratuits, d'autres, les plus puissants, payants.

Photoshop

Photoshop est le logiciel de référence en matière de retouches photographiques. Il est produit par la société Adobe. Il est employé par tous les professionnels de l'image et les amateurs avertis.

Photoshop Elements

Photoshop Elements est une version simplifiée de Photoshop. Il permet néanmoins de réaliser toutes les opérations courantes de traitement d'images.

Paint Shop Pro

Paint Shop Pro est un logiciel presque aussi puissant que Photoshop. Il convient parfaitement dans les domaines de la création graphique et de la réalisation d'animations web.

Picasa

Picasa est un programme que vous pouvez télécharger gratuitement sur le site Internet de Google.

Il vous permet de retoucher vos images et de classer celles-ci sur votre ordinateur.

Vous pouvez le télécharger à l'adresse suivante : **http://picasa.google.fr/download/index.html**.

Photoshop Album Starter Edition

Si vos besoins, en matière de traitement de photographies, ne sont pas ceux d'un infographiste professionnel, Photoshop Album Starter Edition est un logiciel gratuit et simple qui peut vous convenir. Il permet de visionner, rechercher, retoucher et partager des images. Bien entendu, vous n'y retrouverez pas les innombrables fonctionnalités offertes par Photoshop mais le programme est suffisant pour réaliser les actions de base en matière de traitement de l'image numérique.

Vous pouvez le télécharger à l'adresse suivante : **http://www.adobe.com/fr/products/photoshopalbum/starter.html**.

Photoshop Express

Si vous ne souhaitez (ou ne pouvez) pas installer de logiciel de traitement d'images, rien ne vous empêche d'utiliser le nouveau service gratuit de retouche en ligne ouvert par Adobe, à l'adresse **https://www.photoshop.com/express/landing.html**, nommé Photoshop Express.

Les fonctionnalités notables offertes par ce service sont :

- la gestion des albums photo et de vos fichiers stockés sur d'autres services tels que Facebook ou Picasa ;
- un espace d'hébergement de photographies ou de gestion de diaporamas, accessible depuis un navigateur Internet.

Gimp

GIMP est un logiciel libre et gratuit de traitement d'images très complet, offrant des traitements proches de ceux de Photoshop.

Vous pouvez le télécharger à l'adresse suivante : **http://www.gimpfr.org /news.php**.

REMARQUE

Joomla et les images

Afin d'économiser votre bande passante et de rendre la navigation la plus rapide possible sur votre site, trouvez le meilleur compromis entre le poids du fichier image (en octets) et sa qualité d'affichage à l'écran. Pour ce faire, effectuez plusieurs enregistrement de votre image (le plus souvent au format JPG) en zoomant sur celle-ci (la perte de qualité sera alors visible) puis en revenant à un facteur de zoom de 100 %. Si la dégradation n'est pas visible, refaites un nouvel essai en zoomant et en appliquant un taux de compression supérieur, afin de diminuer encore la taille du fichier.

Certains logiciels permettent d'effectuer une simulation entre l'image d'origine et celle qui sera enregistrée, après compression. La visualisation des deux images côte à côte vous permet alors d'apprécier avec précision la dégradation liée à la compression.

Figure 6.1 : *L'image de droite, en mode Prévisualisation depuis Photoshop, présente une très forte dégradation, due à une compression excessive de l'image, au format JPG, par rapport à l'image originelle, à gauche*

Évitez également les largeurs d'images excessives, sous peine de problèmes d'affichage avec certains templates (testez toujours le résultat

REMARQUE

obtenu dans le frontend, après l'insertion d'une image de taille importante dans un article).

Le Gestionnaire de médias

Vous avez déjà découvert, lors de la création d'un article, qu'il vous était possible de télécharger sur l'espace d'hébergement du site une image manquante et devant être insérée dans l'article (au moyen de la fenêtre ouverte lorsque le bouton **Image** est cliqué). Joomla vous offre une seconde méthode de téléchargement des images et, d'une manière générale, de tous les médias : le Gestionnaire de médias.

Procédez ainsi :

1 Cliquez sur **Site/Gestion des médias**.

Le Gestionnaire de médias est affiché.

Figure 6.2 : *Le gestionnaire de médias*

Il présente de nombreuses fonctionnalités d'administration des fichiers téléchargés et des dossiers qui les renferment, sur le serveur hébergeant Joomla.

L'onglet **Miniatures**, activé par défaut, permet d'effectuer les opérations courantes sur les fichiers :

- Les déplacements dans les dossiers sont réalisés par de simples clics sur les icônes de la rubrique *Dossiers* ou sur celles de la rubrique *Fichiers*.
- La création de dossiers est effectuée au moyen du bouton **Créer un dossier** (après avoir saisi le nom du dossier à créer dans la zone placée à gauche du bouton).
- Le transfert d'un fichier s'effectue avec le bouton **Parcourir**, qui permet d'indiquer au CMS l'emplacement du fichier sur votre ordinateur. Cliquez ensuite sur le bouton **Lancer le transfert**.
- La visualisation d'une image en taille réelle s'effectue par un clic sur la miniature, dans l'onglet **Miniatures**. L'image apparaît alors dans une fenêtre en surimpression (vous pouvez fermer cette dernière par un clic sur la croix affichée en haut et à droite de la fenêtre).

Figure 6.3 : *La visualisation d'une image en taille réelle s'effectue dans une fenêtre affichée en surimpression*

- La suppression d'une image est réalisée par un clic sur le bouton de suppression, symbolisé par une croix blanche sur rond rouge, placé à côté de la miniature de l'image.

REMARQUE

Dossier racine de stockage des images

En parcourant les dossiers d'installation du système, sur votre serveur web local, vous découvrirez que le dossier renfermant les médias et se trouvant à la racine du site se nomme *Images*.

Figure 6.4 : *Les sous-dossiers du dossier Images*

Il renferme nativement les sous-dossiers *banners*, *M_images*, *smilies*, *stories*. Ce dernier dossier est le dossier proposé par défaut pour le stockage des images de vos articles. Si le nombre d'images est important, il est conseillé de créer des sous-dossiers, sous le répertoire *Images*, afin d'optimiser le classement des fichiers.

2 Cliquez sur l'onglet **Détails** du Gestionnaire de médias.

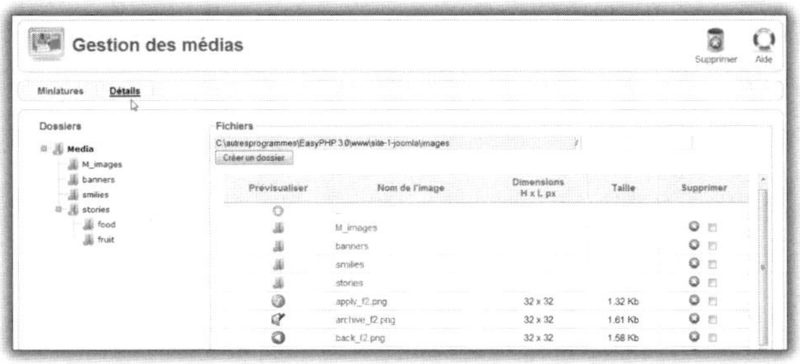

Figure 6.5 : *L'onglet Détails du Gestionnaire de médias*

Cet onglet permet d'effectuer les mêmes opérations sur les fichiers et les dossiers que le précédent en affichant des informations complémentaires, telles que les dimensions des fichiers, exprimées en pixels.

REMARQUE

Transfert des fichiers médias en FTP

Si le nombre de fichiers à transférer est important, vous pouvez également placer tous les fichiers préparés sur votre ordinateur en une seule opération dans le bon dossier en utilisant votre logiciel de transfert FTP, si le site est placé chez un hébergeur distant, ou l'Explorateur de fichiers de Windows, si le site est en place sur votre serveur local.

REMARQUE

Ouverture d'un fichier au format PDF

Pour ouvrir un fichier au format *PDF* (ou d'un autre format, non affichable directement dans une page HTML), depuis un article, placez le fichier dans le dossier de votre choix, depuis le Gestionnaire de médias, puis créez un lien hypertexte relatif (du type **images/stories/nomdufichier.pdf**) dans l'article, pointant vers le fichier.

6.2. Gérer les niveaux d'accès et les utilisateurs

Joomla permet de créer des niveaux hiérarchiques, définissant des droits d'administration plus ou moins étendus, entre les administrateurs du site. En outre, certaines parties du site peuvent être rendues accessibles uniquement aux internautes enregistrés.

Ces fonctionnalités font de Joomla un puissant outil collaboratif, permettant, par exemple, de construire un véritable journal en ligne, dans lequel les tâches éditoriales sont réparties et hiérarchisées entre de nombreux participants.

Comprendre les niveaux d'accès

REMARQUE

Droits d'accès et indexation

Si la fonctionnalité permettant de limiter l'accès à certaines pages du site peut se révéler une technique de collecte d'adresses email, afin

REMARQUE

d'envoyer régulièrement votre newsletter aux visiteurs enregistrés, elle peut également être un obstacle à votre indexation dans les moteurs de recherche. Ceux-ci ne disposant pas de droit d'accès aux pages réservées, ils ne pourront pas en effectuer l'indexation dans leurs bases de données. Choisissez donc avec soin les pages publiques et les pages privées.

Les niveaux d'accès proposés par Joomla sont les suivants :

- *Public*. Ce niveau d'accès, affecté par défaut aux composants du site, donne accès à tous les visiteurs, qu'ils soient enregistrés ou non.
- *Enregistré*. Ce niveau, lorsqu'il est affecté à certaines parties du site, donne accès aux visiteurs enregistrés.

REMARQUE

Utilisateurs enregistrés

Les visiteurs du site peuvent accéder au statut *Enregistré* au moyen du formulaire d'identification et d'inscription, activé par défaut lors de l'implémentation du système.

Figure 6.6 :
Le formulaire d'identification

- *Spécial*. Ce niveau donne accès aux parties du site concernées uniquement aux administrateurs du site.

REMARQUE

Les groupes d'utilisateurs

Les groupes d'utilisateurs du site qu'il vous est possible d'affecter aux collaborateurs de votre équipe rédactionnelle sont les suivants :

- *Public*. Ce niveau est celui des simples visiteurs du site. Il ne donne aucun droit d'administration sur le contenu rédactionnel et l'accès aux parties réservées aux utilisateurs enregistrés lui est fermé.
- *Enregistré*. Ce niveau ne donne aucun droit d'administration sur le contenu rédactionnel mais l'accès aux parties réservées aux utilisateurs enregistrés lui est ouvert.
- *Auteur*. Ce niveau permet à l'utilisateur du système de proposer des articles et, le cas échéant, de les modifier.
- *Editeur*. Ce niveau dispose des mêmes droits que le précédent. Il permet, en outre, la modification d'un article d'un autre auteur.
- *Rédacteur*. Ce niveau dispose des mêmes droits que le précédent. Il permet, en outre, la validation de la publication d'un article.
- *Gestionnaire*. Ce niveau dispose des mêmes droits que le précédent. Il permet, en outre, la modification des menus de navigation sur le site. À la différence des utilisateurs disposant des niveaux hiérarchiques précédents, les membres de ce niveau (et ceux appartenant aux niveaux hiérarchiques supérieurs) accèdent à l'interface d'administration par la même URL que celle employée par le super administrateur (adresse du type : **http://www.lenomdusite.fr/administrator**).
- *Admin*. Ce niveau dispose des mêmes droits que le précédent. Il permet, en outre, la modification des extensions et la gestion des comptes sur le site.
- *SuperAdmin*. Ce niveau dispose de tous les droits d'administration sur le site.

Gérer les niveaux d'accès

Cliquez sur **Site/Gestionnaire des utilisateurs**.

Le Gestionnaire des utilisateurs est affiché. Les paramètres d'un utilisateur sont affichés en lignes. Sur chacun d'entre eux, sont présentés :

- le nom de l'utilisateur ;
- l'identifiant de l'utilisateur ;
- l'état de connexion de l'utilisateur (indiquant s'il est actuellement connecté ou non) ;

- l'état d'activation du compte (indiquant si le compte est activé ou non) ;
- le groupe auquel appartient l'utilisateur (indiquant son niveau d'accès) ;
- l'adresse email de l'utilisateur ;
- la date de dernière visite de l'utilisateur ;
- l'identifiant unique de l'utilisateur, dans la base de données utilisée par le CMS.

Figure 6.7 : *Le Gestionnaire des utilisateurs*

Exercice pratique : Création d'un compte de niveau Auteur

À titre d'exemple, vous allez créer, dans ce qui suit, un nouveau compte pour un utilisateur imaginaire disposant du statut d'auteur. Vous découvrirez alors l'interface de soumission d'articles mise à sa disposition.

Bien que vous puissiez effectuer sans soucis cette opération sur le serveur local de votre ordinateur, nous vous conseillons, si votre site est également publié chez un hébergeur, d'effectuer cet exercice chez ce dernier ; vous disposerez alors d'un serveur d'adressage de mails. Vous éviterez ainsi un message de Joomla indiquant qu'il ne peut implémenter la fonction de routage de mails (sauf si vous avez installé un serveur de mails sur votre ordinateur, opération techniquement assez complexe). Vous pourrez en outre, dans la section suivante, tester la fonctionnalité d'adressage de newsletter avec le compte qui va être maintenant créé.

1 Dans le Gestionnaire des utilisateurs, cliquez sur le bouton **Nouveau**.

La page *Utilisateur: [Nouveau]* apparaît.

2 À la rubrique *Détails de l'utilisateur*, dans la zone *Nom*, saisissez le nom de l'utilisateur.

3 Dans la zone *Identifiant*, saisissez l'identifiant qu'il devra utiliser pour se connecter.

4 Dans la zone *Email*, saisissez l'adresse de courrier électronique de l'utilisateur.

5 Dans la zone *Nouveau mot de passe*, saisissez le mot de passe de l'utilisateur.

6 Dans la zone *Confirmer le mot de passe*, saisissez une nouvelle fois le mot de passe de l'utilisateur.

7 Dans la liste de la zone *Groupe*, affectez à l'utilisateur le niveau `Auteur`.

8 Dans zone d'options *Recevoir les emails système*, cochez l'option `Oui` (ce paramètre vous permettra d'effectuer un test de bon fonctionnement de la messagerie de Joomla, décrite dans la section suivante de ce livre).

Figure 6.8 : *La rubrique Détails de l'utilisateur*

9 À la rubrique *Paramètres*, dans la zone *Langue de l'interface d'administration*, choisissez `French (FR)`.

10 Dans la zone *Langue de l'interface publique*, choisissez `French (Fr)`.

11 Dans la zone *Éditeur de l'utilisateur*, choisissez `Editor - TinyMCE 2.0`.

12 Dans la zone *Fuseau horaire*, choisissez `(UTC +01:00) Heure d'Europe Centrale, Amsterdam, Berlin, Bruxelles, Copenhague, Madrid, Paris` (ou le fuseau horaire correspondant au lieu géographique de l'utilisateur, si ce dernier ne réside pas en France).

13 Cliquez sur le bouton **Sauver**.

De retour dans le Gestionnaire des utilisateurs, le nouvel utilisateur est maintenant ajouté à la liste des utilisateurs.

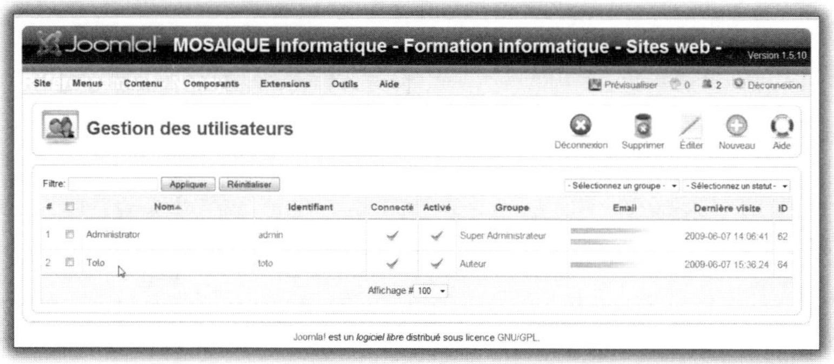

Figure 6.9 : *Le nouvel utilisateur apparaît désormais dans la liste des utilisateurs du Gestionnaire des utilisateurs*

REMARQUE

Confirmation de l'inscription par mail

Lors de la création du compte, le nouvel utilisateur reçoit un courrier électronique qui lui est automatiquement adressé par Joomla. Ce mail présente la forme suivante :

```
Bonjour XXX,

Vous avez été inscrit comme utilisateur de XXX par un
administrateur.

Cet email contient votre identifiant ainsi que votre mot
de passe pour vous connecter à
http://www.nomdedomaine.fr/
```

REMARQUE

```
    – Identifiant : XXX
    – Mot de passe : XXX
Ce message est généré automatiquement pour votre
information. Merci de ne pas y répondre.
```

Vous allez tester l'interface mise à la disposition de votre nouvel auteur, depuis le frontend. Avant cela, vous devrez ajouter un accès à cette interface, depuis l'un des menus du site.

14 Cliquez sur **Menu/Main Menu**.

La page *Gestionnaire d'élément de menu: [mainmenu]* apparaît.

15 Cliquez sur le bouton **Nouveau**.

La page *Alias de menu: [Nouveau]* apparaît.

16 Cliquez sur **Articles** puis sur **Proposition d'article**.

Figure 6.10 : *Un nouvel item, permettant l'accès à l'éditeur d'articles, va être ajouté au menu principal*

La page *Alias de menu: [Nouveau]* apparaît.

17 Dans la zone *Titre*, saisissez par exemple `Soumettre un article`.

18 Cliquez sur le bouton **Sauver**.

REMARQUE

Changer le titre du menu principal

Si vous souhaitez franciser le titre du menu principal (pour l'instant, *Main Menu*), effectuez l'opération suivante : cliquez sur **Extensions/Gestion des modules** puis sur **Main Menu**, dans la liste des modules qui apparaît dans le gestionnaire de modules. Changez le libellé `Main Menu` de la zone *Titre* en `Menu principal`. Cliquez sur le bouton **Sauver**.

Vous allez, dans un premier essai, vérifier que l'accès à l'éditeur d'articles ne sera pas autorisé à un utilisateur non authentifié.

19 Activez l'onglet de votre navigateur dans lequel est affiché le frontend puis actualisez la page en cliquant sur le bouton d'actualisation du navigateur.

Le nouvel item est affiché dans le menu.

Figure 6.11 :
Le nouvel item apparaît dans le menu du frontend

20 Cliquez sur le nouvel item du menu principal, affichant **Soumettre un article**.

Vous essuyez alors un refus sévère de la part de Joomla : la mention *Vous n'êtes pas autorisé à accéder à cette ressource* est en effet affichée dans la page qui apparaît.

Figure 6.12 : *L'accès à la page vous est interdit*

Vous allez maintenant effectuer la même tentative, après identification.

REMARQUE

Changer le nom du lien menant à la page d'accueil

Si vous souhaitez franciser le lien ramenant à la page d'accueil de votre site, depuis le menu principal (portant jusqu'ici le nom *Home*), effectuez l'opération suivante, depuis le backend : cliquez sur **Menus/Main Menu** puis sur **Home**, dans la liste des items de menu qui apparaît dans le Gestionnaire d'éléments de menu. Changez le libellé `Home` de la zone *Titre*, par exemple, en `Accueil`. Cliquez sur le bouton **Sauver**.

21 Cliquez sur l'item du menu principal affichant **Accueil** (ou **Home**, selon que vous avez ou non renommé cet item de menu).

REMARQUE

Changer le titre du formulaire d'identification

Si vous souhaitez franciser le titre du formulaire d'identification (portant, pour l'instant, le titre *Login Form*), effectuez l'opération suivante : cliquez sur **Extensions/Gestion des modules** puis sur **Login Form**, dans la liste des modules qui apparaît dans le Gestionnaire de modules. Changez le libellé `Login Form` de la zone *Titre* en `Identifiez-vous`, par exemple. Cliquez sur le bouton **Sauver**.

22 Sur la page d'accueil, sous le menu principal, est affiché le formulaire d'identification, dans la partie gauche de la page. Saisissez-y l'identifiant de l'auteur précédemment créé dans la zone *Identifiant* et tapez son mot de passe dans la zone *Mot de passe*. Cliquez sur le bouton **Connexion**.

Figure 6.13 :
L'identification d'un utilisateur depuis le frontend

Les zones *Identifiant*, *Mot de passe* ainsi que le bouton **Connexion** sont masqués et un message de bienvenue est affiché à l'intention de l'utilisateur. En outre, un bouton de déconnexion apparaît. Il permet à l'utilisateur de se déconnecter, s'il le souhaite (voir Figure 6.14).

23 Réitérez votre clic sur le lien *Soumettre un article*.

La page *Soumettre un article* est affichée. Elle renferme les composants suivants :

- un éditeur d'article, nécessaire à la rédaction de ce dernier, et identique à celui que vous avez déjà utilisé dans le backend ; (voir Figure 6.15)

Figure 6.14 : *Un message de bienvenue indique à l'utilisateur qu'il est désormais connecté*

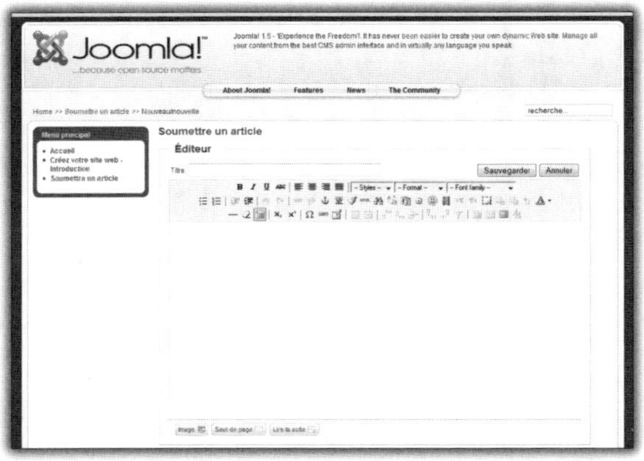

Figure 6.15 : *L'éditeur d'article, mis à la disposition du rédacteur, depuis le frontend*

- une rubrique *Publication*, permettant à l'auteur de définir les paramètres suivants : section, catégorie, affichage sur la page d'accueil, pseudo de l'auteur, date de début de publication, date de fin de publication, niveau d'accès ;

Figure 6.16 : *La rubrique Publication*

- une rubrique *Métadonnées* permettant à l'auteur de définir les paramètres suivants : description et mots-clés.

Figure 6.17 : *La rubrique Métadonnées*

24 Saisissez un court article d'essai puis cliquez sur le bouton **Sauvegarder**.

La page d'accueil est de nouveau affichée, avec la mention *Merci de votre soumission. Votre proposition sera maintenant examinée avant d'être publiée sur le site*, à l'attention de l'auteur.

Vous allez maintenant découvrir comment un administrateur du site va pouvoir accepter ou refuser l'article.

Figure 6.18 : *La mention affichée sur la page d'accueil*

25 Activez l'onglet de votre navigateur dans lequel est affiché le backend puis cliquez sur **Contenu/Gestion des articles**.

Le Gestionnaire d'articles est affiché.

26 Cliquez sur l'en-tête de colonne *Date*, afin de classer les articles selon ce critère.

Les articles sont désormais classés par dates de création et le nouvel article est affiché en premier. Il n'est pas publié car cette tâche vous incombe, après vérification du contenu rédactionnel de l'article proposé par l'auteur.

6.3. Utiliser la messagerie de Joomla

Si plusieurs personnes collaborent à la rédaction du site, la fonctionnalité de messagerie interne de Joomla peut se révéler un outil de communication très utile, évitant aux collaborateurs l'adressage traditionnel de mails et délivrant à chacun ses message dès son arrivée sur le backend (la messagerie est réservée aux personnes ayant accès à la partie privée de Joomla).

Vous allez découvrir cette fonctionnalité dans la manipulation qui suit.

1 Cliquez sur **Site/Gestionnaire des utilisateurs**.

Le gestionnaire des utilisateurs apparaît.

2 Cliquez sur le nom de l'utilisateur, créé à la section précédente, et disposant du statut d'auteur.

3 À la rubrique *Détails de l'utilisateur*, dans la liste *Groupe*, affectez à l'utilisateur le statut de gestionnaire. Vérifiez que l'option *Recevoir les emails système* est cochée sur *Oui*. Cliquez sur le bouton **Sauver**.

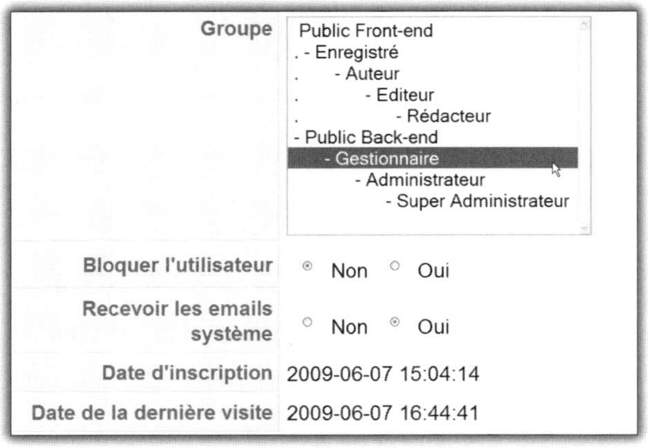

Figure 6.19 : *La modification du statut de l'utilisateur et l'activation de la réception des emails du système*

Consulter les messages

1 Activez le menu **Outils/Lire les messages**.

La page *Message privé*, qui est alors affichée, présente la liste les messages reçus.

La colonne *Lu* permet de visualiser les messages lus (indiqués par une coche verte) et ceux qui ne l'ont pas été (indiqués par une croix blanche sur fond rouge). Un clic sur l'en-tête de cette colonne vous permet de trier les messages.

La liste *Sélectionner un état* permet de filtrer les messages lus et non lus. Un message est considéré comme lu après qu'il ait été ouvert par un clic sur le libellé de son sujet.

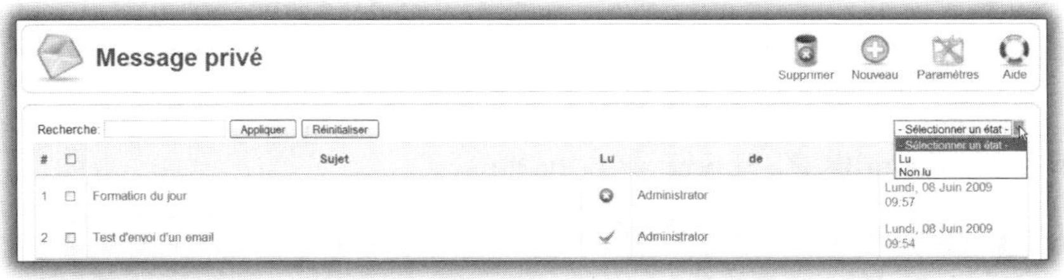

Figure 6.20 : *La liste des messages reçus*

2 Cliquez sur le libellé de l'un des sujets des messages pour consulter le contenu du message concerné.

Le détail du message s'affiche dans la page *Voir le message privé. Il est possible d'y répondre en utilisant le bouton* **Réponse**.

REMARQUE

La configuration des paramètres privés

Dans la page *Message privé*, cliquez sur le bouton **Paramètres** pour accéder à la configuration des messages privés. Dans la page *Configuration des messages privés* qui s'affiche, il vous est possible de verrouiller la boîte de réception (si l'option **Oui** est choisie, la boîte ne reçoit plus de messages), d'opter pour la réception d'emails d'avertissement lorsque de nouveaux messages sont reçus, de définir le nombre de jours au-delà duquel les messages sont supprimés.

Figure 6.21 : *La configuration de la réception des emails du système*

Supprimer un message

Depuis la page *Message privé*, cochez la case à gauche du sujet du message puis cliquez sur le bouton **Supprimer**.

La suppression est également possible depuis la page de détail du message en utilisant le bouton **Supprimer**.

Écrire un message

1 Activez le menu **Outils/Ecrire un message** ou cliquez sur le bouton **Nouveau** de la page *Message privé*.
2 Dans la liste déroulante de la zone *A*, choisissez un utilisateur.
3 Saisissez l'objet du message dans la zone *Sujet* puis le contenu du message dans la zone *Message*. Cliquez sur le bouton **Envoyer**.

Figure 6.22 : *La saisie d'un message*

Depuis l'interface d'administration, l'utilisateur, à qui est envoyé le message, visualise une enveloppe en haut à droite de sa fenêtre. Un clic sur cette enveloppe permet d'accéder automatiquement à la liste des messages dans la page *Message Privé*.

Figure 6.23 : *La réception de nouveaux messages*

6.4. Utiliser la newsletter

La fonctionnalité vous permet d'adresser en nombre un même courrier électronique à des utilisateurs :

1 Activez le menu **Outils/Envoi d'email en nombre**.

La page *Envoi massif d'e-mail* est affichée.

2 Dans la liste *Groupe*, cliquez sur le groupe d'utilisateurs auquel est destiné le mail. Par défaut, l'email sera envoyé à tous les groupes d'utilisateurs.

3 La case à cocher *E-mail aux sous-groupes* permet de préciser si les sous-groupes du groupe d'utilisateurs choisi précédemment recevront également l'email.

4 La case *Envoyer en HTML* permet d'insérer des balises HTML dans le corps du message.

5 La case *Destinataires en copie cachée (Cci)* permet de masquer au destinataire l'ensemble des destinataires du message (le destinataire voit uniquement sa propre adresse email).

REMARQUE

Les filtres anti-spam des hébergeurs

Afin d'éviter le spamming, de nombreux hébergeurs n'autorisent pas l'envoi d'un nombre illimité de courriers électroniques. Ceci peut donc empêcher le déroulement du traitement si le nombre de destinataires est trop important.

Figure 6.24 : *La page Envoi massif d'e-mail*

REMARQUE

Ajouter un en-tête et une signature

Il est possible d'ajouter un texte d'en-tête et un autre de signature à tous les messages. Depuis la page *Envoi massif d'e-mail*, cliquez pour ce faire sur le bouton **Paramètres**. Dans la fenêtre qui apparaît en surimpression, renseignez la zone *Préfixe du sujet* (elle apparaîtra avant le contenu du message) et la zone *Suffixe du corps du message* (elle apparaîtra après le texte du message).

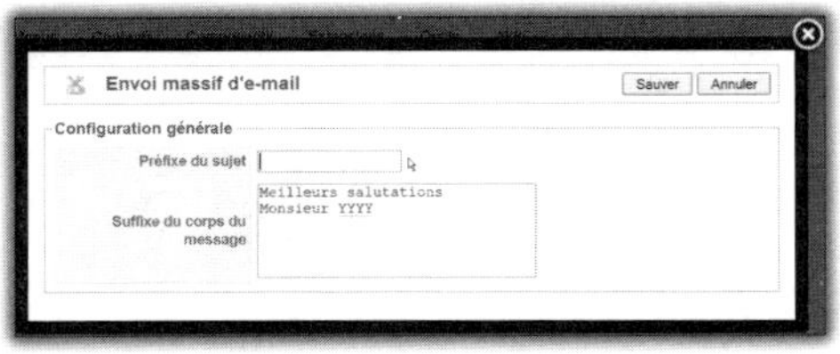

Figure 6.25 : *La fenêtre de rédaction du préfixe et du suffixe*

6.5. Effectuer une mise à jour de Joomla

De nouvelles versions de Joomla sont régulièrement publiées. Il est conseillé d'effectuer souvent la mise à jour du système ; les nouvelles versions apportant des correctifs de sécurité.

Ces mises à jour s'effectuent d'autant plus facilement qu'elle sont réalisées au moyen d'un installateur qu'il vous suffit de télécharger et d'exécuter.

1 La version de Joomla que vous utilisez est affichée en haut à droite de la fenêtre du backend. Vous pouvez également la connaître en activant le menu **Aide/Infos système** : la version du CMS est indiquée à la ligne *Version de Joomla!*.

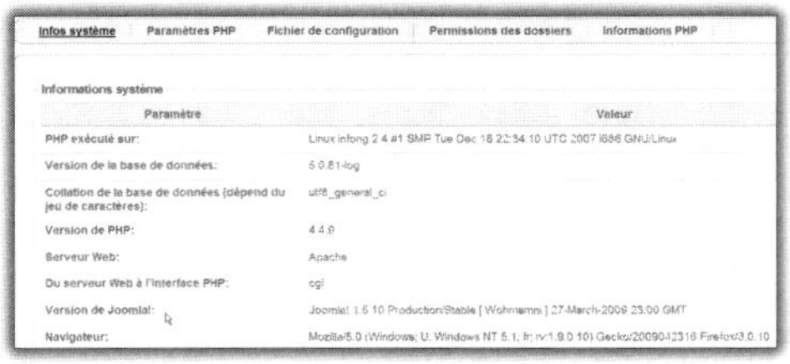

Figure 6.26 : *La consultation de la version de Joomla depuis la page Informations, affichée par le menu Aide/Infos système*

2 Pour télécharger la mise à jour, lancez votre navigateur Internet puis connectez-vous au site **http://www.joomla.fr**.

3 Cliquez sur le bouton **Télécharger Joomla 1.5.XX** accessible depuis n'importe quelle page du site ou sur l'onglet **Aide** puis le menu **Téléchargements** depuis le menu principal et ensuite sur le lien *Patches de mise à jour Joomla! 1.5.x*.

Figure 6.27 : *Le lien de téléchargement de mise à jour*

4 En fonction de la version de votre site Joomla, cliquez sur le bouton **Télécharger** d'un des patchs.

5 Dézippez le patch téléchargé.

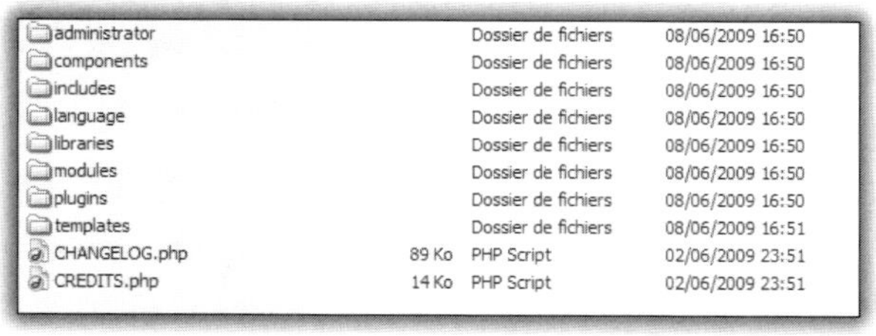

Figure 6.28 : *Le contenu du dossier de l'archive du patch de mise à jour*

L'étape suivante doit être réalisée après avoir effectué une sauvegarde de sécurité du système en place.

6 À l'aide d'un logiciel de transfert FTP tel que Filezilla, copiez le contenu du dossier de l'archive dézippée dans la racine du serveur du site Joomla. Confirmez le remplacement pour tous les fichiers.

La nouvelle version du site est alors affichée depuis l'administration.

6.6. Check-list

- Les images doivent être préparées avant leur utilisation. De nombreux logiciels, gratuits ou payants, permettent d'effectuer ce traitement.
- Joomla permet de définir plusieurs niveaux d'accès, pour un travail collaboratif hiérarchisé.
- Le système dispose d'une messagerie interne, facilitant les échanges entre les collaborateurs travaillant à la mise à jour du site.
- Joomla dispose également d'une fonction d'adressage de mailing list, autorisant l'envoi en nombre de courriers électroniques.
- Des mises à jour du système sont régulièrement mises en ligne. Après téléchargement, elles sont rapides à mettre en œuvre.

Chapitre 7

Adapter le site avec des composants

Installer un composant 219
Faciliter la rédaction des pages avec l'éditeur JCE 219
Gérer un site multilingue avec le composant Joom!Fish 225
Gérer des documents avec DOCman 240
Gérer des utilisateurs avec Community Builder 243
Gérer une galerie de photos Phoca Gallery 243
Gérer des newsletters avec Communicator 244
Gérer des groupes avec GMAccess 245
Installer de nouveaux templates 246
Check-list 254

Joomla renferme nativement, vous l'avez découvert, de nombreuses et puissantes fonctionnalités auxquelles il vous est possible d'avoir recours via les modules et plugins présents dans le système.

Toutefois, il se peut que vous ayez besoin d'autres traitements complémentaires, initialement non intégrés dans le CMS. L'atout majeur de Joomla est alors la possibilité de télécharger et d'implémenter facilement des composants spécifiques.

Vous allez en découvrir quelques-uns ci-après et pourrez en télécharger d'autres sur le Web, en fonction de vos besoins.

REMARQUE

Où trouver des composants ?

De nombreux développeurs proposent leurs composants sur le Web. Toutefois, nous vous conseillons de commencer votre exploration depuis le site officiel francophone de Joomla, à l'adresse http://www.joomlafrance.org. Cliquez pour cela sur l'onglet **Extensions**, sur **Télécharger** puis sur **Extensions pour Joomla 1.5**. Les extensions pour Joomla sont présentées par catégories.

Figure 7.1 : Les extensions sont classées par catégories

En outre, de nombreuses extensions sont proposées sur le site officiel de Joomla, à l'adresse http://extensions.joomla.org/extensions.

7.1. Installer un composant

Voici la méthode générique d'installation d'un composant, après que ce dernier a été téléchargé sur le disque dur de votre ordinateur.

1 Depuis l'administration de Joomla, cliquez sur le menu administrateur **Extensions/Installer/Désinstaller**.

2 Dans la page **Gestion des extensions**, cliquez sur le bouton **Parcourir** de la rubrique *Archive à transférer*.

3 Depuis la boîte de dialogue **Envoi du fichier**, sélectionnez l'archive du composant puis cliquez sur le bouton **Ouvrir**.

4 De retour dans la page *Gestion des extensions*, cliquez sur le bouton **Transfert de fichier & Installation**.

REMARQUE

Désinstaller un composant

Dans la page *Gestion des extensions*, cliquez sur l'onglet **Composants**, cochez l'option à gauche du nom du composant puis cliquez sur le bouton **Désinstaller**.

Figure 7.2 : *La désinstallation d'un composant*

Vous allez découvrir, ci-après, quelques composants significatifs.

7.2. Faciliter la rédaction des pages avec l'éditeur JCE

TinyMCE est l'éditeur d'articles implémenté par défaut avec Joomla. C'est avec lui que vous avez, jusqu'alors, écrit vos articles ou d'autres contenus rédactionnels, tels que les descriptions des sections et des catégories.

JCE est un éditeur alternatif, largement plébiscité par de nombreux utilisateurs de Joomla.

Nous vous proposons de découvrir comment l'installer et de parcourir les possibilités qu'il vous offre.

Installer l'éditeur JCE

1 Téléchargez le fichier zip du composant d'administration et le plugin associé. Pour cela, connectez-vous au site **http://www.joomlafrance.org** puis cliquez sur l'onglet **Extensions**. Dans le menu de gauche, cliquez sur **Télécharger**.

La page *Gestionnaire de fichiers* est affichée.

2 Cliquez sur la catégorie *Extensions pour Joomla 1.5* puis sur *J1.5 Editeur HTML*. Cliquez sur *J1.5JCE Pack Editeur JCE 1.5 FR-EN* puis sur *Télécharger*.

La page affichée vous donne un descriptif précis du contenu de l'archive.

Figure 7.3 : *Le téléchargement de l'éditeur JCE depuis le site http://www.joomlafrance.org*

3 Enregistrez le fichier zip dans un dossier sur votre ordinateur.

REMARQUE

Le site officiel de l'éditeur JCE

L'adresse Internet de l'éditeur JCE est **http://www.joomlacontenteditor.net**.

4 Décompressez le fichier archive téléchargé précédemment (*Pack_JCE15_Stable_FR-EN.zip*).

5 Depuis l'administration de Joomla, activez le menu **Extension** puis **Installer/Désinstaller** pour afficher la page *Gestion des extensions*.

6 Installez le composant d'administration, *com_jce_15X_FR-EN.zip*, depuis la rubrique *Archive à transférer* de l'onglet **Installation**.

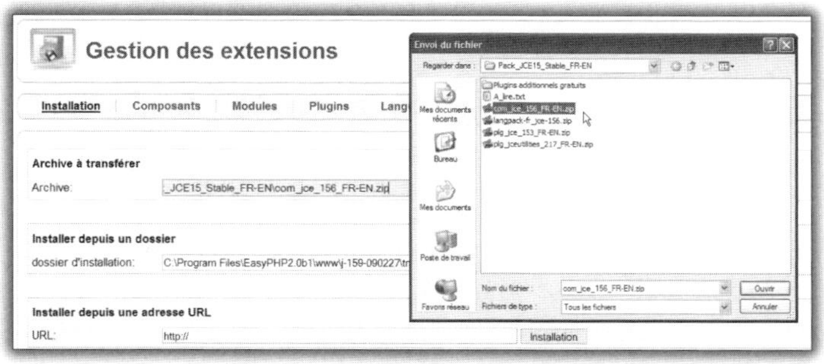

Figure 7.4 : *L'installation du composant d'administration de l'éditeur JCE*

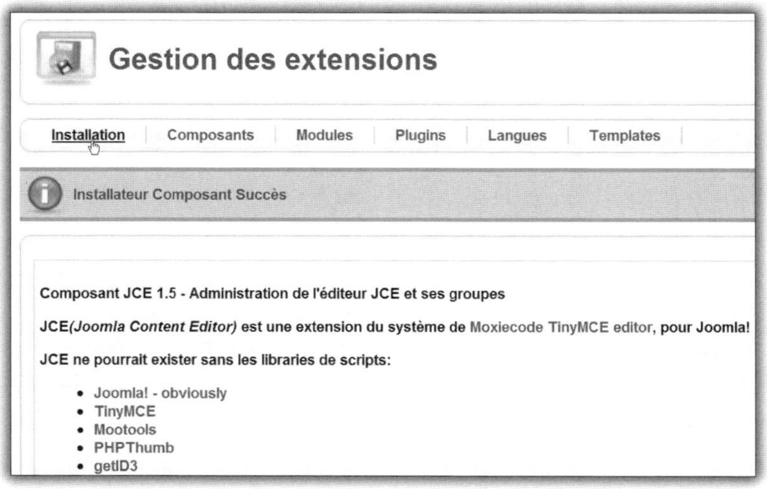

Figure 7.5 : *L'installation du composant d'administration de l'éditeur JCE s'est déroulée correctement*

7 Après le message indiquant le succès de l'installation du composant, cliquez sur l'onglet **Installation** de la page **Gestion des extensions**. Procédez à l'installation du plugin de l'éditeur *plg_jce_15X_FR-EN.zip*.

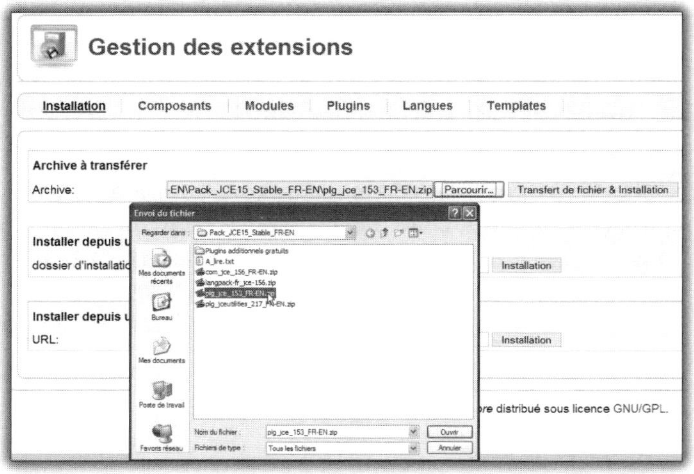

Figure 7.6 : *L'installation du plugin d'administration de l'éditeur JCE*

REMARQUE

Installer manuellement le plugin de l'éditeur JCE Editor

Certains hébergeurs limitant le temps d'exécution des scripts, il se peut que vous rencontriez un problème, lors de l'installation du plugin. Effectuez alors une installation manuelle : après l'installation du composant de l'éditeur depuis l'administration de Joomla, décompressez le fichier archive du plugin JCE, *plg_jce_15X_FR-EN.zip*.

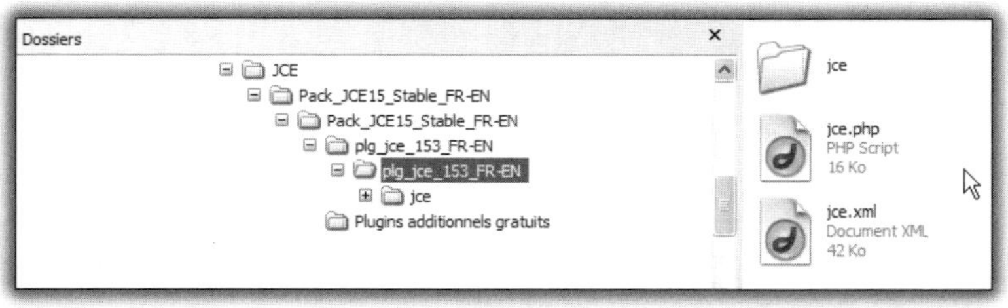

Figure 7.7 : *Le contenu du dossier du plugin plg_jce_15X_FR-EN*

Transférez le contenu du dossier décompressé *plg_jce_15X_FR-EN* au moyen d'un logiciel de transfert de fichier FTP tel que FileZilla, dans le dossier *plugins/editors* de votre site web, sur les machines de votre hébergeur.

REMARQUE

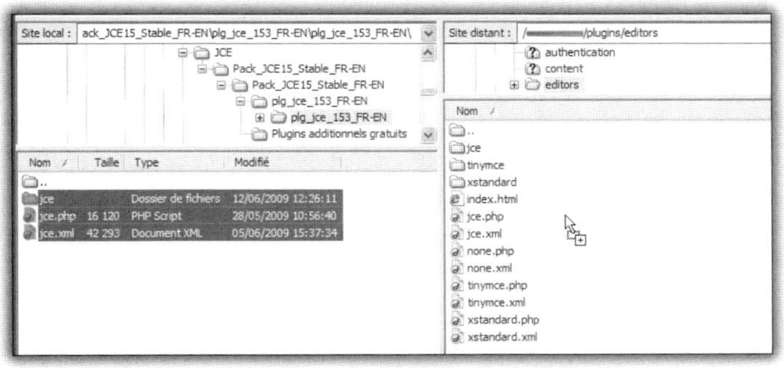

Figure 7.8 : *Le transfert du contenu du dossier du plugin plg_jce_15X_FR-EN dans le dossier plugins/editors du site web*

Depuis l'administration de Joomla, activez le menu **Composants/JCE Administration** afin d'afficher le panneau de contrôle de l'administration de l'éditeur JCE.

Dans la page **Administration de JCE**, un message vous avertit de la présence du plugin. Cliquez sur le lien *Finaliser l'installation du plugin JCE*.

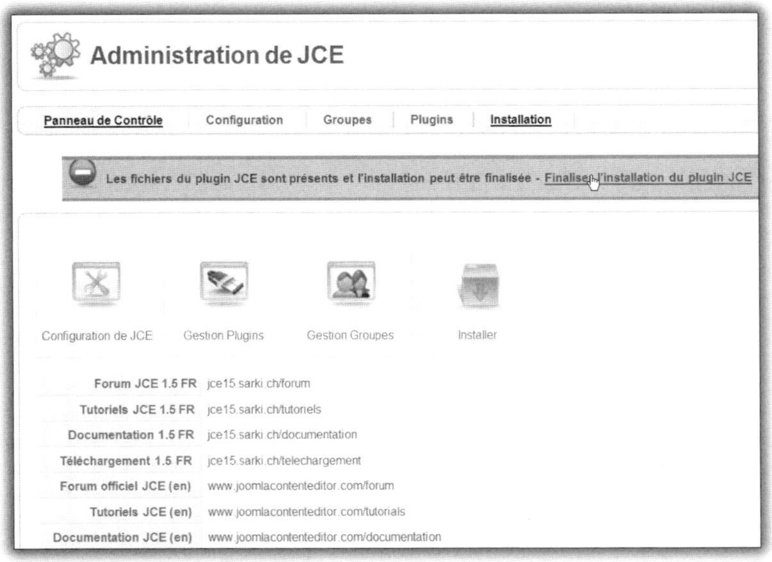

Figure 7.9 : *La finalisation de l'installation de l'éditeur JCE*

Déclarer l'éditeur JCE comme éditeur par défaut

1 Activez le menu **Site/Configuration globale**. Dans la rubrique *Paramètres du site* de l'onglet **Site**, sélectionnez `Editeur JCE 1.5.X` dans la liste déroulante *Editeur WYSIWYG par défaut*.

2 Cliquez sur le bouton **Sauver**.

Figure 7.10 : *La définition de l'éditeur JCE par défaut*

3 Vous pouvez vous assurer du bon fonctionnement du nouvel éditeur en éditant un article.

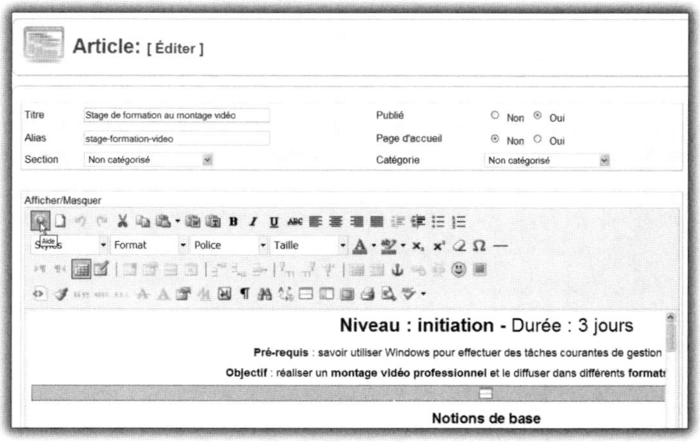

Figure 7.11 : *Un article, ouvert depuis l'éditeur JCE*

REMARQUE

Aide sur l'utilisation de JCE

Le site officiel de l'éditeur, accessible au moyen du bouton **Aide** de l'éditeur JCE, fournit une documentation très complète sur l'utilisation du composant et de nombreux tutoriels.

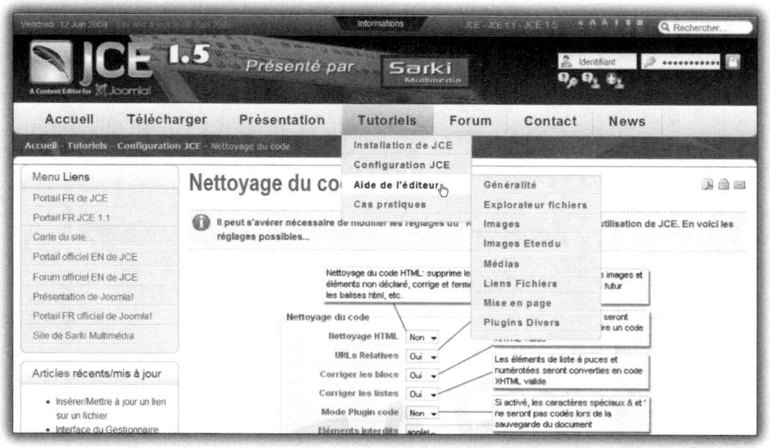

Figure 7.12 : Les tutoriels

7.3. Gérer un site multilingue avec le composant Joom!Fish

La fonction de ce composant est de transformer votre site Joomla en un site multilingue. Le concept est le suivant : le contenu du site est dupliqué (articles, menus, ...) en un nombre égal au nombre de langues que vous avez déterminé puis vous effectuez la traduction de chacun de ces éléments (les pages d'origine ne sont pas automatiquement traduites).

Ajouter une langue à l'interface

Indépendamment du contenu rédactionnel dans les articles, le frontend et le backend peuvent être traduits dans les langues de votre choix. Il convient donc de commencer par installer les packs de langues correspondant aux langues que vous souhaitez employer sur le site.

1 Téléchargez le fichier archive de la langue souhaitée en vous connectant, depuis votre navigateur Internet, à l'adresse : **http://community.joomla.org/translations.html** (cette adresse propose des packs de langues téléchargeables, réalisés par les équipes de développement "Joomla! Translation Teams").

Figure 7.13 : *Le téléchargement de packs de langues*

2 Depuis l'administration de Joomla, cliquez sur le menu administrateur **Extensions/Installer/Désinstaller**.

3 Dans la page *Gestion des extensions*, cliquez sur le bouton **Parcourir** de la rubrique *Archive à transférer*.

4 Depuis la boîte de dialogue **Envoi du fichier**, sélectionnez l'archive que vous venez de télécharger puis cliquez sur le bouton **Ouvrir**.

5 De retour dans la page *Gestion des extensions*, cliquez sur le bouton **Transfert de fichier & Installation**.

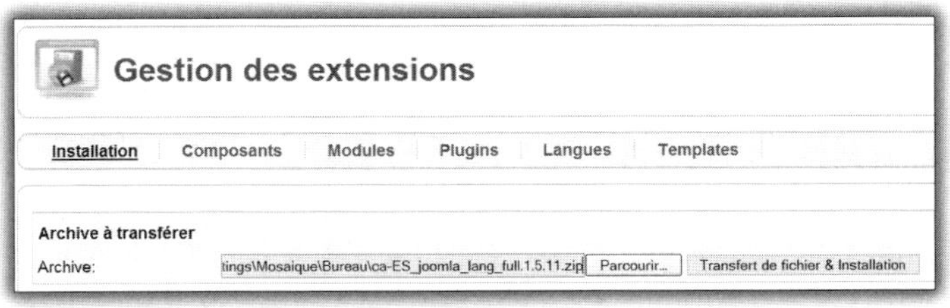

Figure 7.14 : *L'installation d'une nouvelle langue*

6 Pour vérifier que la langue est installée, cliquez sur le lien *Langues* de la page *Gestion des extensions* ou activez le menu **Extensions/Gestion des langues**.

Figure 7.15 : *Ici, le pack de langues a été installé avec succès*

La page *Gestion des langues* récapitule les langues installées.

7 Si vous souhaitez modifier la langue par défaut, cochez l'option à gauche de la langue souhaité puis cliquez sur le bouton **Default**.

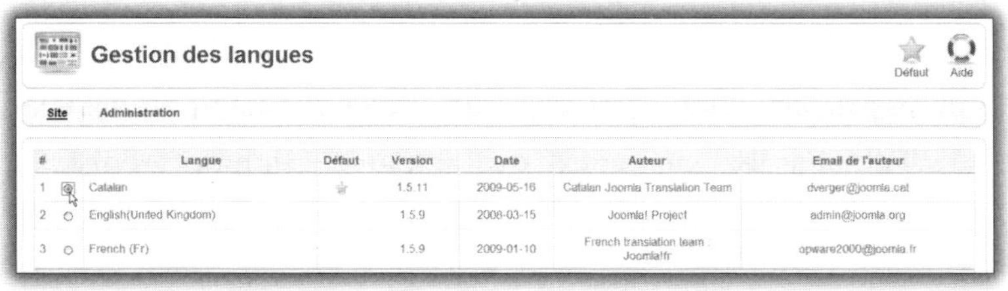

Figure 7.16 : *Le choix de la langue par défaut dans le frontend*

REMARQUE

Modification de la langue par défaut par un utilisateur

Lorsque l'utilisateur est connecté depuis l'interface publique du site, il peut également modifier la langue depuis le formulaire **Modifiez vos coordonnées** pour le frontend et le backend. L'accès à un tel formulaire est ajouté dans le frontend sous la forme d'un item de menu par **Menus/Nom du menu** puis **Nouveau** et **Utilisateur/Utilisateur/Paramètres utilisateurs**.

REMARQUE

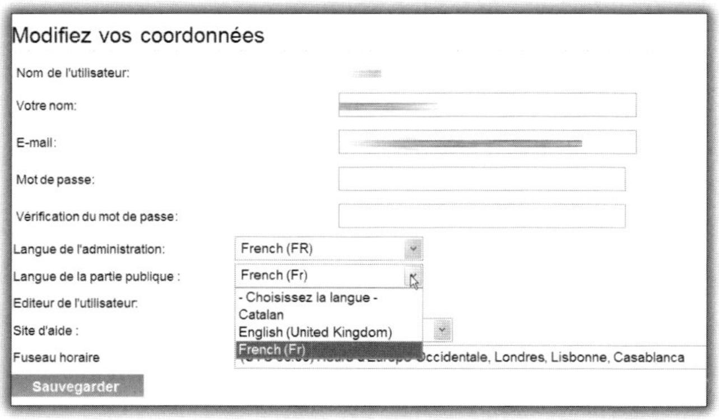

Figure 7.17 : *La modification de la langue*

Installer Joom!Fish

Vous allez maintenant installer le composant Joom!Fish. Il se compose de deux parties (l'une destinée au frontend et l'autre au backend).

1 Téléchargez sur votre ordinateur le fichier archive en vous connectant, depuis votre navigateur Internet, à l'adresse : **http://www.joomfish.net**.

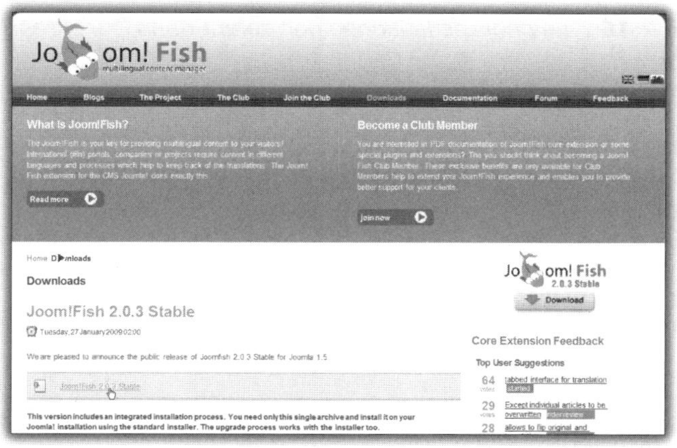

Figure 7.18 : *Le site de téléchargement de Joom!Fish (la version stable à l'heure où nous écrivons ces lignes est la version 2.0.3*

2 Depuis l'administration de Joomla, cliquez sur le menu administrateur **Extensions/Installer/Désinstaller**.

3 Depuis la boîte de dialogue **Envoi du fichier**, sélectionnez l'archive que vous venez de télécharger sur votre ordinateur puis cliquez sur le bouton **Ouvrir**.

4 De retour dans la page *Gestion des extensions*, cliquez sur le bouton **Transfert de fichier & Installation**.

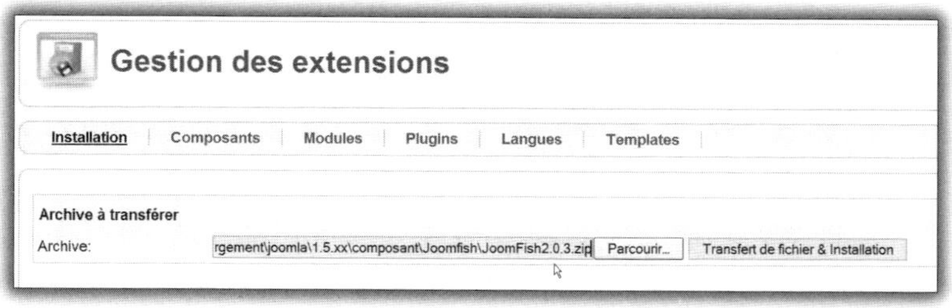

Figure 7.19 : *L'installation de Joom!Fish*

Après installation, la liste des modules et plugins installés est affichée.

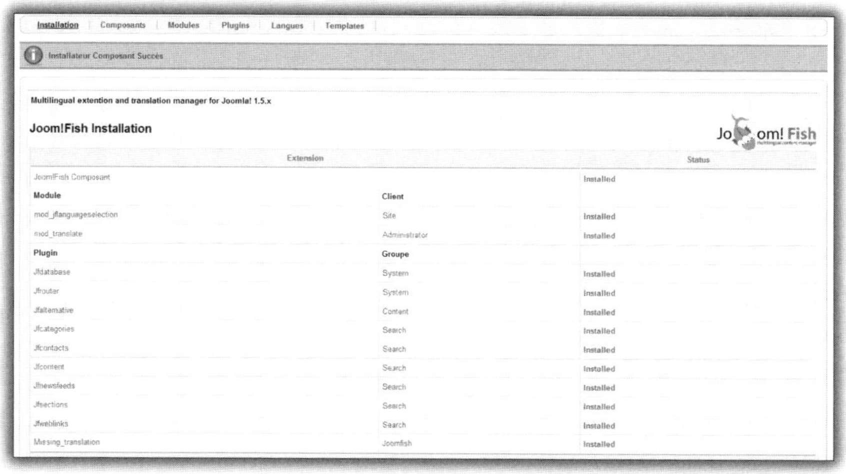

Figure 7.20 : *Les modules et plugins installés pour Joom!Fish*

Le composant principal est *Joom!Fish Composant* qui devra être paramétré ainsi que les modules *mod_jflanguageselection*, *mod_translate*, éventuellement, et le plugin *Jfrouter*.

5 Par défaut, l'interface de Joom!Fish est en langue anglaise. Pour la franciser, retournez, depuis votre navigateur Internet, sur le site *http://www.joomfish.net* et cliquez sur le menu **The Club/Club Downloads**.

Figure 7.21 : *L'accès au téléchargement du fichier de traduction en français*

6 Cliquez sur le lien *Joom!Fish Translations* puis sur le lien *Joom!Fish French* de la page *Folder: Joom!Fish Translations* pour télécharger l'archive.

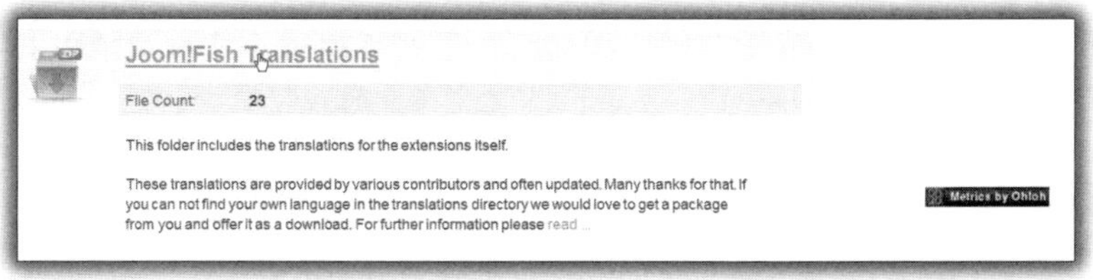

Figure 7.22 : *Le lien de téléchargement*

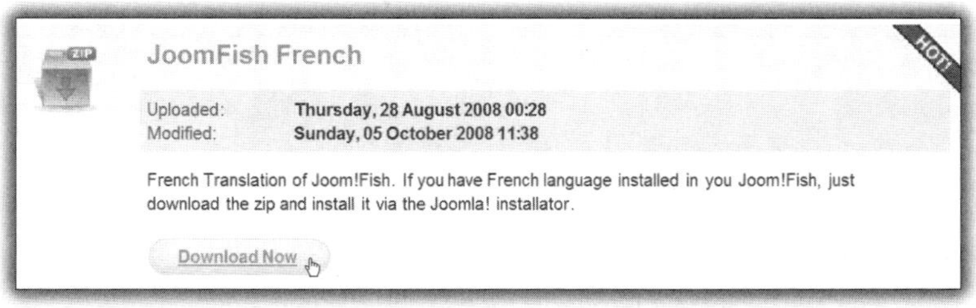

Figure 7.23 : *Le bouton de lancement du téléchargement*

7 Depuis l'interface d'administration de Joomla, cliquez sur le menu **Extensions/Installer/Désinstaller**.

La page **Gestion des extensions** est affichée.

8 Cliquez sur le bouton **Parcourir** de la rubrique *Archive à transférer*.

9 Depuis la boîte de dialogue **Envoi du fichier**, sélectionnez l'archive que vous venez de télécharger sur votre ordinateur puis cliquez sur le bouton **Ouvrir**.

10 De retour dans la page *Gestion des extensions*, cliquez sur le bouton **Transfert de fichier & Installation**.

Figure 7.24 : *L'installation de la traduction de Joom!Fish*

Figure 7.25 : *L'installation s'est effectuée correctement*

REMARQUE

Emplacement des fichiers langue

Dans l'arborescence des dossiers du système, les fichiers langue portent l'extension *.ini* et sont encodés selon la norme UTF8.

Les fichiers utilisés par le backend sont placés dans le répertoire *administrator/language/* puis dans un dossier spécifique à la langue (*fr-FR/* pour le français, par exemple).

Les fichiers utilisés par le frontend sont placés dans le répertoire *language/* puis dans un dossier spécifique à la langue (*fr-FR/* pour le français, par exemple).

Paramétrer la langue de référence

Dans cet exemple, vous allez apprendre à paramétrer le français comme langue de référence.

1 Activez le menu **Extensions/Gestion de Langues**.

La page *Gestion des langues* est affichée.

2 Cochez l'option à gauche de la langue afin de choisir la langue par défaut du site, qui sera la langue principale et de référence. Cliquez sur le bouton **Defaut**.

3 À ce stade, les autres langues nécessaires ont été installées, comme nous l'avons montré précédemment.

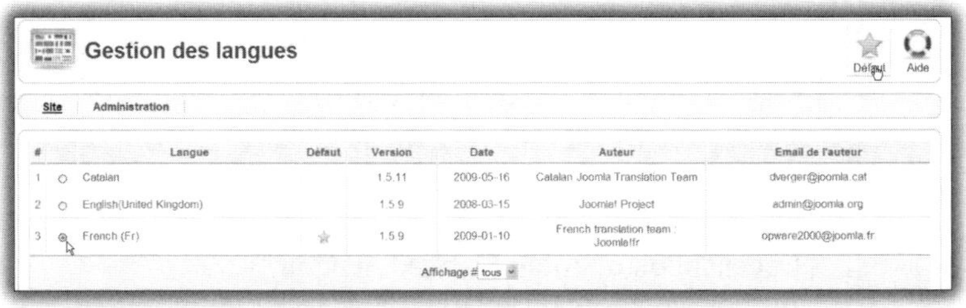

Figure 7.26 : *Le choix de la langue principale du site*

REMARQUE

Langue de référence

Il est obligatoire de définir une langue principale ; ce sont les contenus écrits dans cette langue qui serviront de modèles aux traductions.

Vous allez maintenant activer les langues du site depuis l'interface du composant Joom!Fish.

4 Activez le menu **Composants/Joom!Fish/Languages**.

La page *Joom!Fish Language Manager* est affichée.

5 Cochez les cases de la colonne *Actif* correspondant aux langues à utiliser dans le site. La langue principale doit être également cochée (ici, le français est la langue par défaut).

6 Cliquez sur le bouton **Appliquer**.

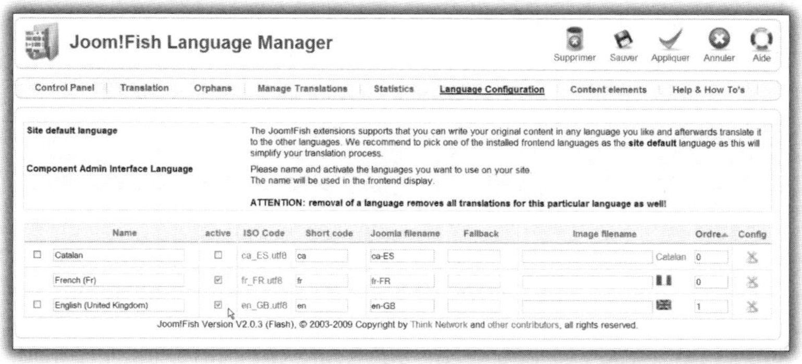

Figure 7.27 : *L'activation des langues du site*

REMARQUE

Associer un drapeau à une langue

Dans l'arborescence des dossiers du système, placez l'image du drapeau dans le dossier *components\com_joomfish\images\flags*. Dans la page *Gestion des langues Joom!Fish* de l'interface, saisissez le nom de l'image en chemin relatif dans le champ *Nom de fichier de l'image*.

REMARQUE

Accès aux paramètres

À côté du nom d'une langue, le bouton **Config** donne accès aux paramètres de la configuration globale spécifiques à cette langue.

Accéder aux paramètres généraux

1 Activez le menu **Composants/Joom !Fish/Panneau de contrôle**.

La page *Joom!Fish : Gestionnaire de contenu multilingue pour Joomla!* est affichée.

2 Cliquez sur le bouton **Paramètres**.

Figure 7.28 : *La page Joom!Fish :: Gestionnaire de contenu multilingue pour Joomla!*

La page *Joom!Fish* est affichée.

3 La liste déroulante *Il n'y a aucune traduction disponible* vous permet d'opter pour l'un des choix suivants, concernant les contenus non traduits :

- *Contenu original*. Lorsque cette option est choisie, l'article d'origine est affiché dans la langue par défaut.
- *Texte par défaut*. Lorsque cette option est choisie, le texte saisi dans la zone *Texte par Défaut* se substitue au texte de l'article (vous pouvez avoir recours à une mention du type "Cet article n'a pas encore été traduit. Nous vous invitons à consulter cette page ultérieurement.").
- *Contenu original avec infos*. Lorsque cette option est choisie, l'article d'origine est affiché, dans la langue par défaut, auquel s'ajoute un texte informatif complémentaire, renfermé dans un fichier du type *xx-XX.com_joomfish.ini* (dans lequel *xx-XX* indique la langue).
- *Le contenu original propose également des traductions*. Lorsque cette option est choisie, l'article d'origine est proposé, dans la langue par défaut, accompagné de drapeaux indiquant les langues pour lesquelles la traduction a été effectuée.

4 La liste de choix *Overwrite global config values* autorise, selon l'option choisie, d'indiquer si les paramètres de configuration globale par langue doivent rester prioritaires ou non.

5 La liste de choix *Publié à partir du frontend ?* permet d'indiquer si les rédacteurs sont autorisés ou non à publier les traductions depuis l'interface du frontend.

6 La liste de choix *Show default language in administration* permet d'indiquer si la langue par défaut peut ou non être activée dans l'interface de traduction.

7 La liste de choix *Copy original params to empty translation* permet d'indiquer si les paramètres de l'article d'origine doivent être recopiés dans la traduction.

8 La liste de choix *Enable translation caching* permet d'indiquer si le cache doit ou non être activé pour les traductions.

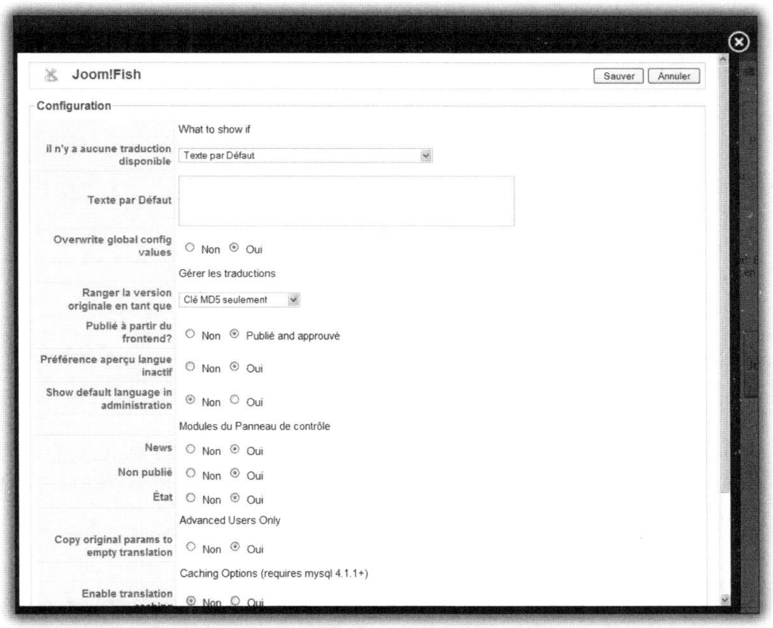

Figure 7.29 : *La page Joom!Fish*

REMARQUE

Activation du cache lors de traductions

Il est préférable d'activer le cache uniquement lorsque le travail de traduction des articles est terminé afin de ne pas devoir le vider à chaque modification (commande **Outils/Nettoyer le cache**), lors du contrôle du résultat obtenu dans le frontend.

9 Cliquez sur le bouton **Sauver**.

La traduction d'un article

1 Depuis le panneau de contrôle de Joom!Fish, cliquez sur l'onglet **Traduction**.

2 Dans la page *Traduction*, choisissez la langue dans laquelle la traduction sera effectuée dans la liste déroulante *Langue*. Choisissez le type d'élément `Contents` dans la liste déroulante *Eléments de contenu*.

3 Choisissez une section pour filtrer les éléments puis cliquez sur le titre de l'article.

Figure 7.30 : *La sélection de l'article à traduire*

La page qui est alors affichée présente, en double, les zones constitutives de l'article (dans la langue d'origine et dans la langue dans laquelle la traduction est effectuée) :

- le titre ;
- l'alias (ressaisissez un alias spécifique à la traduction, dans la langue utilisée) ;
- le texte d'introduction ;
- le corps de l'article ;
- les images ;
- les méta-instructions ;
- la date de début de publication ;
- la date de fin de publication ;
- diverses autres informations.

Pour effectuer la traduction d'un article, la traduction doit être saisie dans les zones idoines ou le texte d'origine copié au moyen du bouton **Copier** placé à côté de chacune des zones.

Figure 7.31 : *La page Traduction d'un article*

4 Cochez la case *Publié* afin d'activer la traduction.

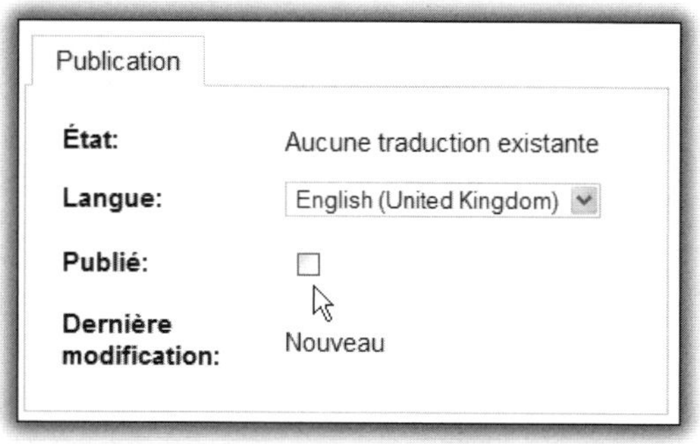

Figure 7.32 : *La publication de la traduction*

5 Cliquez sur le bouton **Sauver**.

REMARQUE

Connaître l'état d'avancement des traductions

Dans la page *Traduction*, sont affichés, dans la colonne *Etat*, différents symboles indiquant l'état d'avancement de la traduction des divers éléments constitutifs du site. La signification de ces symboles est

REMARQUE

indiquée au bas de la page (traduction à jour, traduction incomplète, traduction inexistante).

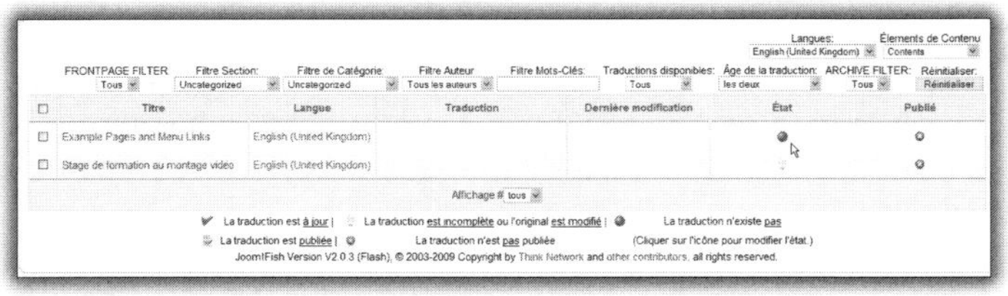

Figure 7.33 : *Les états des traductions*

REMARQUE

Traduire un menu

Les articles ne sont pas les seuls composants du site à pouvoir être traduits. Pour traduire un menu, cliquez sur l'onglet **Traduction**. Dans la page *Traduction*, choisissez la langue appropriée dans la liste déroulante *Langue*. Choisissez ensuite le type d'élément *Menus* dans la liste déroulante *Eléments de contenu*. Cliquez sur le menu à traduire.

Traduire directement des contenus

Il existe un autre moyen d'effectuer des traductions. Voici un exemple de ce mode opératoire, appliqué à un article.

1 Affichez la page **Gestion des articles** par le menu **Contenu/ Gestion des articles**.

2 Cochez la case à gauche du titre de l'élément à traduire puis choisissez la langue dans la liste déroulante du module *mod_translate* affiché en haut à droite, dans la fenêtre d'administration.

Figure 7.34 : *Le choix de la langue de traduction dans le module de type mod_translate*

La page *Traduction* de l'article à traduire s'affiche dans une fenêtre.

REMARQUE

Activation du module

Le module de type *mod_translate* doit être activé depuis la page des modules de l'administrateur. Effectuez cette opération en cliquant sur le menu **Extensions/Gestion des Modules** puis sur l'onglet **Administrateur**. Vérifiez que le module, dont le nom par défaut est *Direct Translation*, est activé.

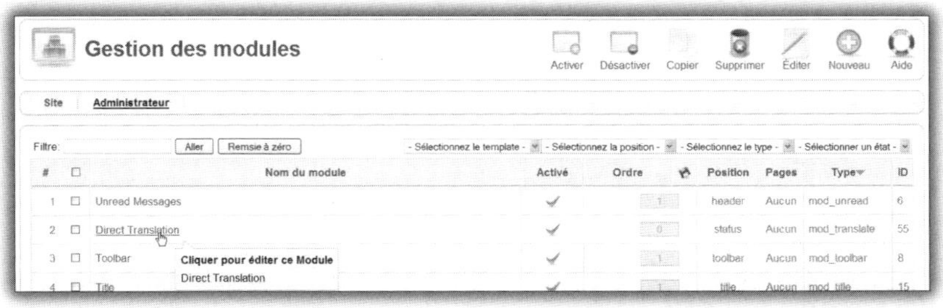

Figure 7.35 : *Le module mod_translate activé dans les modules de l'administrateur*

REMARQUE

Traduction orpheline

Ce terme désigne les traductions pour lesquelles la version d'origine n'existe plus. Vous pouvez lister l'ensemble des traductions orphelines via l'onglet Traductions orphelines de l'interface de Joom!Fish.

Paramétrer le choix de la langue utilisée dans le frontend

Lorsque vos traductions sont effectuées, il vous est possible de choisir la langue utilisée dans la partie publique du site.

1. Activez le menu **Extensions/Gestion des Modules** puis cliquez sur le module *Language Selection* de type *mod_jflanguageselection*.
2. La liste déroulante *Apparance* du sélecteur de langue permet de définir l'aspect du sélecteur de langue dans la partie publique.

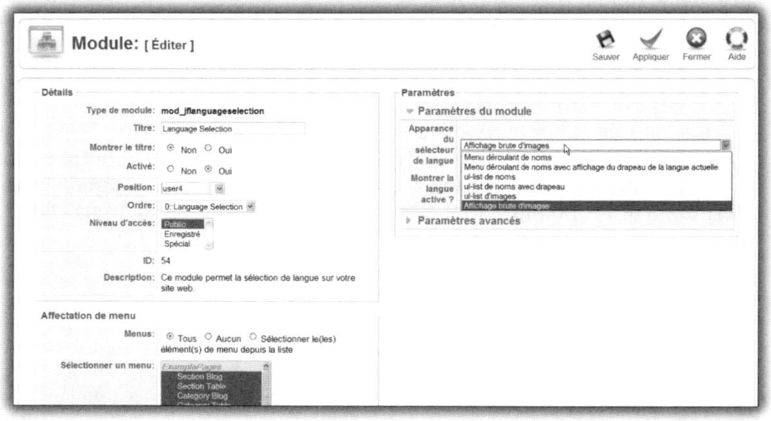

Figure 7.36 : *Les choix du sélecteur de langue*

Figure 7.37 : *Le choix de la langue dans une liste déroulante depuis la partie publique*

7.4. Gérer des documents avec DOCman

DOCman est un composant permettant de grouper des fichiers et des descriptifs, d'y associer des licences d'utilisation et de rendre leur accès réservé au téléchargement à des groupes d'utilisateurs choisis. Le système fournit également une fonction de recherche dans les documents et des statistiques relatives aux téléchargements effectués.

Téléchargez les fichiers des archives du composant DOCman depuis l'adresse **http://www.joomlatools.eu/downloads/cat_view/8-docman.html** proposée sur le site **http://extensions.joomla.org** :

- le composant *com_docman_1.4.0.stable.zip* ;
- les fichiers français pour l'interface, *french_docman_v1.4.0.zip*.

Figure 7.38 : Le téléchargement du composant DOCman depuis le site http://www.joomlatools.eu

La version 1.4.0 ne fonctionne pas nativement avec la version 1.5.x de Joomla ; le plugin de compatibilité *System – Legacy* doit être activé.

REMARQUE

L'activation du plugin de compatibilité Legacy

Certains composants ne fonctionnent pas nativement avec la version 1.5.x de Joomla, c'est le cas de composants développés pour des versions antérieures de joomla (les versions 1.0.x), ils ne s'installeront pas si le plugin de compatibilité *System – Legacy* n'est pas activé.

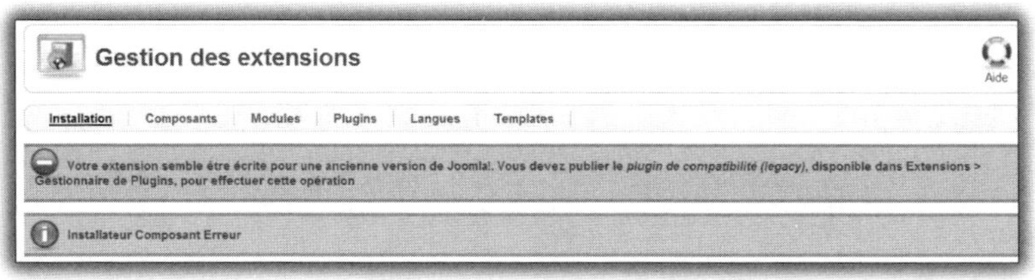

Figure 7.39 : Le composant ne peut pas s'installer sans l'activation du plugin Legacy

Par défaut, le plugin Legacy n'est pas activé. Pour l'activer, utilisez le menu **Extensions/Gestionnaire**. Dans la page *Gestion des plugins*, cochez la case à gauche du nom du plugin *System – Legacy* puis cliquez sur le bouton **Actif** ou cliquez sur le rond rouge avec une croix blanche de la colonne *Activé*.

REMARQUE

Figure 7.40 : *L'activation du plugin System – Legacy*

REMARQUE

Le fichier de langues de DOCman

Si l'interface du composant DOCman n'est pas francisée, le fichier archive *french_docman_v1.4.0.zip* doit être décompressé.

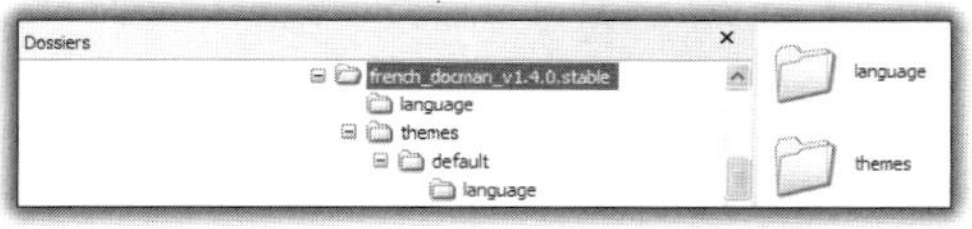

Figure 7.41 : *Le contenu de l'archive french_docman_v1.4.0.zip*

Le dossier *language* doit être ensuite transféré dans le dossier *administrator\components\com_docman* et le dossier *themes* dans le dossier *components\com_docman* de votre site web, sur les machines de votre hébergeur au moyen d'un logiciel de transfert de fichier FTP tel que FileZilla.

Figure 7.42 : *Le site de l'équipe de développement du composant Community Builder, http://www.joomlapolis.com, utilise Docman pour la gestion des documents*

7.5. Gérer des utilisateurs avec Community Builder

La fonction de cette extension est d'ajouter des fonctions relatives à la gestion des utilisateurs :

- ajout de champs dans de nombreux types (listes de choix, cases à cocher, emails, mots de passe, boutons d'options, etc.), caractérisant les utilisateurs ;
- ajout possible d'avatars (icônes représentant les utilisateurs) ;
- envoi d'un courrier électronique après qu'un formulaire a été utilisé pour adresser un message à un utilisateur ;
- recherche des utilisateurs.

La dernière version est téléchargeable sur le site de l'équipe de développement du composant : **http://www.joomlapolis.com**. La version 1.2 est opérationnelle sur Joomla 1.5.

Une documentation, en anglais, est également proposée sur le site **http://joomlapolis.com**.

Après avoir décompressé l'archive, il vous faut installer le composant *com_comprofiler.zip* puis les modules et enfin le plugin de langue en français (ce dernier s'installe depuis l'interface du composant dans la gestion des plugins de Community Builder).

7.6. Gérer une galerie de photos Phoca Gallery

Cette extension a pour fonction de gérer des galeries d'images avec diaporamas. Il est possible de la lier avec le module de commerce électronique VirtueMart ainsi qu'avec les fichiers vidéo en ligne sur le site de YouTube.

Vous pourrez télécharger les fichiers des archives du composant Phoca Gallery depuis l'adresse **http://www.phoca.cz/download**.

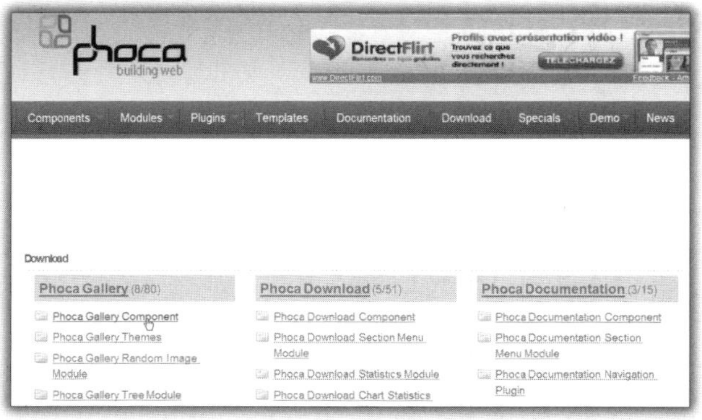

Figure 7.43 : *Le téléchargement du composant Phoca Gallery depuis le site http://www.phoca.cz*

7.7. Gérer des newsletters avec Communicator

Cette extension, intégralement traduite en français, repose sur une fonctionnalité de gestion de newsletters. Elle intègre notamment une fonction de désabonnement, une fonction de recherche, une gestion de listes d'abonnés (avec importation et exportation), l'utilisation de l'éditeur WYSIWYG, l'enregistrement aux formats texte brut et HTML (avec utilisation des feuilles de style), la liaison avec les articles du site, etc.

Figure 7.44 : *Le téléchargement du composant Communicator depuis le site http://www.joomlafrance.org*

Figure 7.45 : L'interface du composant Communicator

7.8. Gérer des groupes avec GMAccess

Ce composant a pour fonction de gérer des groupes d'utilisateurs plus efficacement que le système de gestion natif de Joomla, ainsi que les droits d'accès associés au frontend et au backend.

Vous pouvez télécharger GMAccess à l'adresse **http://www.eduvs.ch /gmaccess**.

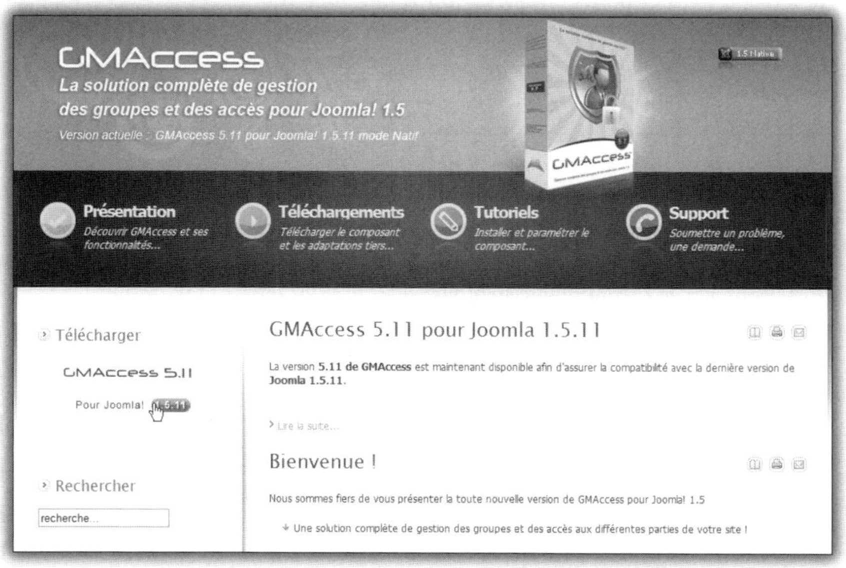

Figure 7.46 : Le téléchargement du composant GMA depuis le site http://www.joomlafrance.org

7.9. Installer de nouveaux templates

Modifier l'apparence du site est une opération très aisée, comme vous l'avez déjà découvert, par la simple application d'un template, sans que le contenu rédactionnel en soit affecté.

Le nombre de templates livré avec Joomla est toutefois restreint. Aussi apprécierez-vous certainement de découvrir que de nombreux développeurs, doublés d'infographistes doués, pour certains, mettent à votre disposition un très grand nombre de templates gratuits en ligne sur le Web.

REMARQUE

Gratuité des templates

Vous trouverez sur Internet un nombre incalculable de templates, gratuits pour la plupart. Certains concepteurs proposent également des templates payants, à des prix attractifs, dotés de fonctionnalités et d'habillages graphiques indéniablement attrayants. Si l'un d'entre eux vous convient, la solution consistant à en faire l'acquisition se révélera généralement un bien meilleur calcul que de passer beaucoup de temps à l'adaptation d'un template gratuit ou à la création de votre propre template, si vous ne disposez pas d'une certaine expérience en matière de codage php et de techniques d'utilisation des feuilles de style (fichiers css), rouages sur lesquels sont basés les templates.

L'achat d'un template constitue en outre un encouragement, pour ses développeurs, qui participent à l'essor du CMS.

REMARQUE

Créer son propre template

Si, après avoir parcouru les nombreux sites proposant des templates Joomla (saisissez "template joomla" dans la zone de recherche de Google pour les découvrir), aucun d'entre eux ne vous convient, rien ne vous empêche de créer votre propre template. Vous devrez alors vous documenter sur cette technique car il vous faudra respecter quelques règles de construction.

Rechercher des templates

À titre d'exemple, vous allez ici parcourir les nombreux templates proposés en téléchargement sur le très réputé site allemand : **http://www.joomlaos.de**.

1 Depuis votre navigateur Internet, connectez-vous à l'adresse **http://www.joomlaos.de**.

Figure 7.47 : *La page d'accueil du site http://www.joomlaos.de*

2 Dans le menu **Main Menu**, cliquez sur **Template Galerie**.

Figure 7.48 : *Le lien menant à la galerie de templates*

3 Dans la page qui apparaît, cliquez sur **Templates für Joomla 1.5**.

Figure 7.49 : *Ce lien mène aux templates spécifiques à la version 1.5 de Joomla*

La page affichée vous propose trois types de templates :

- les templates à largeur fixe ;
- les templates à largeur variable (en fonction de la taille et de la résolution dans lesquelles le site est vu) ;
- les templates à largeur paramétrable.

Télécharger des templates à largeur fixe

1 Cliquez sur la première vignette, légendée *Album: Statische Templates*.

Figure 7.50 : *La vignette symbolisant la galerie de templates statiques*

La zone de présentation des templates statiques est affichée. Elle se compose de nombreuses pages, que vous pouvez parcourir au moyen de boutons de navigation.

Figure 7.51 : *La première page de présentation des templates statiques*

2 Parcourez les pages proposées au moyen des boutons de navigation. Lorsqu'une vignette présente une mise en forme qui semble vous convenir, cliquez sur le lien *Live Preview* affiché sous la vignette.

Un site Joomla de démonstration sur lequel est appliqué le template est alors affiché dans un nouvel onglet, vous permettant ainsi d'apprécier le rendu du template.

Figure 7.52 : *Le site de démonstration présentant le template BeeTeddy*

3 Lorsque votre choix est fait, cliquez sur le lien *Download*, affiché sous la vignette du template, dans l'une des pages de présentation des templates à largeur fixe.

Une page de description du template apparaît, affichant notamment les paramètres spécifiques au template, qu'il vous sera possible de modifier depuis le backend, après installation.

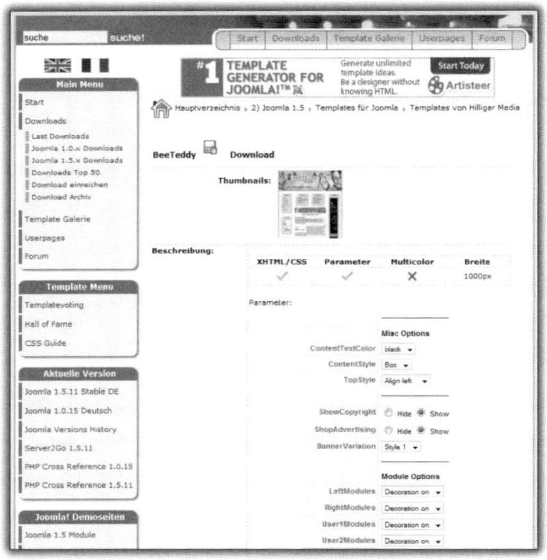

Figure 7.53 : La page de description du template

4 Cliquez sur le lien *Download*.

5 Dans la page qui apparaît, cochez la case indiquant que vous acceptez les conditions d'utilisation et cliquez sur le bouton **Download**.

La boîte de dialogue de téléchargement est affichée.

6 Enregistrez le fichier compressé, au format zip, sur votre ordinateur.

Télécharger des templates à largeur variable

La procédure de téléchargement est identique à la précédente, à cette nuance près qu'il vous faut cliquer sur la seconde vignette, dans la page proposant les trois types de templates pour Joomla 1.5.

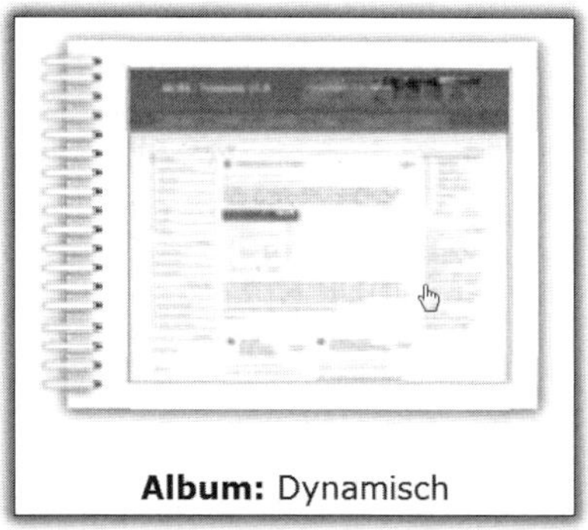

Figure 7.54 : *La vignette symbolisant la galerie de templates dynamiques*

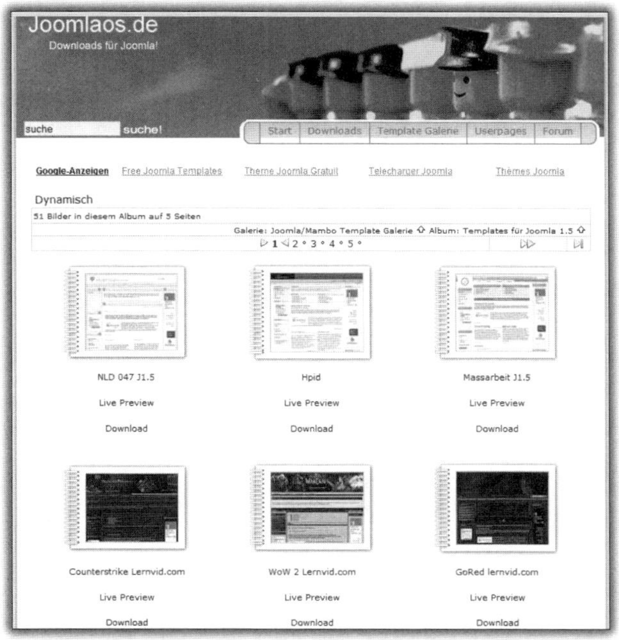

Figure 7.55 : *La première page de présentation des templates à largeur variable*

Télécharger des templates à largeur paramétrable

La procédure de téléchargement est identique à la précédente mais il vous faut cliquer sur la troisième vignette, dans la page proposant les trois types de templates pour Joomla 1.5.

Figure 7.56 : *La vignette symbolisant la galerie de templates à largeur paramétrable*

Figure 7.57 : *La première page de présentation des templates à largeur paramétrable*

Installer un template téléchargé

L'installation d'un template, après qu'il a été téléchargé, s'effectue aussi simplement qu'est réalisée l'installation d'un composant.

1 Depuis le backend, cliquez sur **Extensions/Installer/Désinstaller**.

La page *Gestion des extensions* est affichée.

2 Dans la zone *Archive à transférer*, cliquez sur le bouton **Parcourir** puis sélectionnez le fichier compressé au format zip, téléchargé précédemment sur votre ordinateur. Cliquez sur le bouton **Ouvrir** puis sur le bouton **Transfert de fichier & Installation**.

Le message *Installateur Template Succès* est affiché dans la page.

3 Cliquez sur **Extensions/Gestion des templates**.

La page *Gestion des templates* est affichée.

4 Cochez l'option à gauche du nom du template puis cliquez sur le bouton **Défaut**.

5 Affichez la partie publique du site dans un autre onglet et cliquez sur le bouton d'actualisation de votre navigateur pour visualiser le site après application du nouveau template.

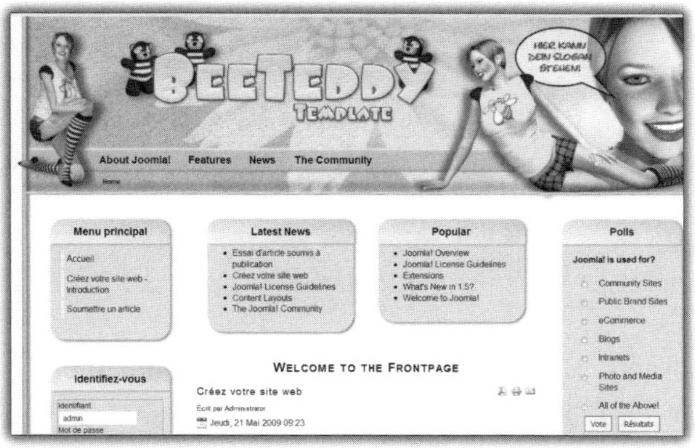

Figure 7.58 : *Le nouveau template a été appliqué (il s'agit ici du très original template Beeteddy)*

Paramétrer un template

Les paramètres varient d'un template à l'autre. À titre d'exemple, vous allez accéder à ceux du template précédemment installé.

1 Depuis le backend, cliquez sur **Extensions/Gestion des templates**.

2 Cliquez sur le nom du template.

La page *Template: [Éditer]* est affichée. La rubrique *Paramètres* affiche les paramètres spécifiques au template, qu'il vous est possible de modifier pour personnaliser l'affichage.

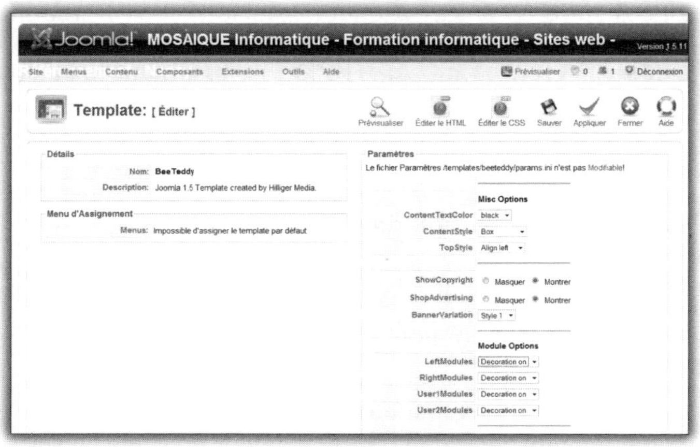

Figure 7.59 : *Les paramètres du template*

7.10. Check-list

- Joomla autorise l'installation de très nombreux composants complémentaires, facilement téléchargeables sur le Web.
- Le composant *JCE* est très employé par les utilisateurs de Joomla pour améliorer les fonctionnalités natives de l'éditeur WYSIWYG.
- Le composant *Joom!Fish* permet de créer des sites multilingues.
- Le composant *DOCman* permet la gestion et le téléchargement de documents.
- Le composant *Community Builder* permet d'améliorer la gestion des utilisateurs.
- Le composant *Phoca Gallery* permet la gestion avancée de l'affichage des images.
- Le composant *Communicator* permet une gestion améliorée des newsletters.
- Le composant *GMAccess* permet la gestion des groupes.
- Des centaines de templates, le plus souvent gratuits, sont téléchargeables sur Internet. Leur mode d'installation est identique à celui des composants. Ils permettent de modifier radicalement la mise en forme sans affecter le contenu rédactionnel du site.

Chapitre 8

Ajouter une boutique en ligne

Comprendre le concept de VirtueMart 256
Installer VirtueMart 259
Choisir le mode d'affichage de l'interface d'administration de VirtueMart 275
Découvrir les paramètres de configuration générale 278
Configurer les paramètres de la boutique 279
La TVA 288
Créer le catalogue de produits 292
Paramétrer les expéditions 318
Personnaliser les modes de paiements 322
Consulter l'état des commandes 326
Sauvegarder le site web 327
Check-list 330

Une des grandes originalités de Joomla, ce qui le différencie notablement des autres systèmes de gestion de contenus, est sa possibilité d'implémentation du composant VirtueMart, l'un des systèmes OpenSource les plus efficaces en matière de gestion de commerce électronique.

Cette section lui est dédiée. Vous y apprendrez comment transformer votre site vitrine en une véritable boutique en ligne qui n'aura rien à envier, en termes de fonctionnalités, aux grands sites de vente en ligne, jusqu'alors réservés aux grosses structures logistiques et financières.

8.1. Comprendre le concept de VirtueMart

VirtueMart est une solution OpenSource de E-Commerce utilisée avec Joomla, également développée en PHP et utilisant la base de données MySQL.

Les points forts de VirtueMart

Simple à utiliser (la prise en main de l'interface de VirtueMart requiert quelques heures) et à implémenter, le composant n'en est pas moins un formidable outil complet, disposant, en outre, de nombreuses extensions téléchargeables sur le Net.

VirtueMart dispose de sa propre interface de gestion, qui s'intègre dans celle de Joomla, et depuis laquelle vous gérerez la totalité de vos produits (matériels ou immatériels) et services vendus en ligne, classés par catégories et par sous-catégories (ce classement hiérarchique peut être étendu sans limites).

Les fonctionnalités du système vont bien au-delà de celles d'une petite boutique en ligne. Citons, à titre d'exemple :

- la gestion des caractéristiques des produits ;
- la gestion des promotions et des soldes (paramétrables en fonction de l'appartenance des clients à certains groupes) ;
- un module d'affichage aléatoire des produits ;
- des tarifs affichables hors taxes ou toutes taxes comprises ;

- un moteur de recherche ;
- une gestion des stocks ;
- des importations et exportations de fichiers ;
- une gestion des groupes (utilisateurs et clients) ;
- de nombreux types de paiements sécurisés ;
- des statistiques des ventes ;
- une gestion de devises différentes ;
- une gestion de pays différents ;
- une gestion des expéditions et des frais inhérents ;
- une gestion des taxes, etc.

Le site officiel de VirtueMart

L'adresse du site officiel de l'équipe de développement de VirtueMart est **http://www.virtuemart.net**. Vous y trouverez de nombreux tutoriels, démonstrations, exemples, extensions, forums, ainsi que divers compléments proposés en téléchargement.

Figure 8.1 : *Le site officiel de VirtueMart*

Le menu **Home/Demo** du site propose, depuis le lien *Live Shops*, des exemples de boutique utilisant la solution VirtueMart.

Figure 8.2 : *Des exemples de boutiques*

Depuis la page *VirtueMart Demo*, le lien *Demo (shopper)* permet de tester VirtueMart en tant qu'acheteur pour obtenir un aperçu des principales fonctionnalités de VirtueMart et passer des commandes. Le site de test est **http://demo.virtuemart.net**.

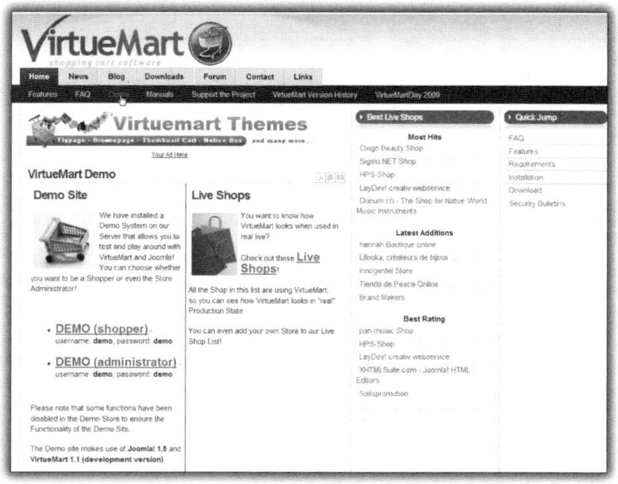

Figure 8.3 : *La page VirtueMart Demo depuis le site virtuemart.net*

Le lien *DEMO (administrator)* de la page *VirtueMart Demo* permet de tester la partie administration de VirtueMart.

8.2. Installer VirtueMart

Il vous est possible d'installer Joomla et VirtueMart simultanément. Vous pouvez également opter pour une installation classique de Joomla suivie d'une installation séparée de VirtueMart. (Cette solution intéressera notamment ceux d'entre vous qui sont désireux de mettre en ligne un site vitrine, dans un premier temps, avant de le transformer en boutique en ligne.)

Les modes opératoires relatifs aux deux méthodes d'installation sont décrits ci-après.

Première méthode d'installation : Installer simultanément Joomla et VirtueMart

Voici une première méthode d'installation de Joomla et de VirtueMart, par le biais d'un package unique d'installation des deux produits.

Le site officiel de VirtueMart fournit un package comprenant à la fois Joomla et VirtueMart, nommé *VirtueMart eCommerce Bundle*. Il permet une installation complète de Joomla et de VirtueMart en une seule opération. Les versions utilisées dans le package sont, à ce jour, la version 1.5.9 pour Joomla et la version 1.1.2, concernant VirtueMart. L'interface d'administration du site est en anglais et Joomla a été spécialement modifié pour VirtueMart.

REMARQUE

Compatibilité du package

S'il offre l'indéniable avantage d'être simple et rapide à installer, ce package Joomla-VirtueMart a nécessité, pour sa création, une modification du code initial de Joomla, par l'équipe de développement de VirtueMart. Pour des raisons de compatibilité avec l'ensemble des extensions en ligne sur le Web, nous préférons utiliser la méthode traditionnelle d'installation, reposant sur l'implémentation de Joomla puis de VirtueMart (cette méthode est décrite dans la section suivante de ce livre).

Procédez ainsi :

1. Téléchargez le fichier compressé au format zip du composant d'administration et le plugin associé. Pour cela, connectez-vous au site **http://www.virtuemart.net**. Cliquez sur l'onglet **Downloads** puis sur le lien **VirtueMart eCommerce Bundle**.

L'archive téléchargée est nommée *VirtueMart_1.1.2_eCommerce_Bundle_Joomla_1.5.9.tar.gz*.

Figure 8.4 : *Le téléchargement du package e-commerce de Joomla depuis le site http://www.virtuemart.net*

2. Décompressez le fichier téléchargé.

REMARQUE

Décompression d'un fichier au format gz

Pour décompresser un fichier portant l'extension .gz ou .tar.gz, il est possible d'utiliser des logiciels comme 7zip, IceOWS, PoweGZchiver, iZarc, TugZip. Ces programmes peuvent être téléchargés sur le Web.

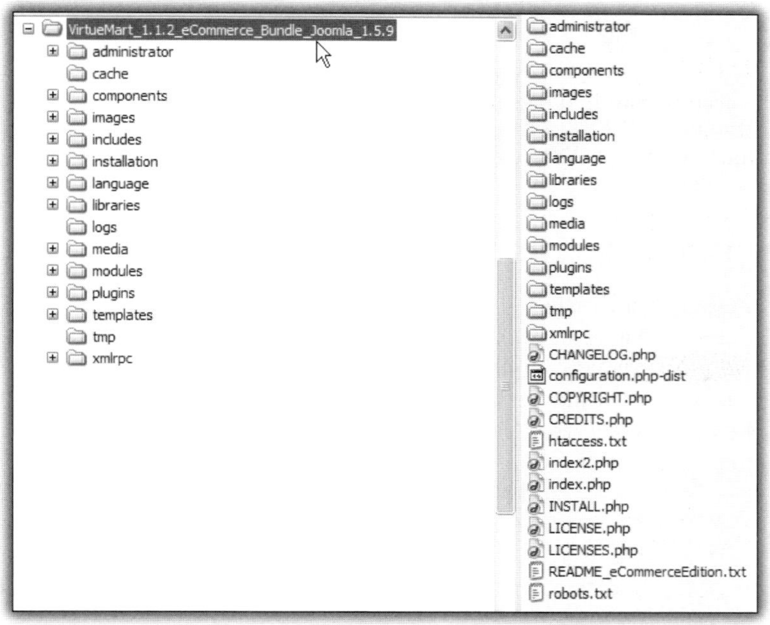

Figure 8.5 : *Le contenu du dossier VirtueMart_1.1.2_eCommerce_Bundle_Joomla_1.5.9 de l'archive décompressée*

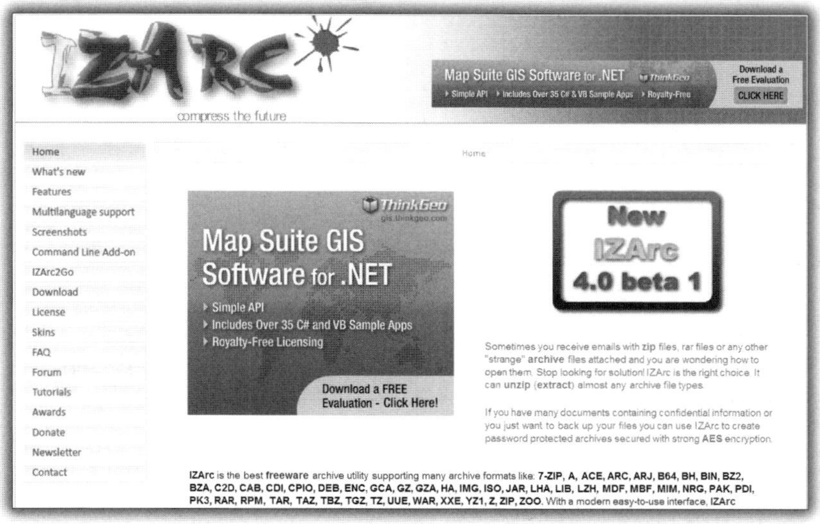

Figure 8.6 : *Le site officiel www.izarc.org*

> REMARQUE
>
> **Les fichiers tar**
>
> Ce format de fichier trouve son origine dans le logiciel d'archivage par concaténation de données du même nom, utilisé sous système d'exploitation UNIX. La compression des données est généralement effectuée au moyen d'un logiciel de compression. Les extensions de fichiers alors générées sont, le plus souvent, *.tar.gz* ou *.tgz*, lorsque le format gzip est utilisé ou, *.tar.bz2*, lorsque le format bzip2 est employé.

3 Procédez à l'installation classique de Joomla en suivant les étapes décrites dans la section de ce livre *Installer Joomla sur un serveur web local* si vous souhaitez installer le système à des fins de tests sur votre ordinateur ou en respectant les étapes de la section *Publier les fichiers de Joomla chez l'hébergeur*"si vous optez pour une installation chez votre hébergeur.

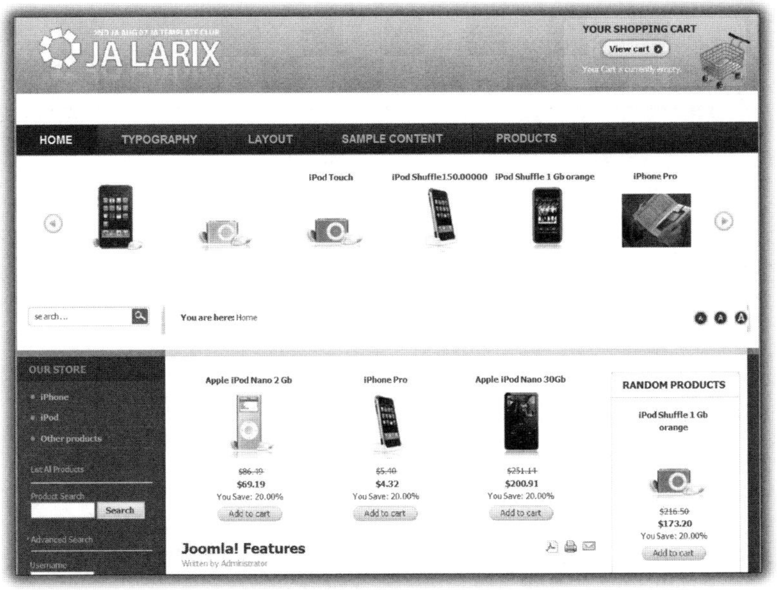

Figure 8.7 : *Aperçu de l'interface de la version e-commerce de Joomla dans le frontend*

Seconde méthode d'installation : Ajouter le composant VirtueMart à un système Joomla déjà installé

Voici une seconde méthode d'installation de VirtueMart, plus classique, et que nous vous conseillons de préférer à la précédente afin de ne courir aucun risque de compatibilité avec des installations ultérieures de composants ou de modules.

Après avoir implémenté Joomla, il est possible d'installer le composant VirtueMart ainsi que ses modules et ses plugins afin de comprendre l'arrière boutique. Vous allez donc ajouter VirtueMart à un système Joomla déjà en place sur votre serveur.

Téléchargement du package complet de VirtueMart

1 Téléchargez le fichier zip du package de la dernière version de VirtueMart. Pour cela, connectez-vous au site **http://www.virtuemart.net**, cliquez sur l'onglet **Downloads** puis sur le lien **Complete Package for Joomla! 1.5**. Enregistrez l'archive sur votre ordinateur.

L'archive téléchargée à ce jour est *VirtueMart_1.1.3-COMPLETE_PACKAGE.j15.zip*.

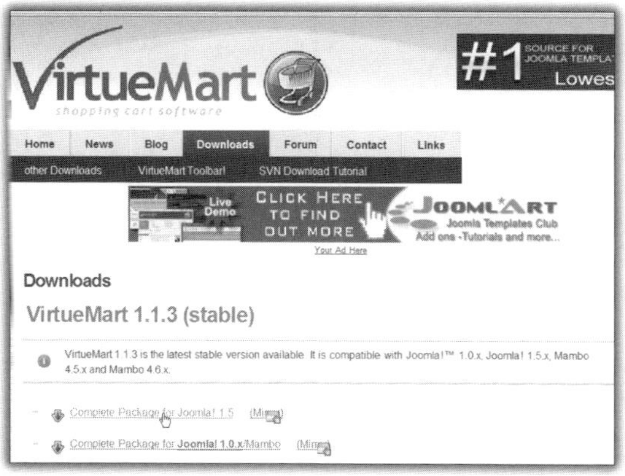

Figure 8.8 : Le téléchargement du package VirtueMart depuis le site http://www.virtuemart.net

2 Décompressez le fichier téléchargé.

Vous obtenez un dossier *VirtueMart_1.1.X-COMPLETE_PACKAGE.j15* contenant différents dossiers.

Figure 8.9 : *Le contenu de l'archive VirtueMart_1.1.X-COMPLETE_PACKAGE.j15*

REMARQUE

Le téléchargement de VirtueMart depuis le site joomla.fr

Il est possible de télécharger la solution VirtueMart depuis le site officiel français de Joomla mais sans certitude qu'il s'agisse de la dernière version. C'est pourquoi il est préférable de télécharger depuis le site officiel de VirtueMart.

Connectez-vous au site http://www.joomla.fr. Cliquez sur l'onglet **Extensions**. Dans le menu de gauche, cliquez sur **Télécharger**.

La page **Gestionnaire de fichiers** est affichée.

Cliquez sur la catégorie *Extensions pour Joomla 1.5* puis sur *J1.5 E-Commerce*. Cliquez sur *VirtueMart pour j1.5 version* puis sur **Télécharger**.

La page affichée vous donne un descriptif précis du contenu de l'archive. L'archive téléchargée à ce jour est *VirtueMart_1.1.3-COMPLETE_PACKAGE.j15.zip*.

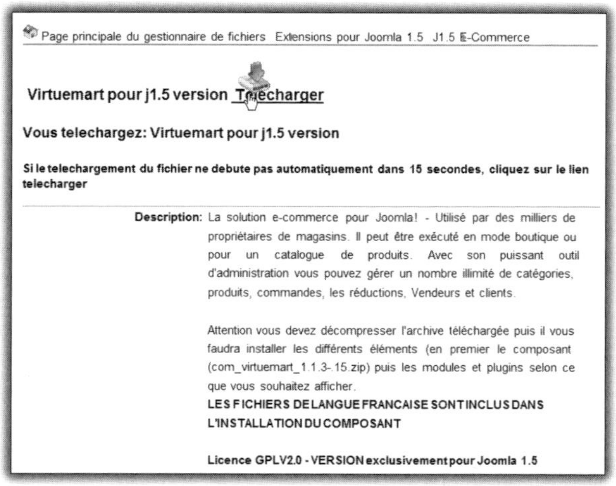

Figure 8.10 : *Le téléchargement de VirtueMart depuis le site http://www.joomlafrance.org*

L'installation du composant VirtueMart

1 Depuis l'administration de Joomla, cliquez sur le menu administrateur **Extensions/Installer/Désinstaller**.

2 Dans la page *Gestion des extensions*, cliquez sur le bouton **Parcourir** de la rubrique *Archive à transférer*.

3 Depuis la boîte de dialogue **Envoi du fichier**, sélectionnez l'archive du composant, *com_virtuemart_1.1.X.j15.zip* qui se trouve dans le dossier *VirtueMart_1.1.X-COMPLETE_PACKAGE.j15*, puis cliquez sur le bouton **Ouvrir**.

4 De retour dans la page *Gestion des extensions*, cliquez sur le bouton **Transfert de fichier & Installation**.

La page *VirtueMart Installation* s'affiche.

5 Cliquez sur le bouton **Install SAMPLE DATA**. Un message vous demande de patienter durant l'ajout des exemples de données. Cliquez sur le bouton OK pour continuer l'installation.

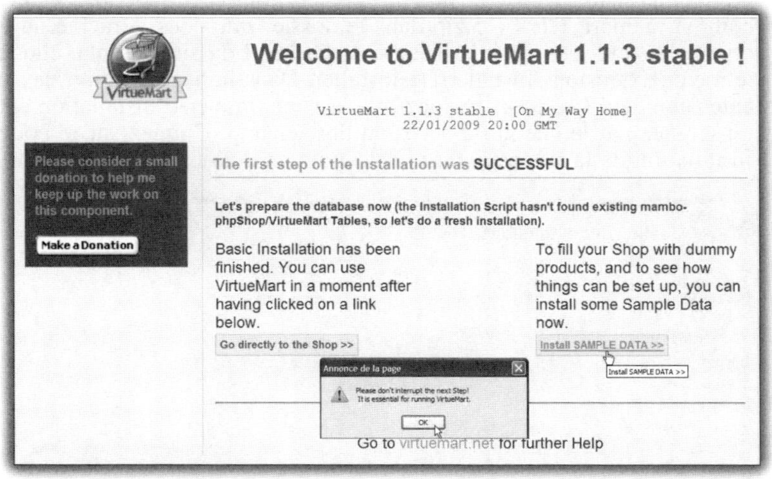

Figure 8.11 : *L'ajout d'exemple de données*

La page de l'interface d'administration de VirtueMart s'affiche.

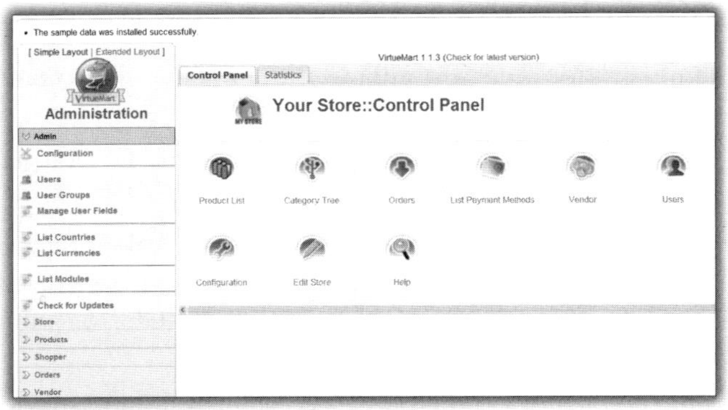

Figure 8.12 : *Le panneau de contrôle de VirtueMart après l'installation du package complet de VirtueMart téléchargé depuis le site virtuemart.net*

REMARQUE

Installation du composant VirtueMart depuis un dossier ou depuis une URL

En cas de problème d'installation du composant, il est également possible d'effectuer l'installation depuis un dossier. Pour cela, placez le fichier com_virtuemart_1.1.X.j15.zip dans le dossier tmp sous la racine du dossier du site web Joomla. Depuis le backend du site Joomla, cliquez sur le menu Extensions/Installer/Désinstaller. Dans la page Gestion des extensions qui s'affiche, vérifiez que la zone dossier d'installation est renseignée par le chemin d'accès au dossier tmp. Cliquez sur le bouton Installation de la rubrique Installer depuis un dossier.

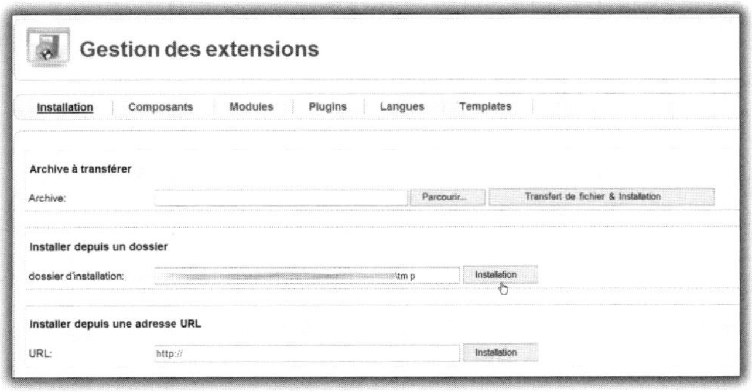

Figure 8.13 : *L'installation du composant VirtueMart depuis un dossier*

Pour effectuer une installation depuis une URL, saisissez l'URL indiquant l'adresse du fichier com_virtuemart_1.1.X.j15.zip (du type http://nomdusite/dossier/com_virtuemart_1.1.X.j15.zip) dans la zone URL de la rubrique Installer depuis une adresse URL. Cliquez sur le bouton Installation.

REMARQUE

Après avoir utilisé l'une des méthodes précédentes, la page Bienvenue sur VirtueMart s'affiche.

Si le problème d'installation du composant persiste, ayez recours à l'installation manuelle comme décrit ci-après.

L'installation manuelle du composant VirtueMart

Si le fichier *com_virtuemart_1.1.x.j15.zip* du composant est supérieur à 2 Mo, il se peut que vous rencontriez un problème, lors de l'installation du composant (ce problème peut provenir du délai d'exécution des scripts, paramétré chez votre hébergeur). Il est donc recommandé de réaliser une installation manuelle.

1 Connectez-vous au site *http://www.virtuemart.net*. Cliquez sur l'onglet **Downloads** puis sur le lien **Manual Installation Package for Joomla! 1.5**. Enregistrez l'archive *VirtueMart_1.1.X-Manual_Installation_Package.j15.tar.gz* sur votre ordinateur.

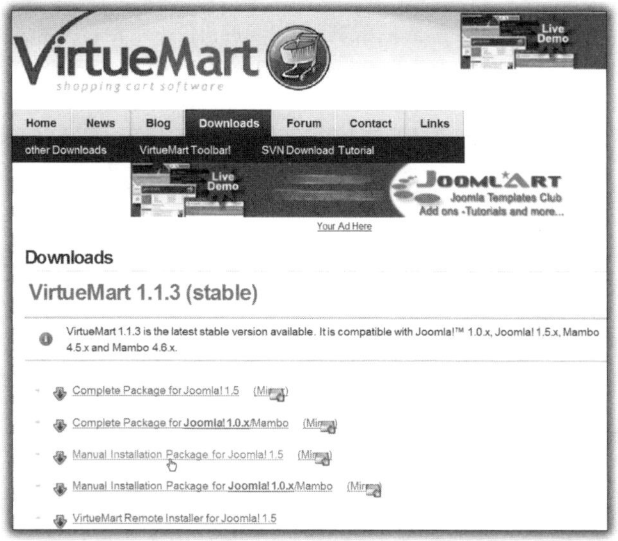

Figure 8.14 : *Le téléchargement du package d'installation manuelle depuis le site http://virtuemart.net*

2 Décompressez le fichier téléchargé sur votre ordinateur.

Vous obtenez un dossier *VirtueMart_1.1.X-Manual_Installation_Package.j15* contenant différents dossiers.

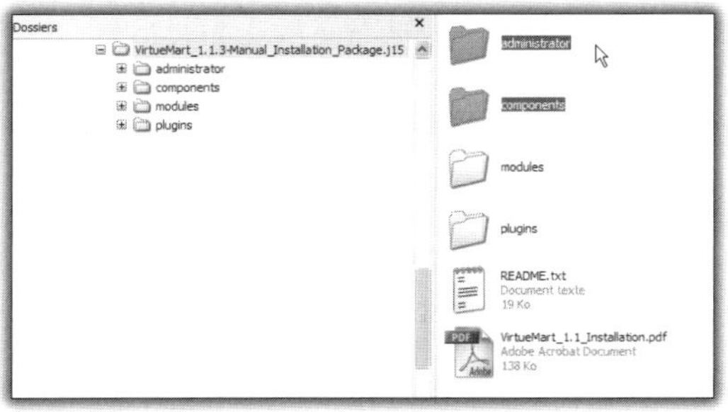

Figure 8.15 : *Le contenu de l'archive VirtueMart_1.1.X-Manual_Installation_Package.j15*

3 Copiez les dossiers *administrator*, *components* du dossier *VirtueMart_1.1.X-Manual_Installation_Package.j15* dans la racine du site Joomla au moyen d'un logiciel de transfert de fichier FTP tel que FileZilla, sur les machines de votre hébergeur.

REMARQUE

Dossiers modules et plugins

Les dossiers *modules* et *plugins* ne sont pas à copier car les modules et plugins seront installés depuis l'interface d'administration du site Joomla.

4 Après vous être connecté à l'interface d'administration du site Joomla, saisissez dans la Barre d'adresse du navigateur l'adresse **http://www. www.mon-site-web-joomla.fr/administrator/index.php?option =com_virtuemart** puis validez.

Figure 8.16 : *La poursuite de l'installation manuelle de VirtueMart*

La page *VirtueMart Installation* s'affiche.

5 Cliquez sur le bouton **Install SAMPLE DATA**. Un message vous demande de patienter durant l'ajout des exemples de données. Cliquez sur le bouton OK pour continuer l'installation.

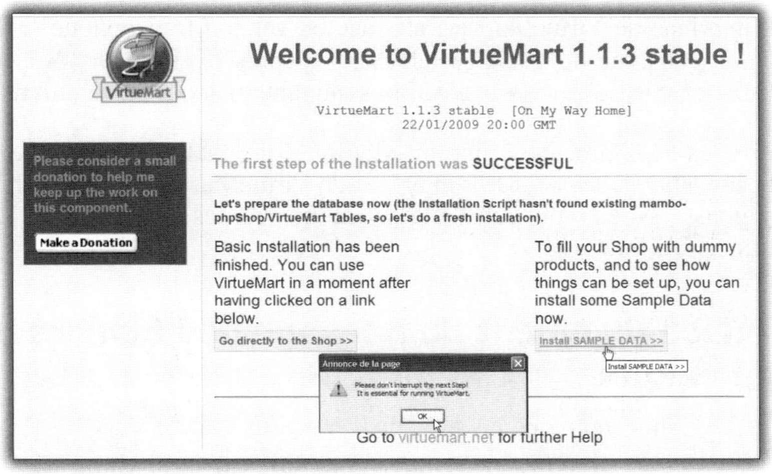

Figure 8.17 : *L'ajout d'exemple de données*

La page de l'interface d'administration de VirtueMart s'affiche.

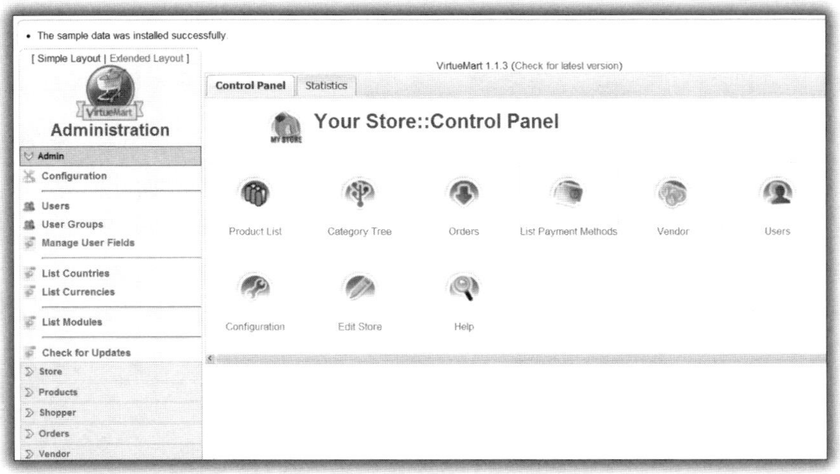

Figure 8.18 : *Le panneau de contrôle de VirtueMart*

Installer VirtueMart en français

Dans ce qui suit, nous supposons que vous avez comme nous opté pour la seconde méthode d'installation de VirtueMart, décrite précédemment (installations de Joomla et de VirtueMart séparées).

L'interface de VirtueMart est affichée en version francophone si l'installation est issue du package téléchargé depuis le site **http://www.joomla.fr**. Dans ce cas, les modes opératoires suivants ne sont pas à suivre.

Si vous avez procédé à une installation d'un package téléchargé depuis le site **http://virtuemart.net**, l'interface de VirtueMart est affichée en langue anglaise. Nous vous conseillons de suivre les étapes ci-après pour franciser l'interface.

Téléchargement du package des fichiers de langue

1 Connectez-vous au site **http://www.virtuemart.net**.

2 Cliquez sur l'onglet **Downloads** puis sur le lien **Language Pack** et enregistrez l'archive *Language_Pack_for_VirtueMart_1.1.X.zip* sur votre ordinateur.

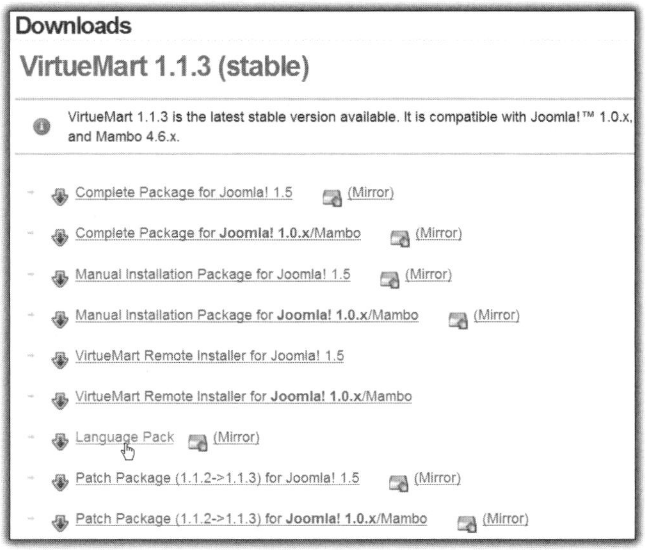

Figure 8.19 : *Le téléchargement du package des langues depuis le site http://virtuemart.net*

3 Décompressez le fichier téléchargé.

Vous obtenez un dossier *Language_Pack_for_VirtueMart_1.1.X* contenant le dossier *languages*.

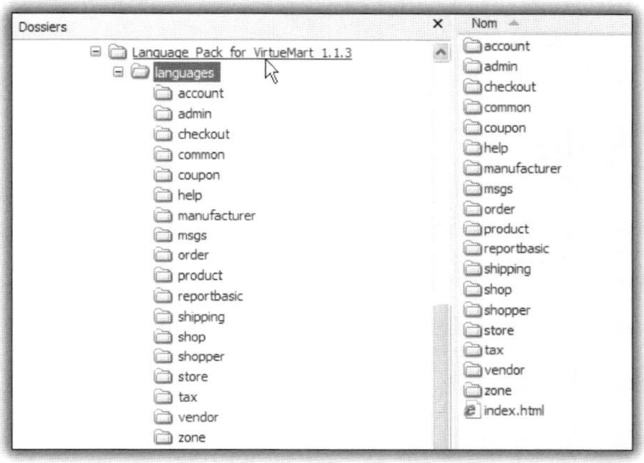

Figure 8.20 : *Le contenu de l'archive Language_Pack_for_VirtueMart_1.1.3*

Installation des fichiers french.php

Transférez le dossier languages du dossier *Language_Pack_for_VirtueMart_1.1.X* dans le dossier *mon-site-web-joomla/administrator/components/com_virtuemart*.

REMARQUE

Un complément de traduction

À ce jour, le fichier archive proposé sur le site www.virtuemart.net, *Language_Pack_for_VirtueMart_1.1.3.zip*, ne contient pas toutes les traductions françaises de l'interface de VirtueMart.

Ainsi, par exemple, si vous activez depuis l'interface d'administration de VirtueMart le menu **Configuration**, le bas de page de l'onglet **Général** présente des étiquettes des zones de texte absentes.

Le site **http://www.alatak.net** propose un complément de la traduction française. Pour cela, connectez-vous au site et téléchargez l'archive *LanguagePack_french_20080605.tar.gz* accessible depuis le menu **Téléchargement**.

Décompressez l'archive puis copiez le dossier *languages* du dossier *Language Pack for VirtueMart 1.1* dans le dossier *mon-site-web-joomla/administrator/components/com_virtuemart*.

REMARQUE

Ne supprimez ni ne renommez le dossier *languages* téléchargé depuis **http://virtuemart.net** car celui du site **http://www.alatak.net** ne contient pas certains dossiers comme *tax*, *vendor* ou encore *zone*. Vous devez publier le contenu du dossier *languages* en écrasant le répertoire initial, issu de la version téléchargée sur le site **http://virtuemart.net**.

Installer les modules de VirtueMart

Les archives des modules de VirtueMart à installer sont renfermées dans le dossier *modules* de *VirtueMart_1.1.X-COMPLETE_PACKAGE.j15*.

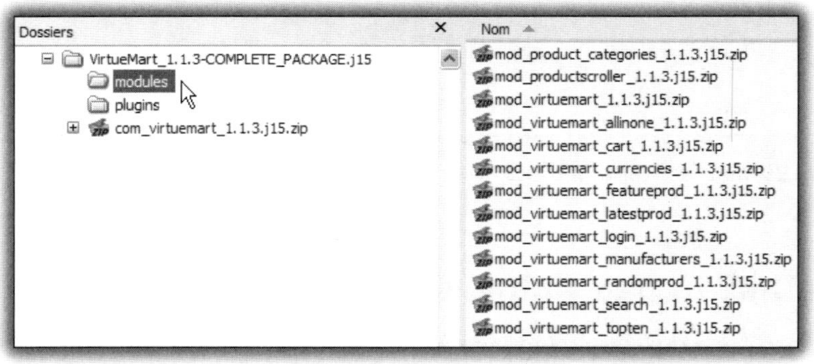

Figure 8.21 : *La liste des archives des modules de VirtueMart*

RENVOI

*Pour installer les modules, reportez-vous à la section **Installer un composant** de ce livre (menu **Extensions/Installer/Désinstaller**).*

La liste des modules est la suivante :

- *VirtueMart Product Categories* : affichage des catégories de produits (archive : *mod_product_categories_1.1.X.j15.zip*) ;
- *VirtueMart Product Scroller* : affichage des produits par défilement (archive : *mod_productscroller_1.1.X.j15.zip*) ;
- *VirtueMart Module* : affichage de la boutique (archive : *mod_virtuemart_1.1.X.j15.zip*) ;
- *VirtueMart All-In-One* : affichage de tous les produits de la boutique (archive : *mod_virtuemart_allinone_1.1.X.j15.zip*) ;

- *VirtueMart Shopping Cart* : affichage du panier (archive : *mod_virtuemart_cart_1.1.X.j15.zip*) ;
- *VirtueMart Currency Selector* : affichage de la liste déroulante pour choisir la devise (archive : *mod_virtuemart_currencies_1.1.X.j15.zip*) ;
- *VirtueMart Featured Products* : affichage des produits en promotion (archive : *mod_virtuemart_featureprod_1.1.X.j15.zip*) ;
- *VirtueMart Latest Products* : affichage des nouveaux produits (archive : *mod_virtuemart_latestprod_1.1.X.j15.zip*) ;
- *VirtueMart Login* : affichage du compte client (archive : *mod_virtuemart_login_1.1.X.j15.zip*) ;
- *VirtueMart Manufacturers* : affichage des fabricants (archive : *mod_virtuemart_manufacturers_1.1.X.j15.zip*) ;
- *VirtueMart Random Products* : affichage aléatoire de produits (archive : *mod_virtuemart_randomprod_1.1.X.j15.zip*) ;
- *VirtueMart Search* : affichage d'une recherche (archive : *mod_virtuemart_search_1.1.X.j15.zip*) ;
- *VirtueMart Top Ten Products* : affichage des meilleures ventes (archive : *mod_virtuemart_topten_1.1.X.j15.zip*).

Découvrir la boutique depuis le Frontend

À moins que vous ayez utilisé la méthode d'installation simultanée de Joomla et de VirtueMart, par le package d'installation, les modules de VirtueMart ne sont pas directement actifs, après leur installation. Vous devez les activer depuis l'interface d'administration de Joomla, par le menu **Extensions/Gestion des modules**.

Afin de découvrir la boutique dans le frontend, vous allez activer le module principal de VirtueMart. Vous pourrez ensuite reproduire ce mode opératoire pour activer les autres modules, à mesure de la mise en œuvre des fonctionnalités de VirtueMart.

1 Depuis le backend de Joomla, cliquez sur **Extensions/Gestion des modules**.

Le gestionnaire de modules est affiché.

2 Depuis la colonne *Activé* du gestionnaire de modules, activez le module *VirtueMart Module*.

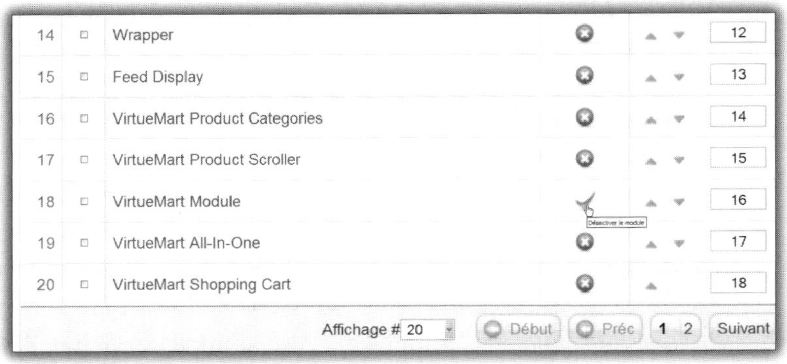

Figure 8.22 : *L'activation du module principal*

3 Visualisez le résultat obtenu dans le frontend.

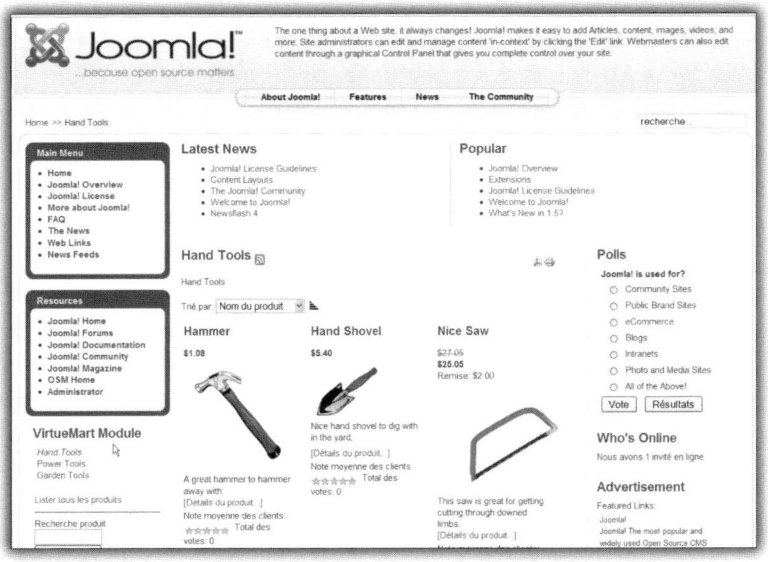

Figure 8.23 : *La boutique en ligne est désormais visible dans le frontend*

Installer les plugins de VirtueMart

Les archives des plugins de VirtueMart à installer se trouvent dans le dossier *plugins* de *VirtueMart_1.1.X-COMPLETE_PACKAGE.j15*.

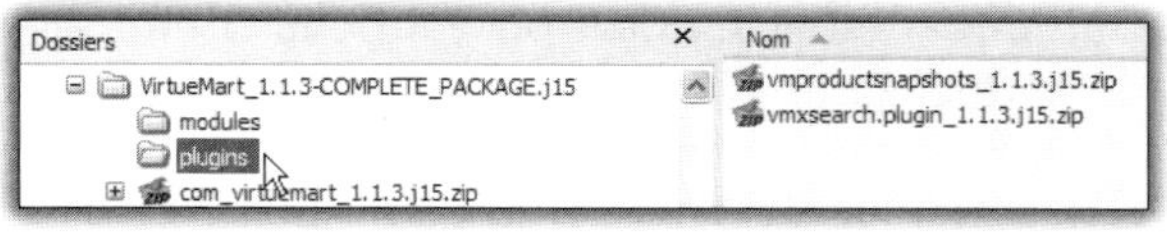

Figure 8.24 :
La liste des archives des plugins de VirtueMart

Pour installer les plugins, utilisez le mode opératoire décrit dans la section ***Installer un composant*** *(menu* ***Extensions/Installer/Désinstaller****).*

La liste des plugins est la suivante :

- *VirtueMart Product Snapshot* permet de lier un produit dans un article de Joomla (archive : *vmproductsnapshots_1.1.X.j15.zip*).

Écrire dans l'article {vmproductsnapshots : id du produit}

Ce petit plugin vous sera très utile lors de la rédaction d'articles afférents à certains de vos produits et dans lesquels vous souhaiterez insérer un lien textuel associé à une image menant directement à un produit de votre catalogue (cette opération s'effectue en insérant la commande `{vmproductsnapshots : id du produit}` dans le texte de votre article). Vous créerez ainsi des pages attractives pour les internautes tout en constituant des liens profonds entre articles de même sujet, qui, comme vous le découvrirez plus loin, améliorent le référencement de votre site dans les moteurs de recherche.

- *VirtueMart Extended Search Plugin* permet de faire une recherche sur les articles et les produits (archive : *VirtueMart vmxsearch.plugin_1.1.3.j15.zip*) depuis le module de recherche joomla natif.

Comme les modules, les plugins, pour être utilisés, doivent être activés. Vérifiez que tel est bien le cas, depuis l'interface d'administration de Joomla, par le menu **Extensions/Gestion des plugins**.

8.3. Choisir le mode d'affichage de l'interface d'administration de VirtueMart

VirtueMart est installé. Vous pouvez désormais utiliser le composant. Choisissez l'un des deux modes de présentation proposés, en ce qui concerne l'aspect de l'interface.

1 Activez le menu **Composants/VirtueMart** pour afficher l'interface d'administration de VirtueMart.

Par défaut les éléments de l'interface de VirtueMart sont intégrés à ceux de Joomla. Cette présentation est désignée par les développeurs du composant sous l'appellation de *Mise en page simple*. Il vous est également possible de choisir une interface uniquement dédiée à VirtueMart.

VirtueMart propose deux affichages de son interface d'administration :

– La mise en page "simple", dans laquelle le menu **Administration** est présenté verticalement à gauche. Deux onglets, dans la partie centrale, donnent accès au panneau de contrôle (renfermant des boutons de raccourcis) et à des statistiques. Les menus de Joomla restent accessibles.

Figure 8.25 : *L'affichage "simple" de l'interface de VirtueMart*

– la mise en page "étendue", dans laquelle le menu **Administration** est présenté horizontalement. Les deux onglets sont affichés comme précédemment mais les menus de Joomla ne sont plus accessibles.

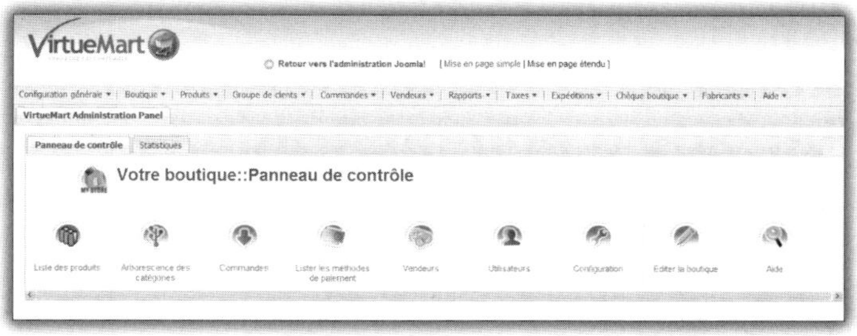

Figure 8.26 : *L'affichage "étendu" de l'interface de VirtueMart*

2 Pour accéder à l'affichage étendu alors que l'affichage simple est activé, cliquez sur le lien **Mise en page étendu**.

Figure 8.27 : *L'activation de l'affichage étendu*

3 Pour accéder à l'affichage simple alors que l'affichage étendu est activé, cliquez sur le lien **Mise en page simple**.

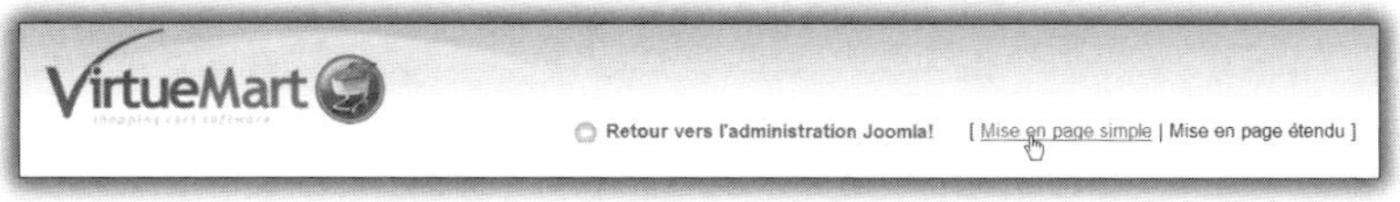

Figure 8.28 : *L'activation de l'affichage simple*

8.4. Découvrir les paramètres de configuration générale

Pour cette prise en mains, vous allez survoler les nombreux paramètres dont les valeurs vous permettront de personnaliser VirtueMart en fonction de votre activité économique. Certains de ces points sont détaillés plus loin dans ce livre.

1 Depuis l'interface d'administration de VirtueMart, cliquez sur le menu **Configuration générale** puis sur **Configuration**.

La page *Configuration* qui est affichée présente de nombreux paramètres de configuration, accessibles depuis plusieurs onglets (**Général**, **Sécurité**, **Site**, **Expédition**, **Commande**, **Téléchargements**, **Configuration du flux**).

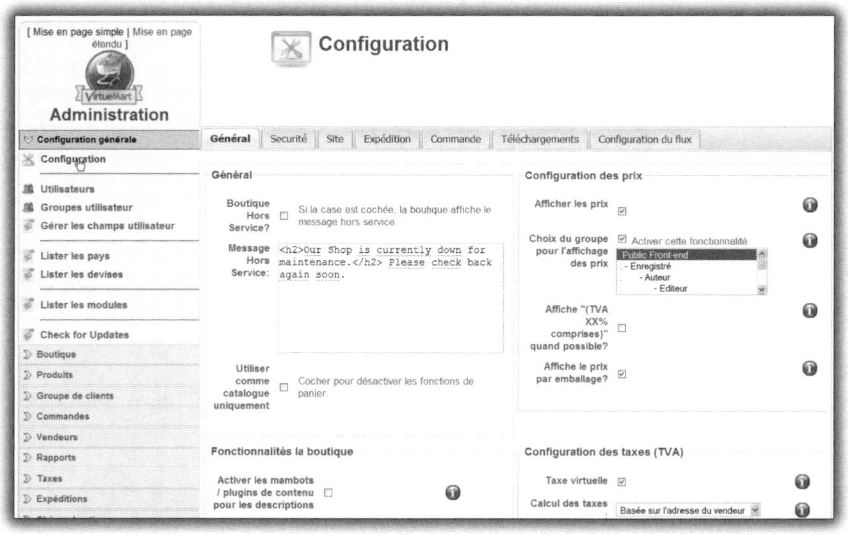

Figure 8.29 : *La page Configuration*

> REMARQUE
>
> **Utiliser VirtueMart pour afficher un simple catalogue**
>
> La boutique en ligne peut être utilisée afin de présenter votre catalogue de produits. Vous ne souhaiterez plus alors afficher les prix ni permettre l'achat en ligne.
>
> Depuis l'interface de VirtueMart, activez le menu **Configuration générale/Configuration**. Dans l'onglet **Général**, cochez la case *Utiliser*

> REMARQUE
>
> *comme catalogue uniquement* de la rubrique *Général*. Décochez éventuellement la case *Afficher les prix* de la rubrique *Configuration des prix*.

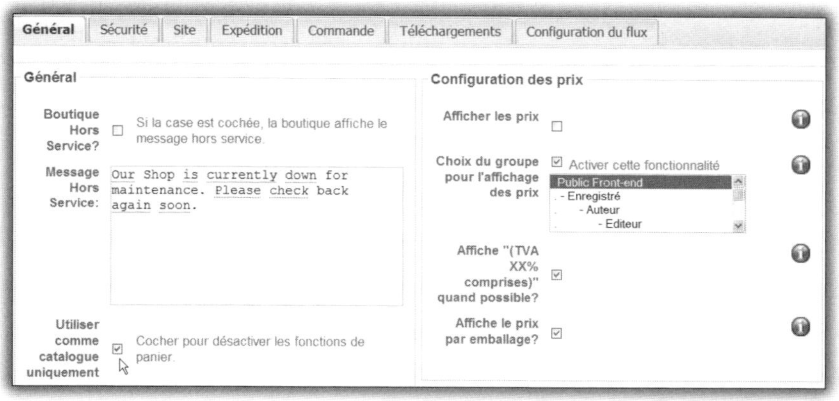

Figure 8.30 : *La désactivation de l'affichage des prix dans la boutique*

En outre, le menu **Configuration générale**, lorsqu'il est cliqué, permet l'ouverture d'autres sous-menus autorisant l'accès à divers paramètres. Certains d'entre eux seront expliqués plus loin.

2 Depuis l'interface d'administration de VirtueMart, cliquez sur le menu **Configuration générale** puis sur chacun de ses items pour découvrir les paramètres rattachés (gestion des utilisateurs et des groupes, pays, devises, modules, etc.).

8.5. Configurer les paramètres de la boutique

Pour débuter, il vous faut définir quelques paramètres de base, spécifiques à votre activité.

Depuis l'interface d'administration de VirtueMart, cliquez sur **Boutique** puis sur **Editer la boutique**.

La page *Informations sur la boutique* s'affiche.

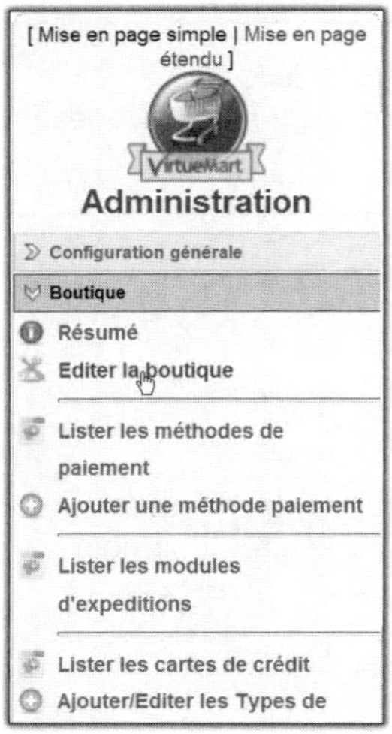

Figure 8.31 :
L'accès aux paramètres de la boutique

Définir l'identité de la boutique

Les informations renfermées dans les zones de la rubrique *Boutique* sont spécifiques à votre boutique. Il convient de les renseigner avec soin car elles sont utilisées, notamment, lors de l'adressage des courriels à la clientèle.

Les données qu'il vous faut personnaliser dans cette rubrique sont les suivantes :

- le nom de la boutique ;
- le nom de l'entité juridique ;
- l'URL de la boutique ;
- l'adresse postale (sur deux champs) ;
- la ville ;
- le pays ;

REMARQUE

Modifier la liste des pays

Pour ajouter ou supprimer des pays à la liste proposée, cliquez sur **Configuration générale** puis sur **Lister les pays.** Utilisez le bouton **Nouveau** pour ajouter un pays et le bouton **Supprimer** pour supprimer les pays sélectionnés.

- l'état (ou la province ou encore la région) ;
- le code postal ;
- le numéro de téléphone ;
- le format de l'adresse de la boutique ;

REMARQUE

Le format de l'adresse de la boutique

Le champ *Format de l'adresse de la boutique* est utilisé pour sélectionner, ordonner et structurer les informations envoyées dans le mail de confirmation à l'internaute, lorsque ce dernier effectue une commande (pour connaître les champs qu'il vous est possible d'utiliser, cliquez sur l'icône d'information, symbolisée par le caractère "i" à coté du nom de la zone, afin de faire apparaître la liste dans une infobulle).

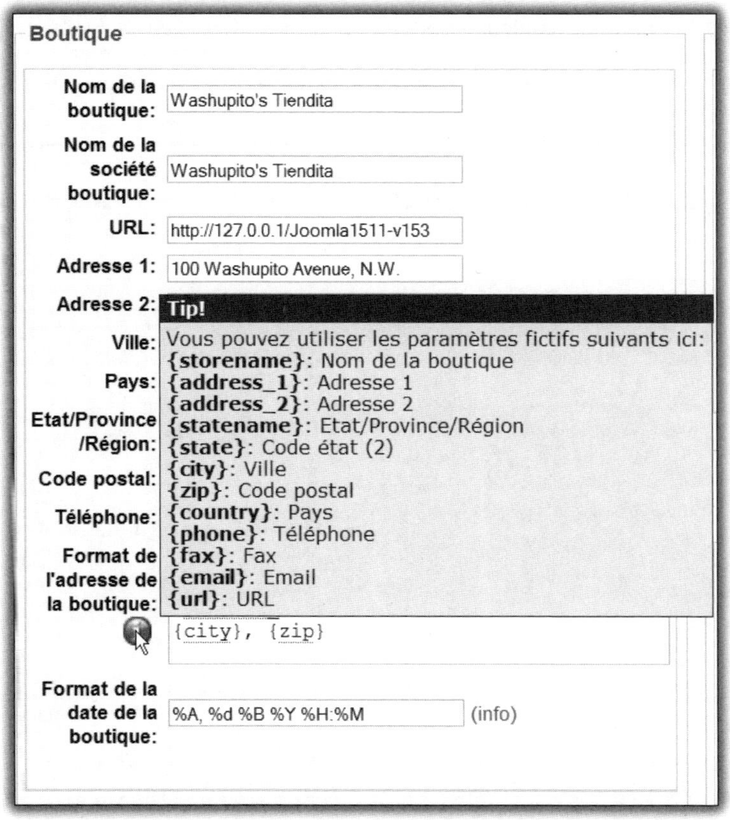

Figure 8.32 : *La liste des champs disponibles pour la zone Format de l'adresse de la boutique*

- le format de la date.

REMARQUE

Le format de la date

Pour accéder à la liste des différents formats d'affichage de la date, qu'il vous est possible d'utiliser pour la zone champ *Format de la date de la boutique*, cliquez sur le lien **info**, proposé à droite de la zone.

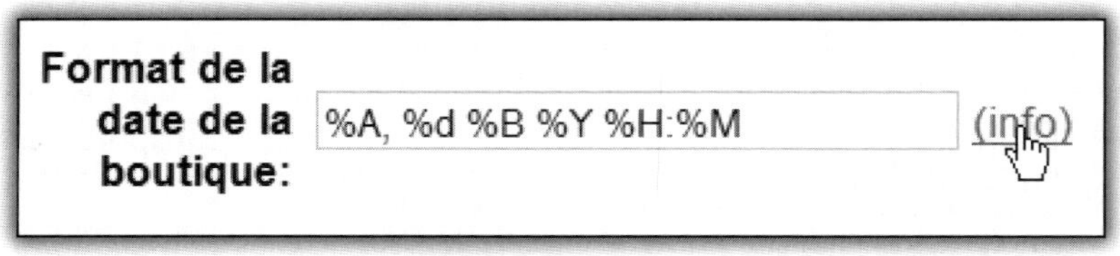

Figure 8.33 : *L'accès aux différents types d'affichage de la date*

Dans un autre onglet du navigateur, s'affiche la page détaillant la syntaxe de la fonction *strftime()* sur le site **fr.php.net** (**http://fr.php.net/manual/fr/function.strftime.php**). La liste des éléments syntaxiques nécessaires à la composition de la date y sont décrits.

Liste de paramètres

format

Les caractères suivants sont reconnus dans le paramètre *format*

format	Description	Exemple de valeurs retournées
Jour	---	---
%a	Nom abrégé du jour de la semaine	De *Sun* à *Sat*
%A	Nom complet du jour de la semaine	De *Sunday* à *Saturday*
%d	Jour du mois en numérique, sur 2 chiffres (avec le zéro initial)	De *01* à *31*
%e	Jour du mois, avec un espace précédant le premier chiffre	De *1* à *31*
%j	Jour de l'année, sur 3 chiffres avec un zéro initial	*001* à *366*
%u	Représentation ISO-8601 du jour de la semaine	De *1* (pour Lundi) à *7* (pour Dimanche)
%w	Représentation numérique du jour de la semaine	De *0* (pour Dimanche) à *6* (pour Samedi)
Semaine	---	---
%U	Numéro de la semaine de l'année donnée, en commençant par le premier Lundi comme première semaine	*13* (pour la 13ème semaine pleine de l'année)
%V	Numéro de la semaine de l'année, suivant la norme ISO-8601:1988, en commençant comme première semaine, la semaine de l'année contenant au moins 4 jours, et où Lundi est le début de la semaine	De *01* à *53* (où 53 compte comme semaine de chevauchement)

Figure 8.34 : *La liste des paramètres de la fonction strftime() sur le site fr.php.net*

Définir les informations sur la boutique

Toujours sur la page *Informations sur la boutique*, les zones de la rubrique *Informations sur la boutique* permettent de définir des informations complémentaires telles que :

- le logo utilisé dans les courriels adressés aux internautes, lors des commandes ;
- le montant minimal de la commande ;
- le montant TTC à partir duquel les frais de transport seront "franco de port".

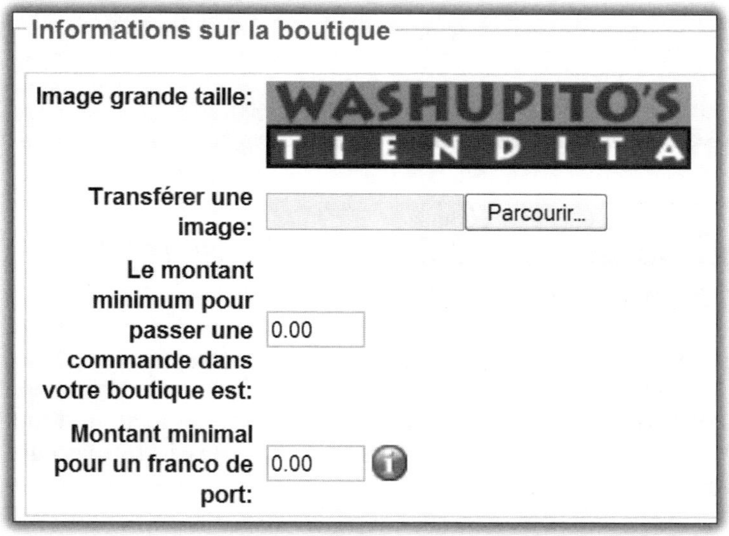

Figure 8.35 : *Les informations sur la boutique*

Définir l'identité du responsable à contacter

Les zones de la rubrique *Informations de contact* permettent de renseigner l'identité de la personne responsable de la boutique : nom, prénom, civilité, téléphone, fax et email du responsable.

L'adresse électronique du responsable a une double utilité : elle est communiquée à l'internaute lors du courriel de confirmation de la commande et avertit le responsable, lorsqu'une nouvelle commande est passée ; une copie du courriel est également envoyée à cette adresse.

Figure 8.36 : *Les coordonnées du contact de la boutique*

Définir la devise utilisée et le format d'affichage des prix

VirtueMart est un système multidevise et multipays.

Les zones de la rubrique *Style affichage monnaie* permettent d'indiquer la devise utilisée pour l'affichage des prix ainsi que le format dans lequel les valeurs seront présentées.

Procédez ainsi :

1. Choisissez la devise utilisée dans la liste déroulante *Devise*.
2. Saisissez le symbole monétaire dans la zone *Symbole monétaire* (le symbole €, par exemple).
3. Indiquez le nombre de décimales à afficher dans la zone *Décimales* (la valeur sera arrondie si elle renferme un nombre supérieur de décimales).
4. Saisissez le caractère utilisé comme caractère décimal dans la zone *Symbole décimal* (le point est proposé par défaut).
5. Saisissez le caractère utilisé comme séparateur de milliers dans la zone *Séparateur de milliers* (cette zone peut rester vide).

6 La zone *Format positif* présente une liste déroulante dans laquelle vous pouvez indiquer le format de présentation des valeurs positives (ainsi, par exemple, le choix du format 00 Symb aura pour conséquence un affichage des prix positifs sous la forme d'une valeur, suivie d'un espace, lui-même suivi du symbole monétaire, 15,00 €, par exemple).

7 La zone *Format négatif* présente une liste déroulante dans laquelle vous pouvez indiquer le format de présentation des valeurs négatives (ainsi, par exemple, le choix du format -00 Symb aura pour conséquence un affichage des prix positifs sous la forme d'une valeur, suivie d'un espace, lui-même suivi du symbole monétaire, -15,00 €, par exemple).

8 La zone *Liste des devises acceptées* présente une liste permettant de choisir les devises autorisées sur le site. Afin d'éviter des problèmes de conversion, nous vous conseillons de choisir uniquement la devise précédemment définie.

> REMARQUE
>
> **Liste des devises**
>
> Pour ajouter ou supprimer une devise, cliquez sur le menu d'administration **Configuration générale** puis sur **Lister les devises**. La liste des devises est affichée. Utilisez le bouton **Nouveau** pour ajouter une nouvelle devise ou le bouton **Supprimer** pour supprimer les devises sélectionnées.

Figure 8.37 : *La liste des devises*

Saisir la description de la boutique

La rubrique *Description* de la page *Informations sur la boutique* est dédiée à la saisie, au moyen d'un éditeur WYSIWYG, du texte de présentation de la boutique (vous pouvez, bien entendu, également y placer des images).

Ces informations, dans lesquelles il est évidemment conseillé de placer des mots-clés à l'attention des moteurs de recherche, seront affichées sur le frontend si, dans un menu, est créé un lien menant à la boutique (c'est-à-dire vers le composant VirtueMart).

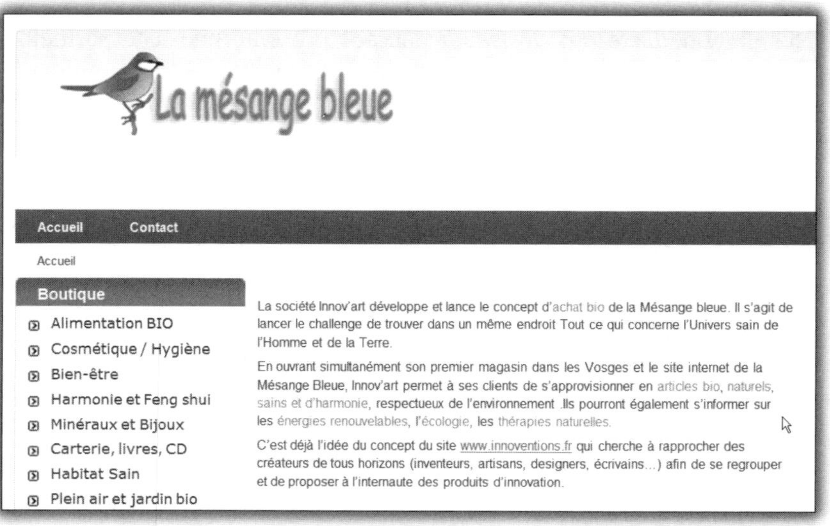

Figure 8.38 : *L'affichage de la description de la boutique du site http://www.la-mesange-bleue.fr dans le frontend*

Saisir les conditions générales de vente

Présentée dans le même éditeur WYSIWYG, la rubrique *Conditions générales de vente* de la page **Informations sur la boutique** est, elle, dédiée à la saisie du texte des conditions générales de vente de la boutique.

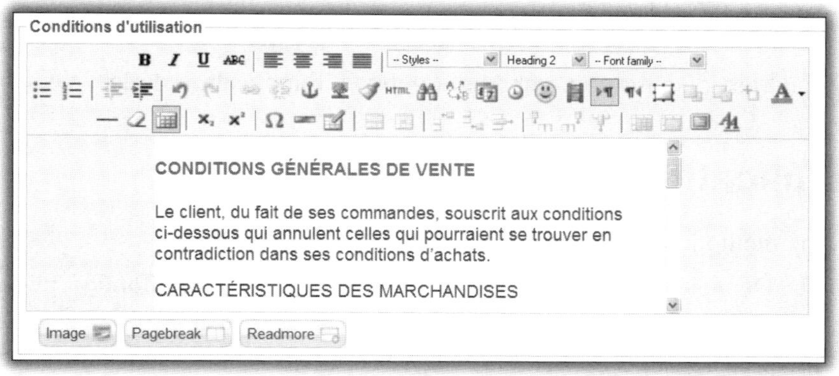

Figure 8.39 : *La saisie des conditions générales de vente dans les paramètres de la boutique*

REMARQUE

Placer les conditions générales de vente dans un article

Une autre façon d'afficher les conditions générales de ventes (CGV) consiste à les saisir dans un article. Cette méthode, plus souple que la précédente, permet de donner accès aux CGV lors de la commande, mais aussi depuis n'importe qu'elle partie du site, par un lien placé dans un menu ou dans un article.

Suivez ce mode opératoire :

- Créez un article depuis le menu **Contenu/Gestion des articles** de l'interface d'administration de Joomla. Nommez cet article `Conditions générales de vente`.
- Activez le menu **Composants/VirtueMart** pour afficher l'interface d'administration de VirtueMart. Cliquez sur le menu **Configuration générale/Configuration**.
- Dans la page *Configuration*, l'onglet **Général** est affiché. Sélectionnez l'article des conditions générales de vente dans la liste *Lien vers la version longue de votre texte concernant la politique des retours* de la rubrique *Paramètres d'enregistrement des utilisateurs*.
- Cliquez sur le bouton **Enregistrer**.

Figure 8.40 : *Le choix de l'article des Conditions générales de vente*

8.6. La TVA

VirtueMart dispose de nombreuses options d'application de la TVA.

L'application du calcul de la TVA

Trois méthodes d'application de la TVA sont possibles :

1 Depuis l'interface de VirtueMart, activez le menu **Configuration générale/Configuration**.

2 Dans l'onglet **Général**, choisissez l'un des modes de calcul de la TVA dans la liste déroulante *Calcul des taxes* de la rubrique *Configuration des taxes (TVA)*.

Le choix proposé par défaut est *Basée sur l'adresse du vendeur*.

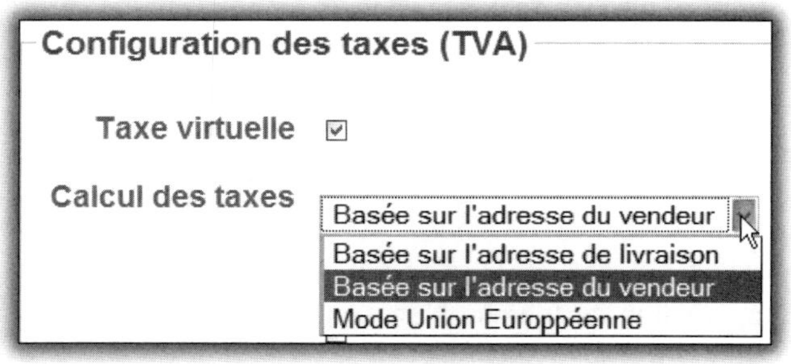

Figure 8.41 : *Le choix du mode de calcul de la TVA*

VirtueMart permet trois méthodes de calcul de la TVA :

- *Basée sur l'adresse de livraison*. Le calcul de la TVA est établi sur les taux de TVA du pays de livraison de l'internaute qui effectue l'achat. Les taux de TVA des pays autorisés dans la boutique doivent alors être définis par le menu **Taxes/Ajouter un taux de TVA**.

REMARQUE

Le pays de l'acheteur est connu

Lorsque l'internaute crée son compte client avant de passer sa commande, il doit spécifier son pays de résidence dans un formulaire.

- *Basée sur l'adresse du vendeur*. Le calcul de la TVA est établi sur les taux de TVA du pays dans lequel la boutique est juridiquement établie.

> **Le pays de la boutique**
>
> Pour définir le pays de la boutique, cliquez sur le menu **Boutique/Éditer la boutique**. Dans la page *Informations sur la boutique*, choisissez le pays de la boutique dans la liste *Pays* de la rubrique *Boutique*.

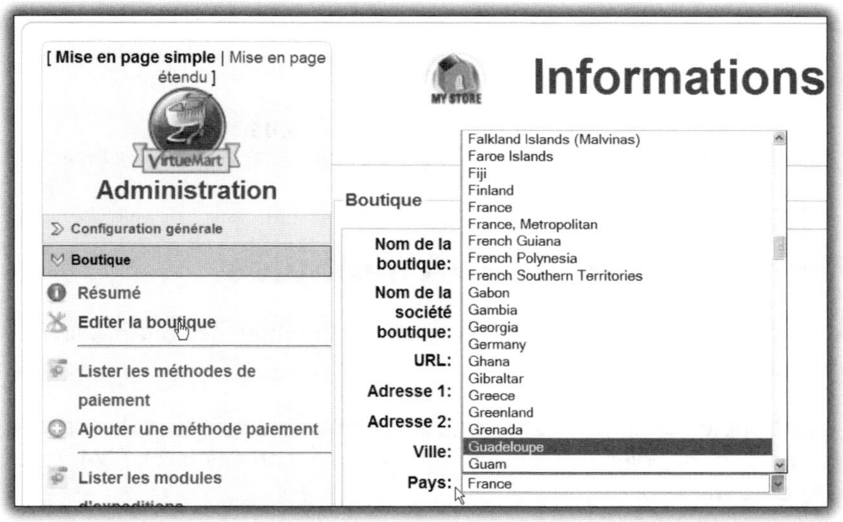

Figure 8.42 : *Le choix du pays de la boutique*

- *Mode Union Européenne*. Le calcul de la TVA est établi comme dans le cas précédent, si le client réside dans un pays de la communauté européenne. Dans le cas contraire, la TVA du pays du client est appliquée, si elle a été paramétrée.

Appliquer une taxe sur les produits immatériels

Les produits téléchargés (musiques, vidéos, logiciels, etc.) n'ont pas d'existence physique. Ils se distinguent donc des produits traditionnels en ce sens qu'ils ont un poids nul (Le poids d'un produit peut être défini par le menu **Produits/Lister les produits**, après avoir cliqué sur le produit concerné, dans la zone *Poids* de l'onglet **Dimensions et poids du produit**.)

Il vous est possible d'indiquer si la TVA doit ou non être appliquée sur ce type de produits.

Dans l'onglet **Général** de la page **Configuration**, cochez la case *Taxe virtuelle* de la rubrique *Configuration des taxes (TVA)* (cette case est activée par défaut).

Figure 8.43 : *L'activation de la taxe virtuelle*

Utiliser des taux de TVA multiples

Vous devez utiliser cette option si tous vos produits ne sont pas soumis aux mêmes taux de TVA.

Dans l'onglet **Général** de la page *Configuration*, cochez la case *Activer le taux de TVA multiples ?* de la rubrique *Configuration des taxes (TVA)* (cette case est activée par défaut).

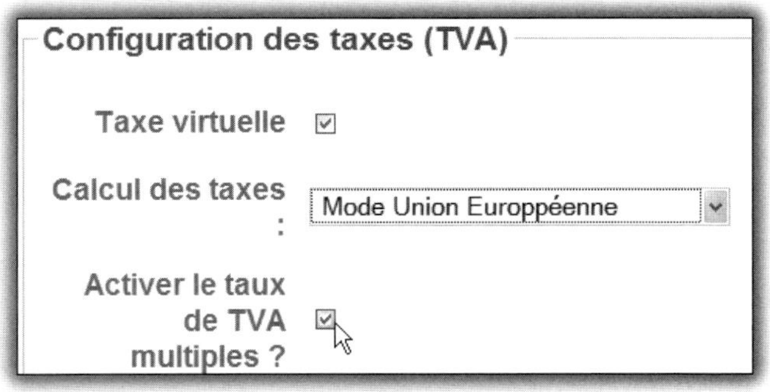

Figure 8.44 : *L'activation de la gestion des taux de TVA multiples*

Créer les taux de TVA par pays ou région

Pour affecter à chacun de vos produits le code TVA qui lui correspond, vous devez au préalable créer les taux de TVA pour chacun des pays et des états concernés, si vous avez opté pour un calcul de TVA utilisant ces paramètres (taux de TVA basé sur l'adresse de livraison ou sur le mode Union européenne).

1 Depuis l'interface de VirtueMart, activez le menu **Taxes/Lister les taux de TVA**.

La page *Liste des taux de TVA* est affichée.

2 Supprimezr les définitions de taxes inutiles en les cochant puis en cliquant sur le bouton **Supprimer**.

Figure 8.45 : *Suppression d'un taux de TVA*

3 Confirmez la suppression en cliquant sur le bouton OK de la boîte de dialogue affichée.

4 Pour créer un nouveau taux, cliquez sur le bouton **Nouveau**.

5 Définissez le pays dans la liste de la zone *TVA pour le pays*.

6 Faites de même pour la zone *TVA pour l'état ou la région*.

7 Saisissez la valeur du taux dans la zone *Taux de TVA*.

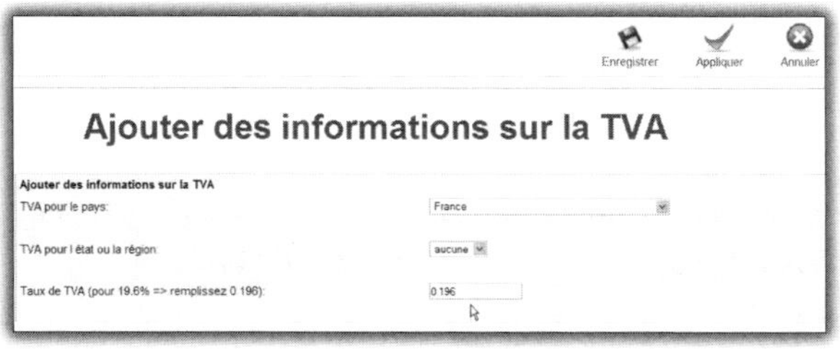

Figure 8.46 : *La saisie d'un taux de TVA*

REMARQUE

Affichage de la mention indiquant que la TVA est incluse

Une mention indiquant que la TVA est comprise peut être affichée à coté du prix du produit, accompagnée du taux de TVA appliqué.

Pour ce faire, activez le menu **Configuration générale/Configuration**. Dans l'onglet **Général** de la page **Configuration**, décochez la case *Affiche "(TVA XX% comprises)" quand possible?* de la rubrique *Configuration des prix*.

Figure 8.47 :
La mention indiquant que la TVA est incluse

8.7. Créer le catalogue de produits

Vous allez désormais saisir vos produits et leurs caractéristiques.

Créer les fabricants de produits

Avant de créer les produits, vous allez constituer la liste des fabricants (ou des marques) auxquels sont rattachés les produits.

Si le nombre de fabricants est important, il est préférable de créer des catégories de fabricants. Cela facilitera votre classement. Sinon, la catégorie qui sera utilisée par défaut se nomme *default*.

1 Depuis l'interface d'administration de VirtueMart, activez le menu **Fabricants/Ajouter une catégorie de fabricants**.

La page **Formulaire catégorie fabricant** est affichée.

2 Saisissez le nom de la catégorie du fabricant dans le champ *Nom de la catégorie*.

3 Saisissez un descriptif dans la zone *Description de la catégorie*.

4 Cliquez sur le bouton **Enregistrer**.

REMARQUE

Suppression d'une catégorie

Pour supprimer une catégorie, affichez la liste des fabricants par le menu **Fabricants/Lister les catégories de fabricants**. Dans la page **Liste des catégories de fabricants**, cochez le nom de la catégorie, puis cliquez sur le bouton **Supprimer**.

Vous allez maintenant créer un fabricant.

5 Depuis l'interface d'administration de VirtueMart, activez le menu **Fabricants/Ajouter un fabricant**.

La page **Ajouter une information** est affichée.

6 Saisissez le nom du fabricant dans le champ *Nom du fabricant*.

7 Saisissez l'URL du site Internet du fabricant dans la zone *URL*.

8 Saisissez l'adresse électronique du fabricant dans la zone *Email*.

REMARQUE

Affichage et masquage de l'URL du fabricant dans la fiche du produit

Pour activer cette option, cliquez sur le menu **Configuration générale /Configuration**. Depuis l'onglet **Site**, cliquez sur le lien *Configuration* de la rubrique *Affichage*. Dans la page **Paramètres du thème** qui est alors affichée, activez ou désactivez l'option de la ligne *Show Manufacturer Link*.

Si l'option est activée, les informations concernant le fabricant (l'adresse du site Internet, l'adresse électronique et le descriptif) s'afficheront dans une fenêtre depuis la page de détails du produit, lorsque le lien du fabricant sera cliqué.

REMARQUE

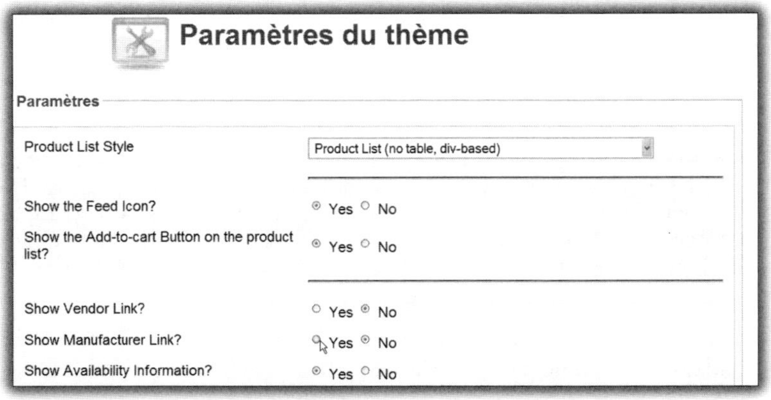

Figure 8.48 : *L'affichage du fabricant*

9 Choisissez la catégorie de fabricant dans la liste déroulante *Catégorie de fabricant*.

10 Saisissez un descriptif dans la zone *Description*.

11 Cliquez sur le bouton **Enregistrer**.

REMARQUE

Suppression d'un fabricant

Affichez la liste des fabricants par le menu **Fabricants/Lister des fabricants**. Dans la page **Liste des fabricants**, cochez le nom du fabricant, puis cliquez sur le bouton **Supprimer**.

Créer des catégories de produits

Un produit doit être rattaché à une catégorie. Aussi, avant de créer des produits, est-il nécessaire de créer des catégories de produits. En outre, la création d'une hiérarchie de catégories permet de structurer le catalogue.

1 Depuis l'interface d'administration de VirtueMart, activez le menu **Produits/Ajouter une catégorie**.

La page **Information sur la catégorie** s'affiche.

2 Depuis l'onglet **Information sur la catégorie**, saisissez le nom de la catégorie du produit dans le champ *Nom de la catégorie*.

3 Saisissez un descriptif dans la zone *Description de la catégorie*.

Le choix de l'ordre d'affichage ne sera possible qu'après l'enregistrement effectué.

4 Choisissez le niveau supérieur de la catégorie dans la liste déroulante *Parent*.

Une catégorie de niveau 1 doit être affectée au niveau parent *Default -Top Level*.

5 La zone *Affiche x produits par ligne* permet de définir le nombre de produits affichés par ligne lorsque la rubrique est cliquée.

6 Les listes déroulantes *Page de navigation catégorie* et *Page produit de la catégorie* définissent respectivement le modèle de mise en forme de la page de la catégorie et celui de la page des produits de la catégorie.

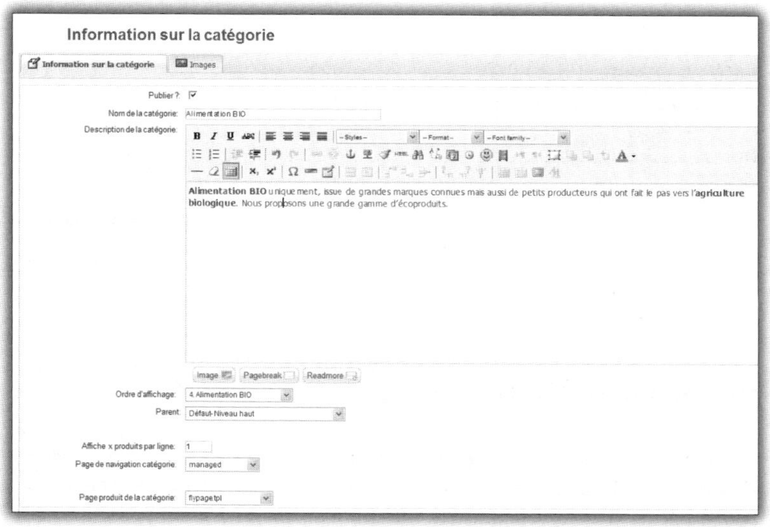

Figure 8.49 : *La saisie d'une catégorie*

Il est possible d'associer une image à une catégorie.

7 Cliquez sur l'onglet **Images**, puis exécutez l'une des manipulations suivantes :

- Pour associer une image au format d'une vignette à partir d'une image de grande taille, cliquez dans la zone *Image grande taille*, puis choisissez, depuis la boîte de dialogue **Envoi du fichier**, le fichier de l'image de la catégorie et cliquez sur le bouton **Ouvrir**. Sous l'onglet **Images** de la page **Information sur la catégorie**, cliquez sur l'option *Auto-création vignette ?*, puis sur le bouton **Appliquer**. Cliquez à nouveau sur l'onglet **Images** pour constater que la vignette associée à la catégorie est alors générée. Cette dernière est visible sous la rubrique *Vignette* (colonne de droite).

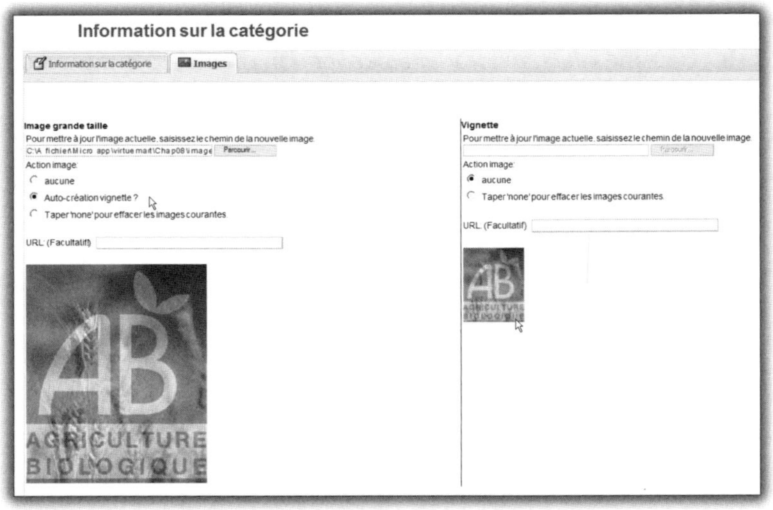

Figure 8.50 : *La création de l'image de la catégorie dans le format d'une vignette*

> **REMARQUE**
>
> **Modification des dimensions des vignettes**
>
> La largeur et la hauteur des vignettes sont modifiables depuis les zones *Largeur de la vignette* et *Hauteur de la vignette*, accessibles depuis le menu **Configuration/Configuration générale**, sous l'onglet **Site** et la rubrique *Affichage*.
>
> La modification sera appliquée pour les futures vignettes générées. Les vignettes créées avant la modification des dimensions restent dans leur taille initiale.

REMARQUE

Figure 8.51 : *La modification des dimensions des futures vignettes*

- Pour associer une image de taille personnalisée à la catégorie, cliquez dans la zone *Vignette*, puis choisissez, depuis la boîte de dialogue **Envoi du fichier**, le fichier de l'image de la catégorie et cliquez sur le bouton **Ouvrir**. Sous l'onglet **Images** de la page **Information sur la catégorie**, cliquez sur le bouton **Appliquer**. Cliquez à nouveau sur l'onglet **Images** pour constater que l'image utilisée pour la catégorie conserve les dimensions de l'image initialement choisie, visible sous la rubrique *Vignette* (colonne de droite).

Figure 8.52 : *La création de l'image de la catégorie dans un format personnalisé*

- Saisissez dans la zone *URL* de la rubrique *Vignette*, l'URL de l'image de la vignette.

8 Cliquez sur le bouton **Enregistrer**.

Figure 8.53 : *La liste des catégories hiérarchisées*

La catégorie de produit créée apparaît dans la liste des catégories hiérarchisées de la page **Arborescence des catégories**.

REMARQUE

Supprimer l'image d'une catégorie

Pour ce faire, éditez la catégorie depuis la page **Arborescence des catégories** accessible depuis le menu **Produits/Lister les catégories**. Cliquez sur l'onglet **Images** de la page **Information sur la catégorie**, puis cochez l'option *Taper 'none' pour effacer les images courantes* de la rubrique *Vignette* et cliquez sur le bouton **Appliquer**.

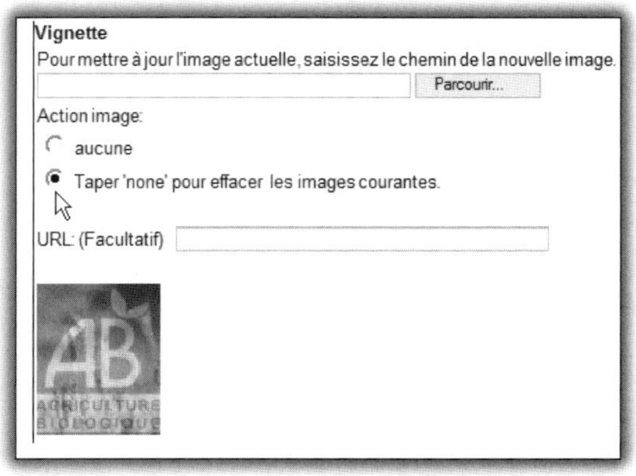

Figure 8.54 : *La suppression de l'image d'une catégorie*

REMARQUE

Ne pas publier une catégorie

Une catégorie est, par défaut, publiée. Pour ne pas la publier, affichez la page **Arborescence des catégories**, accessible depuis le menu **Produits/Lister les catégories**, puis cliquez dans la colonne *Publier* de la ligne correspondant à la catégorie à retirer de la publication.

Une autre méthode consiste à éditer la catégorie, puis à décocher la case *Publier ?* sous l'onglet **Information sur la catégorie**.

Attention, une catégorie qui n'est pas publiée n'annule pas la publication des produits qui lui sont associés ! Il faut également annuler la publication de ces produits.

REMARQUE

Supprimer une catégorie

Pour supprimer une catégorie, affichez la page **Arborescence des catégories** par le menu **Produits/Lister les catégories**, puis cochez le nom de la catégorie et cliquez sur le bouton **Supprimer**. La suppression d'une catégorie provoque la suppression des produits qui lui sont rattachés, sauf si ce dernier est associé à d'autres catégories.

Saisir les produits

Après avoir créé les différentes classifications de produits, vous allez procéder à la saisie des produits. Plusieurs méthodes s'offrent à vous.

Saisir les caractéristiques de base d'un produit

1 Pour ajouter un produit, activez le menu **Produits/Ajouter un produit**.

La page **Nouveau produit** s'affiche. Elle renferme plusieurs onglets qui vous permettent de saisir les différentes caractéristiques du produit.

L'onglet **Informations du produit** est dédié à la saisie des caractéristiques principales du produit (voir Figure 8.55).

2 Saisissez la référence du produit qui doit être unique dans la zone *Ref*.

3 Saisissez le nom du produit dans le champ *Nom*.

B.U. ANGERS

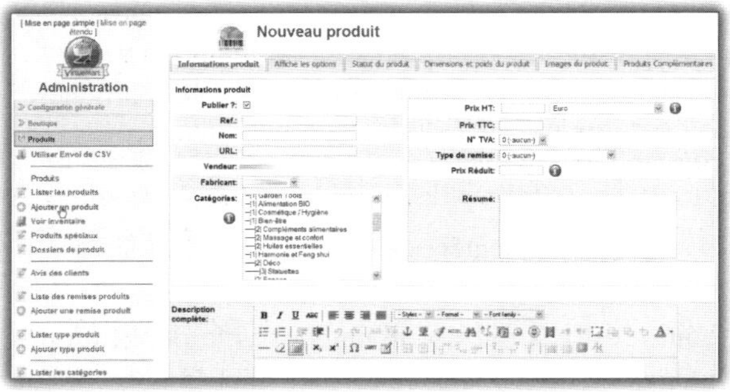

Figure 8.55 : La page d'ajout d'un nouveau produit

4 Saisissez l'URL dans la zone *URL*.

La zone *Vendeur* contient le nom de la société de la boutique qui a été définie dans les informations de la boutique par le menu **Boutique /Boutique Editer la boutique**.

REMARQUE

Multivendeurs

La version actuelle de VirtueMart, 1.1.3, n'est pas multivendeurs. La gestion des vendeurs est accessible depuis le menu **Vendeurs**, mais n'est pas opérationnelle et est en version alpha. Il est donc recommandé de ne pas l'utiliser tant que la phase de débogage n'est pas terminée. Un message est affiché dans la page **Ajouter des informations** si vous activez le menu **Vendeurs/Ajouter un vendeur**.

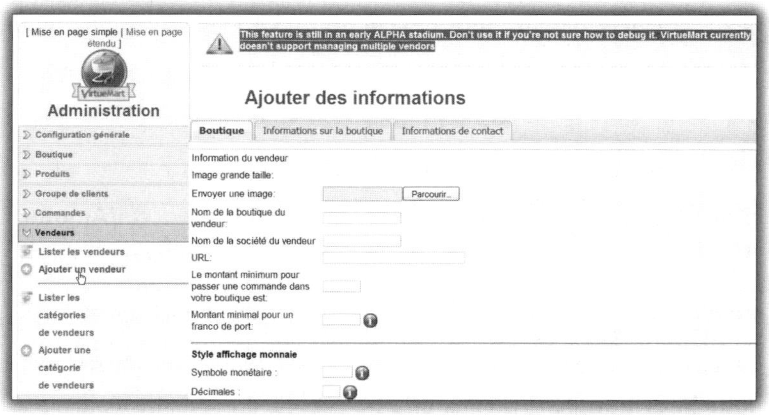

Figure 8.56 : L'ajout de plusieurs vendeurs n'est pas conseillé

5 Choisissez le fabricant, créé auparavant, dans la liste *Fabricant*.

6 Cliquez sur la catégorie du produit dans la liste *Catégories*. Plusieurs catégories peuvent être sélectionnées au moyen des touches [Ctrl] ou [Maj].

7 Saisissez le prix HT du produit dans la zone *Prix HT*. La devise proposée dans la liste à droite du prix HT est celle paramétrée depuis la page **Informations sur la boutique** par le menu **Boutique /Editer la boutique**.

8 Choisissez le taux de TVA à appliquer sur le produit dans la liste *N°TVA*.

Le prix TTC du produit est systématiquement affiché dans la zone *Prix TTC* si le prix HT et le taux de TVA ont été définis.

REMARQUE

La mise à jour du prix HT ou du prix TTC

Le prix HT est recalculé automatiquement si le prix TTC est saisi dans la zone *Prix TTC* et inversement. Il est quelquefois plus simple de saisir des prix TTC avec des décimales précises (par exemple 15,90) pour en déduire un calcul automatique du prix HT.

9 Saisissez un descriptif succinct dans la zone *Résumé* qui sera affiché dans la page de la catégorie du produit et dans celle de tous les produits. La taille maximale est de 255 caractères.

10 Saisissez un descriptif complet dans la zone *Description complète* qui sera affichée dans la page de détails du produit.

11 Cliquez sur le bouton **Enregistrer**.

REMARQUE

Importer ou exporter des produits dans un fichier CSV

Pour importer ou exporter des produits d'un fichier au format CSV, le composant *CSV Improved* doit être installé. Les versions récentes du composant sont payantes ; les versions anciennes gratuites doivent être installées avec le plugin *System – Legacy* activé. Toutefois il est recommandé de faire une sauvegarde avant l'installation. Le menu **Produits/Utiliser Envoi de CSV** permet d'accéder à la page de téléchargement du composant sur le site http://www.csvimproved.com/downloads.

Pour installer une version téléchargée, installez le composant depuis le menu **Extensions/Installer/Désinstaller**, puis suivez les instructions pour importer ou extraire des produits à VirtueMart.

REMARQUE

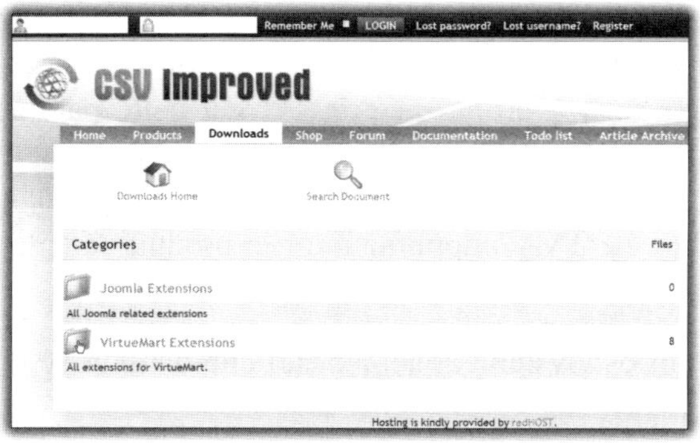

Figure 8.57 : *La page de téléchargement d'extensions VirtueMart depuis le site http://www.csvimproved.com/downloads*

Éditer un produit

1 Activez le menu **Produits/Lister les produits**.

La page *Liste des produits* affiche les produits dans un tableau avec certaines caractéristiques.

2 Pour rechercher un produit, utilisez les zones de recherche, situées en haut de la page, ou la liste *Filtre* pour afficher les produits d'une catégorie.

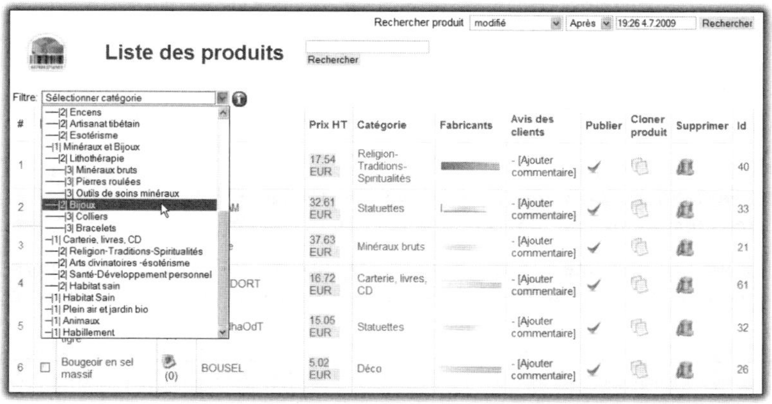

Figure 8.58 : *Le filtre sur les catégories*

3 Pour éditer le produit, cliquez sur le nom du produit.

La page **Mettre à jour l'élément** affiche les caractéristiques du produit dans les différents onglets.

REMARQUE

Ne pas publier un produit

Un produit est, par défaut, publié. Pour ne pas le publier, affichez la page **Liste des produits**, accessible depuis le menu **Produits/Lister les produits**, puis cliquez dans la colonne *Publier* de la ligne du produit à retirer.

Une autre méthode consiste à éditer le produit, puis à décocher la case *Publier ?* sous l'onglet **Informations produit**.

REMARQUE

Supprimer un produit

Affichez la liste des produits par le menu **Produits/Lister des produits**. Dans la page **Liste des produits**, cochez la case à gauche du produit, puis cliquez sur le bouton **Supprimer**.

REMARQUE

Cloner un produit

Cette opération est utile si vous disposez de produits similaires. Affichez la liste des produits par le menu **Produits/Lister des produits**, puis cliquez sur le bouton **Cloner produit**. La page **Mettre à jour l'élément** affiche alors les caractéristiques du produit. Modifiez les caractéristiques de votre choix et, dans tous les cas, changez la référence du produit qui doit être unique afin que le système puisse l'identifier.

Intégrer l'image principale du produit

1 Éditez le produit depuis la page **Liste des produits**, accessible depuis le menu **Produits/Lister les produits**.

2 Cliquez sur l'onglet **Images du produit**.

Cet onglet permet d'associer au produit une image agrandie et de générer la vignette de l'image, sans avoir à le faire depuis votre logiciel de retouche d'image. Il n'est pas utile de transférer l'image via un système tel que [FileZilla]. L'image agrandie est visible lorsque la vignette du produit est cliquée depuis la page de détails du produit.

3 Cliquez dans la zone *Image grande taille*, puis choisissez, depuis la boîte de dialogue **Envoi du fichier**, le fichier de l'image agrandie du produit et cliquez sur le bouton **Ouvrir**. Sous l'onglet **Images du produit** de la page **Mettre à jour l'élément**, cliquez sur l'option *Auto-création vignette ?*, puis sur le bouton **Appliquer**.

4 Cliquez à nouveau sur l'onglet **Images du produit** pour constater que l'image agrandie du produit est affichée sous la rubrique *Image grande taille* (colonne de gauche) et que sa vignette est visible sous la rubrique *Vignette* (colonne de droite).

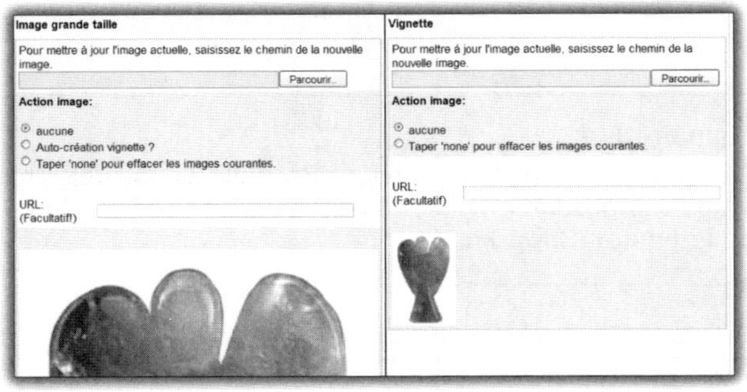

Figure 8.59 : *L'image du produit et sa vignette*

Il est également possible d'associer au produit une vignette de taille personnalisée.

5 Cliquez dans la zone *Vignette*, puis choisissez, depuis la boîte de dialogue **Envoi du fichier**, le fichier de l'image de la vignette du produit et cliquez sur le bouton **Ouvrir**. Sous l'onglet **Images du produit** de la page **Mettre à jour l'élément**, cliquez sur le bouton **Appliquer**. Cliquez à nouveau sur l'onglet **Images du produit** pour constater que l'image utilisée pour la vignette conserve les dimensions de l'image choisie, visible sous la rubrique *Vignette* (colonne de droite).

Associer au produit des images et des fichiers complémentaires

VirtueMart permet d'afficher plusieurs images pour un produit et d'associer des fichiers tels que des notices aux formats PDF, des vidéos ou des sons, par exemple.

1 Affichez la page **Liste des produits** par le menu **Produits/Lister les produits**.

2 Cliquez sur l'icône de la colonne *Media* de la ligne du produit.

Le numéro à droite de l'icône est le nombre de fichiers associés au produit. Si vous avez associé une grande image ainsi que sa vignette, le nombre indiqué est *2*.

Figure 8.60 :
Le gestionnaire de fichiers du produit va être affiché

La page **Gestionnaire de fichiers::Liste Image/Fichier** affiche les images et les fichiers du produit dans un tableau. Depuis cette page, il est possible d'ajouter, de supprimer et de voir les fichiers du produit.

3 Pour associer un nouveau fichier, cliquez sur le bouton **Nouveau**.

Le formulaire **Envoyer un fichier** s'affiche dans une autre fenêtre.

4 Pour associer une image supplémentaire au produit, choisissez *Image* dans la liste *Type de fichier*, puis cliquez sur le bouton dans la zone *Nom de fichier* pour la choisir depuis un emplacement de votre ordinateur.

5 Saisissez le texte associé à l'image dans la zone *Titre Fichier*.

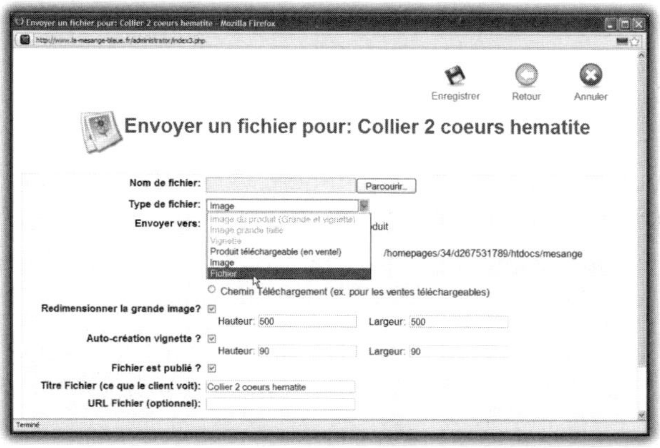

Figure 8.61 :
Le choix du type de fichier associé

6 Pour associer un fichier à un produit, choisissez *Fichier* dans la liste *Type de fichier*, puis saisissez le texte du lien du fichier dans la zone *Titre fichier*.

7 Cliquez sur le bouton **Enregistrer**.

Dans la page **Gestionnaire de fichiers:Liste Image/Fichier**, le fichier supplémentaire est ajouté à la liste.

REMARQUE

Changer de fichier

En cas d'erreur de fichier, vous pouvez en changer depuis la page **Gestionnaire de fichiers:Liste Image/Fichier**, en cliquant sur le nom du fichier afin d'accéder à nouveau à la page **Envoyer un fichier**.

Associer des attributs à un produit

Les attributs sont des caractéristiques ajoutés au produit. Par exemple, la couleur et la taille sont des attributs pour un pull-over, la puissance est un attribut pour une voiture. Chaque attribut a des valeurs qui sont définies comme des propriétés. Par exemple, rouge, vert et bleu sont les propriétés de l'attribut couleur.

Le produit affiche une liste de choix et l'internaute sélectionne une option pour le produit avant de l'ajouter au panier. Par exemple, l'internaute va choisir rouge pour un pull-over.

Vous allez définir un attribut et ses propriétés.

1 Éditez le produit depuis la page **Liste des produits**, accessible depuis le menu **Produits/Lister les produits**.

2 Cliquez sur l'onglet **Statut du produit**, puis saisissez le nom de l'attribut dans la zone *Titre* de la rubrique *Liste des attributs*, par exemple Couleur.

3 Saisissez ensuite le nom de la première valeur de l'attribut dans la zone *Propriété*, par exemple Rouge.

4 La zone *Prix HT* permet de définir le prix du produit en fonction de la propriété. Utilisez l'une des saisies suivantes :

- Pour conserver le prix initial HT du produit (saisi dans la zone *Prix HT* de l'onglet *Informations produit*) laissez la zone *Prix HT* vide.

- Pour augmenter le prix initial HT du produit de *X*, saisissez +X dans la zone *Prix HT*.
- Pour diminuer le prix initial HT du produit de *X*, saisissez -X dans la zone *Prix HT*.
- Pour définir un prix *X* différent du prix initial HT du produit, saisissez =X.

5 Pour ajouter une nouvelle propriété à l'attribut, cliquez sur le lien *Nouvelle propriété*. Répétez l'action en fonction du nombre de valeurs de l'attribut.

6 Pour créer un nouvel attribut et ses propriétés, cliquez sur le lien *Nouvel attribut*.

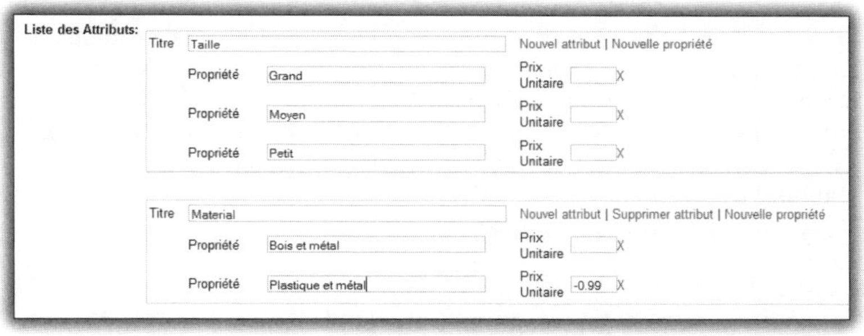

Figure 8.62 : *La saisie d'attributs et de propriétés*

7 Cliquez sur le bouton **Enregistrer**.

> **Gestion des stocks**
> Cette méthode ne permet pas de gérer les stocks du produit par attribut car le système considère qu'il n'existe qu'un produit, quel que soit le nombre d'attributs créés.

Dans le frontend de la boutique, une liste déroulante est affichée dans la page de détails du produit. Cette liste renferme les propriétés de l'attribut créé précédemment. La valeur entre parenthèses, affichée à droite de certaines propriétés dans la liste déroulante, indique l'augmentation TTC ou la diminution TTC par rapport au prix du produit.

Figure 8.63 :
L'affichage dans le frontend

REMARQUE

Créer des produits personnalisables par l'acheteur

Si votre boutique met en vente des objets que l'acheteur peut personnaliser (des tee-shirts à son nom, par exemple), il vous est possible de définir une ou plusieurs zones de texte à compléter par l'acheteur, lors de l'achat. La saisie du texte est effectuée avant l'ajout du produit dans le panier.

Pour ce faire, éditez le produit depuis la page **Liste des produits**, accessible depuis le menu **Produits/Lister les produits**, puis cliquez sur l'onglet **Statut du produit**. Saisissez le nom de l'attribut dans la zone *Liste des attributs personnalisés*. Si plusieurs attributs doivent apparaître, saisissez les noms des attributs personnalisés séparés par des points-virgules.

Figure 8.64 : *La saisie de données personnelle, pour un produit, lors de son achat*

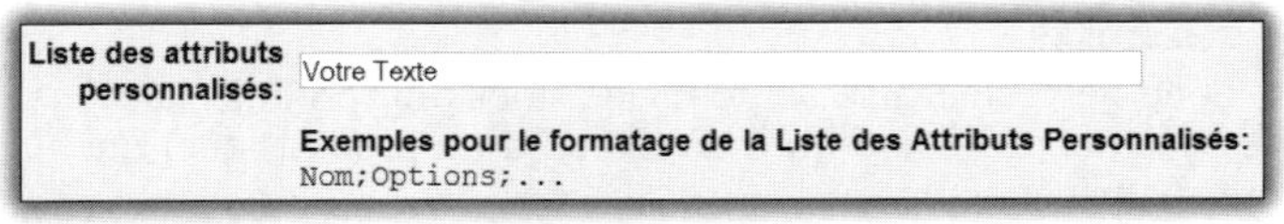

Figure 8.65 : *La création d'attributs personnalisés*

Décliner un produit

Un produit peut être créé avec des conditionnements différents (un savon distribué en pains de poids différent ou liquide, par exemple).

Il vous faut alors constituer le produit principal (ou produit parent), puis les variantes (produits enfants). Les produits parents et enfants ayant des références distinctes, il est donc possible de définir les stocks de chaque produit afin de pouvoir les gérer.

La première étape consiste à créer le produit principal.

1 Pour cela, utilisez le menu **Produits/Ajouter un produit**, renseignez les caractéristiques de base du produit, puis cliquez sur le bouton **Appliquer** pour enregistrer les données du produit.

Le titre de la page **Nouveau produit** est modifié en **Mettre à jour l'élément**.

La deuxième étape est celle de la définition d'un attribut.

2 Depuis la page **Mettre à jour l'élément** du produit parent, cliquez sur le bouton **Ajouter un attribut**. Ce bouton n'est pas accessible depuis la page **Nouveau produit**.

3 Dans la page **Formulaire d'Attribut** affichée, saisissez le nom de l'attribut dans la zone *Nom de l'attribut*.

4 Dans la zone *Ordre d'affichage*, saisissez une valeur afin d'indiquer sa position par rapport aux autres attributs, si ceux-ci existent.

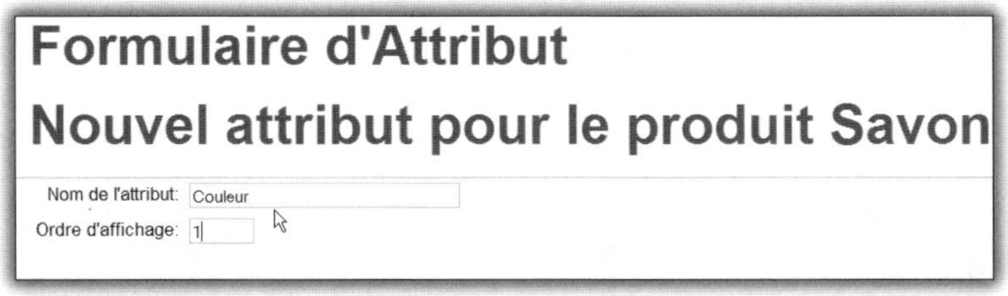

Figure 8.66 : *La seconde étape*

5 Cliquez sur le bouton **Enregistrer**.

La page **Liste d'attributs pour** affiche les attributs créés.

REMARQUE

Ajouter, modifier, supprimer un attribut

Pour modifier un attribut, cliquez sur le nom de l'attribut dans la page **Liste d'attributs pour** afin de l'éditer. Pour ajouter un nouvel attribut, cliquez sur le bouton **Nouveau**. Pour supprimer un attribut, utilisez le bouton **Supprimer** après avoir sélectionné l'attribut.

L'étape suivante consiste à créer des déclinaisons du produit principal.

6 Activez le menu **Produits/Ajouter un élément**.

La page **Nouvel élément** s'affiche avec des zones vierges pour la saisie des caractéristiques du produit enfant.

7 Saisissez la référence du produit enfant, unique, donc distincte de celle du produit parent, dans la zone *Réf*.

8 Saisissez le nom du produit enfant dans la zone *Nom* qui ne doit pas rester vide. Les autres zones peuvent le rester, ce sont les données définies pour le produit principal qui seront prises en compte.

9 Cliquez sur l'onglet **Statut de l'élément**, puis saisissez la valeur de chaque attribut dans la zone de la rubrique *Attributs de l'élément*.

10 Saisissez éventuellement la quantité disponible dans la zone *En stock* de la rubrique *Statut de l'élément* pour gérer les stocks du produit enfant.

REMARQUE

Modifier un produit enfant

Affichez les produits par le menu **Produits/Lister les produits**. Le produit ayant des produits enfants est repérable par le lien *[Information de l'élément]* placé à droite de son nom. Cliquez sur ce lien pour afficher les produits enfants dans la page **Liste des produits**, puis sur le nom d'un produit pour l'éditer.

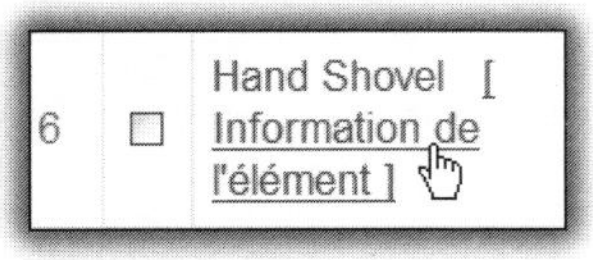

Figure 8.67 : *L'accès aux produits enfants*

Dans le frontend de la boutique, les produits enfants sont affichés dans une liste déroulante de la fiche de détails du produit parent. Les caractéristiques du produit enfant sont affichées lorsqu'un produit enfant est choisi dans la liste déroulante.

Il est possible de modifier l'affichage des produits de la liste.

11 Depuis l'interface d'administration de VirtueMart, affichez la liste des produits par le menu **Produits/Lister les produits**, puis éditez le produit parent. Cliquez ensuite sur l'onglet **Affiche les options**.

12 Pour ne pas afficher les caractéristiques d'un produit enfant lorsque celui-ci est cliqué, cochez la case *Efface les valeurs d'affichage des produits enfants et utilise les parents*.

13 Lorsque la case de la liste *Utiliser une liste déroulante pour les produits enfants* est cochée, les produits enfants sont affichés dans un tableau. Utilisez les paramètres de la zone *Style de la liste* devenus actifs pour personnaliser l'affichage des produits enfants.

Associer les produits complémentaires

Les produits complémentaires sont des produits ayant un lien avec le produit présenté, tels que des accessoires ou des modèles similaires.

1 Éditez le produit depuis la page **Liste des produits** accessible depuis le menu **Produits/Lister les produits**.

2 Cliquez sur l'onglet **Produits complémentaires**, puis saisissez le nom du produit à associer dans la zone *Trouver des produits ou des catégories ici*.

Une liste des produits trouvés s'affiche sous la zone de saisie.

3 Cliquez un produit de la liste pour l'afficher dans la liste de droite. Répétez l'opération pour en ajouter plusieurs.

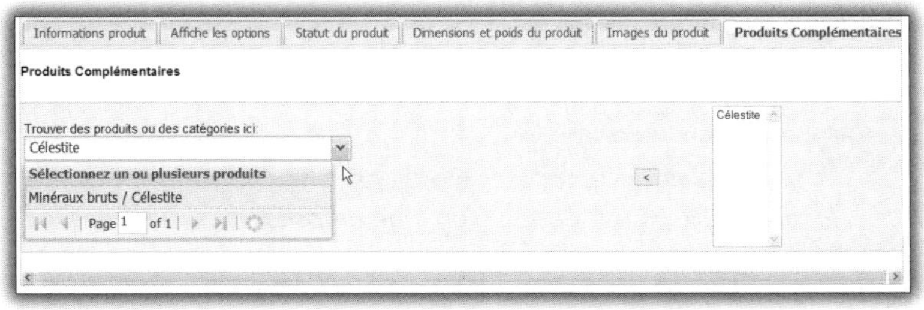

Figure 8.68 : *L'association de produits complémentaires*

REMARQUE

Supprimer des produits complémentaires

Depuis l'onglet **Produits complémentaires**, cliquez sur le produit complémentaire dans la liste de droite, puis sur le symbole <. Le produit est alors retiré des produits complémentaires.

Personnaliser un produit par ajout des caractéristiques spécifiques

Il est possible d'ajouter des caractéristiques complémentaires à un produit.

Créer un type de produit

1 Activez le menu **Produits/Ajouter type produit**.

La page **Information type produit** est affichée.

2 Saisissez un nom, qui donnera naissance à un nouvel onglet dans la page de mise à jour du produit, dans la zone *Nom Type Produit*, puis un descriptif succinct dans la zone *Description type produit*.

3 Cliquez sur le bouton **Enregistrer**.

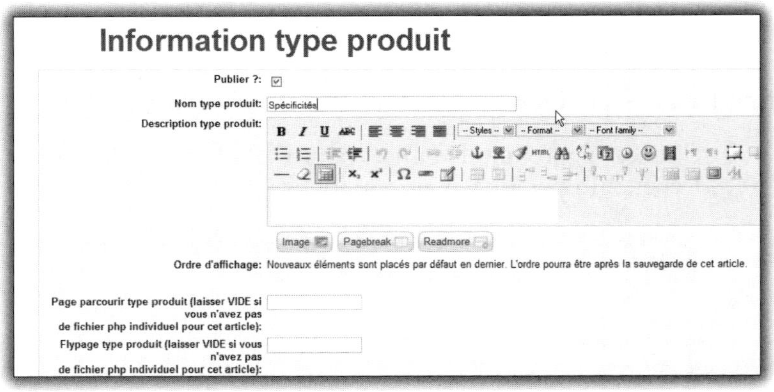

Figure 8.69 : *La création d'un type de produit*

Créer les paramètres du produit type

Cette étape consiste en la création des étiquettes et des zones de saisie qui apparaîtront sous l'onglet.

1 Activez le menu **Produits/Lister type produit**, puis cliquez sur le lien *[Afficher]* de la colonne *Paramètres* de la ligne du type de produit dans la page **Lister type produit** affichée.

2 Cliquez sur le bouton **Nouveau** dans la page **Paramètres de type produit**.

La page **Information paramètre Type produit** est affichée.

3 Saisissez le nom du premier paramètre du type de produit dans la zone *Nom paramètre*.

4 Saisissez le texte qui sera affiché dans le frontend pour désigner ce paramètre, dans la zone *Etiquette paramètre*.

5 Saisissez éventuellement un texte descriptif du paramètre qui sera affiché comme aide dans le frontend dans la zone *Description*.

La modification de l'ordre d'affichage ne sera possible qu'après un premier enregistrement des informations.

6 Choisissez le type du paramètre dans la liste *Type paramètre*.

7 Saisissez éventuellement la valeur dans la zone *Valeurs possibles*. Dans le cas de plusieurs valeurs, utilisez le point-virgule comme séparateur entre les valeurs (qui seront alors affichées, dans le frontend, dans une liste déroulante).

8 Cochez la case *Afficher valeurs possibles en sélection multiple ?* si vous souhaitez qu'il soit possible, pour l'internaute, de choisir plusieurs valeurs.

9 Saisissez le texte à proposer par défaut dans la zone *Valeur par défaut*.

10 Définissez l'unité éventuelle.

11 Cliquez sur le bouton **Enregistrer**, puis renouvelez ce mode opératoire pour créer d'autres paramètres associés au type de produit.

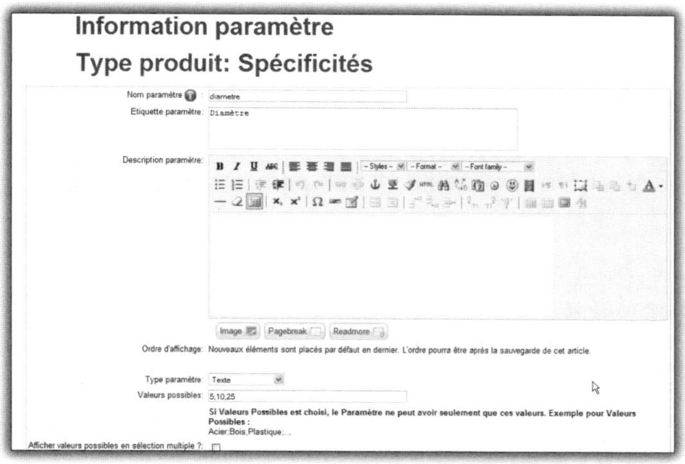

Figure 8.70 : *Les paramètres du produit type*

Relation entre un produit et un type de produit

Vous allez maintenant associer le produit à un type de produit.

1 Éditez le produit depuis la page **Liste des produits** accessible depuis le menu **Produits/Lister les produits**.

2 

Cliquez sur le bouton **Ajouter type produit** dans la page *Mettre à jour l'élément*.

3 Choisissez le type de produit dans la liste *Type produit* de la page **Ajouter un type produit pour Produit**.

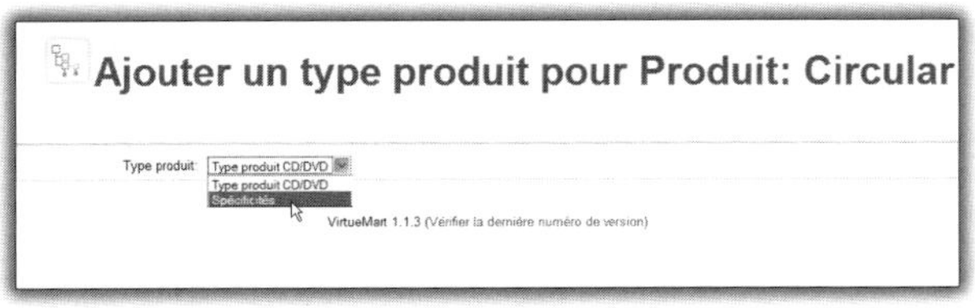

Figure 8.71 : *L'ajout d'un type de produit*

4 Cliquez ensuite sur le bouton **Enregistrer**.

Renseigner les caractéristiques complémentaires du produit

1 Éditez le produit depuis la page **Liste des produits** accessible depuis le menu **Produits/Lister les produits**.

L'onglet portant le nom du type de produit créé est ajouté à la liste des onglets existant dans la fiche descriptive du produit.

2 Cliquez sur l'onglet portant le nom du type de produit.

Les zones affichées correspondent aux paramètres créés pour le type du produit.

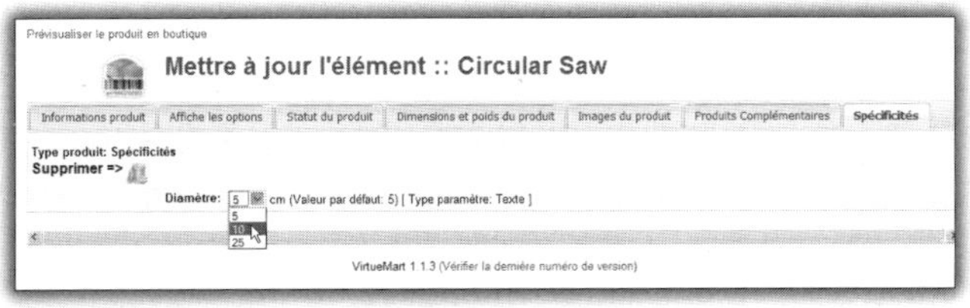

Figure 8.72 : *Les zones affichées pour le produit*

3 Complétez les zones de cet onglet, puis cliquez sur le bouton **Enregistrer**.

Les informations complémentaires apparaissent dans le frontend.

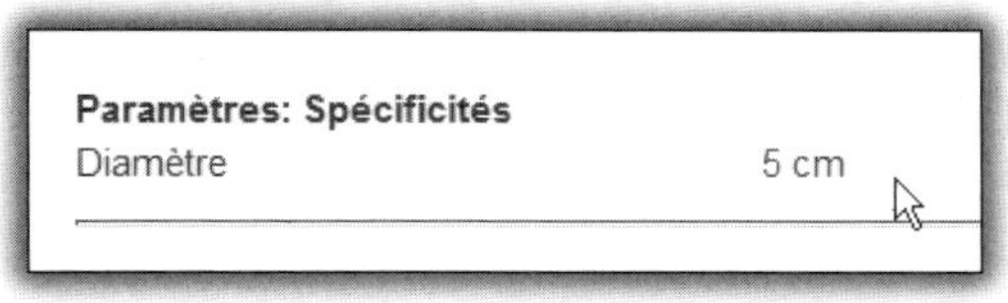

Figure 8.73 : *Le frontend*

Créer un produit téléchargeable

La première étape consiste à activer la fonctionnalité de téléchargement dans la boutique.

1 Activez le menu **Configuration générale/Configuration**, puis cliquez sur l'onglet **Téléchargements**.

2 Cochez la case *Activer les téléchargements* et vérifiez le chemin physique dans la zone *Racine des fichiers en téléchargement*. Le chemin d'accès au fichier doit être terminé par une barre oblique (/) et le dossier de stockage des fichiers à télécharger doit être en dehors du dossier d'installation du site web.

3 Cliquez sur le bouton **Enregistrer**.

REMARQUE

Le nombre de téléchargements

Il est possible de définir le nombre de téléchargements autorisés dans la zone *Téléchargement maximum* de l'onglet **Téléchargements**.

4 Affichez la liste des produits par le menu **Produits/Lister les produits** et cliquez sur l'icône de la colonne *Media* de la ligne du produit. Dans la page **Gestionnaire de fichiers** ouverte dans une autre fenêtre, cliquez sur le bouton **Nouveau**.

5 Dans la page **Envoyer un fichier pour**, ouverte également dans une autre fenêtre, choisissez Produit téléchargeable (en vente !)dans la liste *Type de fichier*.

6 Choisissez ensuite, dans la liste *Nom de fichier* qui est apparue, le nom du fichier à télécharger. Si le fichier ne figure pas dans la liste, il est possible de le transférer depuis la zone *Nom de fichier*.

7 Saisissez le texte du lien du fichier téléchargeable dans la zone *Titre fichier*.

8 Cliquez sur le bouton **Enregistrer**.

Lors de l'achat d'un produit téléchargeable, un e-mail de confirmation est envoyé. Après règlement du produit, un e-mail est à nouveau envoyé à l'acheteur lui indiquant un numéro de téléchargement, correspondant à la commande passée, ainsi que l'adresse URL pour effectuer le téléchargement.

Gérer les prix du produit

Paramétrer les remises

1 Activez le menu **Produit/Ajouter une remise produit**.

2 Renseignez les zones de la page.

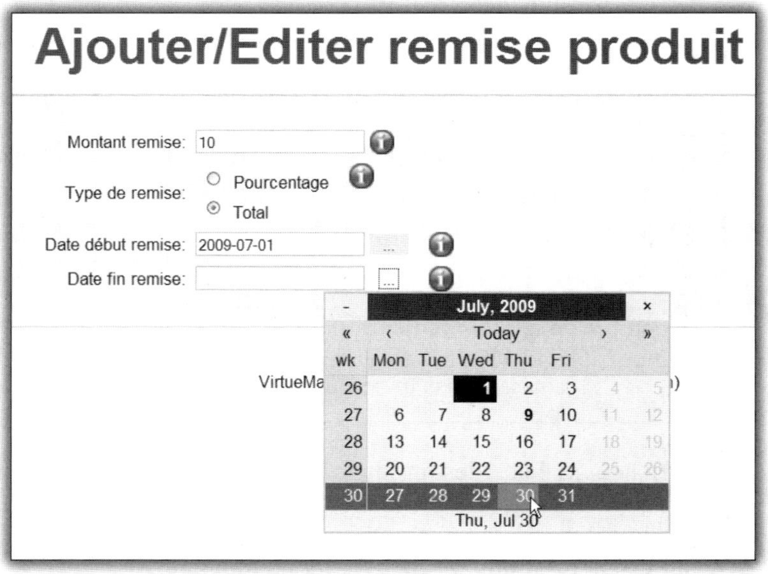

Figure 8.74 : *Le paramétrage des remises*

3 Éditez le produit par le menu **Produits/Lister les produits**. Dans la liste *Type de remise*, cliquez sur la remise à appliquer sur le produit.

4 Dans la zone *Prix réduit*, saisissez le prix remisé du produit si la remise ne figure pas dans la liste *Type de remise*.

Après validation, la remise est calculée automatiquement par rapport au prix initial du produit, défini dans la zone *Prix TTC*.

> REMARQUE
>
> **Soustraire les remises avant d'appliquer taxes et frais**
>
> Depuis l'interface de VirtueMart, activez le menu **Configuration générale/Configuration**. Sous l'onglet **Général** de la page **Configuration**, cochez la case *Soustraire les remises avant d'appliquer taxes et frais ?* de la rubrique *Configuration des taxes (TVA)*.

Appliquer des prix dégressifs

Vous pouvez appliquer des prix dégressifs en fonction de la quantité de produits commandés.

1. Affichez la page **Liste des produits**, accessible depuis le menu **Produits/Lister les produits**, puis sélectionnez le produit et cliquez sur le bouton **Lister les prix**.
2. Cliquez ensuite sur le bouton **Nouveau** de la page **Produit Prix pour**. Saisissez la quantité d'achat minimale dans la zone *Quantité d'achat minimum*.
3. Saisissez la quantité d'achat maximale dans la zone *Quantité d'achat maximal*.
4. Cliquez sur le bouton **Enregistrer**.

> REMARQUE
>
> **Offrir des réductions au moyen de chèques boutique**
>
> Pour permettre de saisir un code de chèque boutique lors de la prise de commande, la fonctionnalité des chèques boutique doit être activée. Pour cela, activez le menu **Configuration générale/Configuration**, puis cliquez sur l'onglet **Général** et enfin cochez la case *Active utilisation chèque boutique* de la rubrique *Fonctionnalités de la boutique*.
>
> Pour créer un chèque boutique, cliquez sur le menu **Chèque boutique /Nouveau chèque boutique**. Renseignez les zones de la page **Nouveau chèque boutique** affichée, puis cliquez sur le bouton **Enregistrer**.

REMARQUE

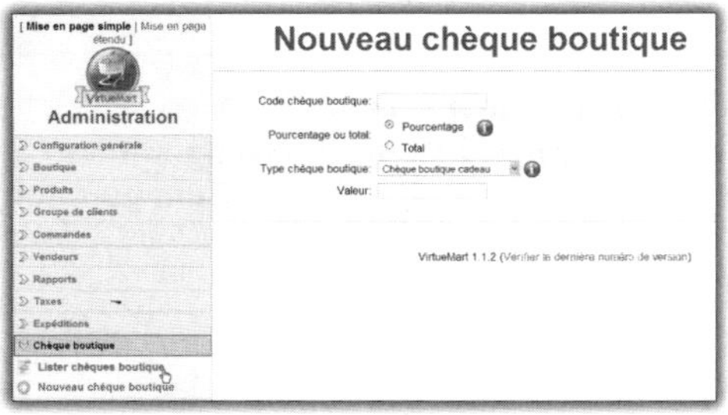

Figure 8.75 : *L'activation de l'utilisation des chèques boutique*

La gestion des stocks

VirtueMart permet une gestion des stocks.

1 Activez le menu **Configuration générale/Configuration**, puis cochez la case *Vérifier les stocks ?* de la rubrique *Paramètres principaux* sous l'onglet **Général**.

2 Éditez le produit, puis cliquez sur l'onglet **Statut du produit**.

3 Saisissez le nombre de produits en stock dans la zone *En stock*.

4 Cliquez sur le bouton **Enregistrer**.

L'état des stocks est visible depuis l'inventaire.

5 Pour consulter les stocks des produits, activez le menu **Produits /Voir inventaire**.

Le stock de chaque produit est affiché dans la colonne *Nombre* de la page **Inventaire des produits**. Par défaut, les produits en rupture de stock ne sont pas affichés.

6 Pour afficher tous les produits, cliquez sur le lien *Lister tous les produits*.

8.8. Paramétrer les expéditions

Vous pouvez opter pour plusieurs types d'expéditions.

Choisir la méthode d'expédition

1 Activez le menu **Configuration générale/Configuration**, puis cliquez sur l'onglet **Expéditions**.

Cet onglet affiche les différents modules d'expédition.

2 Cochez la case de la méthode d'expédition correspondant au transport utilisé. Il vous est possible d'en choisir plusieurs. Voici les principaux :

- *Module standard, avec frais et transporteur indépendant* : calcul effectué selon le poids et la destination de la commande.
- *Module d'expédition par Zone/Pays Version 1.0* : calcul effectué selon le nombre de produits et la destination de la commande.
- *Flex Shipping* : calcul effectué selon le montant de la commande.
- *Frais de livraison basé sur le montant total de la commande* : calcul effectué selon le montant total de la commande.

REMARQUE

Ne pas appliquer de frais d'expédition pour toutes les commandes

Il est possible de ne pas paramétrer des frais de livraison dans la boutique en désactivant l'étape du choix de la méthode de livraison lors de la commande.

Pour cela, activez le menu **Configuration générale/Configuration**, puis cliquez sur l'onglet **Commande** et décochez la case "*Choisissez une méthode d'expédition*".

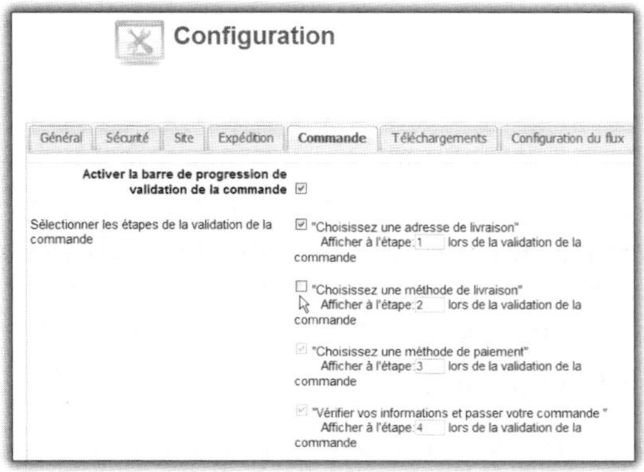

Figure 8.76 : *La désactivation du choix de la méthode d'expédition*

Définir le poids et les dimensions d'un produit

1 Éditez le produit depuis la page **Liste des produits** accessible depuis le menu **Produits/Lister les produits**.

2 Cliquez sur l'onglet **Dimensions et poids du produit**, saisissez le poids du produit dans la zone *Poids*, puis l'unité de mesure dans la zone *Unité de mesure*.

3 Renseignez les zones *Longueur*, *Largeur* et *Hauteur*.

REMARQUE

Afficher un délai de livraison

Pour indiquer un délai de livraison du produit dans sa page de détails, éditez le produit par le menu **Produits/Lister les produits**, puis cliquez sur l'onglet **Statut du produit** de la page **Mettre à jour l'élément**. Saisissez le délai dans la zone *Délai de livraison* ou choisissez un fichier de l'image du délai dans la liste proposée. Pour ajouter une image symbolisant un délai dans la liste, le fichier image doit être transféré dans le dossier *componentscom_virtuemart/themes/default/images/availability* à l'aide d'un logiciel FTP.

Lister les transporteurs

Activez le menu **Expéditions/Lister les transporteurs**.

Les deux transporteurs créés par défaut sont *DHL* et *UPS*.

Ajouter un transporteur

1 Pour ajouter un transporteur, cliquez sur le menu **Expéditions /Ajouter un transporteur**.

2 Dans la page **Créer/Éditer un transporteur** affichée, saisissez le nom du transporteur dans la zone *Société expéditrice* et un numéro dans la zone *Ordre d'affichage* pour ordonner les transporteurs.

3 Cliquez sur le bouton **Enregistrer**.

Figure 8.77 : *L'ajout d'un transporteur*

Ajouter un tarif d'expédition

1 Activez le menu **Expéditions/Ajouter un taux d'expédition**.

La page **Créer/Éditer taux d'expédition** est affichée.

2 Saisissez le taux d'expédition qui sera affiché lors de la prise de commande dans la zone *Description taux d'expédition*.

3 Saisissez un numéro dans la zone *Ordre d'affichage* pour définir la position du taux dans la liste des taux affichés.

4 Choisissez le transporteur dans la liste *Transporteur*.

5 Choisissez le pays d'expédition de l'application du taux dans la liste *Pays*. Plusieurs pays peuvent être sélectionnés au moyen de la touche [Ctrl]. Le taux ne sera pas affiché pour les acheteurs des pays non sélectionnés.

REMARQUE

Modifier la liste des pays de livraison

Pour ajouter ou supprimer des pays à la liste proposée, cliquez sur **Configuration générale**, puis sur **Lister les pays**. Utilisez le bouton **Nouveau** pour ajouter un pays et le bouton **Supprimer** pour supprimer les pays sélectionnés.

6 Saisissez éventuellement le code postal de départ dans la zone *Fourchette de codes postaux commence à* et le code postal de fin dans la zone *Fourchette de codes postaux termine à*. Le taux sera alors appliqué pour certaines villes. Utilisez la fourchette 00000 et 99999 pour appliquer le taux pour toute la France.

7 Saisissez le poids minimal de la commande dans la zone *Poids minimum*.

8 Saisissez le poids maximal dans la zone *Poids maximum*.

9 Saisissez le tarif pour ce taux dans la zone *Frais*.

10 Saisissez le prix de l'emballage du colis dans la zone *Vos frais d'emballage*.

11 Choisissez la monnaie utilisée pour ce taux dans la liste *Devise* (voir Figure 8.78).

12 Cliquez sur le bouton **Enregistrer**.

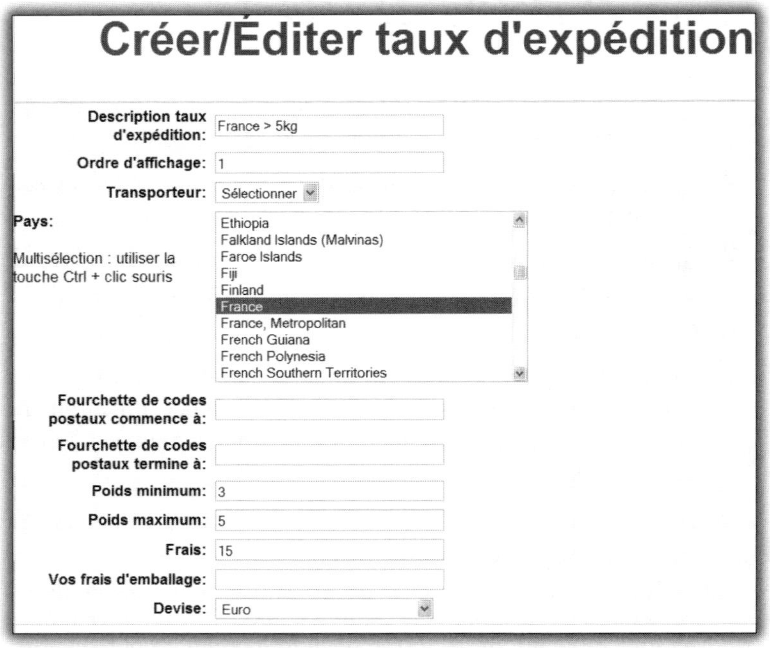

Figure 8.78 : *L'ajout d'un tarif*

REMARQUE

Ne pas appliquer de frais de port pour un montant minimal

Pour ne pas appliquer de frais d'expédition à partir d'un montant de commande, activez le menu **Boutique/Editer la boutique**, puis saisissez le montant TTC dans la zone *Montant minimal pour un franco de port* de la rubrique *Informations sur la boutique*. Il est recommandé d'en informer les internautes depuis les articles du site.

8.9. Personnaliser les modes de paiements

Plusieurs modes de paiements sont autorisés.

Activer les moyens de paiement

1 Activez le menu **Boutique/Lister les méthodes de paiement**.

La page **Liste des méthodes de paiement** affiche de nombreuses méthodes de paiement.

2 Pour désactiver une méthode de paiement, cliquez sur le bouton de la colonne *Actif*.

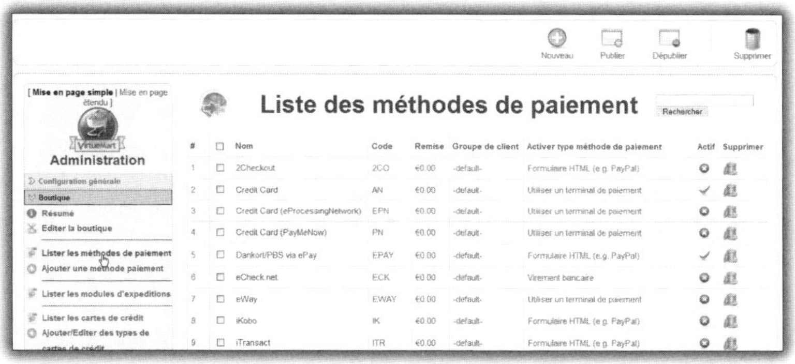

Figure 8.79 : *La liste des méthodes de paiement*

Les paiements par chèques et virements

1 Activez le menu **Boutique/Ajouter une méthode paiement**.

Définissez les zones de l'onglet **Formulaire de méthode de paiement** comme suit :

2 Saisissez le nom de la méthode de paiement dans la zone *Nom de la méthode de paiement*, ici Paiement par chèque.

3 Saisissez le code pour cette méthode de paiement.

4 Conservez *ps_payment* dans la liste *Nom de la classe de paiement*.

5 Cochez l'option *Adresse seulement/Paiement à la livraison* pour la zone *Activer type méthode de paiement*.

6 Cliquez ensuite sur l'onglet **Configuration** et saisissez le message de finalisation de la commande ainsi que l'adresse d'envoi du chèque.

7 Cliquez sur le bouton **Enregistrer**.

8 Dans le cas d'un paiement par virement, réitérez les opérations précédentes en choisissant l'option *Virement bancaire* pour la zone *Activer type méthode de paiement*. Dans le message de l'onglet **Configuration**, saisissez les références bancaires.

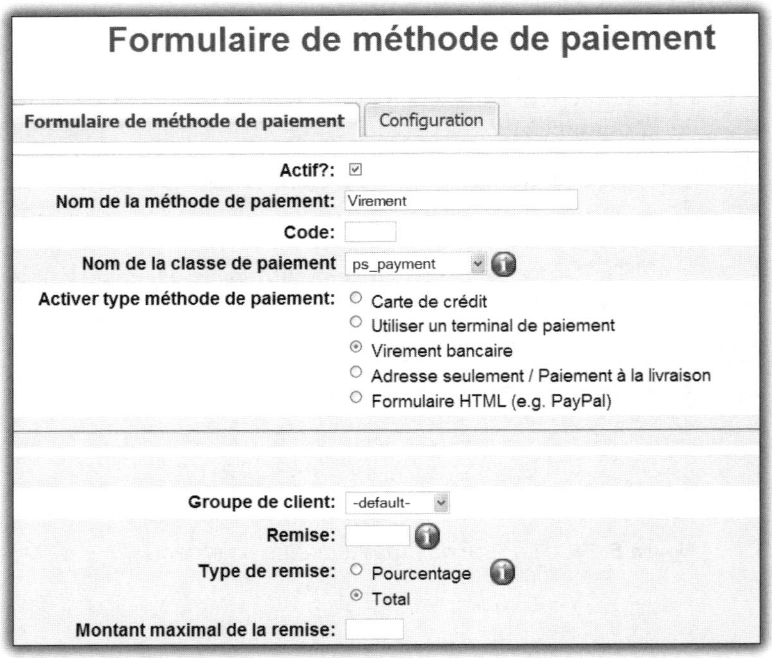

Figure 8.80 : *L'ajout d'un mode de paiement*

Les paiements par le système Paypal

Le système de paiement par carte bancaire Paypal met à votre disposition un environnement de test, simulant l'utilisation d'un compte Business sur le site de test Paypal Sandbox (**https://developer.paypal.com**). Il vous est ainsi possible de créer un compte e-mail pour le client (acheteur) et pour le compte du commerçant (vendeur) et de vous faire attribuer un numéro de carte bancaire fictif. Vous pourrez alors réaliser la simulation d'une commande et en suivre les étapes.

Configurer Paypal dans VirtueMart pour les tests

1 Activez le menu d'administration de VirtueMart **Boutique/Lister les méthodes de paiement**.

2 Dans la page **Liste des méthodes de paiement**, cliquez sur le lien *Paypal*, puis sur l'onglet **Configuration** de la page **Formulaire de méthode de paiement**. Choisissez *Oui* dans la liste *Mode Test ?*.

3 Saisissez dans la zone *Email Paypal*, l'adresse électronique du compte vendeur que vous aurez créée dans l'environnement de test PayPal Sandbox.

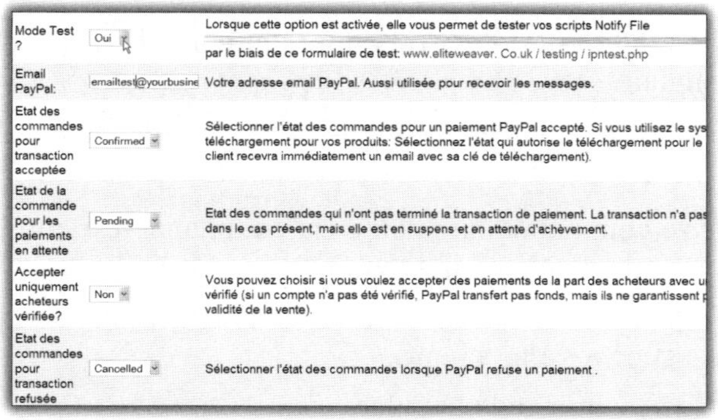

Figure 8.81 : *Le paramétrage en mode test du paiement Paypal*

Paramétrer Paypal pour une mise en œuvre réelle

1 Connectez-vous à l'adresse **www.paypal.fr** et créez un compte Paypal en tant que vendeur.

2 Activez le menu d'administration de VirtueMart **Boutique/Lister les méthodes de paiement**.

3 Dans la page **Liste des méthodes de paiement**, cliquez sur le lien *Paypal*, puis sur l'onglet **Configuration** de la page **Formulaire de méthode de paiement**. Choisissez *Non* dans la liste *Mode Test ?*.

4 Saisissez, dans la zone *Email Paypal*, l'adresse électronique du compte vendeur réel sur le site de Paypal.

Figure 8.82 : *La configuration réelle du paiement Paypal*

5 Cliquez sur le bouton **Enregistrer**.

8.10. Consulter l'état des commandes

VirtueMart vous permet de visualiser l'état de vos commandes, en cours ou effectuées.

1 Activez le menu **Commandes/Lister les différents états de la commande**.

La page **Lister les différents états de commande** affiche les états de la commande en anglais.

2 Renommez éventuellement les états de la commande en cliquant sur leurs noms. Les états sont les suivants :

- *Pending* : commande en attente (la commande est enregistrée, mais le règlement est en attente).
- *Confirmed* : commande confirmée (le paiement est accepté, un e-mail est envoyé au client).
- *Cancelled* : commande annulée.
- *Refunded* : commande remboursée.
- *Shipped* : commande expédiée (il vous faut activer cet état de commande après la livraison).

Figure 8.83 : *Les différents états de la commande*

REMARQUE

VirtueMart n'édite pas de facture, mais un bon de commande

À la prise de commande est envoyé un bon de commande et non une facture. Pour le moment, l'envoi de facture aux clients doit être traité séparément de VirtueMart.

3 Activez le menu **Commandes/Lister les commandes** afin de consulter les commandes passées.

4 Pour consulter les commandes par client, activez le menu **Configuration générale/Utilisateurs**. Dans la page **Liste des utilisateurs**, cliquez sur le nom de l'utilisateur, puis sur l'onglet **Liste des commandes** de la page **Ajouter des informations**.

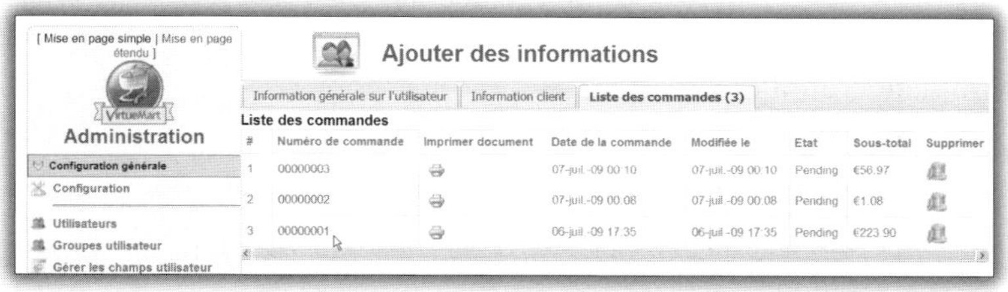

Figure 8.84 : *Les commandes d'un client*

8.11. Sauvegarder le site web

Il est nécessaire d'effectuer régulièrement des sauvegardes de votre système pour vous préserver d'une perte ou d'une altération de vos données.

Sauvegarde de la base de données

1 Depuis un navigateur Internet, connectez-vous à l'adresse Internet de votre hébergeur.

2 Depuis l'interface d'administration client de votre espace d'hébergement, accédez à la base de données utilisée pour le site web Joomla pour afficher l'interface Php MyAdmin. L'accès est différent selon les hébergeurs.

3 Depuis l'interface Php MyAdmin, cliquez, dans la partie gauche de la fenêtre, sur le lien du nom de la base de données, puis sur le lien *Exporter* en haut de la partie centrale de la fenêtre.

4 Dans la page **Schéma et données** de la base qui apparaît, cliquer sur le bouton **Exécuter** en bas de la page sans modifier les paramètres cochés.

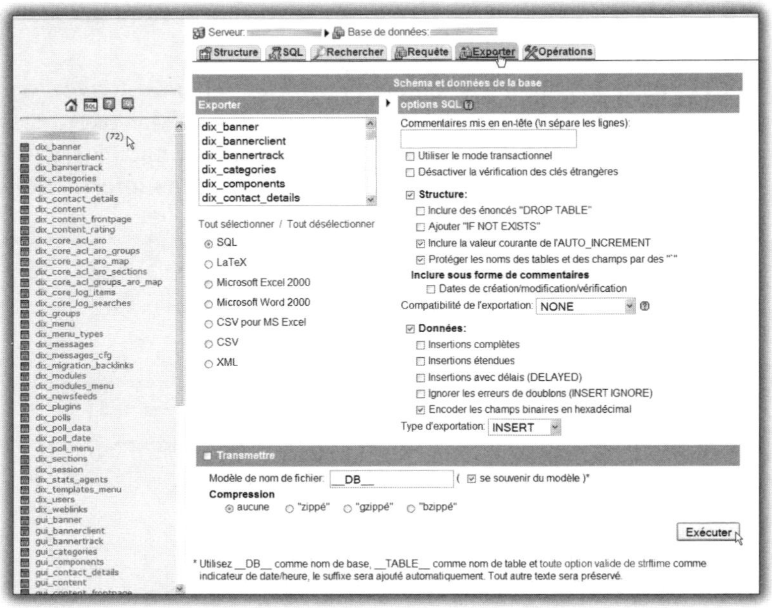

Figure 8.85 : *L'exportation de la base de données*

5 La base de données est affichée au format SQL dans la partie centrale. Cliquez sur ce code, puis combinez l'action des touches [Ctrl]+[A] pour en sélectionner l'intégralité. La sélection apparaît en vidéo inversée. Combinez ensuite l'action des touches [Ctrl]+[C] pour effectuer un copier.

6 Ouvrez le Bloc-notes de Windows et collez le code précédemment copié. Enregistrez le fichier texte sur l'ordinateur local avec la date de sauvegarde de type AAMMJJ (080901-mysql.txt, par exemple).

7 Fermer la fenêtre ouverte de l'interface de Php MyAdmin.

8 Déconnectez-vous de l'interface d'administration client de votre espace d'hébergement.

Sauvegarde des fichiers

1 Lancez Filezilla afin de vous connecter à votre espace d'hébergement. Dans le logiciel, saisissez l'adresse de l'espace d'hébergement, le nom d'utilisateur et son mot de passe rattachés. Ces paramètres FTP vous ont été fournis depuis l'interface

d'administration de votre espace d'hébergement. Cliquez sur le bouton **Connexion rapide**.

2 Ouvrez, dans la partie *Site Local* (colonne de gauche), le dossier qui contiendra la sauvegarde des fichiers de site Joomla.

3 Dans votre espace d'hébergement, figuré dans la partie droite du logiciel nommée *Site distant* (colonne de gauche), sélectionnez le dossier du site web Joomla, puis opérez un glisser-déposer vers le dossier de sauvegarde dans la partie *Site Local*.

L'avancement du transfert du fichier apparaît tout en bas de la fenêtre.

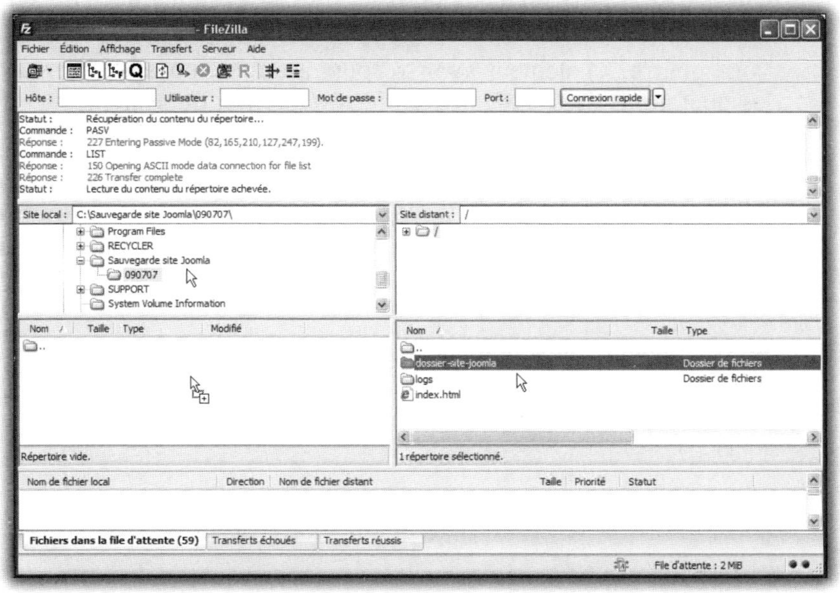

Figure 8.86 : *Le transfert des fichiers*

Le composant JoomlaPack

Le composant JoomlaPack permet de sauvegarder les fichiers et la base de données ainsi que d'effectuer la restauration du système. La dernière version peut être téléchargée depuis le site officiel du composant à l'adresse **www.joomlapack.net**.

8.12. Check-list

- VirtueMart est un composant très sophistiqué, permettant de transformer votre site Joomla en un véritable site de commerce électronique.
- Vous devrez alors paramétrer ce composant pour l'adapter à votre secteur d'activité, vos produits, votre couverture géographique et à vos modes de paiements.
- Vous disposerez de statistiques avancées sur l'état de vos commandes.
- Une perte de vos données pouvant s'avérer dramatique, il vous faudra effectuer régulièrement des sauvegardes manuelles.
- Vous pourrez également avoir recours à un composant effectuant les opérations de sauvegarde et de restauration du système.

Chapitre 9

Améliorer l'indexation dans les moteurs de recherche

Connaître les principes de fonctionnement de Google 332
Référencement naturel vs référencement payant 335
Comprendre les principes du référencement naturel 340
Déterminer sa stratégie de positionnement 348
Optimiser son site pour le référencement naturel 356
Avoir recours au référencement payant 369
Utiliser les commandes de Google 372
Anticiper les futures techniques de référencement 380
Check-list 381

Le référencement permet d'augmenter la visibilité de votre site web dans les moteurs de recherche et les annuaires (sites présentant de nombreux liens vers des sites Internet, classés par catégories), lorsqu'une recherche, portant sur une expression clé (du type "*voiture d'occasion à moins de 5 000 euros*"), est effectuée.

La qualité d'un référencement dépend d'un nombre conséquent de paramètres (quantité de liens externes pointant vers le site, qualité du contenu rédactionnel, utilisation de certaines balises, sémantique, noms des images, etc.).

9.1. Connaître les principes de fonctionnement de Google

Google, qui tire ses revenus de la publicité, se doit, pour conserver l'énorme taux de fréquentation qui le caractérise, de fournir aux internautes un service de qualité, en matière de classement des sites qu'il a répertoriés. Ceux-ci doivent nous être présentés en fonction de critères de pertinence réels, dont le contenu rédactionnel est certainement le plus important.

À bien y réfléchir, le "marché" est équitable puisque tous les acteurs y trouvent leur compte :

- *L'internaute*, à qui le moteur de recherche donne gratuitement une source d'informations pertinentes, sous la forme d'une liste d'URL classées selon une estimation qualitative crédible, en fonction de la recherche effectuée.
- *Les sites web*, dont les webmestres trouvent, en ce qui concerne le référencement naturel (terme indiquant que le moteur de recherche n'est pas payé pour positionner le site), chez Google, un outil efficace de promotion gratuit de leurs contenus.
- *Le moteur de recherche* qui, grâce à l'énorme trafic généré, se trouve promu au rang d'immense espace d'affichage publicitaire, capable de s'étendre à l'infini, puisque les annonces payantes des annonceurs, nommées "liens commerciaux", ne sont plus seulement affichées sur le portail de Google mais sur d'innombrables sites web, moyennant rémunération de leurs propriétaires, par le système de partenariat de Google nommé "Google AdSense".

REMARQUE

Google AdSense

Ce terme désigne le concept technique de Google reposant sur l'insertion de messages publicitaires dynamiques (c'est-à-dire en rapport avec le contenu rédactionnel des pages dans lesquelles ils sont affichés) sur les sites des webmestres ayant souhaité devenir partenaires du moteur de recherche.

Au regard de ces bases conceptuelles, il est donc aisé de déduire l'axiome fédérateur de toute théorie visant à améliorer le référencement naturel : de nombreux contenus de qualité. Sans ce fond de sauce essentiel, toutes les recettes de cuisine que vous lirez dans cet ouvrage et ailleurs ne seront que des trucs et astuces à efficacité non garantie et, par essence, éphémères.

Qualité des contenus éditoriaux et fréquence de mise à jour des informations produites sont donc les garants de la pérennité d'un bon référencement naturel.

Cette logique, universelle et simple, peut d'ailleurs être étendue à tous les moteurs de recherche puisque l'on imagine mal comment leurs critères de sélection pourraient différer de ceux de Google. À ceci, ajoutez une bonne compréhension du principe de la "longue traîne", décrit plus loin, et vous disposerez des bases efficaces pour obtenir une indexation naturelle (encore désignée par le terme de "référencement organique") durable et de qualité.

Que penser, alors, de tous les conseils d'optimisation des pages, de tous les modes opératoires plus ou moins techniques, édictés de façon souvent anarchique sur le Web ?

Ceux-ci se divisent en deux catégories, qu'il est essentiel de parfaitement cerner car de mauvaises pratiques pourraient vite se retourner contre le webmestre peu scrupuleux et uniquement soucieux de positionner son site (ou celui de son client) en tête des classements et ceci à tout prix :

- Les techniques approuvées par les moteurs de recherche et qui suivent une logique cohérente d'utilisation de l'outil web (utilisation des titres, emploi des balises de formatage de texte et des images, etc.). Ces méthodes, décrites plus loin, ont un effet bénéfique sur le positionnement d'un site dans les pages de réponses des moteurs de recherche. Elles ne visent pas à berner l'internaute mais correspondent à un usage normal et efficace du code html.

- Les techniques "de triche", en ce sens qu'elles ne respectent pas le code de déontologie des moteurs (usage abusif de certaines balises de mise en forme, répétitions non justifiées d'un mot-clé, pages dédiées au moteur de recherche et non à l'internaute, pages satellites, texte invisible caché dans le code html, le code JavaScript ou les feuilles de style, inscription sur des annuaires n'ayant pour fonction que de générer artificiellement des liens vers le site, etc.). Forcément vouées à l'échec, à plus ou moins long terme, ces méthodes peuvent engendrer, de la part du moteur de recherche, des "sanctions" pouvant aller jusqu'à l'exclusion pure et simple du site concerné. Elles sont, évidemment, à proscrire.

REMARQUE

Quand le travail de référencement aboutit à une désindexation du site

Si, comme de nombreux propriétaires de sites web, votre emploi du temps ne vous permet pas d'effectuer vous-même le travail de référencement, activité très consommatrice de temps, et que vous décidiez de confier cette mission à un référenceur professionnel, demandez à ce dernier d'établir une description exacte et précise des tâches qu'il envisage d'effectuer. Prenez le temps nécessaire pour vous documenter sur les techniques énoncées afin de vous assurer qu'aucune d'entre elles ne risque de provoquer un déclassement dans les moteurs de recherche ou, pire, un blacklistage (suppression de tout ou partie du contenu de votre site dans les index des moteurs).

Nous vous conseillons donc de conserver une ligne conductrice "honnête", visant à respecter les consignes des moteurs de recherche, et particulièrement celles de Google. Une telle ligne de conduite vous apportera de nombreux avantages, à long terme :

- Vos visiteurs constateront, en naviguant sur votre site, que vous ne cherchez pas à les berner mais décrivez objectivement votre sujet. Cette attitude ne pourra que vous apporter des retombées bénéfiques (de plus en plus d'internautes adoptent un regard très critique vis-à-vis de certains sites utilisant des techniques de marketing grossières).
- Vous contribuerez au développement de ce superbe outil qu'est le Web, en apportant votre contribution à cette immense base de

connaissances communautaire, par un site Internet de qualité, disposant d'une originalité propre et apportant une véritable valeur ajoutée aux informations en ligne.

- Les paramètres de positionnement des sites évoluant en permanence, et gardés secrets par les moteurs de recherche, vous partirez sur des bases rédactionnelles et comportementales saines, vous assurant une stratégie de référencement robuste, qu'il vous suffira d'affiner, au fil de l'évolution des techniques utilisées par les moteurs.

Les algorithmes de Google sont, en effet, l'un des secrets les mieux gardés du monde par ses concepteurs. Chose parfaitement logique puisque le moteur de recherche perdrait instantanément toute sa crédibilité si le code de ses programmes d'indexation étaient connus des référenceurs, qui le détourneraient irrémédiablement de sa fonction première, le classement des sites, pour vendre leurs prestations aux plus offrants. On trouverait alors aux premières places, non plus les sites les plus méritants et les plus appréciés des internautes mais ceux pour qui le plus gros budget marketing aurait été investi. Et ceci sonnerait le glas de l'Internet en tant que source et lieu de partage universel de l'information.

On ne peut donc, au final, que se réjouir du manque de communication de Google sur le fonctionnement de ses rouages internes, fréquemment modifiés et améliorés, puisque cette attitude sert l'ensemble de la communauté des utilisateurs du Web et incite les éditeurs de contenus que nous sommes à améliorer sans cesse et sans subterfuge la qualité de nos pages.

9.2. Référencement naturel vs référencement payant

Le référencement naturel et le référencement payant sont, pour le webmestre, deux stratégies différentes qui visent pourtant un même objectif : se trouver mieux placé que ses concurrents dans les pages de recherche des moteurs. Les moyens employés, quant à eux, diffèrent de l'un à l'autre.

Dans le cas du référencement naturel, l'enjeu est de positionner un site dans les premiers liens "non sponsorisés", sur les SERP des moteurs de recherche, lorsqu'une expression de recherche est saisie par l'internaute et qu'elle renferme des mots-clés spécifiques au site.

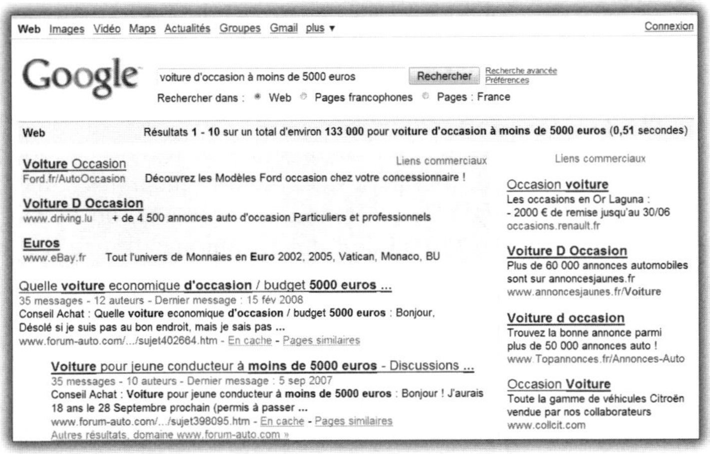

Figure 9.1 : Une recherche effectuée sur l'expression " voiture d'occasion à moins de 5000 euros" dans Google (http://www.google.fr)

SERP

DEFINITION

SERP est l'acronyme de *Search Engine Result Page*. Ce terme désigne une page de résultats, c'est-à-dire une liste de liens, affichés par les moteurs de recherche et pointant vers des sites web, après que l'internaute a effectué sa recherche.

Figure 9.2 : Une recherche effectuée sur la même expression et réalisée dans le moteur de recherche Yahoo (http://fr.yahoo.com) renvoie un résultat différent

DEFINITION

Mots-clés

Les mots-clés sont les mots que l'utilisateur d'un moteur de recherche tape dans la zone de saisie afin que celui-ci lui propose des liens vers les sites qui s'y rapportent. Ils constituent donc le thème de la recherche. Les mots-clés sont généralement saisis par groupes afin de préciser au maximum le sujet.

Figure 9.3 : *Une recherche effectuée sur la même expression et réalisée dans un troisième moteur de recherche (ici Bing, à l'adresse http://www.bing.com) renvoie un résultat encore différent)*

Le référencement payant, quant à lui, nécessite de verser des sommes plus ou moins conséquentes à des régies publicitaires, pour que celles-ci affichent des liens commerciaux sous forme de textes, d'images ou encore d'animations, dans les pages de recherche ou à l'intérieur de sites, alors rémunérés. Les sites ayant choisi de réserver un espace à la publicité sont généralement payés en fonction du nombre de clics effectués par les internautes sur ces publicités. La régie publicitaire en ligne la plus importante, à ce jour, est celle de Google ("Google Adwords" et "Google Adsens").

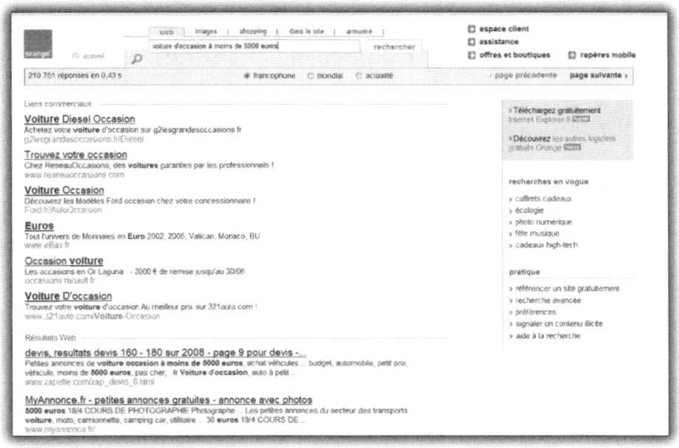

Figure 9.4 : *La même recherche est cette fois réalisée sur le moteur de recherche Orange (http://www.orange.fr)*

REMARQUE

Google AdWords et Google AdSense

Afin de simplifier au maximum et rendre plus accessible l'affichage de publicité dans les sites internet, la régie publicitaire Google a choisi de séparer les deux aspects de son utilisation et de les rendre indépendants aux yeux des internautes qui en font usage.

Ainsi, un annonceur n'aura à s'intéresser qu'à Google AdWords. Grâce à ce système, il pourra acquérir des espaces d'affichage publicitaire vers son site. Si plusieurs liens publicitaires sont en concurrence, une enchère sur des mots-clés est effectuée et un classement reposant sur le prix payé par clic détermine le positionnement.

Si, au contraire, vous êtes propriétaire d'un site fréquemment visité et que vous souhaitiez gagner de l'argent grâce à la publicité, c'est uniquement à Google AdSense que vous devez vous intéresser. Vous n'aurez qu'à décider de placer une "annonce Google" sans vous soucier du contenu. Google s'en charge. Ainsi, vous choisissez la nature de la publicité (simples liens hypertextes, images, animations, etc.) mais une fois cette étape franchie, vous n'avez plus rien à faire. Lorsque des visiteurs s'intéressent à la publicité et cliquent sur les liens, vous recevez de l'argent de la part de Google. Les annonces sont en rapport plus ou moins direct avec le contenu de la page qui les contient : elles sont dites "contextuelles".

Le concept du référencement payant consiste donc à payer Google (ou un moteur de recherche fournissant le même type de service) pour l'achat de mots-clés. Dès lors, les liens publicitaires seront affichés dans les SERP si l'expression saisie par l'internaute correspond aux mots-clés pour lesquels l'annonceur paye ou au sein des sites si le contenu de la page est en rapport avec ces mots-clés (voir Figure 9.5).

Une campagne de référencement payant peut se montrer efficace pour augmenter la visibilité d'un site sur une période limitée. C'est, par exemple, un bon moyen de faire connaître un site qui présente un événement annuel. En effet, il sera très difficile pour le webmestre de celui-ci d'obtenir un bon référencement naturel, dans la mesure où le site n'est visité qu'un mois sur douze. Mais le référencement payant n'est pas une stratégie durable et il ne faut pas compter sur ce seul moyen pour assurer une bonne visibilité de votre site. Il semble en outre logique d'imaginer que l'internaute, de mieux en mieux informé sur les techniques marketing en vigueur sur le Web, fera de plus en plus la part des choses et accordera moins d'importance aux liens commerciaux qu'aux liens naturels.

Figure 9.5 : *Les annonces textuelles et les bannières publicitaires des annonceurs sont affichées sur les sites diffusant les annonces Google (ici, sur le site http://www.mosaiqueinformatique.fr)*

Obtenir un bon référencement naturel, par contre, est une tâche de plus longue haleine et nécessite patience, esprit de compétition et savoir-faire. Vous l'aurez compris, ce type de référencement se mérite, mais la répercussion se fait très largement sentir au niveau du taux de visites. Les facteurs de réussite d'un site dans le domaine du référencement naturel sont très divers, et seront développés plus loin dans ce livre.

Les plus importants sont :

- La présence du site dans le plus grand nombre possible d'annuaires, c'est-à-dire dans des sites dont le rôle est de classer par catégories des liens vers des sites en fonction de leur pertinence.
- La dynamique du site, c'est-à-dire le fait qu'il soit, ou non, fréquemment mis à jour.
- La qualité du contenu. Celle-ci passe principalement par la qualité de la rédaction et la quantité d'informations présentes.

- La thématique du site.
- Le Page Rank, indice attribué par le moteur de recherche lui-même au site reposant sur de nombreux critères visant à estimer la qualité.
- L'existence ou non de liens externes pointant vers le site, le nombre de ceux-ci et la notoriété des sites qui placent ces liens, etc.

Le référencement est donc d'une importance cruciale pour toute stratégie de communication, dans la mesure où c'est lui qui détermine, parmi les visiteurs ayant fait une recherche sur le sujet de votre site, le nombre de ceux qui seront amenés à voir votre site.

Pour obtenir un bon référencement naturel, vous devrez respecter les règles édictées par Google et éviter les techniques de "triche", qui risqueraient de provoquer un bannissement temporaire ou définitif de votre site par les moteurs de recherche.

9.3. Comprendre les principes du référencement naturel

Il est important de comprendre l'intérêt du référencement, son incidence sur la viabilité du site, les enjeux et la stratégie à adopter, en fonction des moyens et de l'objectif à atteindre.

Comprendre les enjeux du référencement

Les techniques de référencement ont radicalement changé en quelques années. Cette évolution est allée dans le bon sens, puisque les sites qui fournissent des contenus rédactionnels de qualité sont largement privilégiés, c'est-à-dire promus par Google (moteur de recherche leader, sur lequel s'appuie cette étude des techniques de référencement).

Il est en effet incontestable qu'un net progrès a été fait, en matière de qualité de classement fourni par les moteurs de recherche, par rapport à cette époque, datant d'il y a quelques années, et pendant laquelle certains webmestres écrivaient en texte blanc sur fond blanc, afin d'y cacher des listes de mots-clés ou utilisaient les balises META du code html pour y inclure des mots-clés sans rapport avec les pages visitées. Ces techniques étaient à l'origine d'un appauvrissement progressif des contenus, d'une diminution de la pertinence et, par conséquent, de pertes de temps lors des recherches qui devenaient inefficaces.

Heureusement, les critères ont eu le temps de s'affiner et les moteurs de recherche ont acquis l'intelligence nécessaire pour faire la part des choses, discerner les techniques illégitimes et sanctionner par une dégradation du positionnement ou un bannissement les sites qui en font usage.

S'il veut anticiper l'aspect que prendra son champ de bataille, un bon référenceur se doit de comprendre les règles économiques qui s'imposent à Google et aux autres moteurs de recherche. Ceux-ci, pour garder toute crédibilité auprès des annonceurs publicitaires, doivent fournir aux consommateurs des résultats de qualité, concernant les recherches d'informations, de produits, de techniques et de services. Les moteurs de recherche doivent donc éliminer tous les sites qui ne respectent pas les règles de qualité. Il est obligatoire de comprendre ces règles.

S'il devait être résumé en une phrase, le concept du référencement naturel s'énoncerait comme ceci : d'importants contenus de bonne qualité et un maximum de liens pointant vers ceux-ci. Rien de techniquement inabordable mais un travail pouvant se révéler rapidement fastidieux. Aussi est-il prudent d'estimer objectivement le temps dont vous disposerez pour entretenir le référencement naturel de votre site et de ne pas vous voiler la face : si vous ne pouvez y consacrer plusieurs heures par semaine, voire davantage, l'objectif se révélera très difficile à atteindre.

Pour être visible sur Google, chers webmestres, il faut donc, on a tendance à l'oublier, avoir un sujet précis à traiter avec intérêt. De plus, la qualité rédactionnelle est indispensable. Enfin, c'est la touche personnelle qui jouera. Cette dernière fera que vos articles seront attractifs ou ennuyeux, et c'est loin d'être un détail sans importance. Si l'internaute accroche à votre style, ce sera pour lui un plaisir de lire jusqu'au bout, et il retournera sur votre site s'il en a l'occasion. Si, au contraire, il lui a fallu relire l'article plusieurs fois pour le comprendre, il préférera visiter un autre site la fois suivante. N'abusez toutefois pas des effets de style car les robots des moteurs de recherche n'ont aucune finesse d'esprit. Certains jeux de mots, par exemple, peuvent être mal interprétés et ne pas donner des résultats, en terme de classement dans les SERP, à la hauteur de vos textes.

Voici déjà un résumé des règles comportementales à adopter, pour tout rédacteur, et qui sont expliquées plus en détails dans les sections suivantes de ce livre :

- Déterminez seulement quelques mots-clés ou expressions sur lesquels vous vous concentrerez lors de la rédaction d'une page.
- Ne tombez pas dans l'excès quant à la répétition de ces mots-clés. Ne vous sentez donc aucune obligation de placer "voiture" dans chacune des phrases de votre site dédié à l'automobile. Quatre ou cinq fois seront suffisantes, la répétition systématique pouvant même être néfaste.
- Appliquez sur vos mots ou expressions-clés des liens hypertextes menant vers d'autres pages de votre site traitant d'un sujet similaire. Par exemple, vous pouvez créer un lien vers "accessoires automobiles", pointant vers la page de votre site qui évoque cette catégorie. Il s'agit alors de placer l'expression que vous voulez rendre cliquable dans une phrase comme "Nos voitures peuvent être livrées avec de nombreux **accessoires automobiles**, dans toutes nos agences de vente d'automobiles."
- Il ne semble pas y avoir de volume idéal, en terme de nombre de mots constituant une page web mais ne descendez pas en dessous de plusieurs centaines de mots par article ; vous risqueriez de manquer de richesse sémantique sur le sujet, donc de pertinence sur le chapitre.
- Rédigez vos articles dans un style naturel tout en gardant à l'esprit que le robot du moteur de recherche risque de prendre pour non pertinent un texte qui ne serait fait que de périphrases, jeux de mots et allusions.
- Tentez de faire en sorte qu'un nombre maximal de liens externes pointe vers votre site. Ceux-ci peuvent être dirigés vers la page d'accueil du site mais aussi vers les pages de contenus. On parle dans ce second cas de "liens profonds". Dans la mesure du possible, il est très largement préférable que les liens soient dirigés vers des pages qui contiennent vos mots-clés. Enfin, plus le site qui propose un lien vers le vôtre est important et en rapport avec votre sujet, plus il améliorera votre référencement.

Comprendre les objectifs et les méthodes de référencement

Les raisons d'obtenir un bon référencement varient en fonction de l'activité liée au site :

- Quel que soit votre secteur d'intervention, vous souhaiterez augmenter votre notoriété. Celle-ci est liée à la visibilité de votre site et toute augmentation de trafic sur celui-ci sera positive.
- Améliorer l'accès à une information (scientifique, culturelle, politique, etc.).
- Accroître le nombre de vos clients potentiels.
- En augmentant le nombre de visiteurs, vous augmentez automatiquement les revenus que vous touchez grâce à la présence d'annonces publicitaires. Ce point est particulièrement important si vous comptez gagner de l'argent en parlant de votre passion, sur votre blog.
- Établir un réseau de relations et de contacts utiles.

Connaître les types de référencement

Il existe, vous l'avez découvert, deux types de référencement :

- le référencement naturel, que l'on appelle aussi parfois "référencement organique" ou encore SEO, acronyme de *Search Engine Optimization* ;
- le référencement payant ou SEM (acronyme de *Search Engine Marketing*), dont le principe est de payer afin d'être placé parmi les liens sponsorisés ;

Un troisième type de référencement appelé SMO (*Social Media Optimization*) consiste à faire connaître le site en question par le biais de moyens divers tels que les réseaux sociaux ou l'emailing.

Assimiler les méthodes de référencement naturel

Pour permettre à votre site de bénéficier d'un bon référencement naturel, il vous faudra :

- Veiller au bon fonctionnement du site, c'est-à-dire vous efforcer d'éliminer au maximum les problèmes d'ordre technique qu'il pourrait renfermer, et ne négliger en aucun cas l'importance de la qualité réelle du contenu de vos pages. En effet, si celui-ci ne se montre pas intéressant aux yeux du lecteur, inutile d'espérer un bon placement dans les SERP.
- Travailler sur l'environnement du site, qui joue de manière très importante sur son référencement naturel. L'erreur à ne pas faire serait de se concentrer uniquement sur le site lui-même. Un site peut être d'une richesse exemplaire, et n'être pour autant que très peu visité s'il se trouve coupé du "noyau actif" d'Internet, à savoir les forums de discussion, le monde des blogueurs et les réseaux sociaux (tels que Facebook). En effet, c'est en ce lieu virtuel que, dans de nombreux domaines, le bouche à oreille s'effectue, que les liens se font naturellement et qu'un site de qualité a de grande chance d'être reconnu en tant que tel.

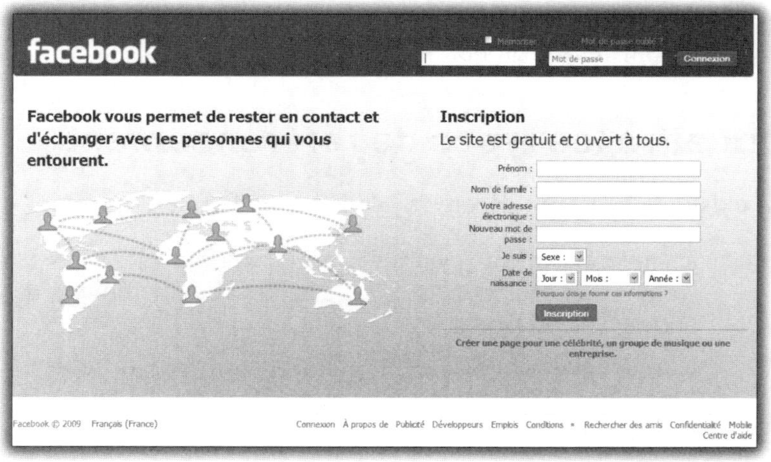

Figure 9.6 : *Les sites de réseaux sociaux (ici Facebook sur http://fr-fr.facebook.com) constituent une opportunité non négligeable de faire connaître votre site*

Maîtriser les étapes du référencement

Le travail du référenceur demande une grande endurance. Il s'agit d'un cycle d'actions visant à augmenter l'indexation sur un nombre toujours plus important de mots-clés :

- Vérifiez constamment que le site n'est entaché d'aucun problème technique ou rédactionnel ; les plus classique d'entre eux étant les "liens morts", c'est-à-dire les liens hypertextes vers des pages supprimées ou inexistantes, les contenus ou images dupliqués (que le robot repère très facilement).
- Réfléchissez au choix des mots-clés que vous allez définir. Gardez en tête qu'un internaute effectuant une recherche sur ceux-ci doit voir la page sur laquelle vous avez travaillé. Une fois un objectif bien ciblé atteint (par exemple "meubles anciens Nantes"), vous pouvez élargir à un sujet plus vaste.
- Vérifiez que le contenu de vos pages traite exactement le sujet que constituent vos mots-clés. Il est conseillé de créer une page par expression précise que le visiteur est susceptible de saisir dans le moteur de recherche.
- Œuvrez à améliorer les liens (on parle de "netlinking") internes et externes pointant vers les pages concernées.
- Votre travail ne s'arrête jamais : à peine vos objectifs sont-ils atteints que vous devez songer à élargir la plage de mots-clés définis. Autrement, vos pages se verront vite descendre dans le positionnement. En effet, vos concurrents ne se reposeront pas.

Anticiper le fonctionnement des moteurs de recherche

La méthode utilisée par les moteurs de recherche est nommée "crawl" et emploie un "robot" (encore appelé "spider" ou "crawler"). Il s'agit d'un programme qui visite les pages en ligne, suivant le chemin des liens hypertextes. Chaque page visitée est copiée sur un serveur.

À l'aide d'un algorithme complexe et tenu secret par Google, les pages enregistrées sont analysées : c'est l'indexation. Ensuite, le moteur de recherche classe le contenu ainsi que d'autres informations qui lui ont servi à estimer la pertinence de la page dans sa banque de données. S'ensuit l'enregistrement de la page auprès de l'index du moteur. Ce dernier répertorie les pages rencontrées.

La dernière étape est la formulation de la réponse que le moteur de recherche fournit à l'utilisateur lorsqu'il effectue une requête. Une recherche est alors réalisée au sein de l'index. Les pages trouvées sont classées en fonction de leur pertinence par rapport à la requête, puis affichées dans la SERP. Il est donc évident que le référenceur se doit de maîtriser cet algorithme le mieux possible.

Utiliser la longue traîne

Le terme de "longue traîne", "long Tail" ou encore "longue queue" désigne un facteur déterminant du référencement naturel.

Ce paramètre repose sur le fait que l'internaute novice, lorsqu'il effectue une recherche, a tendance à ne taper qu'un ou deux mots dans la zone de saisie du moteur. Par conséquent, les résultats sont très nombreux puisque le sujet est vague. La probabilité qu'une réponse satisfaisante se trouve dans les premiers liens est alors très mince. Par exemple, si notre internaute, voyant le printemps arriver, décide de s'intéresser au fonctionnement des bicyclettes afin de réparer son vieux VTT, il va sans doute d'abord saisir "vélo" dans sa barre de recherche. Mais les résultats qu'il obtiendra ne conviendront pas, pour beaucoup, à ses attentes (vente de vélos, vélos d'occasion, location de vélos...).

S'il a beaucoup de temps, il peut parcourir les nombreuses pages qui s'offrent à lui dans l'espoir de trouver une réponse pertinente, mais c'est rarement la solution choisie. Il va donc reformuler sa requête avec plus de précision ("fonctionnement vélo réparation", par exemple).

Il est alors capital, pour le référenceur, d'utiliser l'effet de la longue traîne.

Figure 9.7 : *Cette courbe illustre le phénomène de la longue traîne : sur l'axe horizontal, les produits (ou le nombre de mots saisis dans une requête) et sur l'axe vertical, les ventes (ou le nombre de visites du site). Source : Wikipédia*

Le terme de "longue traîne" a d'abord été utilisé dans le marketing. Ce phénomène, observé et étudié avec attention, a récemment été également constaté sur le Web, concernant le trafic généré sur un site Internet par les moteurs de recherche.

REMARQUE

L'origine de la longue traîne

Le phénomène de la longue traîne (*Long Tail*, en anglais) a été découvert en 2004 par Chris Anderson, analyste et rédacteur au magazine Wired, qui a fait sa découverte en étudiant les ventes en ligne d'Amazon et de grosses structures économiques de vente en ligne similaires.

Il a déterminé que le volume total de ventes des produits peu recherchés par les consommateurs était plus élevé que celui des produits en vogue.

Ce constat s'applique également sur le Web, en terme d'audience liée à des recherches effectuées dans les moteurs : le volume total des visites liées à des recherches spécifiques, donc expressément et explicitement nommées ("guitares vintages Fender et Gibson", par exemple) est supérieur à celui lié à des recherches sur des mots très populaires ("musique", par exemple). En outre, le taux de conversion est meilleur car la probabilité, pour l'internaute, de trouver une réponse en corrélation avec sa recherche, est supérieure lors d'une recherche explicite que sur une expression trop générique, sur laquelle un bon positionnement nécessitera un travail fastidieux et donc coûteux pour le référenceur.

Essayons de nous représenter en quoi consiste l'effet longue traîne grâce à un exemple simple : Imaginons qu'un site de vente en ligne propose des vêtements. Il dispose d'un avantage par rapport à son concurrent, le magasin traditionnel, de posséder un fond de catalogue (ensemble d'articles peu vendus) théoriquement illimité, puisqu'il ne doit pas stocker ses marchandises. Il est constaté que le bénéfice dégagé par le fond de catalogue est supérieur à celui que génère la vente des produits les plus vendus, dont doit se contenter le magasin traditionnel.

Quel rapport avec le référencement ? Le principe est exactement le même. Au lieu de s'essouffler à tenter, souvent vainement, de bien se positionner sur un mot-clé unique, face à une concurrence énorme, il est plus rentable de viser les expressions précises, quitte à multiplier les pages. De cette manière, vous pouvez bien placer une page pour chaque expression longue, donc saisie par un nombre plus restreint d'internautes, mais ceux-ci auront plus de chances de voir votre site et ce sera bien ce dont il traite qui les intéresse. Avec un peu d'imagination, il est facile d'envisager de nombreuses combinaisons de mots-clés. Il ne vous reste qu'à créer une page par combinaison et à travailler sur son référencement.

Sur le schéma présenté précédemment, vous pouvez voir que si l'on considère le trafic sur l'axe vertical et le nombre de mots-clés sur l'axe horizontal, la partie droite, donc celle représentant le nombre de visiteurs parcourant le site grâce à l'effet longue traîne, est plus importante que la partie gauche, qui représente le nombre d'internautes ayant trouvé le site suite à une recherche sur une expression simple.

9.4. Déterminer sa stratégie de positionnement

Avant de débuter le travail de référencement à proprement parler, une étude de la concurrence s'avère une étape indispensable. Elle vous permettra d'estimer le coût financer et la somme de travail nécessaires pour atteindre votre objectif.

De nombreux outils, disponibles sur le Web vous aideront dans cette tâche. Vous allez en découvrir quelques-uns ci-après.

Rechercher des mots-clés

Le travail du référenceur, comme nous l'avons vu, est efficace uniquement s'il est effectué sur de nombreuses expressions. Aussi, vous devrez en estimer l'importance en fonction du rapport trafic par travail fourni. Vous rencontrerez sans doute de grandes difficultés à vous positionner si vous visez trop haut, par le choix d'expressions trop vagues. N'oubliez à aucun moment qu'il faut garder un esprit compétitif et mesurer avec justesse le poids de vos concurrents, qui, dans certains domaines, peuvent consacrer un budget très important au référencement de leur site.

Utiliser des outils de mesure des mots-clés

Le générateur de mots-clés de Google

C'est maintenant que vous allez découvrir les outils qui vous permettront de travailler plus efficacement sur la qualité de vos mots-clés.

Pour ce faire :

1 Sur le site de Google (à l'adresse **http://www.google.fr**), cliquez sur **Connexion**.

Figure 9.8 : *Le lien Connexion, sur la page d'accueil de Google*

La page *Comptes Google* est affichée.

2 Si vous en avez une, entrez l'adresse email de votre compte Google puis saisissez votre mot de passe. Autrement, créez un compte (en cliquant sur **Créer un compte maintenant**). Cliquez sur le lien *Connexion*.

3 Cliquez sur le lien *Mon compte*.

4 Dans la rubrique *Découvrez d'autres services*, cliquez sur **AdWords**.

La page *Bienvenue sur le service AdWords* est affichée.

5 Cliquez sur **Trouver des idées de mots-clés**.

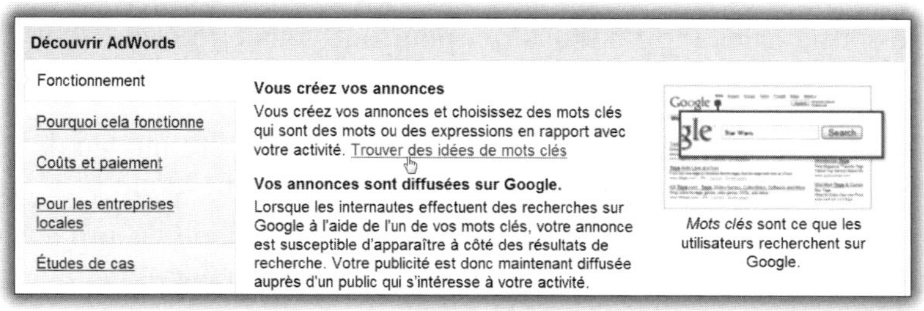

Figure 9.9 : *Le lien Trouver des idées de mots-clés*

La page *Générateur de mots-clés* apparaît.

6 Choisissez *Expressions ou termes descriptifs* puis saisissez le mot-clé ou l'expression-clé qui vous intéresse dans la zone *Entrez un mot-clé ou une expression par ligne*. Recopiez le code dans la zone *Entrez les caractères figurant dans l'image ci-dessous* puis validez votre demande par un clic sur le bouton **Trouver des idées de mots-clés**.

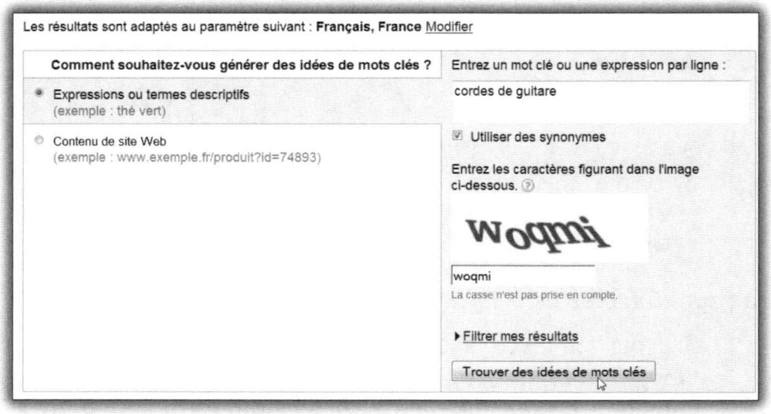

Figure 9.10 : *La saisie de l'expression recherchée*

Google vous fournit des informations utiles concernant les différents mots-clés envisageables. Cela peut vous être d'une grande utilité ; vous pouvez comparer la concurrence à laquelle vous devrez faire face pour chaque expression. À la base, cet outil a été conçu pour les utilisateurs de Google AdWords, afin de leur permettre de faire leur choix plus facilement lorsqu'ils veulent acheter des affichages de publicités en ligne.

Les principales informations qui pourront vous être utiles sont :

- un grand nombre d'expressions-clés en rapport avec votre sujet ;
- le volume de recherche, c'est-à-dire le nombre moyen de requêtes effectuées sur les expressions dont il est question ;
- les tendances des volumes de recherche, soit la proportion des requêtes effectuées durant l'année pour chaque mois ;
- le mois pendant lequel le plus d'entre elles ont été effectuées sur l'expression.

Sélectionnez les colonnes à afficher :
Afficher/masquer les colonnes

Type de ciblage : Large

Mots clés	Volume de recherche mensuel global	Tendances des volumes de recherche (juin 2008 - mai 2009)	Volume le plus élevé observé en	
Mots clés en rapport avec le(s) terme(s) entré(s) - trié par pertinence				
cordes de guitares	1 900		juin	Ajouter
cordes de guitare	12 100		juin	Ajouter
cordes de guitare electrique	480	Aucune donnée	Aucune donnée	Ajouter
cordes de guitare électrique	140	Aucune donnée	Aucune donnée	Ajouter
cordes de guitare classique	590	Aucune donnée	Aucune donnée	Ajouter
acheter cordes de guitare	110	Aucune donnée	Aucune donnée	Ajouter
cordes de guitare acoustique	590		juin	Ajouter
achat cordes de guitare	58	Aucune donnée	Aucune donnée	Ajouter
vente cordes de guitare	36	Aucune donnée	Aucune donnée	Ajouter
cordes de guitare folk	260	Aucune donnée	Aucune donnée	Ajouter
cordes de guitare basse	140	Aucune donnée	Aucune donnée	Ajouter
prix cordes de guitare	91		mai	Ajouter
corde de guitare	6 600		déc.	Ajouter
corde de guitares	73	Aucune donnée	Aucune donnée	Ajouter
cordes de guitare accoustique	28	Aucune donnée	Aucune donnée	Ajouter
cordes de guitarre	73	Aucune donnée	Aucune donnée	Ajouter
changer cordes de guitare	1 000	Aucune donnée	Aucune donnée	Ajouter
combien de cordes guitare	91	Aucune donnée	Aucune donnée	Ajouter
cordes de guitare a	91	Aucune donnée	Aucune donnée	Ajouter
cordes de guitare au	12	Aucune donnée	Aucune donnée	Ajouter
cordes de guitare en	58	Aucune donnée	Aucune donnée	Ajouter
de guitare 12 cordes	1 300	Aucune donnée	Aucune donnée	Ajouter
meilleurs cordes de guitare	12	Aucune donnée	Aucune donnée	Ajouter

Figure 9.11 : *Les résultats affichés*

7 Cliquez sur l'en-tête de colonne de votre choix afin de changer l'ordre de classement des réponses affichées dans celle-ci.

Mots clés	▾ Volume de recherche mensuel global	Tendances des volumes de recherche (juin 2008 - mai 2009)
Mots clés en rapport avec le(s) terme(s) entré(s) - trié par pertinence		
cordes de guitare	12 100	
corde de guitare	6 600	
cordes de guitares	1 900	
des cordes guitare	1 900	Aucune donnée
de guitare 12 cordes	1 300	Aucune donnée
des cordes de guitare	1 300	Aucune donnée

Figure 9.12 : *Les données sont triées par ordre décroissant dans cette colonne*

8 Vous trouverez encore un grand nombre d'informations à votre disposition. Pour y avoir accès, parcourez la liste de la zone *Sélectionnez les colonnes à afficher*.

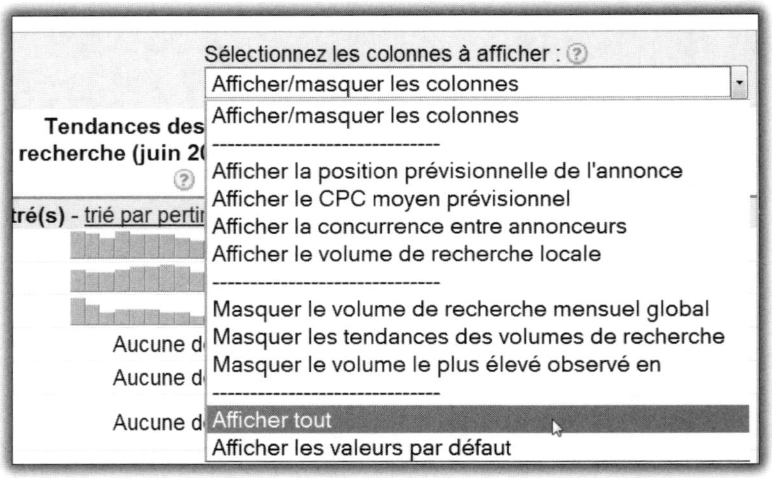

Figure 9.13 : *L'affichage de toutes les données disponibles*

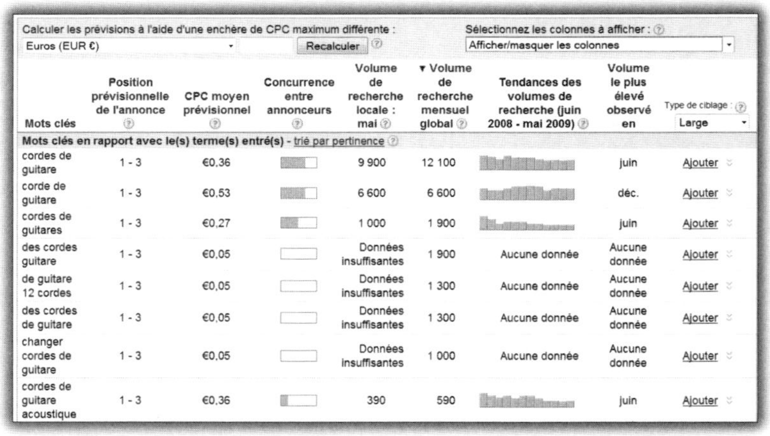

Mots clés	Position prévisionnelle de l'annonce	CPC moyen prévisionnel	Concurrence entre annonceurs	Volume de recherche locale : mai	▾ Volume de recherche mensuel global	Tendances des volumes de recherche (juin 2008 - mai 2009)	Volume le plus élevé observé en	
Mots clés en rapport avec le(s) terme(s) entré(s) - trié par pertinence								
cordes de guitare	1 - 3	€0,36		9 900	12 100		juin	Ajouter
corde de guitare	1 - 3	€0,53		6 600	6 600		déc.	Ajouter
cordes de guitares	1 - 3	€0,27		1 000	1 900		juin	Ajouter
des cordes guitare	1 - 3	€0,05		Données insuffisantes	1 900	Aucune donnée	Aucune donnée	Ajouter
de guitare 12 cordes	1 - 3	€0,05		Données insuffisantes	1 300	Aucune donnée	Aucune donnée	Ajouter
des cordes de guitare	1 - 3	€0,05		Données insuffisantes	1 300	Aucune donnée	Aucune donnée	Ajouter
changer cordes de guitare	1 - 3	€0,05		Données insuffisantes	1 000	Aucune donnée	Aucune donnée	Ajouter
cordes de guitare acoustique	1 - 3	€0,36		390	590		juin	Ajouter

Figure 9.14 : *De nombreuses données complémentaires sont maintenant affichées, telles que le coût par clic moyen prévisionnel*

DEFINITION

CPC

Ce terme est l'acronyme de *Coût par Clic*. Les valeurs de la colonne *Coût par clic moyen prévisionnel* représentent de précieuses informations pour qui doit optimiser le coût d'une campagne publicitaire Google AdWords. Les montants affichés sont estimés en fonction de la demande

DEFINITION

sur l'expression, ainsi que du positionnement et des enchères effectuées sur le prix de l'affichage de celle-ci.

Le service Google Trends

Google Trends pourra aussi se montrer d'une grande utilité dans certains cas. Cet outil affiche, sous forme de graphiques, les tendances sur les volumes de recherche, c'est-à-dire le nombre de recherches effectuées sur une expression, que vous pouvez cibler sur une région ou une langue. Google Trends peut également vous présenter comparativement les statistiques relatives à plusieurs expressions de manière simultanée, ainsi que des articles d'actualité en rapport direct avec les périodes ponctuelles de grande popularité du mot-clé.

1 Connectez-vous à l'adresse **http://www.google.com/trends**.

2 Dans la zone de saisie, présentée en haut de la page, saisissez une expression ou plusieurs (séparez alors les expressions par des virgules). Cliquez sur le bouton **Search Trends**.

Figure 9.15 : *Le service de Google Trends, à l'adresse http://www.google.com/trends*

Un graphique présentant l'évolution chronologique des tendances de recherches effectuées est affiché (voir Figure 9.16).

3 Utilisez la liste déroulante présentée en haut et à droite de la page pour restreindre la zone géographique sur laquelle doit être appliquée la fonctionnalité à un pays (voir Figure 9.17).

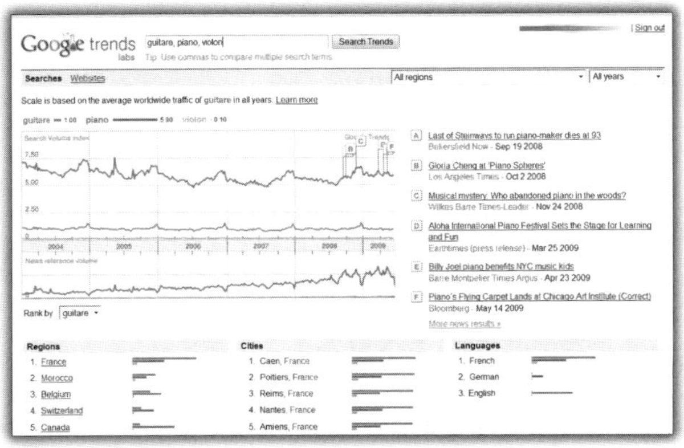

Figure 9.16 : *Le graphique de Google Trends*

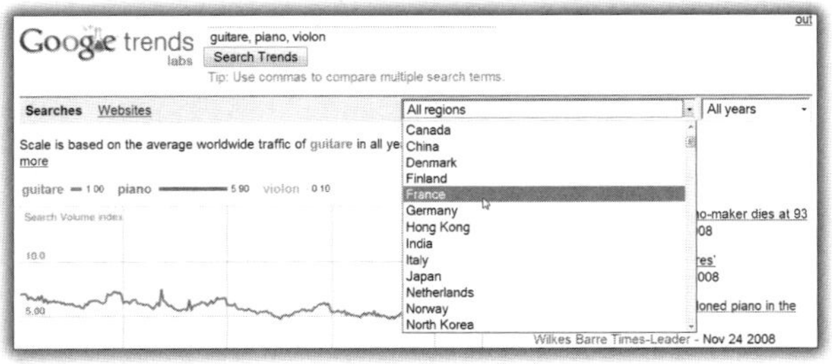

Figure 9.17 : *Les statistiques seront ici limitées à la France*

4 Utilisez la liste déroulante présentée en haut et à droite de la page pour restreindre la zone géographique sur laquelle la fonctionnalité à une région doit être appliquée.

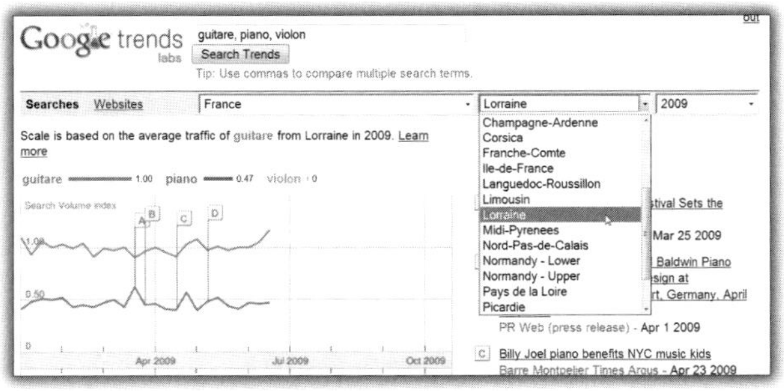

Figure 9.18 : *Les statistiques seront ici limitées à la Lorraine*

5 Utilisez la liste déroulante placée à droite de la précédente afin de restreindre la période.

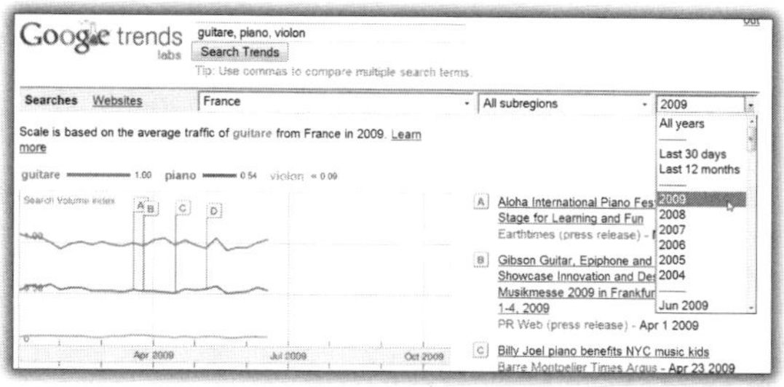

Figure 9.19 : *Les statistiques seront ici limitées à l'année 2009*

Le service Google Insights for Search

Comme Google Trends, ce nouveau service de Google affiche, sous forme graphique, des statistiques sur le nombre de recherches effectuées pour une ou plusieurs expressions-clés, après saisie de celles-ci (il vous sera nécessaire de vous identifier par votre compte Google).

Plus performant et d'aspect plus graphique (le service affiche une carte de taille et d'échelle variables lors de l'affichage des résultats), Google Insights for Search se présente comme le remplaçant de Google Trends, Google maintenant à ce jour les deux services en ligne.

Google Insights for Search est accessible à l'adresse **http://www.google.com/insights/search/#**.

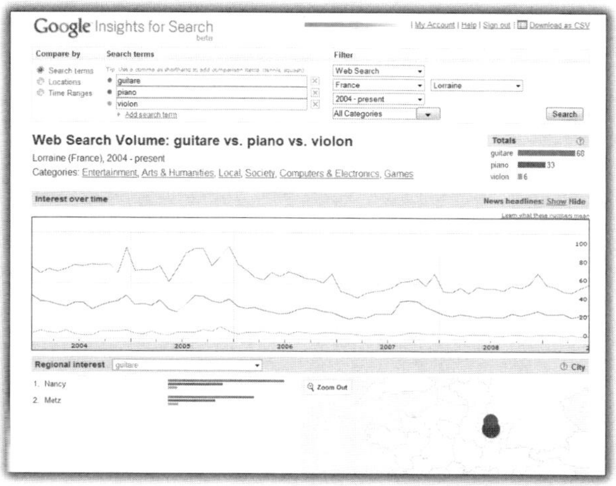

Figure 9.20 : *Le service Google Insights for Search*

9.5. Optimiser son site pour le référencement naturel

Vous allez maintenant appliquer les principales techniques de référencement à votre site Joomla.

Indexer son site dans Google

Lorsque vous souhaitez que votre nouveau site soit indexé dans Google, deux solutions s'offrent à vous :

- créer un lien vers celui-ci depuis un site déjà indexé de sorte que le robot d'indexation Google (nommé Googlebot) parcourt votre site ;
- déclarer directement l'existence de votre site auprès de Google, via le formulaire de déclaration que vous trouverez à l'adresse **http://www.google.fr/intl/fr/addurl.html**.

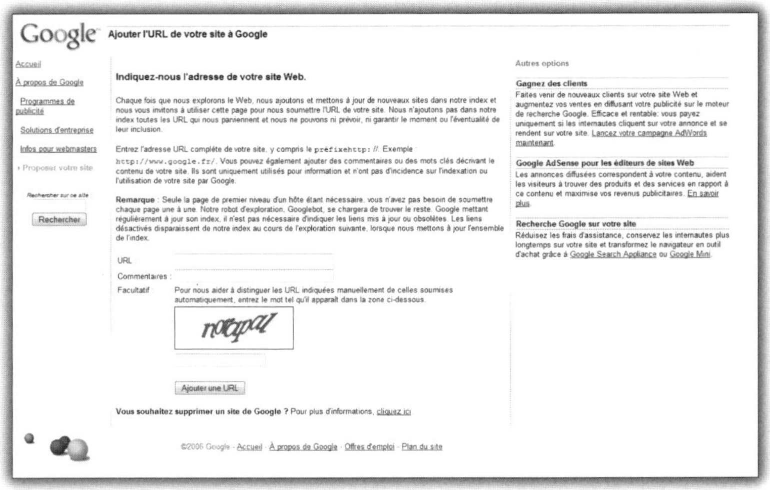

Figure 9.21 : *Le formulaire de déclaration d'un nouveau site*

Utiliser le fichier Sitemap

Le fichier Sitemap contient toutes les pages d'un site que Google doit indexer. Il sert à indiquer à Google l'existence de celles qu'il n'aurait pas encore rencontrées. Il n'est pas obligatoire d'en créer un, mais cela peut s'avérer utile si les pages de votre site ne sont pas toutes accessible par la navigation ou que celles-ci sont développées en technologie Flash uniquement, ce qui représente un obstacle pour le robot. Le fichier Sitemap doit être placé, comme indiqué par Google, sur votre espace d'hébergement.

Pour créer le fichier Sitemap, la démarche à suivre est :

- Si ce n'est déjà fait, créez un compte Google Webmaster Tools.
- Depuis l'interface alors proposée par Google, saisissez l'URL du site pour lequel vous voulez créer le fichier Sitemap.
- Suivez la procédure de vérification afin que Google s'assure que vous êtes le webmestre du site, puis Google créera le fichier.
- Indiquez l'URL dans le fichier *Sitemaps*.

  L'indexation des pages se fera automatiquement, grâce au travail du robot de Google. Le moteur de recherche vous enverra un compte-rendu sur votre compte Google Webmaster Tools.

Augmenter son PageRank

Google calcule un indice appelé PageRank évaluant la qualité des pages web, en fonction de nombreux paramètres. Celui-ci ne dépend pas du thème abordé. Le PageRank n'est évidemment pas l'unique paramètre pris en compte par l'algorithme de Google mais il a une incidence sur le positionnement d'une page web dans les SERP du moteur de recherche.

Principalement, les facteurs en jeu sont les suivants :

- Un lien hypertexte vers une page augmente le PageRank de celle-ci.
- L'importance de l'augmentation provoquée dépend de la popularité de la page sur laquelle figure le lien.
- Si sur une page relativement populaire ne figure qu'un lien, celui-ci augmentera de beaucoup le PageRank de la page cible, mais plus la page comprendra de liens, moins chacun d'entre eux aura de poids.

Cet indice est mesuré selon une échelle logarithmique fermée. Autrement dit, le nombre peut aller de 0 à 10 et pour chaque unité, il faut multiplier par dix le travail à fournir, ce qui rend les derniers échelons quasi inaccessibles (passer du neuvième au dixième échelon représente un milliard de fois plus de travail que d'obtenir le premier).

Au contraire, les premiers sont rapides et simple à atteindre. Mais parvenir à un PageRank de 5 est presque impensable pour un rédacteur seul et les échelons supérieurs nécessitent la mise en œuvre de toute une équipe rédactionnelle.

REMARQUE

Connaître son PageRank

Afin de savoir si les stratégies qu'il utilise sont efficaces ou non, il est intéressant pour le webmestre d'avoir connaissance du PageRank des différentes pages de son site.

De nombreux sites permettent d'afficher en ligne le PageRank d'une page web, après saisie de son URL.

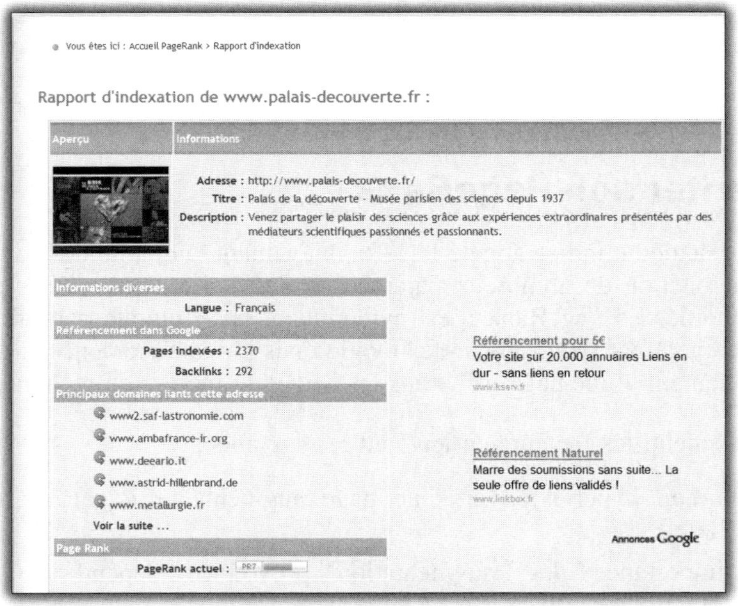

Figure 9.22 : *Le site http://www.pagerank.fr, par exemple, affiche le PageRank d'un site, par simple saisie de son URL*

Toutefois, la méthode la plus simple pour connaître le PageRank des pages que vous visitez consiste à télécharger la barre d'outils Google. Elle affiche le PageRank directement dans votre navigateur.

REMARQUE

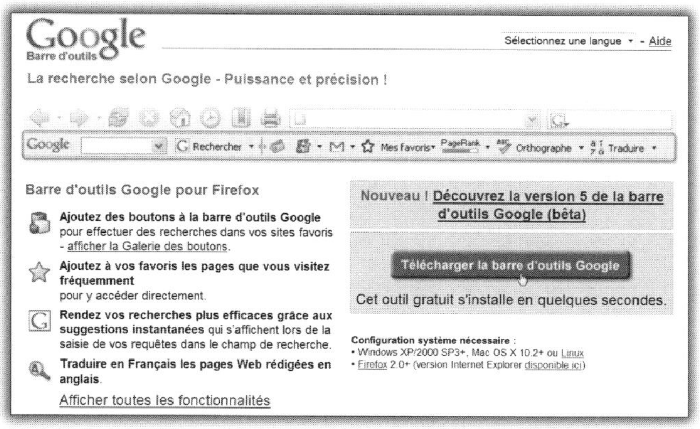

Figure 9.23 : *Le téléchargement de la barre d'outils Google, ici pour Firefox, à l'adresse http://www.google.com/tools/firefox/toolbar/FT3/intl/fr/*

Les principales techniques permettant d'améliorer le PageRank sont les suivantes :

- augmenter le nombre de liens externes ;
- essayer, si cela est possible, d'obtenir ces liens de pages elles-mêmes populaires ;
- chercher en priorité des backlinks depuis des pages qui n'en contiennent pas beaucoup.

Attention, au contraire, le PageRank ne dépend pas :

- du trafic que le site connaît;
- de la fréquence à laquelle les internautes cliquent sur le lien vers le site depuis les SERP ;
- de l'emplacement de la page au sein du site web ;
- du sujet traité.

REMARQUE

Transmission du PageRank

La formule de calcul du PageRank indique que toute page distribue 15 % de son PageRank aux pages vers lesquelles pointent ses liens hypertextes. Forte est donc la tentation, pour un webmestre, de limiter les liens de ses pages à des liens internes, afin d'éviter toute fuite de son précieux PageRank vers des sites extérieurs.

REMARQUE

Comme vous vous en doutez, les développeurs de Google ne peuvent laisser une telle situation se créer car elle serait synonyme de la fin du Web, chaque site fonctionnant en autarcie.

Il semble donc que des "points" soient redistribués, en terme de positionnement, aux sites jouant le jeu d'un Web ouvert. Ainsi, une page présentant quelques liens externes vers des sites choisis se verra mieux placée que la même page disposant uniquement de liens internes.

REMARQUE

Un autre indice, le TrustRank

Google cherchant à éliminer les sites sans intérêt, le moteur à conçu le concept de TrustRank, indice indiquant le degré de "confiance" accordé à un site. D'abord affecté par un humain sur certains sites à forte notoriété, le TrustRank se transmet ensuite par les liens hypertextes vers les autres sites.

Diminuer l'effet Sandbox

Le terme d'effet Sandbox désigne la mise à l'écart d'un site, lors de l'affichage des résultats.

Cet effet touche principalement les nouveaux sites, pendant les mois qui suivent leur création. Google considère que les sites doivent attester de leur réelle existence. Sont ainsi éliminés les sites n'ayant pas fait leurs preuves.

Pour pallier l'effet SandBox, la méthode la plus efficace est certainement, pour le webmestre, de conserver une attitude naturelle et de ne pas utiliser de techniques d'augmentation artificielle de la visibilité, telles que l'inscription à un grand nombre de sites en une courte période.

REMARQUE

La Google Dance

Ce terme indique la mise à jour du classement des pages référencées par Google et pendant laquelle le PageRank et l'indexation des pages sont recalculés.

Optimiser les titres des pages

Ce point est essentiel puisque Google accorde beaucoup de crédit, lors de l'indexation, au contenu de la balise <title>, dans le code de la page, ainsi qu'à celui des liens pointant vers les pages (backlinks) et à leur contexte sémantique.

Voici quelques conseils qui vous seront utiles afin d'optimiser vos titres :

- Le titre d'une page étant affiché dans la page de résultats de Google, choisissez une courte phrase donnant à l'internaute envie de la visiter.
- Limitez cette phrase à quelques mots (moins de 10).
- Variez les titres d'une page à l'autre afin d'affecter une expression à chaque page.
- N'utilisez pas de termes génériques (par exemple, "Bienvenue sur mon site"), c'est un gaspillage et une dilution de la pertinence de vos mots-clés.
- Utilisez le plus possible de mots-clés dans le titre.
- Placez les mots les plus importants au début de la phrase composant le titre (exemple : "Club de plongée aux Caraïbes – Stages d'été").
- Faites en sorte que le contenu sémantique du titre corresponde parfaitement au contexte de la page.
- Utilisez des expressions composées et non une liste de mots-clés.

Activer l'URL rewriting

Joomla génère des URL renfermant un nombre assez important de paramètres. Ainsi, une adresse peut prendre la forme suivante : **http://www.formations-informatiques-nancy.mosaiqueinformatique.fr/index.php?option=com_content&view=article&id=47&Itemid=56**.

L'activation de la réécriture dynamique des pages, qui s'appuie sur la technique de l'URL Rewriting, peut vous permettre d'améliorer le référencement de votre site par l'insertion de mots-clés dans les adresses de vos pages web.

Technique relativement complexe est fastidieuse, l'URL Rewriting est nativement intégrée à Joomla. Il vous suffira de l'activer pour en bénéficier. Vous trouverez ici le mode opératoire nécessaire.

1 Au moyen de votre logiciel de transfert FTP, FileZilla, par exemple, connectez-vous à l'espace d'hébergement de votre site Joomla.

2 À la racine du site, renommez le fichier *htaccess.txt* en `.htaccess` (n'oubliez pas le point avant le nom du fichier).

3 Depuis l'interface d'administration de votre site Joomla, cliquez sur **Site/Configuration générale**.

4 À la rubrique *Paramètres SEO*, activez les trois options *URLs explicites (SEF)*, *Utiliser le module Apachemod_rewrite (réécriture au "vol" des URLs)* et *Ajouter un suffixe aux URLs*.

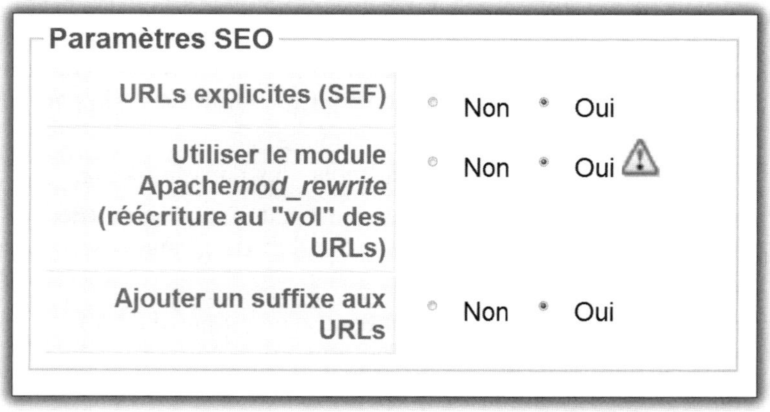

Figure 9.24 : *Les paramètres d'activation de la réécriture dynamique des pages*

5 Cliquez sur le bouton **Appliquer** (et non sur le bouton **Sauver**, qui ne vous permettrait pas de désactiver la fonctionnalité en cas de problème).

6 Dans un nouvel onglet de votre navigateur, donc sans fermer la fenêtre du backend, testez le bon fonctionnement du système en vous déplaçant sur le site au moyen des liens de navigation des menus.

REMARQUE

En cas de problème

Si, lors de vos tests de bon fonctionnement de la fonctionnalité d'URL Rewriting, vous rencontrez le message *Error 500 - Internal server error*,

REMARQUE

vous devez effectuer une copie du fichier sur votre ordinateur, au moyen de votre logiciel de transfert FTP, ouvrir le fichier sur votre machine avec un éditeur de texte tel que le Bloc-notes, puis supprimer le caractère dièse placé au début de la ligne *RewriteBase /* (le dièse est utilisé pour les commentaires, une ligne débutant par ce caractère est donc ignorée). Transférez le fichier modifié sur votre espace d'hébergement en FTP. Le problème devrait être résolu.

Les URL que vous obtenez sont du type **http://www.formations-informatiques-nancy.mosaiqueinformatique.fr/creez-votre-site-web-introduction.html** (l'alias des articles est utilisé en remplacement des paramètres).

7 Si vous rencontrez un problème d'affichage, celui-ci est probablement dû aux paramètres par défaut du serveur web de votre hébergeur. Il vous faudra trouver des informations sur son site pour solutionner le problème. En attendant, désactivez les trois options de la rubrique *Paramètres SEO* puis cliquez sur **Sauver**.

8 Si tout fonctionne correctement, cliquez sur **Sauver** après avoir effectué plusieurs tests d'affichage sur différentes pages.

Optimiser les pages de contenus

Le contenu de la page est déterminant.

Respectez les consignes suivantes :

- Ayez un véritable contenu rédactionnel dans la page.
- N'utilisez qu'une langue par page.
- Employez les titres et les sous-titres (balises `<h1>`, `<h2>`, ...), les balises de mise en gras (`<b>` ou `<strong>`) et de mise en italique (`<i>` ou `<em>`) et les balises de liens hypertextes (`<a>`) pour mettre en valeur vos mots-clés, Google accorde plus de crédit aux textes placés dans ces balises. Ne tombez toutefois pas dans l'excès et restez naturel dans votre mise en forme.
- Écrivez un "chapeau", c'est-à-dire un paragraphe d'introduction, placé au début du texte, et renfermant les mots-clés stratégiques.
- Placez les mots-clés de premier niveau en début de page.

- Employez des synonymes à vos mots-clés et variez féminin, masculin, singulier et pluriel dans les textes.
- Le nombre d'occurrences d'un mot dans la page divisé par le nombre total de mots dans la page permet de calculer l'indice de densité du mot dans la page. Cette valeur, qui semble prise en considération par certains référenceurs, ne paraît pas être déterminante pour Google. Gardez-lui une valeur raisonnable et résistez à la tentation de répéter trop de fois un mot-clé dans la même page, c'est inutile.
- Donnez de l'importance à l'ordre des mots en plaçant les mots-clés de premier niveau en début d'expression.
- Composez des pages ayant un contenu réel, de plusieurs milliers de mots, en encapsulant les mots ou expressions-clés dans des contextes sémantiques de quelques centaines de mots.

Optimiser les images

L'optimisation des images est un facteur important de l'indexation :

- Placez des mots-clés, séparés par des tirets, dans les noms des images.
- Placez des mots-clés dans l'attribut *alt* de la balise *<img>*.
- Placez des mots-clés autour de l'image, afin qu'ils constituent une légende.

Utiliser la balise META description

Bien que n'ayant pas ou peu d'incidence sur l'indexation, cette balise est employée pour affecter une description de la page. Son contenu sera affiché à l'intention des internautes, dans les SERP, et c'est lui qui déclenchera ou non le clic sur le lien menant à votre site. Utilisez des phrases ayant une construction sémantique correcte plutôt qu'une suite de mots-clés et limitez la valeur de cette balise à 150 caractères environ.

REMARQUE

Balises META

Les balises META sont des balises placées dans l'en-tête de la page et destinées à transmettre des renseignements complémentaires aux moteurs de recherche. Google ne tient presque plus compte de ces balises, suite à des utilisations excessives de celles-ci faites au début du Web et rendant l'indexation des pages peu crédibles.

> **REMARQUE**
> Certaines de ces balises sont toutefois davantage utilisées par certains petits moteurs de recherche.

Utiliser la balise META robots

Cette balise est à utiliser dans certaines situations, par exemple pour indiquer au moteur que vous ne souhaitez pas qu'une page soit indexée.

Utiliser la balise META keywords

Cette balise contient la liste de mots-clés de la page. Elle n'est plus prise en considération par Google. Elle peut toutefois être utilisée par le module *Related Items* de Joomla pour mettre en relation des articles traitant de sujets proches. En créant des "liens profonds", d'article à article, cette technique améliore de façon notable de positionnement par création de backlinks automatiquement générés, sans surcroît de travail pour le webmestre.

Figure 9.25 : *Le module Related Items de Joomla*

Bien choisir le nom de domaine du site

L'incidence du libellé du nom de domaine, si elle n'est pas déterminante sur l'indexation, est toutefois significative, puisque l'URL peut renfermer des mots-clés. En outre, cette adresse sera également lue par les internautes ; il est donc toujours préférable qu'elle soit mnémotechnique.

Voici quelques conseils à ce propos :

- Si possible, intégrez des mots-clés dans le nom de domaine, séparés par des tirets.
- N'utilisez qu'un nom de domaine par site (afin d'éviter d'être pénalisé par Google, qui y verrait un contenu dupliqué. Redirigez vos éventuels autres noms de domaines vers ce nom de domaine principal depuis l'interface de votre hébergeur, via une redirection de type 301.
- L'emploi de noms de sous-domaines (du type **http://www.monsousdomaine.mondomaine.fr**), pour augmenter artificiellement le nombre de domaines, ne produit généralement pas de bons résultats car les sous-domaines sont vus comme des nouveaux noms de domaines et sont mis dans la Sandbox de Google pendant plusieurs mois. En outre, si la raison d'être des sous-domaines créés est uniquement l'indexation, Google risque de considérer la manœuvre comme une technique de triche (spamdexing) et de pénaliser le site dans les classements. L'utilisation de sous-domaines, effectuée correctement, peut toutefois augmenter votre visibilité en ce sens que Google, voyant plusieurs domaines, pourra affecter jusqu'à deux lignes dans sa page de résultats à chacun d'entre eux.

Utiliser des mots-clés dans les noms de dossiers et de fichiers

Les moteurs de recherche étant capables de lire les noms de dossiers et les noms de fichiers pour accéder à une page web, placez des mots-clés dans ceux-ci, séparés par des tirets. Cette technique ajoute quelques points à la qualité d'indexation de vos pages.

Opérez de même avec les noms des images.

Gérer un site multilingue

Google accorde des priorités de classement en fonction de l'extension du nom de domaine, qui indique sa nationalité.

Ainsi, un site français sera mieux positionné dans les recherches spécifiques du type "Pages : France" s'il est en *.fr*, s'il est hébergé en France ou si vous avez indiqué à Google la zone géographique associée à votre site (depuis le compte Webmaster Tools que vous pouvez créer à partir de la page d'accueil du moteur de recherche).

Dans le domaine de la gestion de sites multilingues, certaines techniques sont à proscrire. Parmi elles, citons l'usage des cookies (fichiers texte envoyés dans le cache du navigateur pour aider la navigation) et la gestion de la langue dans un paramètre passé dans l'URL (du type **http://www.monsite.com/mapage.php?lg=fr**).

Être présent dans les réponses de recherche universelle

Google affiche, dans certains cas de recherche classique, d'autres informations provenant de différentes sources, comme les cartes Local Business Center de Google ou Google News.

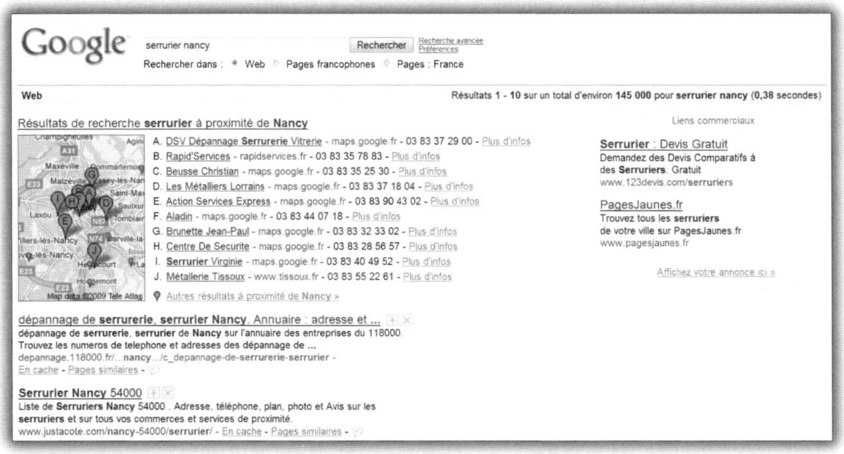

Figure 9.26 : *Une carte Local Business Center de Google*

Ces lignes de résultats font partie des lignes affichées et repoussent les autres plus loin dans les pages d'affichage.

Même si l'opération vous coûte du temps, pensez à vous inscrire à de tels services accessibles généralement par formulaires d'inscription.

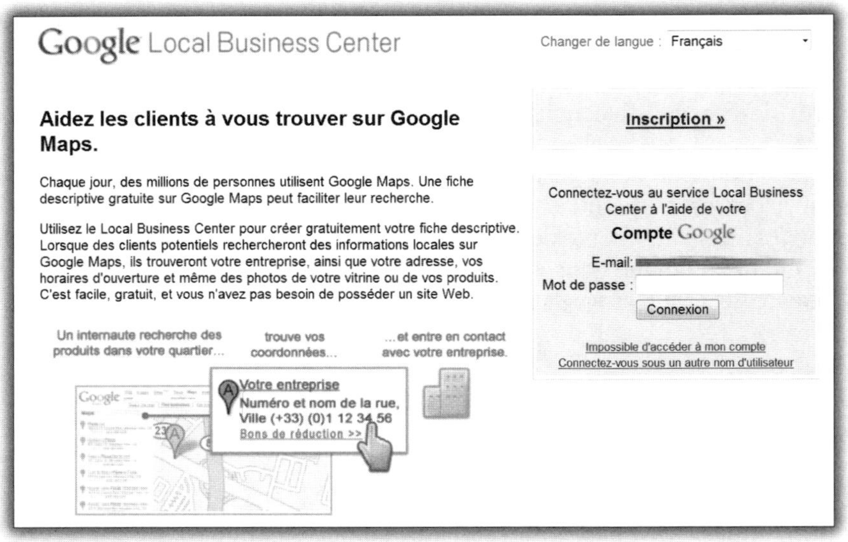

Figure 9.27 : *L'inscription au service Local Business Center de Google (https://www.google.com/accounts/ServiceLogin?continue=http%3A%2F%2Fwww.google.com%2Flocal%2Fadd%2Fbusiness Center%3Fgl%3DFR%26hl%3Dfr&service=lbc&hl=fr&gl=FR)*

REMARQUE

Google News

Ce service a pour finalité d'afficher un résumé de l'actualité, issu des journaux en ligne, lorsque le lien *Actualités* est cliqué dans la page de recherche de Google. Être présent sur Google News est un privilège réservé aux journaux en ligne professionnels, puisqu'il est nécessaire de mettre en ligne un nombre conséquent d'articles, de disposer de plusieurs rédacteurs et de publier chaque article sur une adresse unique.

REMARQUE

Figure 9.28 : *Le service Google News*

9.6. Avoir recours au référencement payant

Si vous choisissez cette solution, conservez à l'esprit qu'un tel service doit vous rapporter plus d'argent qu'il ne vous en coûte.

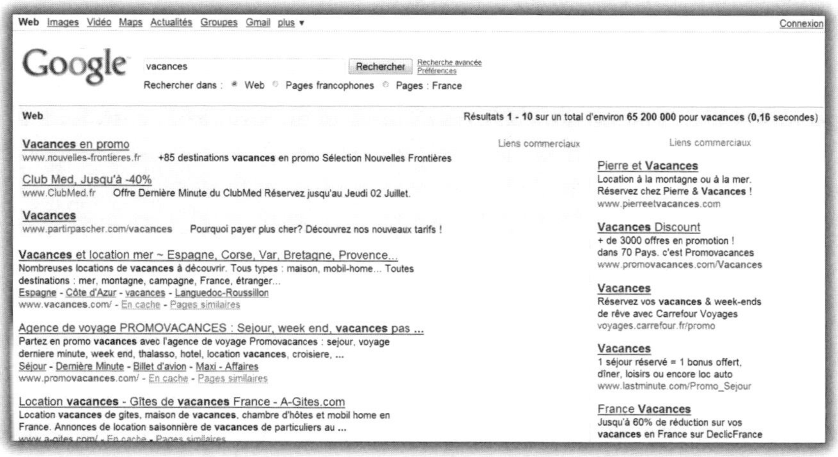

Figure 9.29 : *Les liens commerciaux sont affichés en haut et à droite des SERP de Google*

Cette technique ne doit qu'exceptionnellement se substituer au référencement naturel. Il s'agit, certes, d'une façon de positionner votre site dans la première ou la seconde page de liens d'une SERP mais ce positionnement est artificiel : il disparaîtra dès que vous cesserez de payer le moteur de recherche.

De plus, de nombreux internautes font maintenant la part des choses et accordent moins de crédit aux liens sponsorisés qu'à ceux apparaissant dans la zone de liens naturels.

S'il serait une erreur de la bannir, cette technique est donc à employer avec pondération, dans des cas précis, tels que des événements ponctuels ou imprévus, pour lesquels vous ne disposez plus d'assez de temps de travail sur votre référencement naturel. Il peut également s'agir d'un choix stratégique de votre part, parce que vous estimez que le coût d'un référencement naturel sera supérieur à celui d'une campagne de liens commerciaux. Vous devez, dans ce dernier cas, effectuer votre choix après une sérieuse étude marketing dont le bilan prévisionnel qu'elle a généré vous laisse d'importants espoirs de dégager un bénéfice à la suite de cette action.

L'avantage essentiel du lien sponsorisé est qu'il est affiché immédiatement sur les moteurs de recherche, sans devoir subir les longues et fastidieuses étapes inhérentes au référencement naturel. C'est aussi un moyen de contourner le Sandbox de Google, qui impose à tout nouveau site, même de qualité, un délai d'attente pendant lequel le site est observé par le moteur de recherche.

Certains secteurs n'hésitent pas à investir de grosses sommes d'argent dans des campagnes publicitaires utilisant le lien payant comme vecteur de communication, quelquefois en diminuant en proportions les budgets alloués aux médias traditionnels, tels que la presse, la télévision, la radio ou les affiches urbaines.

Le mode opératoire est le suivant :

1 Le webmestre du site choisit des mots-clés ou des expressions.
2 Il se lie par un contrat auprès d'une régie publicitaire en ligne, telle que celle de Google et achète le positionnement de ces mots, pour un montant donné. Les valeurs qu'il affecte aux mots-clés ou aux expressions de son choix déterminent un positionnement aux enchères (les meilleurs places sont réservées aux annonceurs ayant payé le plus fort prix, pour une expression donnée).

3 Le crédit de l'annonceur est diminué à chaque clic effectué par les internautes sur les liens commerciaux, placés dans les pages de résultats du moteur de recherche ou sur les sites diffusant des liens commerciaux.

4 Quand le crédit est épuisé, la campagne s'arrête, à moins que l'annonceur alloue un nouveau budget à sa campagne d'affichage pour qu'elle continue.

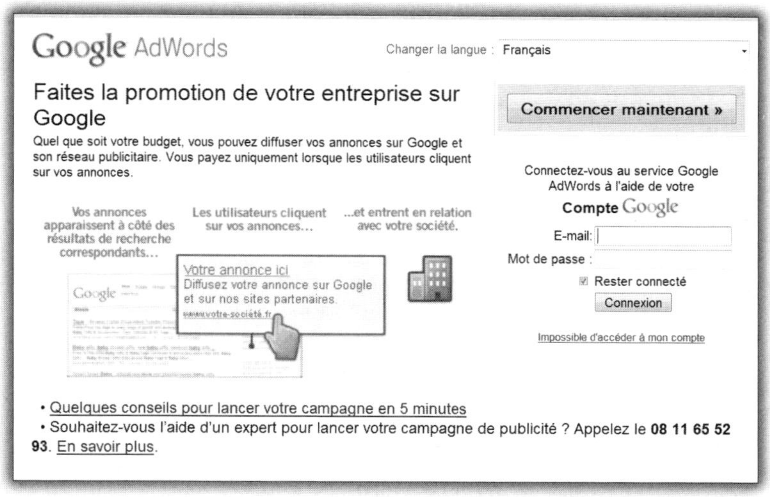

Figure 9.30 : *L'inscription à une campagne de liens commerciaux, sur le site de Google AdWords (https://www.google.com/accounts/ServiceLogin?service=adwords&cd=FR&hl=fr-FR&ltmpl=adwords&passive=true&ifr=false&alwf=true&continue=https%3A%2F%2Fadwords.google.fr%2Fselect%2Fgaiaauth%3Fapt%3DNone%26ugl%3Dtrue&sourceid=awo)*

Voici les principales raisons de choisir d'effectuer une campagne de liens commerciaux :

- accroissement de l'image de marque d'une entreprise, très visible sur Internet, aux yeux de certains internautes novices, pour qui visibilité est synonyme de notoriété ;
- augmentation du trafic afin d'emmener l'acheteur potentiel sur une page déclenchant la pulsion d'achat ;
- campagne publicitaire complémentaire à l'impact du référencement naturel ou à une publicité sur d'autres canaux traditionnels (journaux, TV, etc.).

9.7. Utiliser les commandes de Google

Google met à la disposition de ses utilisateurs un ensemble de commandes qui, saisies dans la zone de recherche du moteur, permettent d'obtenir de nombreuses informations et d'affiner les résultats obtenus. Ces instructions sont essentiellement utilisées pour étudier votre positionnement et celui de vos concurrents.

Vous trouverez, ci-après, la liste des commandes essentielles.

REMARQUE

Augmenter le nombre de réponses de Google

Le nombre de liens, affichés par Google dans ses pages de résultats est de 10, ce qui oblige à de nombreux recours aux boutons de navigation placés en bas des pages, pour parcourir un nombre suffisamment conséquent de réponses.

Vous pouvez augmenter ce nombre en ajoutant `&num=20` (ou une autre valeur inférieure à 100) dans la barre d'adresse du navigateur, après que la recherche a été lancée une première fois.

Ainsi, la requête "guitares d'occasion", saisie dans la zone de recherche de Google, génère l'URL **http://www.google.fr/search?hl=fr&q=guitares+d%27occasion&btnG=Rechercher&meta=** , après que le bouton **Rechercher** est cliqué. Les résultats sont, comme à l'accoutumé, affichés par lots de 10. Alors que la requête **http://www.google.fr/search?hl=fr&q=guitares+d%27occasion&btnG=Rechercher&meta=&num=100** affiche, elle, des pages renfermant chacune 100 liens.

allintitle

Exemple de syntaxe : `allintitle:"vacances été"`.

Cette commande, lorsqu'elle est saisie dans la zone de recherche de Google, permet d'afficher toutes les pages répertoriées par le moteur et renfermant l'expression (dans ce cas entre guillemets) dans leur titre (voir Figure 9.31).

REMARQUE

Utilisation de guillemets

Lorsque des guillemets sont utilisés, l'expression exacte est recherchée, alors qu'en l'absence de guillemets, les mots qu'elle renferme sont recherchés, indépendamment de leur ordre de saisie.

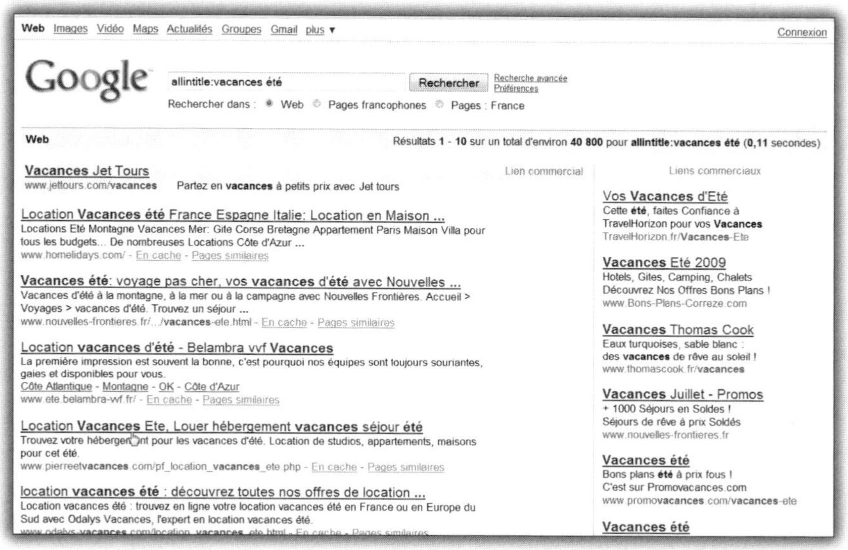

Figure 9.32 : *La même commande, sans l'utilisation des guillemets, renvoie des résultats différents*

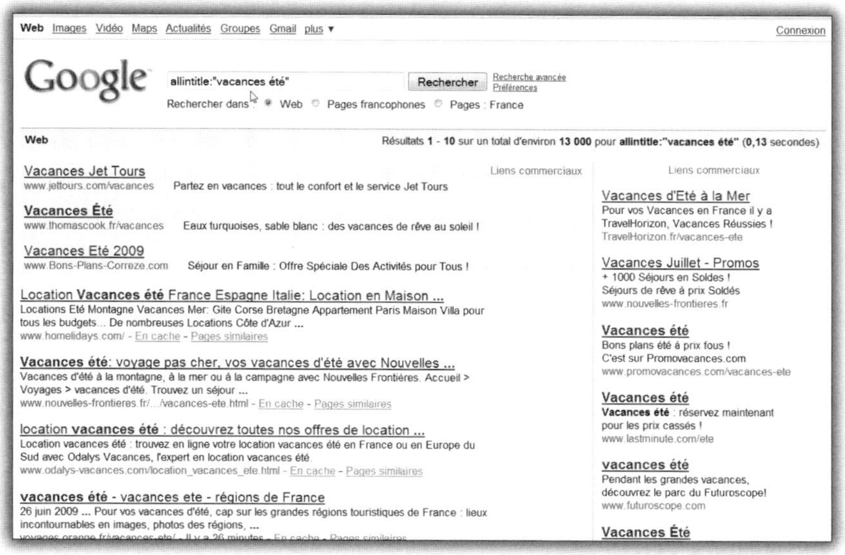

Figure 9.31 : *Un exemple d'utilisation de la commande allintitle*

allinurl

Exemple de syntaxe : `allinurl: "physique chimie"`.

Cette commande, lorsqu'elle est saisie dans la zone de recherche de Google, permet d'afficher toutes les pages répertoriées par le moteur et renfermant l'expression (dans ce cas entre guillemets) dans leur URL.

Figure 9.33 : *Un exemple d'utilisation de la commande allinurl sur Google*

filetype

Exemple de syntaxe : `physique chimie filetype:pdf`.

Cette commande, lorsqu'elle est saisie dans la zone de recherche de Google, permet d'afficher les liens pointant vers le type de fichier indiqué (*pdf*, dans cet exemple) et en rapport avec l'expression saisie. Cette instruction vous sera très utile si vous souhaitez, par exemple, connaître en un instant l'ensemble des documents au format PDF mis en ligne sur un sujet.

Figure 9.34 : *Un exemple d'utilisation de la commande filetype sur Google*

inanchor

Exemples de syntaxe :

- `inanchor:"livres informatiques"`. Cette commande permet d'afficher toutes les pages indexées et renfermant des liens utilisant exactement l'expression entre guillemets, indiquée comme paramètre de la commande.
- `inanchor:livres informatiques`. Cette commande permet d'afficher toutes les pages indexées et renfermant des liens utilisant les mots, dans un ordre quelconque, de l'expression indiquée comme paramètre de la commande.

Figure 9.35 : *Un exemple d'utilisation de la commande inanchor sur Google*

info

Exemple de syntaxe : `info:http://www.palais-decouverte.fr`.

Cette commande, lorsqu'elle est saisie dans la zone de recherche de Google, permet d'afficher les principales informations actuellement détenues par Google sur le site indiqué en paramètre (version en cache, pages similaires, pages renfermant un lien pointant vers l'adresse, liste des pages du site, liste des pages renfermant l'adresse, etc.).

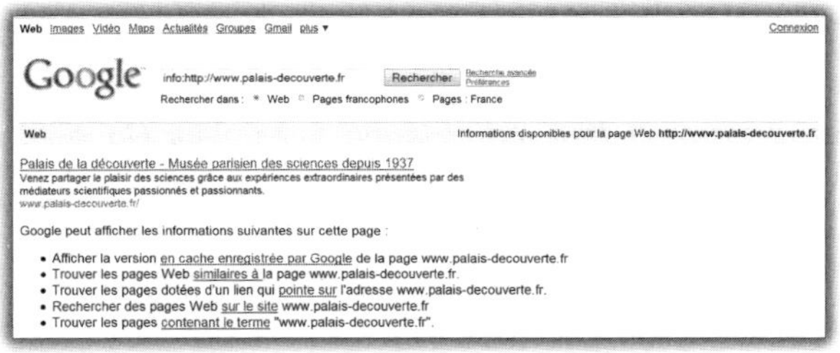

Figure 9.36 : *Un exemple d'utilisation de la commande info sur Google*

intext

Exemples de syntaxe :

- `intext:"physique chimie"`. Cette commande permet d'afficher toutes les pages indexées et renfermant exactement l'expression entre guillemets.
- `intext:"physique chimie" terminale`. Cette commande permet d'afficher toutes les pages indexées et renfermant exactement l'expression entre guillemets, ainsi que le mot suivant (non encadré de guillemets), quelle que soit sa place dans le texte des pages.

Figure 9.37 : *Un exemple d'utilisation de la commande intext sur Google*

intitle

Exemple de syntaxe : `intitle:vacances été`.

Cette commande permet d'afficher toutes les pages répertoriées par le moteur et dont le premier mot de l'expression recherchée est contenu dans leur titre alors que les suivants sont renfermés dans la page.

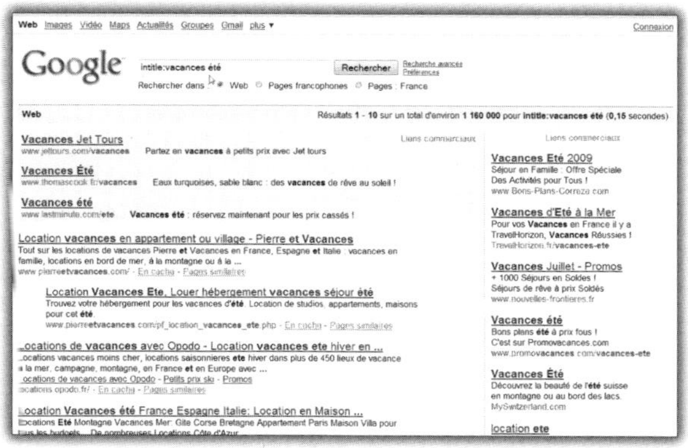

Figure 9.38 : Un exemple d'utilisation de la commande intitle

link

Exemple de syntaxe : `link:www.lemonde.fr`.

Cette commande permet de connaître les adresses des pages répertoriées par le moteur et renfermant un lien pointant vers l'adresse indiquée en paramètre de la commande.

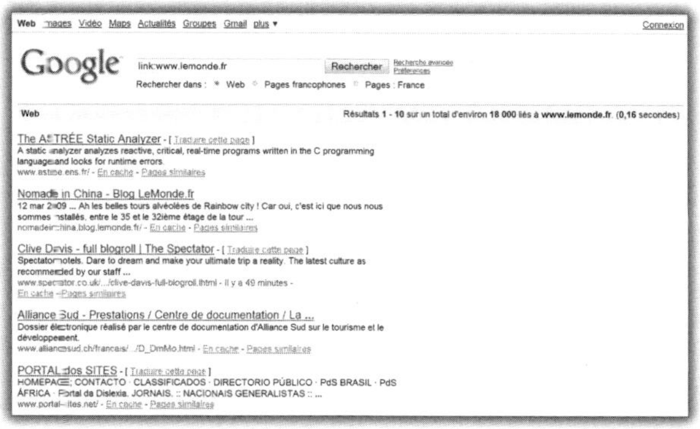

Figure 9.39 : Un exemple d'utilisation de la commande link sur Google

Sur Google, la liste de liens renvoyée par cette commande est incomplète. Sa valeur est donc indicative. Pour vous en convaincre, saisissez la même commande sur le moteur de recherche Yahoo (**http://www.yahoo.fr**). Le nombre de liens indiqués est beaucoup plus conséquent.

Figure 9.40 : *Un exemple d'utilisation de la commande link sur Yahoo*

related

Exemple de syntaxe :

`related http://www.palais-decouverte .fr/index.php.`

Figure 9.41 : *Un exemple d'utilisation de la commande related sur Google*

Cette commande permet d'effectuer une recherche des sites proposant un sujet proche ou analogue à celui du site indiqué en paramètre de la commande.

site

Exemples de syntaxe :

- `site:http://www.palais-decouverte.fr`. Cette commande permet d'afficher toutes les pages indexées du site indiqué en paramètre de la commande.
- `site:http://www.palais-decouverte.fr + chimie`. Cette commande permet d'effectuer une recherche, sur un site spécifique, des pages renfermant un mot-clé ajouté en paramètre, derrière l'opérateur +.

Figure 9.42 : *Un exemple d'utilisation de la commande site sur Google*

> REMARQUE
>
> **Autre syntaxe**
>
> Il vous est également possible d'utiliser une syntaxe telle que `"chimie" site:http://www.palais-decouverte.fr`

- `"chimie" site:.fr`. Cette commande permet d'effectuer une recherche pour le mot-clé cité en paramètre, pour les sites portant l'extension *.fr*.

define

Exemple de syntaxe : `define:php`.

Cette commande, lorsqu'elle est saisie dans la zone de recherche de Google, permet d'afficher les définitions de l'expression saisie en paramètre.

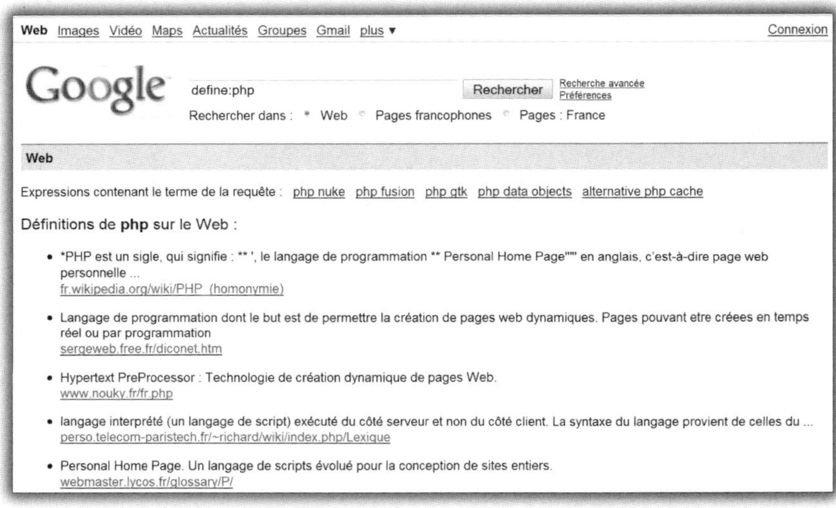

Figure 9.43 : *Un exemple d'utilisation de la commande define sur Google*

9.8. Anticiper les futures techniques de référencement

Les techniques de référencement décrites ici évolueront, n'en doutez pas.

Google annonce en effet des modifications majeures de ses algorithmes, sous l'appellation de *Google personalized search results*.

Ce nouvel algorithme s'appuie sur l'historique de navigation des internautes, mémorisé et différent pour chacun d'entre eux. Les résultats obtenus varieront donc en fonction des sites précédemment visités.

Le référenceur devra suivre de près cette évolution, s'il souhaite conserver ses acquis.

9.9. Check-list

- Le travail du référenceur est une tâche conséquente et qui s'étire sur toute la durée de vie du site web.
- La première étape, lors du référencement d'un site, consiste à définir clairement les objectifs à atteindre et à les mettre en corrélation avec les moyens nécessaires.
- La deuxième étape consiste à effectuer une recherche de mots et d'expressions-clés stratégiques, en vous aidant des outils en ligne.
- Ensuite, vient le travail d'optimisation technique et rédactionnelle des pages.
- L'étape suivante consiste à obtenir un nombre maximal de liens, internes et externes, pointant vers les pages que vous souhaitez mettre en valeur.
- À ce stade, il ne vous reste qu'à augmenter le nombre de mots-clés et à recommencer le cycle.

Chapitre 10

Annexe

Glossaire 384
Adresses Internet utiles 406

10.1. Glossaire

A

Accessibilité

Ce terme désigne la possibilité, pour tous les internautes, y compris les personnes handicapées ou malvoyantes, d'accéder aux services Internet.

Achat de mots-clés

Terme indiquant la possibilité, pour les annonceurs, d'acheter des liens publicitaires affichés lorsque certains mots-clés sont saisis dans un moteur de recherche. Ces prestations sont vendues par des régies publicitaires telles que celle de Google.

Acrobat Reader

Logiciel permettant d'afficher des documents dans leur forme originale, au format PDF. Ce logiciel, conçu par la société Adobe (**www.adobe.fr**), est très utilisé sur Internet. De nouvelles versions, téléchargeables gratuitement (par exemple à l'adresse **www.adobe.fr/products/acrobat/readstep2.html**), sont mises à la disposition des utilisateurs régulièrement par l'éditeur.

ActionScript

Langage de programmation utilisé pour le développement d'applications Flash sophistiquées, telles que les jeux en ligne.

ActiveX

Programmes de technologie Microsoft pouvant être utilisés dans une page web ou un courriel au format HTML. Les ActiveX, comme les scripts écrits en langage JavaScript, permettent de réaliser les traitements impossibles à effectuer en langage HTML. Ils peuvent contenir des virus informatiques et doivent donc être activés uniquement lorsqu'ils proviennent de sources sûres, sous le contrôle d'un logiciel antivirus.

Administrateur de réseau

Personne ayant la charge d'entretenir un réseau informatique. L'administrateur crée les comptes des utilisateurs et leur affecte des droits (de lecture ou d'écriture par exemple) sur le système informatique.

Adresse email

En informatique, adresse équivalente à une adresse postale et vers laquelle sont adressés les courriers électroniques.

Adresse IP

Adresse sur 32 bits, divisée en zones. Les adresses IP sont utilisées par le protocole TCP/IP qui affecte une adresse unique à chaque ordinateur (192.168.000.001, par exemple). Il existe deux catégories d'adresses IP affectées à un ordinateur : l'adresse IP statique, qui ne change pas, et l'adresse IP dynamique, qui change à chaque connexion. Dans ce cas, il faut que le serveur dispose d'une fonctionnalité permettant la distribution dynamique d'adresses IP (DHCP).

Adresse URL (Uniform Resource Locator)

Adresse d'un site Internet (du type **www.mosaique-informatique.com**) saisie dans la Barre d'adresse du navigateur Internet pour accéder à une page.

AdSense

Système de publication de liens publicitaires textuels, c'est-à-dire variant en fonction des pages web dans lesquelles elles sont diffusées, moyennant rémunération des sites sur lesquels les liens sont diffusés.

ADSL (Asymmetrical Digital Subscriber Line)

Mode de connexion à Internet permettant de disposer d'une connexion permanente et rapide à un coût abordable et utilisant le réseau téléphonique existant.

AdWords

Système de diffusion de liens publicitaires payants, édité par Google, sur ses pages de recherche et sur les sites web qui en font la demande à Google et sont acceptés en tant qu'éditeurs par ce dernier.

AFNIC (Association française pour le nommage Internet en coopération)

Organisme ayant pour mission de gérer les noms de domaine français.

Ajax (Asynchronous JavaScript and XML)

Terme indiquant l'utilisation d'un regroupement de technologies libres (XHTML, CSS, XML, XSLT, JavaScript) et autorisant le rafraîchissement partiel d'une partie web, dans le but de diminuer les temps de réponses et la quantité de bande passante utilisée.

Algorithme

Méthode d'analyse de problèmes destinée à optimiser l'écriture des programmes informatiques.

Algorithme de pertinence

Système d'estimation de la pertinence d'une page web, utilisé par les moteurs de recherche,, lorsqu'une requête est saisie par l'internaute.

Alias

Synonyme de "raccourci vers un fichier".

Alt

Balise XHTML permettant d'indiquer un message associé à une image, particulièrement à l'intention des malvoyants.

Ancre (Anchor)

Balise XHTML permettant de créer un lien hypertexte.

Annonceur

Personne créant une action publicitaire d'affichage de liens payants sur Internet.

Annuaire

Moteur de recherche de sites web dont l'indexation est contrôlée par des humains, à la différence d'un robot dans lequel l'indexation est réalisée automatiquement par une machine.

Apache

Serveur web OpenSource, très largement utilisé sur le Web, chez les FAI notamment.

Applet Java

Programme inséré dans les pages web et permettant des traitements impossibles en HTML tels que des animations d'images, des calculs ou des chats.

Arobase (@)

Caractère signifiant "chez" (prononcé *at* en anglais), utilisé dans les adresses de courrier électronique pour séparer le nom du destinataire de celui du nom de domaine auquel il est rattaché (*dupont@nomdedemine.fr*, par exemple).

Article

Sous Joomla, entité rédactionnelle composée de texte, d'images et éventuellement d'objets.

Assistant

Logiciel apportant une aide à l'utilisateur lors d'une tâche, l'installation d'un programme par exemple.

Audit de site

Analyse d'un site web dans le but d'en améliorer les performances.

Authentification

Contrôle de l'identité d'un utilisateur sur un réseau ou un ordinateur.

AVI

Format de fichiers informatiques de vidéo.

AWR - Agent Web Ranking

Programme d'analyse de référencement et de positionnement dans les moteurs de recherche.

B

Backlink

Lien hypertexte venant d'un autre site web.

Backend

Interface d'administration de Joomla.

Backup

Sauvegarde de fichiers d'une unité de mémoire de masse vers une autre.

Balise

Commande utilisée en HTML pour mettre en forme le document.

Balise meta

Balise HTML renfermant des informations à l'intention des robots des moteurs de recherche.

Balise meta title

Balise HTML qui définit le texte du titre d'une page web. Cette balise est fondamentale ; elle renferme un texte qui est affiché dans les pages de résultats des moteurs de recherche. Elle est très souvent prise en considération par les moteurs de recherche, lors de l'indexation d'une page.

Balise meta description

Balise HTML qui définit la description d'une page web. La description est affichée à la suite du titre, dans les pages de réponses des moteurs de recherche. Elle doit être correctement rédigée afin de donner à l'internaute le désir de visiter le site web correspondant.

Balise meta keywords

Balise HTML qui définit les mots-clés d'une page. Cette balise n'est plus prise en considération par la plupart des moteurs de recherche.

Bande passante

Débit d'une connexion.

Bannière

Image ou animation publicitaire affichée sur un site web.

Barre de titre

Zone d'affichage des titres en haut d'une fenêtre de Windows, celle du navigateur Internet par exemple.

Barre d'outils

Zone composée de boutons et d'icônes qui constituent des raccourcis vers les menus.

Base de données

Logiciel de stockage des informations répondant à des concepts structurels (tables, relations…), comme les logiciels Access ou MySQL.

Bloc-notes

Éditeur de texte primitif sous Windows.

Blog

Terme désignant un type de site web, souvent utilisé afin d'afficher un journal personnel et dont le propriétaire (nommé blogueur) n'est pas systématiquement informaticien. Les pages placées sur le blog sont affichées dans un ordre chronologique inverse et portent l'appellation de billets. Ces sites sont très nombreux.

Body

Balise HTML définissant la zone de contenu d'une page web.

Bookmarks

Adresses de pages web mémorisées sur un navigateur Internet.

Browser

Synonyme de navigateur Internet.

Buffer

Mémoire tampon. Les données qu'elle renferme sont régulièrement effacées au profit de nouvelles. Les *buffers* permettent l'accélération des logiciels.

Bug

Erreur informatique (équivalent français : bogue).

Butineur

Synonyme de navigateur Internet.

C

Cache

Zone de mémoire, appelée aussi "mémoire cache", qui stocke les données récemment utilisées afin d'accélérer les traitements.

Catégorie

Conteneur virtuel d'articles sous Joomla.

Chemin d'accès

Chemin virtuel qu'il faut emprunter, en partant de la racine, pour accéder à un fichier sur un ordinateur, plus exactement sur une de ses unités de mémoire de masse (disque dur, disquette, CD-ROM…). Chaque unité est signalée par une lettre suivie de deux points : les lecteurs de disquettes sont généralement nommés *A:* et *B:*, le premier disque dur est nommé *C:*, etc. Les fichiers sont classés dans des dossiers ou répertoires, eux-mêmes pouvant en contenir d'autres. Le caractère utilisé pour séparer les noms de dossier est la barre oblique (/) ou la barre oblique inversée (\).

Clic

Action de cliquer sur un lien dans une page web.

Client

Dans une architecture client-serveur, le client est le logiciel qui se connecte à un autre pour obtenir des données ou solliciter des traitements. Le navigateur Internet (Internet Explorer, par exemple) est le client d'un serveur web lorsqu'il se connecte à celui-ci pour obtenir des pages HTML. Ce principe de fonctionnement décharge le logiciel client des tâches les plus lourdes pour les déléguer au serveur qui dispose généralement de capacités de traitement plus importantes.

Client-serveur

Type de réseau composé de postes (clients) qui se connectent au serveur distribuant les applications et les fichiers. Cette architecture est utilisée en grandes et moyennes entreprises. Les particuliers et les petites entreprises peuvent se satisfaire d'une architecture de type poste à poste, moins lourde à mettre en œuvre, mais dans laquelle la sécurité est moindre.

Cloaking

Technique de triche consistant à afficher des informations différentes pour les robots de celles affichées aux internautes et employée à l'origine afin d'empêcher la copie de certaines informations. Cette méthode est aujourd'hui considérée comme du spamdexing par les moteurs de recherche car elle leur cache le véritable contenu d'un site web. Cette technique est interdite par les moteurs de recherche.

Clustering

Technique employée par les moteurs de recherche, consistant à afficher une seule page par site web dans les pages de résultats pour empêcher le monopole des meilleures places par un site unique.

CMS (Content management system)

Terme synonyme de "système de gestion de contenus", désignant un site web composé d'un ensemble de programmes et d'une base de données permettant de stocker les articles, mis à jour par les rédacteurs depuis une interface accessible par un simple navigateur Internet. Les CMS ont connu un grand essor, ces dernières années.

Combo

Menu déroulant.

Commerce électronique

Les sites de commerce électronique sont des sites Internet permettant d'acheter des produits ou des services sur Internet.

Compatibilité

Un matériel (ou un programme) est compatible s'il se plie aux normes d'interfaçage en vigueur et si son fonctionnement n'entre pas en conflit avec d'autres périphériques ou d'autres applications.

Composant

Sous Joomla, fonctionnalité complémentaire et additionnelle au système natif.

Compression

Méthode visant à réduire la taille d'un fichier afin qu'il utilise moins de place sur le disque dur ou moins de bande passante. Certains fichiers, comme les vidéos et les sons, prennent énormément de place et doivent être compressés. Les fichiers compressés doivent subir l'opération inverse, nommée "décompression", avant de pouvoir à nouveau être exploités.

Compte d'accès

Terme désignant l'identification d'un abonné chez un FAI.

Configuration

Terme désignant un environnement paramétré d'ordinateurs, de logiciels et de périphériques.

Contenu dynamique

Méthode de construction d'un site, faisant appel à un langage de programmation, tel que PHP, et une base de données, telle que MySql, pour afficher des pages, plutôt qu'à construire celles-ci de façon traditionnelle en langage HTML.

Cookie

Fichier texte déposé sur le disque dur d'un ordinateur par un serveur Internet et stockant des informations relatives au comportement de l'utilisateur lors de sa navigation sur le site. Il est possible de supprimer les cookies stockés sur l'ordinateur.

Courriel

Synonyme de courrier électronique.

Coût par clic

Système de tarification des régies publicitaires en ligne par lequel les annonceurs paient le service publicitaire au prorata du nombre de clics effectué sur les liens affichés.

Coût pour mille

Système de tarification des régies publicitaires en ligne par lequel les annonceurs paient le service publicitaire au prorata du nombre de milliers d'affichages effectués.

Cracker

Individu effectuant une tentative d'intrusion logicielle sur un ordinateur distant. Les crackers utilisent généralement les failles de protection découvertes dans Windows pour pénétrer à distance sur des ordinateurs connectés à Internet. L'emploi d'un pare-feu est indispensable pour se préserver des attaques des crackers.

CSS (Cascading Style Sheet)

Nom donné aux feuilles de style en cascade, fichiers utilisés pour décrire la mise en forme des pages HTML. Cette technique est aujourd'hui couramment utilisée. Elle permet de normaliser la présentation de toutes les pages d'un site et de changer leur aspect en quelques instants. Ceci n'était pas possible avant l'apparition des feuilles de style, époque à laquelle le code de mise en forme était stocké lui-même dans la page HTML.

D

Débit

Quantité de données pouvant être transmises en un temps donné. C'est la vitesse de transmission sur un réseau. Le débit est un élément essentiel des performances du réseau. Il détermine ce qui pourra ou ne pourra pas être fait sur le réseau. Ainsi, un réseau offrant un débit trop faible ne pourra pas véhiculer certaines fonctionnalités, comme le son ou la vidéo.

Débit descendant

Informations reçues par l'internaute par le biais de sa connexion.

Débit montant

Informations envoyées par l'internaute par le biais de sa connexion.

DHTML

Variante du langage HTML.

DNS (Domain Naming System)

Système de correspondance entre les adresses IP et des adresses saisies dans la Barre d'adresse du navigateur Internet.

Download

Téléchargement de fichiers reçus sur le Poste de travail depuis un autre ordinateur.

Dynamique

Adjectif indiquant le mode de construction d'un site web, dans lequel les textes des pages sont enregistrés dans une base de données. Les pages sont alors construites "dynamiquement", au fil des requêtes de l'internaute qui parcourt le site.

E

Échange de liens

Technique visant à augmenter le référencement de deux sites, qui échangent des liens hypertextes et augmentent ainsi le nombre de backlinks, liens externes pointant vers eux.

Encapsulation

Technique consistant à enfermer un sous-protocole dans un autre pour permettre le transport de données.

Ergonomie web

Terme synonyme de recherche d'une optimisation des fonctionnalités d'un site web.

Extension

L'extension d'un fichier est une chaîne de caractères ajoutée derrière son nom (nom de fichier et extension sont séparés par un point) et indiquant à quelle famille appartient le fichier. Un fichier portant l'extension *.xls* appartient à la famille des fichiers de classeurs Excel.

F

FAI (fournisseur d'accès Internet)

Free, Wanadoo, Neuf Telecom, etc., sont des FAI. Connectés en permanence à Internet, ils permettent à leurs abonnés de disposer de tous les services accessibles sur le réseau des réseaux. Le terme anglais *provider* est aussi utilisé.

Favoris

Voir Bookmarks.

Feuille de style

Voir CSS.

Fichier

Un fichier correspond à un stockage d'informations. Les informations sont enregistrées sur les unités de mémoire de masse sous la forme d'entités que sont les fichiers, eux-mêmes gérés par le système d'exploitation. Il existe deux types de fichiers : les fichiers exécutables par le système, comme les fichiers programmes, et les fichiers de données (informations utilisées par les programmes).

Fil d'Ariane

Liste de liens hypertextes indiquant à l'internaute les pages par lesquelles il est passé.

Firefox

Navigateur Internet, concurrent du navigateur Internet Explorer.

Firewall

Voir Pare-feu.

Flash

Technologie évoluée permettant de réaliser des applications dans les pages web.

Flash Player

Plug-in gratuit permettant de lire les animations Flash dans un navigateur Internet.

Flux RSS

Documents au format XML utilisés pour la syndication de contenus sur le Web. Il est ainsi possible à l'abonné de recevoir des mises à jour d'informations diverses.

Format de fichier

Méthode d'organisation des informations dans un fichier. Le format d'un fichier dépend du logiciel qui l'a généré. Le format de fichier le plus simple est le format "texte brut", qui ne contient aucun caractère d'enrichissement de la mise en forme.

Forum de discussion

Espace de discussion en différé sur Internet dans lequel les internautes peuvent laisser des messages consultables en ligne et classés par thèmes.

Footer (pied de page)

Partie inférieure de la page, dans laquelle sont généralement affichées des informations génériques.

Freeware

Logiciel gratuit, généralement proposé en téléchargement sur le Web.

Frontend

Partie publique d'un site Joomla.

FTP (File Transfer Protocol)

Protocole de communication permettant à un utilisateur de transférer des fichiers entre des ordinateurs distants.

G

Gigaoctet (Go)

Unité de mesure informatique ayant pour valeur 1 073 741 824 octets.

Gmail

Service de création d'adresses email de Google.

GNU/GPL

Type de licence OpenSource très répandu.

Google

Moteur de recherche très utilisé sur Internet.

Google Bombing

Technique mise en œuvre par les blogueurs, qui, agissant en nombre en créant de nombreux liens hypertextes vers un même site, positionnent celui-ci sur une expression clé, valorisante ou péjorative.

Google Chrome

Navigateur Internet développé par Google.

H

Hacker

Pirate informatique. Les pirates sont des personnes qui tentent d'entrer de façon illicite sur un système informatique.

Head

Zone d'en-tête dans une page HTML.

Heuristique

Technique de résolution de problèmes dont le principe repose sur une analyse de résultats qui détermine la conduite à tenir pour les traitements suivants. Cette technique est utilisée par les logiciels antivirus et les moteurs de recherche.

HTML (HyperTexte Markup Language)

Langage de mise en forme utilisé pour l'écriture des pages consultées dans le navigateur Internet (ou d'autres logiciels susceptibles de lire ce format de fichiers). Le HTML a permis l'essor d'Internet, notamment avec la possibilité de "rebondir" d'une page à une autre par le biais des liens hypertextes (d'où l'expression surfer sur le Web, par analogie avec un surfeur qui rebondirait de vague en vague).

HTTP (HyperText Transfer Protocol)

Protocole de communication entre le poste client (poste connecté à Internet et utilisé par l'internaute) et le serveur (machine qui envoie les fichiers, principalement des pages HTML).

HTTPS - HTTP Sécurisé

Version sécurisée du protocole HTTP, utilisée notamment pour les paiements en ligne.

I

IIS (Internet Information Services)

Serveur web de Microsoft.

Impression

Affichage d'une publicité sur un site web.

Index

Base de données renfermant une liste ordonnée et facilitant les recherches.

Indexation

Enregistrement d'une page web dans un moteur de recherche.

Indice de densité

Rapport entre le nombre de fois où un mot est affiché et le nombre total de mots dans une page.

Indice de popularité

Critère de pertinence d'une page web employé par les moteurs de recherche.

Interactivité

Possibilité donnée à l'internaute de laisser des messages sur une page web.

Interface

Terme générique désignant tout système, logique ou physique, permettant à deux univers incompatibles d'entrer en communication. Un modem (acronyme de modulateur démodulateur), par exemple, est une interface physique. Un système d'exploitation ou un logiciel sont des interfaces logiques entre le microprocesseur et l'utilisateur.

Interface graphique

Ensemble de commandes permettant à un utilisateur d'agir sur le fonctionnement d'un programme sans saisir de lignes de commandes.

Internet

Réseau informatique mondial permettant l'interconnexion de tous types d'ordinateurs. Les deux principales fonctionnalités d'Internet sont le *World Wide Web*, qui permet la consultation des pages au format HTML constituant les sites Internet, et le courrier électronique.

Internet Explorer

Navigateur Internet de Microsoft.

Internic

Organisme américain dont la mission est de gérer certaines familles de noms de domaine Internet.

Intranet

Mise en application des protocoles Internet sur un réseau local.

IP (Internet Protocol)

Protocole de réseau ayant pour mission l'acheminement des paquets d'informations.

J

Java

Langage de programmation utilisé sur les serveurs web pour créer des fonctionnalités dynamiques dans les pages web.

JavaScript

Langage de script capable d'être interprété par le navigateur web et inséré dans le code HTML afin de permettre des traitements tels que des animations.

Joomla

Système de gestion de contenu OpenSource.

K

Kilobit par seconde (kbit/s)

Unité de mesure de vitesse de transfert des données (1 024 bits par seconde).

L

LAMP (Linux Apache Mysql Php)

Ensemble OpenSource constitué d'un système d'exploitation, d'un serveur web, d'une base de données et d'un langage de programmation pour le Web.

LAN (Local Area Network)

Terme signifiant réseau local. Ensemble d'ordinateurs et de périphériques reliés entre eux par des liaisons physiques et régis par des protocoles de communication communs.

Lien contextuel

Lien en rapport avec le contexte sémantique d'une page web.

Lien hypertexte

Zone de texte ou image réactive qui ouvre une page HTML ou un fichier lorsqu'elle est activée d'un clic.

Lien mort

Lien hypertexte pointant vers une page inexistante.

Lien naturel

Lien hypertexte placé spontanément sur une page vers un autre site web, sans contrepartie commerciale.

Lien organique

Lien d'un moteur de recherche vers un site, sans rémunération du moteur de la part du propriétaire du site.

Lien profond

Lien pointant vers une page spécifique d'un site et non vers sa page d'accueil.

Liens réciproques

Échange de liens réciproques entre deux sites web.

Lien sponsorisé

Lien publicitaire payant, affiché sur un site web.

Link-farm

Site web affichant de très nombreux liens.

Linux

Système d'exploitation libre.

Login

Nom d'utilisateur généralement associé à un mot de passe et permettant l'identification d'un utilisateur sur un système informatique ou lors de l'établissement d'une connexion.

M

Marque-page

Voir Favori.

Mégabit par seconde (Mbit/s)

Unité de mesure de vitesse de transfert des données (1 000 000 bits par seconde).

Mégaoctet (Mo)

Unité de mesure informatique correspondant à 1 048 576 octets.

Mémoire vive

La mémoire vive est la mémoire de travail du microprocesseur. Elle est rapide (beaucoup plus que la mémoire de masse). À la différence de la mémoire de masse, la mémoire vive est volatile : la conservation de son contenu est liée au passage du courant électrique, c'est-à-dire que l'ordinateur doit être sous tension pour que le contenu de la mémoire vive soit conservé.

Menu

Système de navigation sous Joomla.

Modem (modulateur démodulateur)

Interface transformant un signal numérique en un signal analogique, et réciproquement. Un modem est donc un périphérique réversible, largement utilisé depuis les années 1980, pour permettre la communication entre les ordinateurs, via le réseau téléphonique, initialement prévu pour véhiculer la voix humaine, sous forme de signaux analogiques (et non de signaux numériques, utilisés par les ordinateurs). Bien qu'il présente des analogies physiques et conceptuelles, ce type de modem, dit modem RTC, ne doit pas être confondu avec un modem ADSL, de technologie radicalement différente.

Module

Fonctionnalité additionnelle sous Joomla.

Moteur de recherche

Site Internet permettant d'effectuer des recherches d'autres sites sur le Net par le biais de mots-clés.

Firefox

Navigateur Internet OpenSource.

MySQL

Base de données très utilisée sur le Web, associée à PHP.

N

Navigateur

Logiciel dédié à l'affichage des pages HTML, tel qu'Internet Explorer ou Firefox.

Newsletter

Courrier électronique d'information sur un sujet et adressé à des internautes abonnés au service.

Nom de domaine

Adresse réseau sur Internet du type **www.mondomaine.extension**.

O

Occurrence

Nombre de répétitions d'un mot dans un texte.

Octet

Unité d'information correspondant à 8 bits. Un bit est une valeur binaire égale à 0 ou à 1. Un octet est donc une valeur du type 10111011, qui correspond ici à la valeur 187 en base 10.

OpenSource

Programmes libres d'accès qui peuvent être modifiés et redistribués librement.

P

Page jacking

Technique frauduleuse reposant sur la copie illégale du contenu d'une page web.

Page alias

Page n'ayant d'existence que pour les moteurs de recherche dans le but d'améliorer l'indexation. Cette technique est illégale aux yeux des moteurs de recherche.

Page orpheline

Page n'ayant aucun lien pointant vers elle.

Page satellite

Pages d'un site Internet dédiées au référencement sur les moteurs de recherche et redirigeant vers d'autres pages. Elles renferment un texte optimisé pour apparaître dans les moteurs de recherche sur un mot-clé puis redirigent l'internaute vers une page du site. Cette technique est prohibée par les moteurs de recherche.

Pagerank

Indice de popularité d'une page web utilisé par Google et intervenant dans le classement des liens dans les pages de résultats.

Pare-feu

Programme empêchant les intrusions de crackers sur un ordinateur. Le principe du pare-feu repose sur un blocage des ports non autorisés à émettre ou à recevoir. Ce dispositif de protection antipiratage sur un réseau est encore nommé *firewall*.

PDF (Portable Document Format)

Format de fichier créé par Adobe affichable sur la majorité des plateformes informatiques.

Permalink

Lien permanent vers une page web.

Plugin
Sous Joomla, petit programme ajoutant des fonctionnalités au système.

PNG (Portable Network Graphics)
Format d'image libre de droits.

Podcast
Fichier audio ou vidéo envoyé par flux RSS.

Pop-up
Fenêtre ouverte automatiquement dans un navigateur Internet.

Positionnement
Place d'un site web dans le classement d'un moteur de recherche.

Positionnement naturel
Place d'un site web dans le classement d'un moteur de recherche, sans rémunération du moteur.

Protocole
Ensemble de normes définissant une méthode d'échanges de données.

Provider
Voir FAI.

R

Redirection
Technique de renvoi d'une adresse Internet vers une autre.

Réécriture d'URL (URL Rewriting)
Technique de réécriture d'URL afin d'améliorer le référencement.

Registrar
Société d'enregistrement des noms de domaines.

Requête
Expression saisie dans un moteur de recherche dans le but de trouver l'adresse d'un site web.

Réseau
Ensemble d'ordinateurs reliés entre eux par un dispositif physique et logique.

Robot
Programme d'un moteur de recherche utilisé pour l'indexation.

Roll over
Affichage d'une information au passage du pointeur de la souris sur une zone d'une page web.

Routage
Acheminement de données d'un point à un autre.

Routeur
Dispositif permettant l'aiguillage des informations entre différents réseaux.

RSS (Really Simple Syndication)
Système de diffusion d'articles depuis un site web vers les internautes qui s'abonnent au service.

S

Sanbox
Temps de mise en retrait d'un site web par Google dans son index, pour diverses raisons.

SEO (Search Engine Optimization)
Optimisation d'un site pour le référencement dans les moteurs de recherche.

Section
Conteneur virtuel de catégories sous Joomla.

Serveur
Ordinateur dédié à l'adressage des fichiers ou des programmes aux ordinateurs clients. Dans un réseau, un serveur est la clé de voûte du système : il adresse les informations et les programmes aux postes clients qui en font la demande.

Serveur de messagerie
Ordinateur connecté à Internet et permettant aux abonnés de recevoir et envoyer des courriers électroniques.

Serveur web
Ordinateur qui héberge des pages web et répond aux requêtes des navigateurs. Également appelé serveur HTTP, un serveur web stocke des fichiers dont l'URL commence par http://.

Site dynamique

Site web dont les pages sont générées par lecture de leur contenu dans une base de données.

SiteMaps

Fichier placé dans un site web dans le but d'améliorer le référencement de toutes les pages du site.

SMTP (Simple Mail Transfer Protocol)

Protocole employé pour adresser les courriers électroniques sortants.

Spip

Système de gestion de contenu OpenSource.

Soumission

Inscription d'un site web dans un annuaire.

Spam

Courriels publicitaires adressés en grande quantité et généralement indésirables. C'est un facteur de ralentissement du réseau Internet, du fait de la surcharge inutile de trafic qu'il génère.

Spamdexing

Pratiques interdites permettant de tromper les moteurs de recherche.

Syndication

Principe de mise à disposition d'une partie d'un site à l'attention des autres sites qui souhaitent en afficher les contenus.

Système de gestion de contenu

Voir CMS.

Système d'exploitation

Programme de base permettant à l'ordinateur de fonctionner.

T

Tag

Voir Balise.

Taux de rebond

Pourcentage d'internautes visitant une page d'un site web et la quittant immédiatement après.

Taux de transfert

Terme désignant un débit de données pendant une transmission.

Taux de transformation

Pourcentage d'internautes ayant réalisé un achat par rapport au nombre total de visites.

TCP/IP (Transmission Control Protocol/Internet Protocol)

Regroupement de deux protocoles : TCP, qui gère les flux de paquets, et IP, qui effectue la vérification des erreurs. Ce protocole est le protocole standard utilisé sur Internet.

Téléchargement

Transfert de fichiers d'un ordinateur à un autre par Internet. On parle de débit descendant (*download*) lorsque le téléchargement à lieu vers l'ordinateur et de débit montant (*upload*) lorsqu'un fichier est chargé depuis l'ordinateur par une autre machine. Les protocoles FTP et HTTP sont les plus utilisés pour les téléchargements.

Template

Système de gestion de la mise en forme sur un CMS tel que Joomla.

Trafic

Total de visites reçues par un site web sur une période définie.

Trustrank

Indice de confiance accordé par Google à un site web.

Typo3

Système de gestion de contenu OpenSource.

U

Unix

Système d'exploitation portable sur des machines de types différents.

Upload

Terme désignant un transfert de fichiers depuis l'ordinateur de travail vers une autre machine.

URL (Uniform Ressource Locator)

Adresse Internet. Système de dénomination des pages HTML sur Internet.

V

VirtueMart

Composant Joomla permettant de créer un site de commerce électronique.

W

W3C

Consortium assurant la fonction de normalisateur des protocoles utilisés sur Internet.

Web

Service d'Internet autorisant l'accès aux informations des serveurs web au moyen d'un interpréteur de code HTML, nommé navigateur. Les navigateurs les plus célèbres sont Internet Explorer et Firefox.

Web 2.0

Terme désignant les techniques récentes utilisées sur le Web.

Webmaster

Personne ayant en charge la gestion d'un site web.

Wordpress

Système de gestion de contenu OpenSource.

WWW (World Wide Web)

Sigle désignant aujourd'hui, par abus de langage, l'ensemble des pages HTML disponibles sur Internet.

WYSIWYG (What you see is what you get)

Terme désignant un éditeur de HTML graphique et permettant de visualiser immédiatement le résultat obtenu.

X

XHTML

Langage de création des pages web.

XML (langage de balisage extensible)

Langage de création de fichiers de données permettant la définition de balises.

Z

Zip

Format de compression de fichiers le plus répandu, permettant de réduire la taille des fichiers et donc leur espace de stockage nécessaire ainsi que leur temps de téléchargement. De nombreux logiciels permettant de compresser et décompresser des fichiers au format ZIP sont téléchargeables sur le Net, mais ils deviennent inutiles sous Windows XP et Vista, qui savent effectuer cette tâche.

10.2. Adresses Internet utiles

Cette section vous propose quelques adresses Internet qui vous permettront de trouver des informations complémentaires sur Joomla.

- Portail Joomla francophone : **http://www.joomla.fr**.
- Portail Joomla francophone dédié aux extensions : **http://www.joomlafrance.com**.
- Portail Joomla francophone dédié à la documentation sur le produit : **http://aide.joomla.fr**.
- Portail Joomla francophone dédié aux forums d'entraide et de discussions : **http://forum.joomla.fr**.
- Forums de discussion Joomla en anglais : **http://forum.joomla.org**.
- Site des concepteurs de VirtueMart (en anglais) : **http://virtuemart.net**.
- Site de démonstration de VirtueMart : **http://demo.virtuemart.net**.
- Site fournissant de nombreux liens et composants Joomla : **http://www.joomlasource.be**.
- Site fournissant de nombreux templates Joomla : **http://www.joomlademo.de**.
- Site de MySql (en anglais) : **http://www.mysql.com**.
- Site francophone de MySql : **http://www.mysql.fr**.
- Site officiel de PHP (en anglais) : **http://www.php.net**.
- Création de texte latin de remplissage pour créer des maquettes de pages : **http://fr.lipsum.com**.
- Moteur de recherche Google : **http://www.google.fr**.
- Moteur de recherche Bing : **http://www.bing.com**.
- Moteur de recherche Orange : **http://www.orange.fr**.
- Moteur de recherche Yahoo : **http://www.yahoo.com**.
- Moteur de recherche Alta vista : **http://fr.altavista.com**.
- Google vidéo : **http://video.google.fr**.
- Apache : **http://www.apache.org**.

- Logiciel permettant d'installer de façon totalement automatisée un serveur Apache, PHP, MySQL sous Windows : **http://www.easyphp.org**.
- Logiciel permettant d'installer l'ensemble PHP Apache et MySQL sur Windows : **http://www.wampserver.com**.
- Le client FTP OpenSource FileZilla : **http://www.filezilla.fr**.
- CMS WordPress francophone : **http://www.wordpress-fr.net**.
- CMS Spip : **http://www.spip.net**.
- CMS Dotclear permettant de gérer des blogs : **http://fr.dotclear.org**.
- CMS Typo3 : **http://typo3.org**.
- CMS XOOPS France - Système Dynamique de Gestion de Contenu : **http://frxoops.org**.
- CMS Drupal France et francophonie : **http://drupalfr.org**.
- Jardin Zen css, conception CSS : **http://www.csszengarden.com/tr/francais**.
- Mozilla Europe, navigateur web Firefox : **http://www.mozilla-europe.org/fr/firefox**.
- Navigateur web Opera Software : **http://www.opera-fr.com**.
- Navigateur web Google Chrome : **http://www.google.com/chrome**.
- Codes JavaScript : **http://www.javascriptfr.com** et **www.codes-sources.com**.
- L'éditeur JavaScript : **http://www.editeurjavascript.com**.
- Recherche de nom de domaine : **http://www.indom.com**.
- AFNIC : **http://www.afnic.fr/outils/whois**.
- Recherche de nom de domaine : **http://www.whois.net**.
- Hébergeur Magic OnLine : **http://www.magic.fr**.
- Hébergeur 1&1 : **http://www1and1.fr**.
- Hébergeur OVH : **http://www.ovh.com**.
- Hébergeur Gandi : **http://www.gandi.net**.
- Hébergeur Amen : **http://www.amen.fr**.
- Hébergeur NFrance : **http://www.nfrance.com**.
- Hébergeur NuXit : **http://www.nuxit.com**
- Hébergeur Ouvaton : **http://www.ouvaton.coop**.
- Hébergeur Strato : **http://www.strato-hebergement.fr**.
- Portail Free : **http://www.free.fr**.
- Téléchargement de logiciels gratuits ou de démonstration : **http://www.telecharger.com**.
- Logiciels Adobe : **http://www.adobe.com/fr**.
- Logiciel Photoshop Album Édition Découverte : **http://www.adobe.com/fr/products/photoshopalbum/starter.html**.

- Logiciel Adobe Photohop Express : **http://www.photoshop.com/express/landing.html**.
- Logiciels Corel Corporation : **http://www.corel.com**.
- Media Convert – convertisseur gratuit et en ligne : **http://media-convert.com**.
- Logiciel Picasa : **http://picasa.google.fr**.
- Logiciel The GIMP : **http://www.gimp.org**.
- Google Maps : **http://maps.google.fr**.
- Google Adsense : **http://www.google.com/adsense**.
- Google AdWords : **http://www.google.com/adwords**.
- Centre d'aide AdWords : **https://adwords.google.fr/support**.
- Blog officiel Adwords en français : **http://adwords-fr.blogspot.com**.
- Encyclopédie Wikipedia : **http://fr.wikipedia.org**.
- Encyclopédie de la distribution : **http://www.distripedie.com**.
- Tutoriels infographie, photo numérique et bureautique : **http://www.mosaiqueinformatique.fr**.
- Formations Joomla : http:www.mosaiqueinformatique.com.

Chapitre 11

Index

!

@, 386
<a>, 39
<b>, 35
<i>, 36
<p>, 38

A

Accessibilité, 384
Achat de mots-clés, 384
Acrobat Reader, 384
ActionScript, 384
ActiveX, 384
Actualisation d'une page, 96
Administrateur de réseau, 200, 384
Adresse
  email, 384
  IP, 384
  URL, 385
AdSense, 333, 385
ADSL, 385
AdWords, 385
AFNIC, 385
Ajax, 385
Album Starter Edition, 193
Algorithme de pertinence, 385
Algorithme, 385
Alias, 129, 385
Alignement
  à droite, 136
  à gauche, 136
  centré, 136
  justifié, 136
Allintitle, 372
Allinurl, 374
Alt, 386
Anchor, 39
Ancre, 386
Annonceur, 386
Annuaire, 386
Apache, 16, 44, 50, 386
Applet Java, 386
Archive gz, 260
Archive tar, 262
Arobase, 386
Article, 115, 122, 386
  catégorisé, 123
  création, 128
  insertion d'une image, 141
  mise en forme, 134
  modification, 128
  paramètre par défaut, 149
  paramètre spécifique, 150
  paramètre, 149
  prévisualisation, 131-132
  publication en page d'accueil, 156
  saut de page, 145
Assistant, 386
Attribut, 29, 39
Audit de site, 386
Auteur, 201
Authentification, 386
AVI, 387
AWR, 387

B

Backend, 26, 86, 89, 387
Backlink, 387
Backup, 387
Balise, 28, 387
  de fin, 28
  meta description, 387
  meta keywords, 387
  meta title, 387
  META, 364, 387
Bande passante, 70, 388
Bannière, 388
Barre de titre, 388
Barre d'outils, 388
Barré, 136
Base de données, 388
  création, 81
Bloc-notes, 388
Blog, 22, 388
Body, 388
Bogue, 388
Bookmarks, 388
Boutique en ligne, 255
Bouton
  lire la suite, 157
Browser, 388
Buffer, 388
Bug, 388
Butineur, 389

C

Cache, 96, 389
  du navigateur Internet, 34
Cascading Style Sheet, 14
Catalogue, 278
Catégorie, 122, 125, 389
  suppression, 299
Chemin d'accès, 389

Chevron, 28
Clic, 389
Client, 389
Client-serveur, 389
Cloaking, 389
Clustering, 390
CMS, 11, 16, 390
  base de donnée, 17
  code dynamique, 17
  principe, 17
  principe de fonctionnement, 19
  serveur web, 17
Combo, 390
Commande de l'interface d'administration, 116
Commentaire, 30
Commerce électronique, 255, 390
Community Builder, 243
Compatibilité, 390
Composant, 110, 217, 390
  communicator, 244
  community Builder, 243
  désinstallation, 219
  DOCman, 240
  EMAccess, 245
  installation, 219
  JCE, 219
  Joom !Fish, 225
  Phoca Gallery, 243
Compression, 390
Compte d'accès, 390
Configuration, 390
Content Management System, 17
Contenu
  dupliqué, 174
  dynamique, 391
Cookie, 367, 391
Courriel, 391
Coût
  par Clic, 352, 391
  pour mille, 391
CPC, 352
Cracker, 391
Crawl, 345
Crawler, 345
CSS, 14, 391

D

Débit, 391
  descendant, 392, 404
  montant, 392, 404
Define, 380
DHTML, 392
DNS, 392
DOCman, 240
Domaine, 76
Dotclear, 22
Download, 392, 404
Dreamweaver, 14
Drupal, 23
Durée de session, 119
Dynamique, 392

E

EasyPHP, 50
Echange de liens, 392
Editeur
  d'articles, 134
  de texte, 14
  HTML, 134
Encapsulation, 392
Ergonomie web, 392
Extension, 392

F

FAI, 393
Favori, 16, 393
Feuille de style, 393
  en cascade, 14
Fichier, 393
Fil d'Ariane, 393
Filetype, 374
Filezilla, 72
Filtre, 127
Firefox, 45, 393, 399
Firewall, 393
FLA, 192
Flash Player, 192, 393
Flash, 13, 191, 393
Flux RSS, 106, 393
Footer, 394
Format
  de fichier, 393
  gz, 260
  tar, 262
Forum de discussion, 394
Freeware, 394
Frontend, 26, 86, 394
FTP, 72, 198, 394
Fuseau horaire, 120

G

Générateur de mots-clés, 348
Gestionnaire de médias, 195

Gif animé, 190
Gif, 190
Gigaoctet, 394
Gimp, 194
Glossaire, 384
GMAccess, 245
Gmail, 394
GNU, 394
Google commande :, 372
  allintitle, 372
  allinurl, 374
  define, 380
  filetype, 374
  inanchor, 375
  info, 376
  intext, 376
  intitle, 377
  link, 377
  principe, 332
  related, 378
  site, 379
Google
  AdSense, 333, 338
  AdWords, 338
  Bombing, 394
  Chrome, 394
  Dance, 360
  Insights for Search, 355
  News, 368
  personalized search results, 380
  Trends, 353
Gras, 135
Gz, 260

H

Hacker, 395
Head, 395
Hébergement
  gratuit, 69
  mutualisé, 66
  payant, 69
  sur serveur dédié, 67
  sur serveur virtuel, 67
Hébergeur, 68
Heuristique, 395
Href, 41
Htaccess, 362
HTML, 13, 395
HTTP, 395
HTTPS, 395
Hypertext Markup Language, 13
Hypertext REFerence, 41

I

IIS, 395
Image, 364
  format Flash, 191
  format GIF, 190
  format JPEG, 191
  format PNG, 191
  format, 190
  Gif animé, 190
  logiciel de retouche, 192
  optimiser, 192
  retoucher, 192
Impression, 395
Inanchor, 375
Index, 395
Indexation, 395
  dans les moteurs de recherche, 331
Indice
  de densité, 396
  de popularité, 396
Info, 376
Interactivité, 396
Interface, 396
  graphique, 396
Internet, 396
  Explorer, 45, 396
Internic, 396
Intext, 376
Intitle, 377
Intranet, 396
IP, 396
Italique, 135
Item, 160

J

Java, 397
Javascript, 13, 397
JCE, 219
  aide, 225
  déclaration comme éditeur par défaut, 224
  installation, 220
Joom !Fish
  ajout d'une langue à l'interface, 225
  installation, 228
  langue utilisée dans le frontend, 239
  paramétrage de la langue de référence, 232
  paramétrage général, 233
  traduction directe, 238
  traduction d'un article, 236
  traduction orpheline, 239
Joomla, 24, 397
  caractéristique, 26

configuration nécessaire, 44
gestionnaire d'articles, 89
gestionnaire de médias, 93
gestionnaire de menus, 92
installation chez un hébergeur, 66
installation sur un serveur web local, 57
installation type chez un hébergeur, 68
installation, 43
origine du CMS, 26
téléchargement, 45
templates, 94
version 1.0.x, 45
version 1.5.x, 45
Joomla Pack, 329
JPEG, 191
JPG, 191

K

Kbit/s, 397
Kilobit par seconde, 397

L

LAMP, 397
LAN, 397
Langue, 225
Lien
commercial, 332
contextuel, 397
externe, 143
interne, 143
mort, 397
naturel, 397
organique, 398
profond, 398
réciproque, 398
sponsorisé, 398
Lien hypertexte, 13, 143, 397
dans la même fenêtre, 144
dans une autre fenêtre, 144
vers la même page, 144
vers une adresse email, 145
vers une autre page, 144
Link, 377
Link-farm, 398
Linux, 16, 398
Lire la suite, 157
Login, 121, 398
Long Tail, 346-347
Longue queue, 346
Longue traîne, 346
Longueur des listes, 118

M

Marque-page, 16, 398
Mbit/s, 398
Média, 190
dossier de stockage, 196
gestionnaire de médias, 195
ouverture d'un fichier PDF, 198
suppression, 196
transfert en ftp, 198
transfert, 196
Mégabit par seconde, 398
Mégaoctet, 398
Mémoire vive, 398
Menu, 97, 159, 399
aide/Aide Joomla !, 113-114
ajouter un item, 175
alias de menu, 174
créer un menu, 177
désactiver, 160
élément de menu, 163
lien interne, 164
lien vers une page externe, 172
limiter l'affichage, 187
modifier la position, 183
modifier le style, 186
modifier l'odre, 182
modifier, 162
paramètre d'affichage, 180
séparateur, 173
Menu/Composants
/Bannière/Bannières, 104
/Bannière/Catégories, 105
/Bannière/Clients, 104
/Contacts/Catégories, 105
/Contacts/Contacts, 105
/Fils d'actualités/Catégories, 107
/Fils d'actualités/Fils, 106
/Liens web/Catégories, 108
/Liens web/Liens, 108
/Recherche, 108
/Sondages, 107
Menu Contenu
/Corbeille article, 102
/Gestion de la page d'accueil, 103
/Gestion des articles, 101
/Gestion des catégories, 102
/Gestionnaire des sections, 102
Menu Extensions
/Gestion des langues, 111
/Gestion des modules, 109
/Gestionnaire des plugins, 110
/Gestionnaire des templates, 110
/Installer/Désinstaller, 109
Menu Menus
/Corbeille de menu, 100

/Gestion des menus, 100
/Main menu, 101
Menu Outils
/Écrire un message, 111
/Envoi massif d'e-mail, 112
/Lire les messages, 111
/Nettoyer le cache, 113
/Purger les fichiers expirés du cache, 113
/Validation générale, 112
Menu Site/
/Configuration générale, 98
/Déconnexion, 99
/Gestion des médias, 98
/Gestionnaire des utilisateurs, 97
/Panneau d'administration, 97
Message
Consultation, 211
Création, 212
Suppression, 212
Messagerie, 210
META description, 364
META keywords, 365
META robots, 365
Métadonnée, 155
Mise à jour, 214
Modem, 399
Module, 110, 399
Related Items, 156
Mot de passe, 121
Mot-clé, 337, 348
Moteur de recherche, 331, 399
Crawl, 345
Crawler, 345
Fonctionnement, 345
Robot, 345
Spider, 345
Multivendeur, 300
MySQL, 16, 44, 50, 399

N

Navigateur, 399
Navigation, 15
Netlinking, 345
Newsletter, 213, 399
Niveau d'accès, 198
gestion, 200
principe, 198
Nom de domaine, 399
Nom de domaine du site, 366
Nom du site, 118

O

Occurrence, 399
Octet, 400
Open source, 18, 400

P

Page alias, 400
Page dynamique, 361
Page jacking, 400
Page orpheline, 400
Page satellite, 400
Page web, 122
Page XHTML, 28
PageRank, 357, 400
Paint Shop Pro, 193
Paramètres généraux, 117
Pare-feu, 400
Paypal, 324
PDF, 198, 400
Permalink, 400
Phoca Gallery, 243
Photoshop Elements, 193
Photoshop Express, 193
Photoshop, 192
PHP, 16, 44, 50
Picasa, 193
Plugin, 110, 401
PNG, 191, 401
Podcast, 401
Pop-up, 401
Positionnement naturel, 401
Positionnement, 401
Préfixe de table, 81
Produit
caractéristiques, 299
Protocole, 401
Provider, 401
Publication, 71

R

Raccourcis clavier, 141
Recherche universelle, 367
Redirection, 401
Réécriture des pages, 361
Référencement
contenu dupliqué, 366
dans les moteurs de recherche, 331
enjeux, 340
étape, 344
image, 366

indexer son site dans Google, 356
méthode, 343
naturel, 335
nom de dossier, 366
objectif, 343
optimisation des pages de contenus, 363
optimisation des titres des pages, 361
optimisation du site, 356
organique, 333, 343
payant, 335, 369
principe, 340
stratégie de positionnement, 348
technique du futur, 380
type de référencement, 343
Registrar, 401
Related, 378
Requête, 22, 401
Réseau, 402
Robot, 345, 402
Roll over, 402
Routage, 402
Routeur, 402
RSS, 402

S

Sanbox, 402
Sandbox, 360
Sauvegarde, 327
Search Engine Marketing, 343
Search Engine Optimization, 343
Section, 122, 402
SEM, 343
SEO, 402
SERP, 336
Serveur de messagerie, 402
Serveur, 402
Serveur local
Démarrage, 86
Serveur web local, 50
Serveur web, 402
SGC, 17
SGML, 13
Site dynamique, 16, 403
Site multilingue, 367
Site statique, 13
Site 379
Sitemap, 356, 403
SMO, 343
SMTP, 403
Souligné, 135
Soumission, 403
Sous-domaine, 76
Spam, 403
Spamdexing, 366, 403
Spider, 345
Spip, 24, 403
Standard Generalized Markup Language, 13
SWF, 192
Syndication, 403
Système de Gestion de Contenu, 16-17, 403
Système d'exploitation, 403

T

Table, 81
Tag, 28, 403
Tar, 262
Taux
de rebond, 403
de transfert, 404
de transformation, 404
TCP/IP, 404
Téléchargement, 404
Template, 26, 94, 246, 404
à largeur fixe, 248
à largeur variable, 250-251
développement de son propre template, 246
installer un template téléchargé, 252
paramétrage, 253
téléchargement, 246
template gratuit, 246
TinyMCE, 135
Titre, 41
Traduction orpheline, 239
Trafic, 70, 404
Traitement informatique, 29
TrustRank, 360, 404
Typo3, 404

U

Unix, 404
Upload, 404
URL rewriting, 361
URL, 404
Utilisateur enregistré, 199
Utilisateur, 198

V

Validation générale, 99
VirtueMart, 255, 405
attribut de fichier, 306
attribut de produit, 309
calcul de la TVA, 288

caractéristique spécifique d'un produit, 312
chèque boutique, 317
clonage d'un produit, 303
commande, 326
concept, 256
condition générales de vente, 286
configuration générale, 278
contact de la boutique, 283
création des catégories de produits, 294
création des fabricants, 292
création du catalogue de produits, 292
création d'un type de produit, 312
CSV, 301
déclinaison d'un produit, 308
dépublication d'un produit, 303
description de la boutique, 286
devise, 284
éditer un produit, 302
expédition, 318
exportation, 301
format d'affichage des prix, 284
format de date, 282
format de l'adresse, 281
identité de la boutique, 280
image et fichier complémentaire d'un produit, 304
image principale d'un produit, 303
importation, 301
information sur la boutique, 283
installation des modules, 272
installation des plugins, 274
installation du composant, 265
installation manuelle du composant, 267
installation séparée, 263
installation simultanée avec Joomla, 259
installation, 259
liste des pays, 280, 321
mode d'affichage, 275
mode de paiement, 322
paramètre de la boutique, 279
poids et dimensions d'un produit, 320
prix dégressif, 317
prix, 316
produit complémentaire, 311
produit personnalisable, 308
produit téléchargeable, 315
remise, 316
saisie de produit, 299
site officiel, 257
spécificité, 256
stock, 307, 318
suppression d'un produit, 303
taux de TVA multiple, 290
taux de TVA par pays et par région, 291
taxe virtuelle, 289
téléchargement, 263
transporteur, 320
TVA, 288
version francophone, 270
visualisation depuis le frontend, 273

W

W3C, 405
Web 2.0, 116, 405
Web, 405
WordPress, 25
World Wide Web, 405
WWW, 57
WYSIWYG, 14, 405

X

XAMPP, 50
XHTML, 13, 27-28, 405

Z

Zip, 47, 406

BIBLIOTHÈQUE UNIVERSITAIRE D'ANGERS
SAINT-SERGE

Composé en France par Jouve
11, bd de Sébastopol - 75001 Paris

Achevé d'imprimer en ALLEMAGNE
Par l'imprimerie CPI – Clausen & Bosse
25917 Leck, Août 2009

57327